石田和男教育著作集〔第四巻〕

時代と人間教師の探究

石田和男教育著作集編集委員会〔編〕

花伝社

石田和男教育著作集　第四巻「時代と人間教師の探究」◆目次

◆論文1（一九八〇年）

七〇年代から八〇年代へ

——一九七九年度東濃民教研冬季研究集会での会長あいさつ

あけましておめでとうございます。

激動の八〇年代というふうにいわれます、その新しい一〇年がやっと幕をあけたというわけです。民教研の冬季宿泊集会も、この長良河畔で行うということがほぼ定着をして、今年は昨年以上の参加者が既に予約されておりますし、また、七〇年代にはみることのできなかったことで、北海道の方からも、大挙、精鋭の先生方が参加されるということがあります。七〇年代とは様相を異にした形で新しい幕明けを迎えたことをうれしく思うわけです。（中略）

まあ、そういったように、北海道の先生方が大挙ここへ来られるということの中にも、八〇年代最初の年にふさわしい集会となることが予約されているわけなんですけれども、今日、明日の研究討議を通じて、この約束が絵空事にならないように、お互いにつとめていきたいものだと思うわけです。

ところで、つい一週間ほど前まで、といっても教育年度でいえば、この三月まで続くわけですけど、いわゆる、七〇年代というものが存在したわけです。それは異常という言葉でしかいいあらわすことのできないような、そういった状況の連続であったわけですし、また、それが増進されてきた年代であったというふうに思うわけです。

それは六〇年代の高度経済成長政策の膿が全面的にすべての局面であふれだしてきたのに対し、その膿を正当に治療することができない社会体制としての支配の構造がもたらした矛盾の深化として異常の増進があったんだと思うわけです。

こうした異常性の進行という状況をここでいちいち述べておるゆとりはないわけですが、それが人間にあらわれた限り、「人間の貧困化」の増大であることは間違いなかったと思います。ある人のいうように、粗暴、無知、あるいは道徳的退廃、そして奴隷的状況の進行ということが新しい形で誰の目にも明らかになってきたのが七〇年代後半だったというふうにいえると思います。それは、非行、暴力、殺人、あるいは自殺などの激増という形をとって、人格の下落というものを示してきたと思うわけです。こうした「人間の貧困化」が、子どもにあっては最も集中的にあらわれて、「体と心の発達の危機」として、人間の最も深部、最も基本の部分で崩れが目立ってきたというのがまた、七〇年代であったと思うのです。

そして、人間の発達を保証すべき教育は、特に中教審路線といわれる教育の体制は支配の道具として統制を強められてきたわけですし、子どもの非人間的貧困化に拍車をかけるという役割を教育そのものが強いられてきた、といったのも七〇年代の特徴であったと思うわけです。

七〇年代に出現した岐阜県での教育正常化の支配、計画体制とよばれる指導要領徹底のための超労働強化の体制など、差別と選別による進学体制とともに子どもたちの正常な人間的発達を大きく阻害しているわけです。

こうした中で、七〇年代のはじめから私たちは子どもの中に情勢をとらえるという立場をとって、子どもたちの上にあらわれてくる人間的危機に着目して、その状況と進行に絶えず警鐘を打ち続けてきたのです。そして、その子どもたちの人間的危機の克服と人間的発達のための教育実践とその運動に力をつくしてきたわけです。それは、「生活に根ざし、生活を変革することができる人間を育てる」ということを一貫した目標として、人間の特権である「わかる」ことを基本にすえてわかる学習の実践的追求の道であったといえると思うわけです。

生活綴方の実践や地域子ども会活動などの強化、あるいは一般教科や労働など、さまざまな分野における「私の教育課程づくり」というものと共に七〇年代には大きな成果を生みだしてきたわけです。それは単に、個々の教室や学校における実践的成果というものだけでなく、地域的に、あるいは幼保小中高を一貫した教育構造として、「わかる学習」が実践的にひろがり、それが地域の中に定着するまでになってきていることにもあらわれていると思います。そして、そのことは、民教研組織の拡大ということになってもよくあらわれていると思います。七〇年代には、小中学教師の部門だけでなく、保育園、幼稚園、高校部門での飛躍的な会員増加という事実となって組織拡大と強化が実現していきました。また、民教研の提唱する活動が、その根をたえず恵那・東濃の地におきながらも、全国的な交流を通じて日本の教育のあり方としての検証を深めたことも七〇年代の特筆すべきことであったと思うわけです。

東海近畿のサークル合研への参加ということはもちろんですけれど、国民教育研究所が主催する集会や教科研の集会、日生連の集会などへの大量の参加、あるいは、京都の与謝の海や丹後、三重の員弁、北海道民協、九州民研などへの集団的な交流、そしてまた恵那の地での日本の教育を考える集会を開催し、それが北海道の支笏湖集会に広がり、京都の奥丹後集会になり、青森の西津軽集会という所へ継承発展されていることとの中にも私たちの活動が全国的支援の中で交流を広げ教訓を得て豊かになってきていることを見ることができると思うわけです。

また、先程紹介しましたように、この集会へ北海道から大量の先生方が参加して下さること、あるいは本日の集会への参加はもちろんですが、たえず東京その他全国各地からたくさんの研究者、先生方が参加して援助して下さることが、集会の中で増してきているということとしても実感できることだと思うわけです。

七〇年代にこうした成果をあげることができたわけですけれど、八〇年代を乗り越えていくという点では、私たちの活動にはまだまだいくつかの問題があると思うわけです。そして、どうしても克服しなければならない実践的課題というものもたくさん残されているわけです。それらのことは、基調報告の中で具体的に述べられると思いますので省きます。

こうして七〇年代を経て、いよいよ八〇年代へ向うわけですが、ただ一つだけ言えることは、八〇年代は、七〇年代にあらわれた異常性の進行が増々その度を深め、構造的危機としての矛盾がより強まることは間違いないということとです。その問題を詳しく述べているゆとりもないわけですが、矛盾としての八〇年代の支配の厳しさというものは、いや応なしに七〇年代に蓄積された民主的なエネルギーをより強固なものに発展させざるを得ないという矛盾を矛盾の矛盾として内包しているという問題です。人間にあっても、貧困の極限が自らをしてその貧困を克服する方途を必ず見出さざるを得ないという問題としてあらわれるだろうと考えるわけです。

人間らしさの喪失という矛盾は、そのまた矛盾として人間らしさの獲得という芽を否応なく発展させずにはおかない、というわけです。弁証法でいうならば、いわゆる、否定の否定というものを発展させていくのが、八〇年代のもつ本質的な性質だろうと思うわけです。

子どもたちは今どうにもならない状況の中で、自らのダメを克服する道を見出しはじめているわけです。実践的には子どもたちが見出しはじめているものを私たちがどれだけ的確につかむことができるかという問題になりますが、それには子どもたちがその内面につくりだしてきている自らのダメを否定する芽を鋭くとらえ、それぞれを生きるねうちとして子どもに自覚させて、その新しい否定の否定の目で自らの否定の現状をつねに見つめさせていくということが大事だと考えます。それが子どもたちが自らをして貧困を克服し脱却する道をつくりださせることの基本になるのではなかろうかと思うわけです。そして、その可能性というものが、七〇年代末にいくつかの実践としてでてきているのです。私たちはこの可能性にはっきりと八〇年代の展望を持たねばならないのではないかと思うわけです。

それがためにも、私たち自身が、自分の中にある人間的ダメの中に生じている否定の否定の芽というものを、自ら実感的に自覚するということが、また必要になってきているのではなかろうかと思います。

いま、人間は、孤独という状況になれば絶望だけが口を開いて待っていて、そこからは否定の否定の芽はでてきません。連帯の中でこそ、否定の否定の芽が生まれてくるのだということが真実です。

教師の団結の源泉である教育実践、研究で結びついている私たちは、民教研の組織的活動を強めるということによって、連帯を強め、八〇年代を精力的に切り拓いていきたいものだと思うわけです。

最後に、追加的なことですが、八〇年代の初夢みたいなものとして、民教研組織と活動についての願望を一つだけ申し上げてみたいと思うわけです。

それは、八〇年代の民教研活動をより強固にするというために、私たちは八〇年代の早い時期に独自の「研究所」を設けていく必要が、歴史的、現実的に生じているのではないだろうかという問題です。それについてくわしいことを申し上げている時間もありませんけれど、研究所の機能を伴うということで、民教研も本格的に八〇年代の歴史的使命を達成し得る組織的力量を強めることができるのではなかろうかと思うわけです。今後、その問題も十分ご検討して頂きたいと思います。

何を申し上げたのか、はっきりしないことがたくさんあるかと思いますが、今日、明日の集会を成功させるよう、お互いにがんばりたいものだと思います。

＊一九八〇年一月八・九日に開催された一九七九年度東濃民教研冬季研究集会での冒頭の会長としてのあいさつ。短いあいさつに、七〇年代の恵那の教育運動の高みを踏まえた、厳しい八〇年代への挑戦の思いが込められている。一部省略した。

◆論文2（一九八一年）

八〇年代と生活綴方教育の必要性

八〇年代と生活綴方教育の必要性

いま、恵那地域での生活綴方の教育は、民教研組織の広がりにみられるように、うんと広がってきています。広がりが大きければ、そこには新しい困難もまた生まれてくるのは当然です。

昨年来、七〇年代の生活綴方をまとめ、文集として草土文化社から出版するため、民教研が中心になって編集の仕事をすすめていますけれど、七〇年代にもまた素晴らしい作品が実っていることがよくわかります。

しかも、七〇年代は、小学校から中学校、高等学校までの間をもって、恵那の地域に実りを作りだしているのです。

けれど、恵那の地域を細かくみると、アンバランスになっているのが目につきます。それは生活綴方の教育に本気に取り組むということについて、必要性と本気さとのあいだにどれだけかのズレがあることだと考えるのです。それについては、私がとやかく言うより皆さんで検討していただくのが一番ですが、私はその前提ともいえるいまの情勢が生みだしている生活綴方の必要性ということについて少しふれてみることにします。

八〇年代の情勢につきましては昨年から皆さんがよく学習されましたので省きますが、それは嵐の強さとしても理解できると思います。嵐が強ければ樹が大きくなると言われますが、それは放っていて自然にそうなるものではありません。凶暴化された嵐にあって、樹は根こそぎ倒されてしまうことも少なくありません。その意味では、嵐の強さに耐える樹を創りださなければならないのです。

それについて高橋守二先生などは、大樹深根という言葉で、根の深さを強調されますし、ある人はベーコンの「知は力」という言葉で、知性の高さと大きさを強調されますが、私は同じことを道理の広がりとしてとらえることもあります。それをどの言葉でとらえなければならないということはありませんが、それらをひっくるめたら、それは民主主義を貫徹するという問題なんだろうと思うのです。

嵐が凶暴化すればするほど、民主主義が最も深部というか底辺から貫徹されていかなければならないのです。この集会のテーマになっています自立ということで考えると、自立した人格を育てるということは、別の言い方でいえば、子どもの人間の中に民主主義を貫徹させるということに他ならないともいえるのです。

その点で、人間、子どもの中に民主主義を貫徹させるということの基本には、やはり「わかる」ことがなければならないし、私たちがこれまで言ってきた「わかる学習」を追求することが必要になるのです。それは、自らのからだを通して物をつかみ、自らの頭で考え、自らの意志で動くこととして、民主主義を基本的に具体化することが土台になりますが、それを個人がおこなうだけでなく、みんなのからだで物をつかみ、みんなの頭で考え、みんなの意志で動くというように、集団化することがなければ個人としても本当に貫徹することにはなりません。ともあれこのように民主主義を深部から貫徹させることが、今後の教育実践では格別に必要なことだと考えられるのです。

その場合、生活綴方の特性をはっきりさせて、その実践的意義を明確にすることがまた大事なことだと思うのです。七〇年代に、私たちは生活綴方の特性をどれだけか整理した言い方として、それは生活実感として捉えられている内面の真実を客観化することだといってきました。この生活実感は、現実生活がもたらす経験の重みを内包していますが、感覚が基になっているところに特質があると思います。これを認識という面からみれば、感性だとか理性だとかの段階としてはいえない、また、科学とか芸術とかにわけられない、極めて複合されたもので、あえていえば科学的認識の萌芽としての認識だということができるだろうと考えます。

いわば子どもが生活を通して自分のからだでつかんだことの実態が生活実感であり、生活綴方は、その実態を構成している生活としての事実を客観的に再生する仕事だと思うのです。そして再生は、写真のようではなくて、自らの意識を通しての再生ですから、再生の作業によってより意識化されるという、相互の作用を伴うものになるのです。

このことについて私は適切な言葉で説明できませんが、生活を綴ることは、意味化された経験を意識するというか、あるいは、経験を意味的に再構築するというか、そうした性格をもったことなのだと思います。また、この作業は、文章表現という形をとりますので、文字言語がもつ特質に添わなければならないということもあって、はっきりしないことは書けないわけです。逆にいえば、はっきりしたことしか書けないのです。だから書くことによって考え、考えることによって書くという相互作用が必然的に起きるのです。いわば、書くことは考えることだということにもなるのです。

そうしたことから、生活実感を客観化する生活綴方は、子どもたちが自らのからだでつかんだことを、自らの頭で考える仕事ともいえますが、この生活綴方の特性は、わかるという民主主義の基本からいって、今回、格別に大事な意味をもっていると思うのです。

また、生活と知識の結合といわれる場合のわかることの特性は、「与えられるすべての知識を、自らの意識の中でつくりかえることが必要」といわれる、自らの意識にかかっていますが、それは知識を百科事典的でなく、真に生きる力とするための必須の条件でもあるのです。

そして、この自らの意識を作り強めることが、生活綴方の方法がもっている特性の中に、巧みに含まれているのだと思うのです。それは、生活実感を客観化する作業のなかで明らかになる生活認識がつくりだす自らの生活意識がそれなのだと考えるのです。生活に根ざしたこの自意識こそ、真に知識を自らのものにつくりかえ、知を力にする主体的な内容だと思います。

生活綴方がもたらす子どもの意識への作用として、私たちはその点をみのがしてはならないのです。先に述べましたように、民主主義を自らの中に貫徹するという場合、生活に根ざしたその自意識（生活意識）が、あるのかないのか、また強いか弱いかでは、大きく変わってくるわけなのだろうと考えるのです。

このように考えてみますと、現実の生活の総体が自らの内面に蓄積してきている生活の実感を通して、ほんとうにわかるということを具体化することのもっている教育的意味の大きさというか、深さを、いま私たちは真剣に考えてみなければならないと思います。

生活綴方での理解はそのまま科学的認識とは決していえません。だから綴方が書ければ、速効的な意味で、何でもよくできる利口者になるというのでもありません。ただ、生活認識として、現実把握の、ある特性的な内容しかもたないのですが、真実をおいかくす嵐が強い今日では、子どもたちをほんとうに大樹にするためには、どうしてもそれが必要なのではないのか、ということをいいたいのです。

嵐が強いということは、夜明けも近いということになりますが、それは社会でいえば、もっと新しい社会が近づいていることを意味しています。そのためには、いままで以上にかしこい人間、探根の大樹が育たなければならないわけです。そのかしこさや探根について、綴方のもつ効用を深くとらえることが大事だと思うのです。

ごく一般的にいえば、生活綴方は、物事に対して、どうなっているかを具体的にとらえ、なぜかを自問する習性を育てる仕事と考えられもしますが、それこそ人間が自立していく最も基礎的なことなのだといえます。生活綴方をこのように単純化してとらえても間違いではないでしょう。

学問というのは、そうした習性の上に成り立つものだとも考えられます。それぞれの学問の領域によって、それぞれ方法上の特性をもちますが、それらの特性の共通的基礎ともいえるのは、どうなっている、なぜかを問い続ける人間的習性だと思うのです。生活綴方はまさに、その共通的基礎の習性を育てることにこそ最も大きな役割を果すものだといえるのです。

人間の自立とか、人間に民主主義を貫徹するということき、生活実感を客観化するという、たったそれだけのことが、今日どれほど重要なのかということを、他地域の作品にふれて考えることだけではなくて、自らの実践を通して回答することを問われているのが、私たちの八〇年代でもあると思います。

生活綴方教育実践のための二つの提言

では生活綴方を今日ではどのように実践化したらよいかということですが、これにつきましては、いろいろな研究会が聞かれますので、そこでこと細かく現実的な実践問題を勉強していただきたいと思います。私は、綴方の実践ということにかかわって、二つのことだけを簡単にお話しします。

一つは、綴方の実践では高い目標をもってすすめてほしいということです。

綴方の実践は、書かせればいいから、などということではいけないと思います。子どもをこれで本当に変えきるのだという点で目標を明確にしなければならないのです。それは、子どもが変わった証として、すべての子どもに、ほんとうに質の高い作品を生みださせることが大事で、一年間やって一つぐらい誰かのすぐれた作品ができればよいという問題ではないのです。

すべての子どもに質の高い綴方作品を生みださせるよ

うな実践というのは、何とか書かせるという方法や、作品そのものに目標があるのではなく、良い綴方は良い生活から生れるという立場を貫いてこそ目標になるのだと思います。

その意味では、綴方は生活づくりでもありますし、人間づくりでもありますが、綴方そのものの特性を科学的に具体化しなかったなら、綴方にはならないのです。その科学的ということの中心は、綴ることにあるわけです。綴方をたくさん読ませて、それで綴方の特性が理解され、具現したというわけにはいきません。どうしても綴る過程を通して、特性を獲得するわけですから、その点を抜きにして綴方ということにはなりません。

たとえば、綴方を読む（鑑賞）ということもありますが、それはあくまでも、綴る（書く）ために必要なものであって、鑑賞させ、話しあいさせれば効用が得られるということにはならないのです。

そこでどうしても書かせるということが中心になりますが、質の高いものを書かせるとなれば、子ども自身をしっかりした、質の高い子どもにすることをぬきにできません。本当に値うちある生活を創りだす、値うちある人間の実在があって、値うちある綴方作品として追求できるからです。

けれど綴方では、作品として値うちを表現する問題がつきまといます。何を書くかによってどう書くかがきまるとか、産ませることより妊ませることが大事など、何といっても生活実感としての内面の在り方にこそ基本はありますが、それはまたどう表わすか、どう産みだすかの技の獲得とは全く無関係ではないのです。

それらのことをふくめて、綴方の目標を高くもつということについて、八〇年代にふさわしい具体化が必要だと思います。

とにかく、子ども一人一人が、そして学級全体が、一年間経ってみたときに、こんなに高い質の作品を生みだすようになったといえる変化の状況を、本当につくりあげることが必要だと思います。

それはどのようにしてできるのかということでは、いま私たちは対話の必要を強調していますが、その対話の実践的結果でもあるのだといえそうです。何はともあれ、綴方の実践の結果、子どもたちをこんなに変えたんだと、学級全体の作品で語りあえるような状況を、私たちが創りだすためには、腰のすわった高い目標をもつことが大事だと思うのです。

二つめは、やはり文集のある教室（学級）を作ってほしいということです。

先程、七〇年代の綴方で恵南が弱いというような失礼なことをいいましたが、それは文集の量が少ないことでもあるのです。極めて大雑把にいいますと、量が少ないというのは質が低いということになります。弁証法的にいえばそうなるわけです。何も量を問題にするわけではありませんが、実際的に教室文集の発行状況ということからいって、恵南は比較的に少ないのがたしかだと思うからです。

たいへん生意気なことをいって気を悪くされたのかもしれませんが、三〇年代の生活綴方運動のなかで、文集を持つことについて、非常に大事なことを言っておられる人がありますので、まずそれを紹介します。

「いったい生活綴方運動とはなんであるのか。それは、究極において児童文の問題に帰する。子どもと実践と児童文を離れての綴方運動はあり得ない。文集に結実しない綴方指導も実践的にはあり得ない。

文集とは、実践の収穫であり、指標であり、明日の実践への糧であり、その人の実践が子どもに投影した全体像であり、生活綴方の原則を追求する基準であるからである。」（入江道夫『児童生活史の形成史』）と書いておられますが、生活綴方のなかで私たちはもっと文集を大事にしなければならないと思います。文集には子どもたちをまっとうに生きさせるための真実の教育が投影されているともいえます。

その文集とはどういうものか、また、どう作ったらよいかということは、よくご存知のことと思います。けれど、私たちの求める文集は、何かの機会に、勝手に子どもたちに作らせておいて、担任教師すら読もうともしない文集ではなく、いつでもそこに教育が誇らしげに存在しているというような、教師の手書き文集ではないのでしょうか。

いま子どもたちが書いたものは、作品としての質が低いのかもしれません。だが、いくら低くたって、そこに子どもと教師との真実があるのだという意味で大事にしたい文集、あとから何度もよみかえしてみなければならないような文集、そうした文集を持つような教育への根気がなかったら、綴方はなかなか実践できないと思うのです。

綴方が大事だということになれば、文集をつくることは至極当然のことになるのです。教師がガリ版を切って一人一人の子どもと、文集によって対話することは、必要不可欠のことになります。綴方をガリ版で切れば間違いなく対話が生じます。この子は何故こんなことを書いたのか、どうしてこんな言葉であらわしたのか、ほんとうは何がいいたいのだろうか、など、ガリ切りのなかで教師は問いかけられもしますが、また問いかけをしなければならないものです。それは、どんなに短く、つまらなくみえる文だっていいのです。すぐれた作品になれば、うれしい対話ができるでしょうし、つまらない文なら、教育的葛藤だけがつよく、無言の対話となる場合もあるのかもしれません。いずれにしろ教師がガリ切りをして文集をつくりはじめたら、そこに対話が発生しないことはありません。その対話は、時に批評という形での教師の意見になることもあるでしょうが、ほんとうに子どもの綴方を文集に組織することを大事にしていけば、そこから必ず新しい発展の道が拓けるものだと思います。

たとえば、いくらガリ切りしていても、どうしてもこんなものとしか感じることができない文に出会うこともあります。それをつまらないと思うときは、つまるようにしてやることを考えるものです。つまらんことが身にしみてわからないうちは、また、つまることも本当には考えないものだと思います。

私自身、いつもそうでしたけれど、今から思えば本当に恥ずかしいような文集を、それでも手書きで作ってきました。その時の状況でいえば、それがつまったものであったわけです。だから文集には、いつでもその時の状況が、つまったものとして反映しているのです。

綴方は最初からつまっていることはありません。必ずつまらぬ状態で出発するものだと思います。けれどつまらぬ状態であっても、そこにはその状態の中でのつまった部分があるものです。それは、一人一人の子どもでも、学級全体でも同じです。文集は、そのつまった部分を組織して、全体としてつまった部分を拡げ発展させていくものです。だから、いま、作品がつまらぬから文集を作らないという法はありません。いまのあるがままの姿を、あるがままに文集として自《おのず》らにつかむことしかないと思います。

もう三学期がはじまりましたが、どの学級でも子どもたちが教師の手作りの文集をもって、この一ヶ年を内面的に総括できるようにしてやってほしいと思います。それは子どもたちと教師を真実で結びあわせていくきずなとしても、また、生活綴方の実践のためにも大きな役割を果すことでしょう。

一九七二年の教育百年記念展覧会の教訓の一つに、教育におけるなつかしさの原理という問題があります。教育が何十年か後になっても、被教育者になつかしさとして残るためには、その時の教育に生活と人間があふれていなければならないということです。その点からも、手作りの文集は、それがどんなにつまらないものにみえても、子どもたちにとっては必ずなつかしさを引き起こすものだといえます。

八〇年代のいま、支配としての教育体制がつくりだしてくる教育には、なつかしさとして残るものが皆無といってよいでしょう。そのなかで手作りの文集をつくりだす意味は、また大きなものがあると思います。けれど、先にもいいましたように、文集にはその時の教育が反映されることもまたしかりです。だから、いま作る文集を単に未来に残るなつかしさだけでみないで、今年度の教育の総括点として、自分なりにきびしくみつめてみることも、また、重荷を背負った楽しさといえるのではないでしょうか。それはまた、文集を手作りすることが教育的習性となるような生活綴方の実践での夜明けにもなるのだと思います。

＊一九八一年一月三一日、恵南地区民主教育研究会合宿研究会での報告「恵那の教育と生活綴方――過ぎたこと・いまのこと・あれこれ」の中の「八〇年代と生活綴方教育の必要性」の部分。独立した報告となるよう構成を若干変更した。初出は『人間・生活・教育』一七号（一九八一年八月二〇日）。『恵那の生活綴方教育』別巻3及び『「恵那の教育」資料集』第二巻に収録。文章は、石田の修正が加えられた『別巻3』によった。

◆論文3（一九八二年）

子どもを信頼しきること——第三回生活綴方研究会・あいさつ

民教研主催の生活綴方研究会も第三回目を迎え、いよいよ本格的に生活綴方運動をひろげていかなければならないという時期に、いそがしさのせいかお集まりの向きが少ないということにそれだけ困難が増してきたということを感じるわけですが、少なければ少ないでまたみっちりとお話しあいして頂きたいと思います。

ところで今、国会が開かれています。それは行政改革の国会といわれているわけですが、この国会の論議をみておりましても全くひどい世の中になってきたということが痛感できます。軍備の拡張、膨張とか、あるいは人事院勧告の無視などは、憲法違反のうえに更に違反を重ねていくものになっています。

今日の構造的危機は憲法違反の上に更に違反を重ねなければその危機を乗り切ることができないような、そういった支配の状況というものがあの国会の論議の中にもたくさんでてているように思うわけです。

教育の上でも、憲法違反の教育正常化の推進の上に更に教科書の国定化をめざした教科書法案が準備されるなど軍国主義・国家主義教育の体制確立ということをどんどん進めてきていると感じるわけです。

まさに、財政と思想、文化の全面にわたって国民と民主主義に対する総攻撃が展開されてきていると見なければならないのです。このひどさは一方では「もの言えば唇寒し秋の風」というような意味での非常に不自由な状況をつくりだしているわけですが、同時に一方で、かつて第二次世界大戦のときに書かれたフランスのベルコールの作品のように、「沈黙は共犯なり」という考え、いわばもう黙っていることはできないという動きを急速に拡げてきていると思うのです。例えば「教科書問題を考える市民の会」の動きとか、あるいは今度十一月十三日に開かれる「今・戦争の足音が聞える、教科書に真実を、言論に自由を、そして平和を、一一・一三私たちの集い」実行委員会のその呼びかけが全国に渡っているようですけれど、そういった集会や市民の会の署名などは主催者が予想もしなかった大きいうねりを起こしているように思うわけです。

しかも、そのうねりに参加する人はそれこそ名もなく貧しく美しい庶民であって、単にえらい人だけが集っていくというふうなものでない所に今日の反撃の大きさがあらわれているような気がするわけです。

支配の方は史上空前といわれる危険というか冒険をおかすために中道政党をとり込んだり、あるいは労働戦線の右翼的再編といったことに見られますように、何とか国民の分裂を命がけで進めながら統一戦線の結成を妨害して、そして総攻撃をしかけてきています。それに即応した形では今の所まだ国民の側で総反撃体制というものはできていないけれど、もう黙ってはおれないという国民の動きはあらゆる分野で芽をだしてきているわけです。

この芽が、一つの幹に結ばれて一つの根につながっていけばそれは国民の総反撃として必ず成功することは間違いないわけです。そのためには支配が目ざしている真のねらいをいつでも誰もが、どこでもはっきりさせていくということが大事だと思います。

いろんな言い方をされますが、「再び戦争を」ということが死の商人としての支配のたどっていかざるを得ない宿命だろうと思います。けれども、「また戦争を」なんて、そんなにはおきないだろうというとらえ方が随分あって、それが分裂策動として功を奏しているのです。支配の側はその本質をかくして、国民の目をごまかすために分裂策動を強めてきているわけですが、国民はある面ではその分裂策動に乗ぜられながら、本質のもつ危険性を生活の中では実感として抱きはじめてきているという所が今日非常に大事な問題ではないのかと思うのです。

その実感が何なのか、本当に何なのかということをはっきりさせることができたら、支配の意図を見破ることがたいへん容易になるわけですし、しかもその自分の抱く実感は単に自分だけのものでなく、実はみんなが共通した実感で、そういう思いの中に生きているのだ。しかもその根は一つなのだと理解することができれば、急速に今の反撃というのは拡がっていくだろうと思うのです。

そのために、私たちはあらゆる場所で、あらゆる機会に、実感でもって話し合う、いわば実感を共感しあう、実感をわかりあうということを非常に重視しているわけですし、運動の中でもそれを強調しているわけです。今、実感で共感しあうことができたら、必ずそれは人々を兄弟にすることが可能なんだと思うわけです。

ところで、支配のひどさは、集中的には子どもの上にあらわれてきていることは間違いないと思います。からだや心の危機は、依然として深まっていますし、無知、粗暴、あるいは奴隷的状態といわれる状況はますますひろがってきているように思います。

「ものをどうみたらいいのか」「今をどう生きたらいいのか」それがはっきりしないために、衝動的、刹那的に生きてひき起こす事件は増加の一途をたどっています。この間の警察庁の発表にしましても少年非行が非常に増えてきているということを強調しています。

けれども子どもたちは事件をしでかすこと、あるいは発覚すれば事件になるようなそういった行動をよいことだと子ども自身が自認しているわけではないと思います。ただ、そうなっていかざるを得ない、そうならざるを得ないところに問題があります。だから、そういう行動に走っていく自分を子どもはもてあましているわけですし、自分自身がつかめなくなってきています。いわば子どもは自分自身がわからないというところからさまざまな行為を生みだしてきているのだと思うのです。

それは事件をひき起こした時にたいへんよくあらわれてくると思います。子どもは自分ではやったことの非を認めますがその非がどうして生まれてきたのかということが理解できないために、自分の非を認めながらも必ず同時に身近な人を批判します。何か事件があった場合の子どものいい方というのは、例えば「親がうるさいことをいうもんで、おらあそうするさ」「先生がいつもかも俺ばっかマークしとるもんで、俺あ、そうするさ」というようないい方になって、自分のやったことがいいとはいわないけれど同時に身近な人の中に必ず批判の対象を見つけてくるのです。それは、自分をそうさせてきている体制の存在をそういう形で語っているのだろうと思うのです。

本当には支配の体制がわからない。そのためにそうしかいえないわけです。自分にはよくわからないけれど、自分がそうなっていくのは単に友達にさそわれたから、煙草を吸ったの、シンナーをやったの、万びきをしたのというような、そういうことだけではない何かの働きが自分に加わってきているのだ。自分をそうさせていくものがあるのだという問題を子どもたちはどこかでつかんでいるようです。だから理屈にならない所へ的をもってきて、そして親が悪いの先生が悪いのというようないい方をしているわけですが、そこには一寸の虫にも五分の魂ともいえるような、あるいはそういうふうにいってきたような、子どものあがきをその言葉の中にみることができると思います。それはちょうど、水におぼれた時にもがけばもがく程深くにはまり込んでいくと同じように、あがくことによってますます自分がわからなくなっていくという子どもの状況だと思います。水にじっと浮いていればその流れもわかりますし渦の存在もわかるわけですし、どこか自分のたどりつかなければならない砂場も目につくわけですが、それができずに渦に巻き込まれていくように、子どもたちは自分の存在についてじっと見つめることができれば自分の道をみつけだすこともできるけれど、そして自分の足で歩くこともできるのですが、それができなければ今の社会の渦の中に子どもたちは巻き込まれざるを得ないし、巻き込まれていくことが必至だと思うわけです。

考えてみれば、自分で自分がつかめずに、自分をもてあましているという程不安な状況はないだろうし、これ程気の毒な事態はないだろうと思うわけです。溺れる者は藁をもつかむというように、本当は何らかの形での助力を求めているわけです。そういう意味では子どもたちは心の底から「わかりたい」「知りたい」ということがいっぱいあるだろうと思います。

私たちは決して子どもの溺れている状況、もがいている状況を冷やかに眺めていたり、つきはなして見ているわけではないと思うわけですが、ただ遠くから声をかけて頑張れよといっているだけだとか、あるいは長い竹竿をだして助けるつもりでやっても、実際はその流れや渦の状況がわからずに、竹竿をやればやる程、子どもを向こう側へむけて子ども自身をもっと溺れさせていくというようなこともないとはいえないようです。また、子どもたちは自分で少し落着いてみれば必ずそこから抜けだすことができるのに、はたから「危いぞ、危いぞ」といわれるのでよけい自分がわからなくなり落着きをなくしてしまうといった状況もあるだろうと思うのです。そのために私たちは子どもの状況を本当によく見て、子ども自身が自分をとりもどすことに全力をそそがなければならないと考えるわけです。

先日も中津川の教育研究所で子どもの状況について話しあっていた時に、今の子どもの状況がどうであれ、子どもを信頼しきるという状態にわれわれがならない限り事態は解決するわけにはいかないだろうという話をしあったわけです。けれども、実際には信頼できない状況がいっぱいあるという問題です。それでも信頼しない限り事態は解決しないと思います。

今日の状況を改善していくには子どもたちを信頼する

以外にはないけれど、信頼できないというその矛盾を私たちが今深く考えてみなければならないのだと思います。

もし、子どもたちを信頼しなかったらそれはほとんどの子どもを司直の手に委ねるしかなくなってくるだろうという問題です。事件として発覚したものや、氷山の一角のようにでてくる事件は少なくてもたいていの先生が知っているようにそのかくれたひろがりは大きいものです。例えばある中学校でいえばいま間違いなく三分の一の生徒の喫煙状況があるだろうと先生が見ています。けれど喫煙の現場をおさえられてでてきたものはほんのわずかな数字です。そういうなかで例えば喫煙というものを一つとり出して、それを問題にして司直の手に委ねていくというやり方をしていったらおそらくその裾野は今の子どもの中の半分以上に拡がっていくだろうと考えられます。子どもを信頼しなかったら司直の手に委ねる以外にないわけです。司直の手に委ねないとしたら、信頼する以外にないというふうな、そういった現状なんだろうと思います。

じゃ、信頼するには一体どうするか、という問題なんですが、まず自らが信頼できない問題を自分の中ではっきりさせる以外に信頼していく道はないだろうと思います。子どもの側に信頼されるようになれということではないだろうと思います。自分の中からなぜ信頼できないのかということを自分の中でえぐりだしていかなければならないだろうという問題だと思うのです。

自分の中で信頼できない問題を問いつめてみる。子どもに信頼される以前に、教師が子どもを信頼しなければならない。教師はそういった立場を持っていると思うのです。どうしても自分がもっている子どもに対する不信感については、それが何であるか、自分の中になぜ不信感が生れているのか、そして不信感になっているのは一体何なのかという問題を自らで解きあかしてみなければならないだろうと思います。

そういう点では信頼できるかどうかの鍵は教師の側にしかないわけで、子どもの側に、信頼の鍵を委ねるわけには参りません。

それについていえば、個々の子どもの状況について個々の教師が自分で子どもを信頼できる鍵をみつけると同時に、子どもたち全体の状況について教師たちが、また信頼できる鍵をもたなければならないと思います。

教育という仕事は信頼のうえにはじめて成り立つものだろうと思うわけです。教育支配のひどさというのは、実はその成立基盤である信頼そのものを失わせてきたところにありますし、そこに今日の教育の危機があると思います。私たちは最も奥深い所から信頼をとりもどすことが何よりも大事なのだと考えるわけです。そして、結局のところ、信頼の鍵は何かといえば「内面を理解する」ということ以外にないという問題だろうと思います。

子どもたちの内面の真実としての生活実感を知ることは、また子どもたちが私たち同様に、「人間として苦しんでいる」ということを理解することなのだし、私たちが子どもと同じ共感を持ち得ることなのだと思うわけです。そういう意味では私たちも子どもたちもやっぱり兄弟でなければならないし、兄弟であるわけです。

「いつかやがて、みんなが兄弟になる日が必ずくる」という言葉がロシアの小説にありますが、「いつかやがて」ではなくて今、どうしても子どもたちとは兄弟にならなくてはならないと思います。そうしなければこの事態を解決することができないというところに私たちの新しい困難があると考えるのです。

支配のひどさが、人間と生活の基本をくずしたと私たちは今までいってきているわけですが、教育でいえば、それは教師と子どもとの信頼が基本的にくずれてきているという所にその支配のひどさがあらわれてきていると思います。その事実を私たちは自分の胸の中でかみしめてみるということが非常に大切なような気がするわけです。私たちはすべての子どもに対して本当に信頼しきっているのかどうかという問題です。

「そんなことといったってあいつはどうにもなりゃへんやっちゃ」とか、「あいつにはやっぱり適当にしておいてとにかく卒業させるまでは、じっとしておいた方がええんやないか」あるいは「あたりさわりをなくしておいた方があいつの為じゃ」などといっていて、本当に信頼しきっていない状況が実はあるのではなかろうかと思うのです。たいへんくどいことをいって申し訳ないわけですけれど、私たちが子どもを信頼しないとしたら、それは支配のわなにはまっているのだというふうにとらえてみなければならないと思います。私たちが子どもを信頼できなくなることこそ支配が求めている状況なのだということです。それは私たちの教育がまた支配としての教育としての性質を多分におびてきたということの証拠でもあるわけです。

信頼することはたいへん困難だと思います。けれど実は信頼することが今たたかいなのです。信頼を回復することだけが教育を真に真実のものにしていくたたかいなのだというように私たちは今考えてみなければならないし、それ程、危機は深まっているという問題だろうと思うのです。

信頼するためには内面がわかることだとすれば〝生活綴方このよきもの〟について私たちは改めて考えてみることが大事です。それはまさに八〇年代が生活綴方をより必要にしている一つの理由がそこにあるからです。

その生活綴方の実践は、書けない子がふえてきた。書かない子がふえてきたという中でまた新しい困難を迎えていると思うわけです。これからの丹念な基調報告や分科会の討論などで実践の問題はだされると思いますが、生活綴方の実践をどう進めるか、どう切り拓くかということはまたよく学びあいたいと思います。

ただ私は、本当に腰を落ち着けて、生活綴方の教育にとりくむべきときが今きたのだということを申し上げたかったわけです。そして申し上げたことは何かあたり前のことで、わかりきっていたことだと思うのです。けれどどうしても生活綴方が必要だということで、それは今、私たちが子どもたちとの信頼を回復するという立場に立つときにまた一つ、新しい勇気を持って底深いところからこの実践にとり組むことができるだろうということを感じましたので一言申し上げたわけです。いろいろご検討いただきたいと思います。

＊一九八一年一〇月一八日、恵那民教研主催の第三回生活綴方研究会での会長あいさつ。肩書は東濃民主教育研究会会長。『人間・生活・教育』九号（一九八二年三月二〇日）に収録。タイトルは編集委員会による。

◆論文4（一九八一年）

オーストラリア教育見学の旅の報告

――一九八一年度東濃民教研・冬季教育研究集会あいさつ

今回のオーストラリア旅行というのは、自主的でしかも民主的な国際教育交流の実現として、ある意味で画期的なものだったと考えるわけです。

特に規模としましても、東濃というこんなちっちゃな地域で、六十八名の集団を編成することができたこと、そして集団の内容では、保幼小中高の現場教師の混成、わけても平教員ばっかという集団内容でして、そういった小さな地域でそういった規模の集団で国際的に交流したというようなことはきっと全国にもないことなんではなかろうかと思うわけです。

また、内容としましては生活綴方の教育を中心とした子どもの現状と教育実践の諸問題といったことで交流をしたわけですけれども、そういったことも全国的には国際交流としてはないことだというふうに考えるわけです。

そういう意味で今回の旅行がこの地域では、もちろんはじめてのことですし、今までにない画期的なことだとも思うわけですが、全国的にみても教育の歴史の中でそういった規模で、こういうような内容で国際的な交流をしたということは全然聞いたこともないと思うのです。

そうした点から考えても、また今後この交流が更に発展していくということも見通しておりますけれど、発展いかんによっては教育史上にも残るべき交流だといえるのではなかろうかと思うわけです。

期日はきわめて短く、費用はたいへん大きいものであったわけですが、参加者に不満といったものは全く聞かれず、参加者自身の感激が非常に大きいし、そして職場での報告会も数多く開かれて、成果が多様な形で拡げられているということもありますし、既にその中で次の交流を期待しているような声があちらこちらで生まれているといったことを考えましても、他の国際交流と比べて随分違った印象をもつわけです。

このことはこれまでの他の形での国際的な教職員の交

流ということとは異質のものだと思うわけです。これまでこの地方でも外国の教育事情を視察にいくとか、見学にいくといったことはありましたが、それは教師の国際的な教育見学とか交流が実際には教育というのか、教師を支配する道具に使われている。そして教師の分裂とか差別とかいうようなものをうまく利用しながら、そして行政によって補助金をだして更に研修という名目でもって特別休暇をあたえて、そういう援助を行いながら行政の手で組織されてきたというものであったわけです。だから誰がどこへいくのか、どうしてその人が行くようになったのか誰もわからない。そして職場での関心とは全然別に、非常に特権的にその海外研修というものが取扱われて、帰ってきてからも行政へは報告するけれども職場で報告するというようなことは、もちろん義務づけられてもいないし、ほとんどないというようなことで、見学の成果は個人的にはあったと思うわけですけれど、個人の中に格納されてしまって、みんなのものにならないというのが普通だったと思うのです。それは、参加者の量が非常に限定されている、一つの地域でそんなに多くでかけるということはないので限定されているということにもよりますが、国際教育交流の目的だとか、あるいは内容だとか方法ということがすべてにわたって、性質として違ったものを持っているということに起因していると思うわけです。

その意味でも、今回の私共の交流がたいへん自主的で民主的な形で進められたというために、すべての面で非常に明るさを持っているということでは、その他の交流とはやっぱり違ったものとして今、成果がひろがってきていると思うわけです。

旅行の日程は、安藤先生が撮ってきてくれたいまの映画の中でもほぼわかると思いますが、一月四日成田空港を出発して、一月五日の朝、オーストラリアに入国しました。それから午後にメルボルンにいって市内見学を行い、一月六日の日は朝から晩まで、教育交流そのものに費しました。特にメルボルン市内の幼小の学校だとか、あるいは障害児学校の見学を終えた後、午後からはモナシュ大学を会場にして、オーストラリアの教師、子どもたちと直接交流会を行い、その夜はそれらの人々と一緒に懇親会をわれわれが招待レセプションとして行って非常に感激的な形でその交流を終えました。そのレセプションは九時半位に終ったのですが、現地の先生はうんと興奮してしまって、翌日の朝の三時頃までそこの会場に残って話しあいを続けていたようですけれど、それほど、現地の人たちにも大きな感激をあたえた交流だったと思うわけです。

次の日は主都キャンベラを見学して、その翌日にまた、シドニーへ帰ってシドニーを見学し、そして次の日の九日の夜向こうをたって、十日の非常に早朝に成田空港へ到着して帰国したというような点ではたいへん短い期間であったわけです。私はこの旅行では団長という任務をあたえられていたのですが、私は六日の夜から、ジェミィ・フェネシィさん、みなさん御存知の方が多いと思いますが一番向こうで世話をしてくれた中心の人で、現在、ニューカッスル大学の日本語科の講師をやっていますが、その人の家へ古屋先生と二人、招かれましてそこで二日程お邪魔したというようなことがあって、全体のコースとは少し離れた形で日程を過しましたので、一部分別行動になって全体の様子が全部はわからないということもありますけれど、全体の一般的な行動は先程の安藤先生の作ってくれた八ミリの映画によっておわかり頂いたと思うわけです。

旅行中は非常に日程がつまっていましたし、帰ってきたらもう途端に学校が始まったというようなことで、いそがしさに追われていて問題を組織的に整理しておりません。したがって報告といっても極めて断片的で私的なものにしかならないことをお詫びしたいと思うわけですが、たくさん時間もございませんので、報告としては今度の旅行の一番中心であった、生活綴方を中心とした教育交流についてだけ少しお話ししてみたいと思います。

その焦点は、六日のモナシュ大学での交流会が中心になるわけですが、会場には既に向こうで用意していてEna educationという看板が書いてあって、恵那の教育について話し合うという、そういったプログラムが準備されていたわけです。私たちの生活綴方を基礎としたこの地域の教育は、日本の中でも時々〝恵那の教育〟と呼ばれていたのです。そういう形での関心があったわけですけれども、ジェミィ君がオーストラリアで事前に作製し、そしてみんなに配布していてくれましたチラシがありますが、そのチラシにおいても〝恵那の教育〟ということが題でEna educationといっており、そしてなかみとしては生活綴方ということで、彼はWriting about Lifeと訳した形で言いますけれど、そのメソッドとして恵那の教育が、生活綴方の教育なんだと理解されて、同じ意味で使われていたようにも思うわけです。

私たちは交流会の最初に、オーストラリア訪問のあいさつを全体として行い、それをジェミィ君に通訳してもらったのです。訪問の経過や目的と共に、私たちが考える生活綴方教育についての見解だとか、その効用性について一応あいさつの形で申し上げましたが、それが交流会のきっかけになったわけです。たいへんつたない挨拶でしたが、公式的な意味で私たちの立場を伝えたものですので、ここで紹介しておきます。

オーストラリアの教師と子どもの皆さん、とりわけ、生活綴方の教育に関心をお持ちの皆さん、今日は。私は、今日の教師交流団の団長の石田です。

皆さんの折角の夏休み中にかかわらず、私たちのために、こうしてお集りいただきましたことを、感謝いたします。

私たちは日本のほぼ中央に位置する岐阜県の東濃・恵那地域で、生活綴方の教育を大事にしながら、日本の民主主義的教育のために活動している東濃民主教育研究会に結集した教師集団の有志ですが、今回のオーストラリア訪問中に、皆さんにお会いできましたことを、たいへん嬉しく思います。

本日は、皆さんと一緒に、今日の子どもたちや教育の状況、そして生活綴方教育の有効性について、率直に意見を交換しあって、日本とオーストラリア双方の教育についての理解を深め、また教師間の友好を深めることができることを希望しています。

いま、地球の北半球は冬の季節に入っていますが、日本ではこの時期に、二週間ほどの休校がおこなわれています。私たちの中には、幼稚園、小学校、中学校、高等学校の教師が含まれていますが、私たちがこの冬休みを利用して、いま、オーストラリアを訪問しています理由と経過について少しお話させていただきたく思います。

いまから四年前の、一九七九年に、ここでいま通訳してくれていますミスター・ジェミィ・フェネシィが、日本の東京大学に留学していました時、彼は日本の生活綴方教育に興味をもち、その教育を集団的に実践している私たちの地域を訪ねてくれました。

彼は、私たちの地域での生活綴方教育を、よく研究調査し、オーストラリアへ帰ってからモナシュ大学の卒業論文にもまとめましたが、それと同時に、私たちの地域での生活綴方教育をオーストラリアで紹介してくれました。ベンディゴで発行されている新聞などで、私たちはそれを知りました。

そして一九八〇年二月に、私たちは彼を招いてオーストラリアでの生活綴方教育についての反響を聞く機会を持ちました。その時の彼の演説は、私たちの研究会の機関誌に永久の記念として掲載してあります。

また、私たちの地域での生活綴方を基礎とした教育は、日本の中では「恵那の教育」という名で呼ばれていますが、それは「新幹線教育」といわれます一般的な日本の能力主義的な差別、選別の教育に抵抗する意味をもっています。

現実の生活が実感としてつくりだしてきている自分の心の中の人間的真実をだいじにして、その実感をうみだしている生活の事実をありのままにみつめ、綴ることは、新幹線にくらべて実にまどろっこいローカル列車のようなテンポにしかなりません。けれど、このテンポこそ、人間が現実生活とかかわりながら、自己をつくりあげてゆく、本当の人間的テンポなのだと思うのです。

この生活綴方の考えは、経済大国や軍事大国をめざす日本の支配層には役立たないだけでなくて、邪魔な考えにもなるのです。だから、生活綴方の教育は、日本の政府は推しょうしませんし、むしろ抑圧することの方が多いのです。しかし私たちは、この教育の中にこそ、本当に科学と道徳を統一する基本があると思いますし、子どもたちを真に自立した人間に発達させる鍵があると思いますので、支配層のさまざまな抑圧に抵抗して、この教育の実践に努力しているのです。

詳しくお話していることはできませんので、よくわかっていただけないと思いますが、ミスター・ジェミィ・フェネシィは、私たちの教育についてのこの考えをよく理解してくれているのです。彼が「恵那の教育」と生活綴方の教育について理解し紹介してくれていますことは、大変に正確ですし、その教育についての彼の見解は、教育学的に極めてするどいものがあって、私たちもいろいろ学ぶことが多かったのです。こうしたことから、私たちはミスター・ジェミィ・フェネシィを、私たちの教育をよく理解してくれている、オーストラリアの友人だと思っていますし、恵那の教育を国際的に紹介してくれた最初の恩人だとも思っているのです。（ミスター・ジェミィ・フェネシィ本当にありがとう。）

この彼が生活綴方の教育について紹介し関心をひろげてくれたオーストラリアの地に是非来てみたい、そして、子どもたちや生活綴方の教育に関心をお持ちの教師の方々にお会いして、いろいろ交流したいという願いは、いまからちょうど一年前の一九八一年の一月に話しあいました。

その頃、二度ほど私は彼に手紙を出しましたが、どうしたことか、いくら待っても返事が届かないのです。どうも彼の住所が変ってしまっていて私の手紙が彼のもとにとどいていなかったようです。そのうちに私たちの方では、勝手に準備だけを進めてきたのです。そしてやっと、十一月の末頃に連絡がついたのですが、そのためには、大変な助け人がいてくれたのです。

ちょっと紹介します。その名は、ミス・トモコ・アンドウです。

彼女は、昨年三月まで、私たちの仲間として恵那の下原田小学校で教師をしていましたが、オーストラリアでの新しい生活を求めて、五月頃からシドニーに来ていたのです。現在も、また、これからもシドニーで生活されると思いますが、その彼女に連絡がついて、彼女がミスター・ジェミィ・フェネシィのアドレスやテレホンナンバーを調べてくれたのです。彼女は、モナシュ大学やベンディゴの市長、新聞社、またジェミィの自宅など、あちらこちらに「ジェミィよ何処に」と便りをしてくれたのです。

その結果、十二月のある日、ミスター・ジェミィ・フェネシィとの電話連絡がとれたのです。私たちの出発まで一ケ月もない短い期間しかなかったのですが、私は、ミス・トモコ・アンドウに感謝しながら、ミスター・ジェミィ・フェネシィに今日のことについて、いろいろ注文しました。

彼も快く引受けて、面到な注文に応じてくれたのです。ミス・トモコ・アンドウとミスター・ジェミィ・フェネシィのご親切、ほんとうに感謝いたします。

さて、最後に一言だけ申します。

私がまだ子どもだった頃、太平洋戦争で日本はオーストラリアともたたかい、人間魚雷がシドニー湾まで攻めました。軍国主義日本は戦争に負けましたが、あの侵略戦争の間違いを、敗戦の日まで気づくことができなかった私は、その後、教育の恐しさについて考えました。オーストラリアの国民に迷惑をかけ、損害をもたらしたあの侵略戦争は、日本国内では国民を無知にすることによって実現しました。その意味では、教育によって人々を無知にすることもまた可能なわけです。

いま、北半球の大国では、核戦争の準備をはじめ、戦争の危機がひろがっています。日本の政府もまた、環太平洋構想といって、オーストラリアを含めた太平洋に面した国々でアメリカの戦争政策に協力する体制を作るために努めています。

私たちは、どんなことがあっても、戦争によって人々が殺しあうことに反対しなければならないと思います。そのために、かつての侵略戦争に奉仕した教育を反省して、「教え子を再び戦場へ送らない」を合言葉にして、知識が人間の幸福を生みだす平和と民主主義の教育のためにたたかっています。

平和と諸国民の友好に役立つ民主主義的教育は、また真に人間的な教育であるべきものだと思いますが、生活綴方の教育方法は、その点で有効性をもつと信じます。

本日、こうしてささやかな形でも、海を越え、国境を越えて、日本とオーストラリアの教師が自主的に交流する機会がもてましたことを心からうれしく思いますが、この交流が、二十一世紀へ向けて、私たちと皆さんの国の平和と友好の灯となって燃えひろがることを切に希望します。

オーストラリアと日本両国の、子どもたちと教育の民主主義的発展万才。

これに対して、時間がたいへん少ないということもあって、向こうの側の生活綴方についての関心を誰かがまとめて全体会議で報告してくれるという時間がなかったために、向こうの生活綴方についての関心は、あとの個々の話の中でしかわからなかったわけです。だからオーストラリアでの生活綴方の教育についての全般的な関心状況を正規の形で聞くということなく、三つの分散会に別れまして、自由に質問して交流しあったわけです。

そこでは、大体通訳なしでしゃべれるという者は誰もいなかったような気がするのですけれど、まあ買物程度やちょっとした他のことなら間にあった人はあるのかも知れませんが、英語をたくさん知っている先生もおられたわけですが、向こうの言うことを全部聞いてすぐ日本語にさっと訳すことができるという形で自信を持たれた方はその時にはいなかったようです。だから通訳はバスのガイドさん、これは日本人の方ですが、それからジェミィ君というような人にやってもらったために、こちらで言う言葉も訳し方で違うというようなことがあったりして、なかなか真意を伝えあうということには手間どったかと思うのです。そういう意味で、生活綴方そのものについてはその交流会の中で充分話し合うということはなかったと思うわけです。けれど、子どもの状況や教育現場の問題というようなことは、非常に断片的な形でのやりとりになるわけですが、そういう中では随分いろんな問題がお互いにはきだされていたような気がするわけです。

例えば「オーストラリアの教育現場での実際的な教師の悩みというのは一体何ですか」といった意味の質問をすると、「そりゃあ、子どもが学習に集中しないという時非常に悩みます」というような答え。そこで「そういう時にどうされますか」ということを質問していくと、「集中しないにはそれなりの理由があると思う。教師はその理由をつかむように努力する。けれど授業にあたっては教師が子どもが集中できるための教材や方法について工夫をこらすということが非常に大切だと私たちは考えている」という意味の、向こう側の教師の言い分になるのです。たいへん私たちと似た形で問題関心があるんだなあということを感じるわけです。

一つの例で言えば、子どもが授業中に日本で言えば手無駄事をしたり、なんかおもちゃなんか持ってきて遊んでいると、そうするとそれよりももっと関心のあること、もっと興味をひくことを教師は考えついて黒板にもっと違った関心のあることを展開してゆく、そのことによって子どもは手無駄事以上にそこへひきつけられてくる。そういうようなことを教師は絶えず考えなければならないという意味の、そういうふうに理解されるようなことを向こうの先生が言うというような具合で、さっさっというようなことにはならないけれど、いろんな質問のやりとりがそんな形で進められていったと思うのです。

私の参加した分科会では、ちょうど、ジェミィ君のお母さんがたまたま参加されていて、ある人が「九人も――ジェミィ君は九人も兄弟があるわけですが――子どもを生んで、一体何を重視して子どもを育ててきたのですか」というような質問をしたのに対して、そのお母さんは「何よりも両親が、夫婦がいつも愛情で結ばれて信頼しあっている姿を子どもたちに見せるということを、子どもが具体的にその姿を見るということだけを私たちは教育の中心にしてきました」と返答されるということがありましたが、それを聞いて私は、日本ではこんなふうに、きっと答えられる母親は少ないのじゃあないかしらんと思ってみたりしました。ひょっとすると学力がつくように、大学へ行けるように頑張りましたというようなことを言ってしまうのではないのかなあと思ったのですが、ジェミィ君のお母さんは、九人の子育ての一番の中心の課題が自分の生き方にかかわって、自分がどう人間らしい夫婦として生きていくのかという、自分の生き方そのものなのだと言われたので、なんかたいへん感心もしたわけです。

そして、そのお母さんが、これは通訳の仕方と私の解釈である意味勝手な解釈になるのかと思うのですが、日本の高等学校等、後期中等教育という段階において、教師の思想と子どもの個性ということで社会的に矛盾しあう場合はないのかという意味の質問をされたと思うのです。けれどその通訳の訳し方が非常に複雑に訳してくれるので、ちょっと質問の趣旨がわかりかねて、その時こちらでは誰も返答できずにその質問は空白になってしまったというような場面もあったりしました。私自身もあとから考えるとそういうことじゃないかしらんと思うわけですが、その時は咄嗟にははっきりしなかったのです。このように、非常にハイレベルの論議も時にはあるわけです。

子どものからだの問題では私も交流会ばかりでなくいろんな形で話しあったのです。日本にあらわれているような体の危機的状況ということを説明して、オーストラリアの子どもの体についての問題を質問しても、これもまた通訳の仕方や関心の持ち方がちがい日本流の心がないので、なかなか話が通じあわなかったのです。何か、体力向上のために、運動能力の点では頑張っているような話になってしまって、子どもが転んでも手がでないという話をしてもその意味が、向こうの人はちっともわからないのです。何回も繰返したり、妙な言いまわしでやっているうちに、子どもの体のことについて私にわかってきたことは、オーストラリアでは肥満児の問題があることです。

確かに町で見かけるときに少し肥満の子を割合いに多く見るのです。日本で十年ほど以前に問題になったような形で、肥満の子がふえて少し苦になるということだとか、あるいは、朝からねむたい、日本流に言うと朝からあくびという子がいて、それについて先生が苦にしているということがわかってきたのです。朝からあくびという子に対してどうするのかということでの対応の問題ですが、たとえば私が聞いた話で言いますと、向こうでは教師がそういう子どもを発見すると、あくびをして眠たいような子を教室においても勉強にはならないので先生は学校のベッドへつれていって、子どもを寝かせてやる、そして眠気をさましてからまた教室へつれてきて勉強させるというのです。日本の教育とは大分違うというわけですが、のどかさみたいなものを、体に対する対応の中でも感じるということもあったわけです。

またその交流会の席ではないのですけれども、私はちょうど、それ以前に見学した学校で、小学校の校長さん、女校長さんと話し合う機会がありまして、食事など一緒にしながら、というと対等平等みたいですけれど、まあ食事は対等平等だけれど話し方はとんと対等平等にはならず、私の方が無口であっちの方がしゃべるとわからないので、通訳がいないうちは困ってしまい、ジェミィ君が通訳してくれてわかるという、たいへん言語的には不平等な、そういう話の中で体の問題についての話し合いをしましたが、例えば日本と同じ基準でというか、一定の項目でもって、あなたの学校の子どもたちと私たちの地域の子どもたちと共同調査をして、そのデータを比較するということをやりたいと思うがどうでしょうか、と言ったのに対して、その校長さんは、ＯＫ、ＯＫ、非常に結構です、やりましょうや、ということで約束したといえば約束したこともあります。

で、分散会での話というようなことは、大体こうしてさまざまなことを断片的にだしあったというのが中心だったと思うわけですけれど、全部のだされた話を集約しておりませんし、まして自分の参加した分科会の話すら忘れてしまっていることがたくさんあって、改めて旅行委員会の方でまとめて、一体どういう話をどういうふうにやったのかということは整理して頂きたいと考えるわけです。

とにかく、子どもと教育について、生の問題と直接の関心事で具体的に意見が交換しあえたということでは、教師としての共通性について、人間的、あるいは職業的に、まさに教師なんだなあということがお互いに実感しあえたということを私は感じているわけです。

ところで、問題の生活綴方教育が分散会で直接話題となったのはあまり多くなかったと思うわけですが、私がその後、個人的にジェミィ君に聞いたりした所では、オーストラリアでの生活綴方教育についての関心は、日本の子どもの綴方作品を彼が英文に訳しておりますけれど、そうしたものを教師が読んで、子どもが生活の事実を通して自らの内面を明らかにしていくということに非常に驚きをもって、何よりも教育としてそれが行われているという点に関心の中心があるというように、まとめていうと理解できると思います。

それは日本でいう、子どもをつかむということがオーストラリアの教師の必要性になってきている所に根があるからなんだなあといろんなことを通じて考えるわけです。

オーストラリアは日本に比較すれば、社会の構造的危機といわれるものがまだ浅いし、生活全体のテンポが非常に人間的で、いわば全体がスローリーな状況なんです。ハイスピードでからからからというふうではなくて、人間のテンポとして快適なテンポでいろんなことが進められていっている状況があります。そのテンポは私が感じる限り、日本でいえばちょうど一九五〇年代から一九六〇年代のはじめ位の人間のテンポのようですが、そこへ北半球の先進資本主義諸国の文化が急速に輸入されて、伝統的なオーストラリアの生活に非常に大きな変化を生じているようです。

そういう中で子どもたちの新しい思考の状況も芽生え

てきているようですし、何よりもこれまで、土着的にそこにあった生活を通した教育力といいますか、生活的な教育力という点がゆらぎ始めてきている状況がオーストラリアでやっぱりあらわれてきているように思うのです。したがって、子どもたちのことについて非常に因難な状況が今、日本とは違うけれど、オーストラリアにも、やっぱり同じ質の問題としてあるように思うのです。そしてまた、オーストラリアという国、オーストラリアに限らずヨーロッパ全体といったほうがよいのですが、その国では、内面の真実というか、心の問題というのは、宗教の関係で神にざんげするという形で心の悩みをとく、そういう宗教的生活が、教育の役割をある意味では非常に大きく果たしているわけです。

そういうふうに心の問題というのが、教育とある意味、切りはなされてすまされていたし、それが生活としてうまく調和していたという状況のようですが、それが神に嘘をつかねばならないし、ざんげすることができないような、社会状況の矛盾というのかそういうようなことが非常にたくさんあらわれ始めてきているという状態もやっぱり見受けられるわけです。従って、宗教と教育の結合というのですか、それの生活的な結合によって、心は神様で知識や技能は教師や学校でという伝統的な様式では間に合わなくなってきたとも考えられます。

だから、学校へは社会矛盾が子どもを通して、もろに持ち込まれるため、教師は神の役割を持たなければ教育ができなくなってきたというように私には考えられるわけです。

例えば、私が直接、ジェミィ君といっしょに参観したある障害児の施設では、その施設は孤児でしかも智恵おくれの子たちの施設なのですが、「あの子は自分で、自分の兄さんが親父さんに殺される場面を見てきたんだ。しかも、その次はお前だぞといって親父さんが言った所を自分が殺される寸前にとびだして、孤児になった、そういう問題をもつ子ですよ」ということをそこの学校の先生がある子どもを指さしながら説明してくれたのですけれど、そういうような家庭悲劇みたいなものも随分あるわけです。あるいは非常にはやい移動で底辺層の人々が渡り歩くという事態もいっぱいあるようです。

そういう意味ではただ単に神では心が救われなくなってきているということで、社会矛盾が子どもたちの現実生活を通してもろに学校へ来るという状況が、日本ほど激しくなくてもやっぱり生まれてきているのです。いわば、現実生活がつくりだしている外面のゆがみは、どうしても内面、心を抜きにして是正することができない事態に直面している社会状況があるように思うのです。それが、内面から子どもをつかむ必要を教師に生みだしてきているし、その点で生活綴方教育への関心を高めさせてきているのだというように考えられたわけです。

したがって、オーストラリアにも、いわゆる作文といいますか、コンポジションという意味での作文は教育としてもあるわけですが、ジェミィ君がいう生活を綴るというような、日本でいえば生活綴方という意味での綴る意味が、新たに理解されはじめたところに今日的状況というものがあるわけです。

かつて、ゴーリキーが教師は魂の技師であるべきだと言ったと同じ意味で国際的にも教師たちが魂の技師にならなければならないし、生活綴方の効用が、魂そのものを教育の上にもちだすことができる、そういうものなんだという点で国際的に拡がっていく可能性をもつし、現に国際的な反響を生みだしている、あるいは同じように理解されることがあるのだなあということを感じたわけです。

そうしたことから、全く私の推測になるわけですが、オーストラリアでは生活綴方の教育については、まだ教師が日本の子どもの綴方作品を読むことで、どうしてこんなことが書けるのか、学校でどうしてこういうものを書かせるのかというようなことを中心にして、子どもをつかむ問題としていろいろ議論しあっておられる段階ではなかろうかと思うのです。

言葉が通じないし、また話している時間が非常に少ないので教師たちの議論の内容を聞くということができなかったので、したがって推測になるわけですが、Writing about Life とジェミィ君が訳しているそういう生活綴方作品がまだ、実践結果として、文集にまで組織されている様子はみられなかったのです。

けれど、今のオーストラリアの教師たちの議論は必ず実践を通して作品化され、文集となってあらわれるというふうに私はみているわけですが、その時こそもっと深い交流が可能なのだし、本当にその時こそ、もっと私たちは真剣にいい交流をしなければならないのだと感じたわけです。

学校見学や生活綴方教育での交流の他、私はフェネシィ家へ泊まったというようなこともありまして、そこでの人間信頼だとか、相互理解の状況や、あるいはフェネシィ家にみられる家庭教育の問題だとか、また、ジェミィ君に案内されて、小学校や障害児施設その他を訪れて学んだことなど、更に、フェネシィ家の子どもたちをはじめ多くの子どもたちに直接、接してみて感じた子どもの問題等、報告したいことはいっぱいあります。

その他、ジェミィ君が特別にぜひこれだけは見ておくべきだということで、強行軍で私を案内してくれた場所がいくつかあるのですけれど、それは社会のさまざまな裏面とでもいうようなところで、矛盾の集中している社会底辺地帯でした。例えばシドニーのキングス・クロスという地域へいくときに彼は、ちょうどここは日本でいえば新宿歌舞伎町のような所でそこへ行けば、今の非行はでていますよ、というようなことでいろいろ案内してくれたのですが、まあ、おるわ、おるわ、日本ほどたくさん目につかないけれど、非行風俗といわれる青少年の姿が目立っていました。本当に頭もかわっていてやっぱり紫なんか着ていたり、所々の町の辻々に立っているのが売春婦であったりするのです。それらについてジェミィ君は、今、ラリっとりますよなどと一々説明してくれるわけです。

そういった社会の裏面といいますか、底辺部分というものの実態をどれだけか知って、オーストラリアが必ずしものどかな、牧歌的な社会ではないのだということを是非理解してほしいと彼は私に強調してくれたわけです。またそれに近いような場所にあるパブへ彼がつれていってくれた時、そこであったある青年労働者や、新聞記者としてのジャーナリストのことも忘れられません。それがまた非常に気易く話しかけてきて、ジャーナリストの日本での役割は何ですか、というようなことを私に質問するのですが、それからいろんな話をしてみました。ジェミィ君が通訳としてそばにいてくれるのでいくらでも話ができるわけですが、その話をしている中で向こうのジャーナリストはやっぱり、社会不正に対してたたかうというジャーナリズムの使命を非常に大事にしているということが一面わかったりしたのです。そういうことを含めて、いっぱいお話ししたいこともあるわけです。

また、特に、ジェミィ・フェネシィという人間のその偉大さという点でも、私自身は多くのことを知り得たし、話しておかなければならないという気もしますが、それも時間がないので今日はやめたいと思います。


――以下略――

＊一九八二年一月二三日、中津川文化会館での一九八一年度東濃民教研・冬季教育研究集会でのあいさつ。『人間・生活・教育』二〇号（一九八二年六月二七日）による。冒頭一部略。石田はこの中で、オーストラリア教育見学の経過と意義を報告した。

◆論文5（一九八三年）

「ひどい」「ひどすぎる」その本質

I

「ひどい」「ひどすぎる」ということが、実感として肚の底にたまる昨今である。八〇年代が激動の年代として、ひどさを増してくることは予測されていたしどれだけか心得てもいたが、こんなに矢つぎばやに「ひどさ」がひろまり深まってくることは、八〇年代のはじめには予想できなかった。

　特に、中曽根内閣が成立してから、まだ半年にもならないのに、戦後の支配がつくりあげてきた反動的な予定路線が、既定路線として位置づけされ、その路線をさも当然の如くに大手をふって歩みはじめた「ひどさ」は、あまりにも「ひどすぎる」のである。

　日米運命共同体、不沈空母、人勧凍結、臨調遵守、総理中曽根としての靖国参拝等々は、核戦争と生活破壊、ファシズム化への反動路線を、ルンルンと翔《と》びはねている鼻うたであり足どりであるとしか感じられない。

　そして、そのルンルン気分で言いだしたのが「教育臨調」なのだ。しかもその言い出し方がふるっている。外交のことばかりでは反発を招くから内政を重視するのだ、といって教育臨調を出してきたのだが、何もそれは外交と別物ではない。日米運命共同体観による日本の不沈空母化の一環でしかない。空母があっても乗組員がなければならないし、肉弾的な戦闘要員が無数に必要になるからだ。その肉弾的戦闘要員を無数に補給する保障がなければ日米運命共同体が成りたたないのは当然だからだ。

　中曽根内閣は教育臨調の手はじめに、青少年の非行化防止対策会議とやらを設置したが、それが功を成さないのは目にみえている。自民党政治のこれまでの政策の中で、子どもたちの非行化の根を育てておいて、その根に目をつけ、メスをいれない対策会議をいくらやってもラチがあかないことは、当の設置者がいちばんよく承知のことだと思う。だからその対策会議は教育への権力介入のかくれみのにしておいて、本当は教育臨調を仕上げたいのだ。

そして、その教育臨調はどういうものかといえば、彼らの非行防止策の中ですでに本音はのぞかせている。それは、今回の統一地方選挙の中で、中曽根総裁の自民党がしきりに宣伝した「日教組組合員数と子どもの非行が比例する。それは日教組組合員が違法行為をして範を示すからだ」という事実無根のデマゴギーがそれなのだ。

何のことはない、種は明かされているのだ。教育臨調操作によって、憲法違反を合理化し、内閣全体の行政権限で教育規制を強め、教育内容支配を貫徹するための教師統制を強化するというわけだ。そしてその教師統制がどんな程度のものであるかは、先のデマゴギーの内容をみれば想像がつく。目茶苦茶のウソをかためるのだから、それなりの無理強いしかないわけだ。その無理強いが行政機関と管理職を通して、学校と教師に押しつけられてきているさまが「ひどい」し「ひどすぎる」ことになっているのだ。

だから、いまの「ひどさ」は、行政、経済、軍事における臨調路線での生活圧迫と民主主義抑圧のうえに重ねられてきている、教育臨調の先行的なあらわれがもたらしている二重の「ひどさ」でもあるのだ。それは経済のうえではどうしても教育と福祉を切り捨てておいて、それでもって不沈空母の肉弾だけは是が非でもつくりださなければ「ロン・ヤス」と呼びあう親しみをこめた日米運命共同体の約束は果たせないからだ。その点では安あがりの人材確保といわれた高度経済成長期の教育投資論による人づくり政策より、今日の教育臨調構想にもとづく不沈空母化のための人づくり政策は、もっと「ひどく」「ひどすぎる」ものにならざるを得ない矛盾をもっているわけだ。

そうした意味で、昨今の「ひどい」「ひどすぎる」教育状況は、日本の不沈空母化のための臨調路線の先行的な施策のあらわれがもたらしたものだと考えるのである。

Ⅱ

ところで、日本では明治の昔から教育支配のポイントには教師への管理統制と抑圧を強めることで、その市民的、教育的自由を奪い、教師の人間性をゆがめながら、子どもたちへの伝声管に仕立てる方策が貫かれてきた歴史がある。

戦後の教育においてもその支配ポイントは変わらない。一九五四年に教育二法で、教師の人間的、政治的自由を極度に剥奪して以来、五七年の勤評実施、五八年の校長管理職手当実施（六〇年には教頭にも）、六三年の岐阜県教育正常化攻撃、七四年の教頭職法制化実施、七八年の主任制度化、七七年の岐阜県第二次教育正常化攻撃など、直接に教師を対象にした統制と抑圧が強化されてきた事実がある。

これらはすべて、教師への管理統制を強めることで、教育の中央集権と、指導要領にもとづく国家主義教育の貫徹をめざしたものであるだけに、教師抑圧の深まりはまた、指導要領の実施強要の「ひどさ」となってあらわれてきたのである。戦後初期には、試案でしかなかった指導要領が、いつの間にやら基準になり、現場では「参考として」が「添って」、「もとづいて」、「則って」、「通りに」と受けとることを強制されてきたのであるが、この受けとり方の変化こそ、教師抑圧による教育支配の本質の、教育現場への浸透の深さを物語るものなのだ。

昨今の「ひどさ」は、この、指導要領の「通りに」を、単に規制の用語としてだけでなく教育実践そのものとして具体化し、日常化させるための管理統制の「ひどさ」であるが、その中心は計画体制の強化におかれている。

一つは、指導要領の基準に一歩も後れたり越えたりすることのないカレンダーの作成であるが、それは、領域別の時間数確保を最大の要点として作られるのである。

二つは、カレンダー実施の内容を指導要領の効率的な具体化とさせるための、全領域にわたる各種指導計画の作成と、その計画をカレンダー通りに実施するための週案（週指導計画と実施報告、自己点検薄）記述と提出の強要である。

三つは、週案にもとづく実践の効用を高めるための企業内教育的な研修への参加強制と教師の洗脳であるが、それは指導要領的精神の注入と技能訓練として多様な形態で数多くほどこされるのである。

四つは、教育現場に対し以上の三点を綜合的、集中的に点検しながら、その徹底を図るための、各種指導?訪問を強めていることである。そしてこの訪問は、訪問する指導?者が、指導要領の徹底にどれだけの技倆《ぎりょう》を示すかを、更に上級の指導?官に験される場であるだけに、現場管理者の能力?が計られることとあいまって、指導要領通りということで異常な「ひどさ」をつくりだしてくるのである。

これが今日の計画体制強化の主たる内容であるが、支配はこの体制強化を有効的にすゝめる道具として、行政機関のもつ人事権限をフルに活用しているのである。いま、ここではその人事権の乱用状況については述べないが、人事権の悪用・乱用が現実的に存在しているが故に、計画体制強化が「ひどい」「ひどすぎる」こととしても通用しているわけなのだ。

Ⅲ

今年三月末の人事異動期に、恵南教育研究所は、目的、内容から研究の文字を抹消して研修の文字に統一する変質を遂げると共に、管下の地教委の保持すべき教育内容と指導権限の一切を、地教委自らに放棄させ、恵南教育研究所へ委託させるという暴挙を強行させた。それは、指導要領の徹底と貫徹は、地域に直接責任を負う限り、地教委では指導?不能であるとみなしたための措置であるだろうが、これはいかにも「ひどすぎる」。

地教委に教育長の専決事項である教育内容の指導権限のすべてを、教育研究所へ委託させておいて、同時に教育研究所の所長が任命する副所長や主任を、各町村地教委の主幹や主事に委任するよう教委規則を改めさせ、実際には恵南教育研究所の専任が地教委権限を背景にして管下の学校・教師に指導要領の徹底を指導?するのである。これで各町村地教委の存在と恵南教育研究所による統一的な教育内容指導?とにつじつまを合わせたつもりなのかもしれないが、学校が市町村立である限り、そんなごまかしでつじつまが合うものではない。やはり地教委は直接、住民に責任を負うことができる教育内容の指導行政を考究せねばならぬはずであるからだ。

いま、ここでは現状の非力化された地教委が、本来の機能を再生する方策について述べているゆとりはないが、地教委の非力は行政管理下にある学校の教師と、地域住民との合意にもとづく下からの支えに依拠しないかぎり本当には回復できないことだけは明らかなのだ。それなのに非力をお上の仮面にすがって有力化しようとするのは、「虎の威を借りた狐」の業で、それは教育内容だけでなく財政、人事を含めてすべての権限をお上に捧げつくし地教委の主体性と自主性を放棄する結果を招くことにしかならないからだ。

それはすでにあらわれはじめている。昨年度来の人事異動で、無理に異動希望を強制させせられた教師はもちろん、具申権をもつ学校代表（管理）者である校長も、また町村立学校の管理行政権者であり内申権をもつ地教委（教育長）さえも、お上の達しがなければ何もわからないという暗黒人事がおこなわれ、教育現場である学校そのものの人事構成が、学校所属の当事者や学校管理の責任者の手からもぎとられている事実となって示されたのだ。

＊　＊

ともあれ、日米運命共同体としての日本の不沈空母化のための臨調路線は、教育臨調となって地教委の非力化を無用化にまですすめながら、支配が直接、教育現場と教師を掌握するスピードを速めている。そしてそのねらいが不沈空母化に間に合う子どもたちの教育にあることは間違いない。だから、支配の中心は教育内容である指導要領の徹底を、教師自らが使命として遂行する体制づくりに置かれるのだ。そのとき、カレンダー、指導計画、週案の強制が必要になるし、研修が強制の道具となって作用する。そして、その体制づくりは人事を最大の武器としてすすめられるのだ。いま、教師の実感となっている「ひどい」「ひどすぎる」状況の内実は、こうした支配が教師の肚《はら》の中であがいている姿であるわけなのだ。私たちは、この「ひどい」「ひどすぎる」現実を自らの実感を通して正しくみすえることによって、支配の意図を挫折させる草の根の路と方策を、また、自らの本音としての教育的良心の中に展望せねばなるまい。

＊『人間・生活・教育』一二三号（一九八三年五月二〇日、冬・春季号）による。中曽根内閣の下での教育臨調、そして臨時教育審議会による教育改革の流れの中での、恵那地区での教育支配の体制の本質の分析。署名は碇充照（ペンネーム）。

◆論文6（一九八三年）

生命の尊さを語り合おう――性のめざめとつまずきをつかむ

1　内面の不自由さを増す性

つまずいている性のめざめ

「性のめざめとつまずきをつかむ」という題を与えられましたが、まとまったお話はできないと思います。その点、はじめにおことわりしておきます。

今、東京、池袋の駅を降りまして、会場へ来る途中に、女子高校生の人たちがバレンタインデーのチョコレートの話をしているのを耳にしました。あの人たちはもう春のめざめを過ぎている時期だと思いますが、その会話の中にも、どれだけかめざめのつまずきを感じたのです。

今の子どもたちの春のめざめは、どこかつまずいているような感じが多いのですが、実際のところでは、つまずきながらめざめていくといったのが、ほんとうの状況ではなかろうかと思うのです。

私は、一九七〇年ころに子どもたちの遊びのさまだとか、あるいは教室での子どもたちどうしのやりとりのようすだとかを見て、性について一九六〇年代までとは何かちがった状況が生まれてきていることを感じ、これは放っておけないと思い、性についての学習を子どもたちといっしょにすすめるようになりました。

きょうは私どもの地域、恵那（岐阜県）の子どもたちが綴ったものを借用して、「性のめざめとつまずき」のようすをながめてみたいと思います。いま、性のめざめの時期を迎えた、六年生の女の子の書いた文を紹介します。

心配だから早くおしえてほしい

六年　女子

私が今、一ばん気にしていることは、おかしいことかもしれんけど、いつから、ブラジャーをはめるかということだ。

どうして、そんなことが、くになりはじめたかというと、四年生のSちゃんと話していた時、出た話からやった。

Sちゃんのおねえさんは、中学二年生やもんで、私もらい年のことを思って「中学になったら、ブラってはめるのかね」ときいたら、「うちのおねえちゃん、ふつうの時は、あんまりはめんけど、運動する時、いつもはめるに」と言った。

私は、(どうしてやろう、ふしぎやなあ)と思って、「どうして」ときいたら、「運動する時、ゆれるら、ほやもんで、形がくずれるんやと」と言った。(どんなふうに、くずれるんやろう)と思って、「どんなふうに」ときいたら、「ひねくったりするかもしれんに」と笑いながら言った。

私も笑いながら、そのことをきいて、考えとった。(ほんとうにそんなふうになったらどうしよう)と思いながら学校へ行った。そうして、そのことはしばらく忘れていた。このあいだ、かいだんをいそいでおりていきようったら、少しおっぱいがゆれた。私ははっとして、Sちゃんの話を思い出した。(だいじょうぶかな、形がくずれんかな)と思うようになったら、もうそんなにいそいで歩けなくなってしまった。

それから、そのことがずーっとくになりはじめた。(K子たちは、いつからはめとるのやろう)とか、(早くはめんと形がくずれるかもしれん)と思ってみたりした。みんなと話したいなと思っても、はずかしいもんで話すのはやめた。

一日か二日たって、どうしても心配だったので、Y子に話してみた。「あのよう、ちょっとおかしいけど、四年の子にきいたことやけど、運動するとよう胸がゆれて、へんなふうになるんやと。ほやもんで、あれって、いつからはめるんやね」ときいたら、笑いながら、「しらーん」と言った。(そうや、M子ちゃんにきけば、おしえてくれるかもしれん)と思った。(ほやけど、なんか、はずかしいなあ)と思ってなかなかきけなんだ。

何日かたって、おもいきってM子ちゃんに、「あんた、はめとるら」ときいたら、「なにが」といった。「あれよ」と言ったら、わかったのか、笑いながら、「あれか」と言った。「あれよ、あんた、いつからはめとるの」ときいたら、笑いながら、「しらーん」と言った。「おしえてよう」と言ったら、だまってむこうへとんでいっちゃった。(きいてそんした)と思った。

それからずうっと、(いつからはめるのかな、私には、まだ早いかな）と思っても、なんか心配やもんで（だいじょうぶかな、形がくずれんように、あんまり走らんようにしよう）と気をつけだした。（大きくなると、へんな心配がいっぱいでできて、ほんとうに女ってそんやな）と時々思う。いつからそういうものをはめるのか、どうしてそういうものをはめるのか、正しいことを早くおしえてほしい。

友だちにきいてもわからんし、おかあさんなんかてれくさくて、きけんし、やっぱり体の勉強のなかで、先生に教えてほしい。きっと女の子たちは、私みたいなことを思っとると思う。だから、先生にきく時は、みんな男子もちゃんときくで、早く教えてほしい。

この文を書いた子は、六年生になっていますがまだ初潮を迎えていないのです。それなのにもうブラジャーというかたちで自分の乳房のふくらみを気にしているのです。しかも、気にしている中身といえば、おっぱいの形がくずれはしないかということなのです。実感として、階段を降りる時になにかしらおっぱいがゆれたような気がするということがありますが、こうしたことで自分の性を意識しはじめてくるのです。

このように、性にめざめるといいますか、自分のからだを通して性を実感しはじめた時に、すでにつまずいたかたちで性をとらえるというのが、最近の状況なんだろうと思います。

男子

五年　女子

私たち女の子はこのごろ男の子たちにへんなことをいわれる。とおりがかりに、私たちのむねをポンとたたいていったりする。それに女の子たちのむねをみて「出とる」とか、「はっとる」っていう。

このまえ、Sちゃんが少女フレンドを持ってきていた。それには十二才から十八才までの女の子のヌード写真がついていた。それを男の子たちがみていて「これなにい」と写真の人のむねをさしていった。

「知らんよ」といったら、「なんやよ、なんやよ」としつこくきいた。「バスト」といってやったら「バストってなにい」ときくので「胸囲」というと「胸囲ってなにい」ときく。「むね」というと「むねってなにい」というので、ついにNちゃんが「まめ」といったら、Tさんが「そうよ、そうよ」といった。男の子たちが「うわあ、まめだとー」といってさわいだ。

それから男の子たちがますますよってきてむねをか

まったり、じっと女の子のむねをみていたりする。

R君なんかは、給食に豆がでたりすると、「あら、このバストうまいわ」なんていってたべてあるく。私たちもゲラゲラわらうと、「このこげたバストだあれ」なんていやらしい声をだす。

きのうもR君が、むねにさわったので、「いたいてー」といったら「どこがー」といったので、女の子たちで「むねのおちちのとこ」といったら「えげつない、ムードないなあ」といった。

まったく男の子はいやらしい。


この文は七〇年代のはじめに書かれたものですが、いまから思えば、かわいらしいとさえいえそうな文です。男女のどちらかが、危害を加えているというわけではありませんが、それでも私はびっくりしたのです。それ以前とはちがった性の関心を子どもたちの中に見たのです。

十二歳〜十八歳の少女のヌードが雑誌に掲載されている、性の商品化が子どものからだを素材にして、子どもたちを対象にすすめられてきたわけです。しかも、それが学校の中へも持ち込まれ、子どもたちは性に対して美とは異なった新しい関心を持ちはじめたのです。給食の豆までが性にかかわり、「あら、このバストうまいわ」と男の子が言えば、それに対して、女の子たちもいっしょになってゲラゲラ笑うという始末です。そのくせ、男の子の性的関心については「まったくいやらしい」という言い方をするのです。

一見平等でありそうで、不平等な性的いやらしさは、日本には古くからあったものですが、それが商品化された性を通して、子どもたちの中で問題にされる——綴方として書かねばならない、という現象は、やはり一九七〇年代に入ってからの特徴のようにも考えられたのです。だから、放っておけないと思ったのですが、こうした子どもたちの新しい性に対する関心や性状況は、これ以後、どんどんエスカレートしてきたわけです。

エスカレートしてきた性のつまずき

先ほども女子高校生の話題ということで申しましたが、バレンタインデーにチョコレートの贈り物をするということでは、私どもの地域のような出舎でもずいぶんいろんな問題があります。一人で三千円もチョコレートを買うというような小学生がいたりして、びっくりさせられることがありますが、いま、子どもたちにとっては、バレンタインデーにチョコレートを贈るということと、好きな異性の子と交換日記を交わしあうということは、公然とした性関係の表現になっています。
異性間の交換日記の前提みたいなこととして、小学生では同性間で交換日記が始まることがありますが、これから紹介するのは、小学五年生女子の交換日記の一節です。一人をかりにA子としますが、その子は同じ五年生の中の自分の好きなSという男の子に、「たま」というあだ名をつけるのです。もちろん、その名は交換日記の中だけで使用する愛称というわけです。そのことについてA子は相手のB子に「わたしはあれのことをたまというのでしょうちしてください」と書いていますが、ペットとしての猫みたいに「たま」と名づけるところに、男女の仲がほんとうの人間的な愛に発展していくことができないつまずきをもっているように感じさせられるのです。

こんなことの連絡から始まったこの交換日記には、しばらくするとA子が次のようなことを書いているのです。
「たまとってもやさしいよ。あほなようなこと言っても、とってもやさしいよ。豆学校で（地域の子ども会のことです）おんぶしてくれたりするの。朝、わたしのからだとてもぬくたいの、だからたまのからだにくっついてぬくたくしてやるの。たまとってもよろこぶ。中学生になったらたまと交換日記するつもり。お祭りの日にネックレス買ってぬいぐるみ買うつもり。さようなら」と。

小学校五年生の女の子が、朝、私の体はとてもぬくたいの、だから好きな男の子の体にくっついてぬくたくしてやるの、というような、そうした感覚になっているのかということを、この交換日記から発見したのです。子どもたちはこんなところに気をつかい、こんなふうに性を自覚していくのかとびっくりもしました。

そうした点で、最近の子どもたちの春のめざめは、ずいぶんつまずいたものになっているように思われますし、子どもたちは性を感覚としてとらえている、という気がするのです。

なぜ、そうなってきたのかという問題では、いろいろ考えられてきていますが、ひと口にいえば、高度経済成長期以降の社会が、そうした状況をつくりだしてきたというのが基底になっていると思います。そして子どもたちの体と心の成長において、生物的にも性のめざめを早く迎えることができるようになってきたという理由もあると思います。

私は女の子ではなかったので、実感としてはなかなかわかりませんが、私の三〇余年の教員生活の中で、小学五年生の子で、自分の体のあたたかみを覚えて、好きな男の子にくっついてあたためてやるのだというような感覚をもっている子は知らなかったのです。このことは、A子が交換日記に書いていたから私にはわかったのですが、そうした感覚はこれまであっても書かなかったのか、あるいは、ないから書かなかったのかという問題はあります。けれど、私にわかったという限りで申しますと、やはりこうした感覚や異性への意識というのは、一九七〇年代以降、わけても一九八〇年代に入ってからの、新しい変化ということができるように思われます。

この交換日記は、丸一か年ほど続いていますが、その間、A子もB子もほとんど異性の子に対する自分の想いを書いていません。よくもまあこんなに綿々と書けるものだと思うほど、毎日書いていますが、こんなかたちにでも表現されていかねばならないということの中には、性が子どもたちにとってたいへん大きな問題になってきているということを見てとることができるのです。

性が子どもたちにとって、歪められたかたちで実際に大きな関心事になるのは、先にも申しました一九七〇年代以降でしょうが、この期間はまた性のつまずきがだんだん大きくなってきたときでもあるように思います。

こうした七〇年代における性的関心や行動のエスカレートが、八〇年代になって一般化してきたのが、先ほど紹介しましたような「わたしのからだがぬくたいので、たいまのからだにくっついてぬくたくしてやる」というような感覚なのだと思います。が、こうした性の一人歩きといいますか、全身的感覚化が進み、子どもたち一人の人間の中で、いろいろ矛盾しはじめ、その矛盾が強まってきたというのが、七〇年代も後半の状況のように思われます。

七〇年代後半からは、全国的に報道された小学生の性的非行例もうんと多くなってきていますが、その中には、売春・出産・強姦（殺人まで）など、成人と変わらぬ性行動の状況があらわれています。これらは事件となり問題となった事例といえますが、社会的な事件や問題とはならなくても、事実として現存した事例はたくさんあると思います。子どもたちの性が社会的事件となって突出する時には、裾野が大きくひろがっているわけですから、同じようなことがどこに存在していても不思議ではないわけです。

性の商品化と性氾濫の渦の中で

表面的な子どもたちの表情は、一九七〇年代の初めと八〇年代のこんにちとで格別変わったものはありませんが、年代による生活の変化の中で自然に把握していく性意識や性観念には、時流の差があるように思います。

それは性のめざめのつまずきが大きければ大きいほど、性について不自由さが増すというかたちをとってあらわれてくるように思います。私が実際に行った子どもたちとの性の学習状態を考えてみましても、七〇年代当初から八〇年代当初まで、子どもたちの内面的な不自由さはだんだんひろがってきていたように思われます。

たとえば、「エッチなことについてどう思いますか」というような意識調査の結果だけでも、七〇年代の初めには「普通なこと」を含めて「よいことだ」と答えていた数は男子で五〇パーセントをはるかに超えていましたが、一九八二年の調査結果では、「わるいことだ」と答える数が圧倒的になっています。

また、授業中に自分のからだにあらわれてきた第二次性徴の現象や、性器名などを口にすることでも、自由に言わない状況が増してきています。性器名や性的成長の現象について、自分で理解し説明できる言葉をもっていても、また性についての深刻な悩みや不安を抱いていても、それをみんなの前で自由に言えないのです。性行動の進展につれて、子どもたちの性的矛盾はひろがりますし、悩みは大きくなってきているのですが、そうなればなるだけ内面的に不自由になってきているのです。

きわめて具体的な例で申しますが、自分のからだにあらわれてきた第二次性徴の一つである陰毛の発現について、自分の言葉で理解している「チンボの毛がはえた」ということすら、学級での授業の場では発言することをはばかるのです。そして、性は汚いもの、いやらしいもの、よくないものという想いを強めてきているのです。

けれど性は生物的な自然現象でありますし、そのうえ人間として歴史的・社会的につくられてくる人間的現象の一つでありますので、その成長・発達をおしとどめることはできません。性的成長のはげしい思春期の子どもたちは、こんにちの社会体制がつくりだしてくる性の商品化と性氾濫の渦の中で、年齢的だけでなく社会的にも成熟させられるみずからの性衝動を内包しているのですが、その衝動が一人歩きをすればするほど、一方で人間的な不自由さをひろげていくというところに、こんにちの子どもたちの性のめざめに対するつまずきとしての中心の問題があるのではなかろうかと思います。

2　人間的な性のあり方を

性の実感を科学で検証

次に私は、つまずきながら性にめざめていく子どもたちと、性について学習したようすを少し話してみたいと思います。

先にも申しましたように、子どもたちの性のつまずきが、私には一九七〇年代に入ってからよくめだつようになりました。そのため、七〇年代の当初から、子どもたちと性についての学習をはじめました。いま、そのことを順を追いながらくわしく話していることはできませんが、一貫して大事にしてきたことといえば、性についての子どもが抱いている実感を、科学で検証しながら、性を通して人間のあり方や生き方を考えあってきたことだと思います。

けれども、私自身の性理解や学習当事者である子どもの状態が常に一定であるわけではありませんので、学習のテーマはそれぞれの時期で変わってくるのです。私の場合は、およそ次のように変化してきました。

ヒトの体——その性を考える
人間の男女——正しい性を考える
人間の男女——ほんとうの性と愛を考える
男女のからだと思春期の生き方——ヒトと性の問題を
　考える
思春期の生き方を考える——からだとこころの性

この学習テーマの変化は、性の問題のとらえ方の深さのちがいということができるのかもしれませんが、それはいまになって言えることで、その時どきでは、それでせいいっぱいだったわけです。

先に申しましたように、私はいつでも子どもたちが抱いている性の実感を無視してはいけないと思いましたので、性全般についてもまた、個々の性事象や性用語についても、子どもたちの実感が表されるようにできるかぎり留意しました。性についての調査をしたり、物語を読んでやったり、また、子ども自身の体験ともいうべき、生活状況を綴り方（作文）に書かせたりしながら、性の実感を通しての実態を探りました。その結果、七〇年代からの子どもたちの性については、「わからないけれど言葉として知っている」というところに大きな特徴があるように思いました。

この「わからないけれど言葉として知っている」というのは、性だけでなくすべての分野に共通していることでもありますが、日本の教育は、わけても六〇年代以降の教育政策では、人的資源の開発とか教育投資とかいいながら、能力主義と差別・選別制度の強化によって、わかることよりできること（操作すること）が大事なこととして子どもたちに強制されてきました。だから、物事の意味や値打ちは考えないけれど、記憶し、操作し、反応して、できることだけは間違いないというような子どもがたくさんいます。それが教育の成果として重視される傾向もたくさん見られます。だからできることはたしかだが、人間としてはおかしいという矛盾をあらわにした子どもの話はいっぱい聞かれます。

性における子どもの状況は、その典型のようです。操作としては、また、技巧的にはきわめて立派にできるけれど、その意味や人間的値打ちということではさっぱりわからないということになっているようです。

生きる目的と結びつけてこそ

子どもたちの性について「わからない」という点では、次の三点に特徴があるように思います。

その第一は、「科学がわからない」ということです。子どもたちの綴り方を見ましても、自分のやっていることについて科学として理解していないことはいっぱいありました。赤ちゃんはキスによってできると思っていたとか、生理はたんにあそこの穴から血が出ることとか、自慰をしていれば生理が来なくなるのではないのかなど、無知といえる状態はいっぱい見られます。

また初潮を迎えた子が、手当ての仕方を教わり、赤ちゃんが生めるしるしができたとか、大人の体になったといわれても、それがなんのことなのかさっぱりわからないのです。

みずからの生理的現象についてもこの程度ですから、性行動全体や性現象ではなおさらです。調査をしてみますと、ホモやレズという言葉を含めて性現象の用語などはよく知っているように見えても、人間の生命誕生にとって受精が決定的だということなどは、なんにもわかっていないことが痛感されるのです。

性が科学的にわからないというのは、自然科学的な面だけではありません。性関係の変化や性観念が歴史的・社会的につくられてきたものだなどという、社会科学の見地からの見かたも、性についてはまったく欠落しています。だから、人間の性の特質といったことについては、考えてみようともしないのです。

第二は、「愛がわからない」ということです。たしかに好きということの中には愛が含まれてはいましょうが、好きという言葉さえ交わされれば、それでどんな関係になってもいいという想いがめだっています。「私を好きといってほしい」ということが、最大の願いだという子どもがたくさんいますが、その好きということを少しつきつめていくと、かわいらしい、おもしろいというような程度で、それをさらにつきつめると、なんとなくぽちゃぽちゃしているところとか、タレントの誰々に似ているところなど、あるいは、脚が長い、かっこいい、背が高いとか、とにかく外見だけしかとらえていないのです。

相手の内面に好きの対象がない、といってもよいのですが、考え方・生き方を含めて気だてや心、思慮や自主性など、いわゆる人間くささ、人間らしさといったところに愛を見つけ、好きになるということが欠けているのです。

そのため「愛とは何か」というようなことを問うと、「美しい」とか「すてき」というだけで、その内容がほとんどないのが普通です。愛のない、愛のわからない「好き」ですから、その「好き」は単純で、プレゼント・交換日記・デート・性交渉というようにたえず物質化されていなければならないのです。だから破綻も早いという関係が多いのです。

「好きどうしだから」というだけで性交渉が正当化され、それで人間の信頼と連帯を深めたことにしている異性関係は、同時に一方で愛を見失わせ、人間不信を強めているように考えられるのです。

第三は、「意味がわからない」というか、「目的がわからない」ということです。それは性がなんのために存在し、性行動にはどういう意味があるのかがはっきりしないことですが、それはまた、生きる目的と性が結びついていないこととしても考えられることです。

いま子どもたちの多くは、人生のすべての部分で人間的な充足感をもたないままに行動しているようですが、生きる目的と離れた、意味のわからない生活が満足感を与えないのは当然です。性の生活でも同様です。欲望の成長が衝動をつくりだしてくれば、それを解消するための行動が生まれるのはあたりまえのことですが、その意味がわからず、目的・方向がはっきりしないために、刹那的・享楽的な衝動解消に精を出すようになるのです。

そして刹那的・享楽的な衝動の解消では、技巧的にならざるをえないと思います。技巧を加えることによって快感を増すのですが、そうすればまたよりはげしい刺激を加えて快感を増大させるというために、より技巧的になるわけです。

こんにちの週刊誌や雑誌が、性の技巧を商品化して売っている状況は、やはり子どもたちの中にも反映しています。けれど、性が技巧化すれば実際には充足感や人間的満足は得られません。むしろ衝動の解消によってむなしさだけが残り増すと思います。それはまた、性の感覚における不健康さともなって、知らぬ間に性の異常性をたかめているのではなかろうかとさえ思うのです。

思春期とはヒトが人間になるための第二の難関

私は子どもたちの性の特徴をこのようにとらえましたので、その学習にあたっては、内容として、自然科学、社会科学、芸術、保健という四点からの人間的な性のあり方を考察することに重点を置きました。そしてこの重点はそれぞれの時の子どもたちの状況に応じて、学習項目として具体化していったのです。

たとえば、ある年の六年生を対象とした学習では、項目を次のように組みました。

一　思春期とはヒトが人間になるための第二の難関である。
二　すべての生物はからだを持ち、生きることと生きつづけることをする。
三　すすんだ生物は、♂と♀の両性の細胞を結合させて新しいからだをつくり、生きつづける。
四　生物の性徴は、そのあらわれ方にちがいがある。
五　ヒトのからだには、生きつづけるためのしくみと機能が自然にそなわっている。
六　動物の受精のしくみは、哺乳動物までに長い道のりを経て進化してきた。
七　ヒトは直立二足歩行と労働をもとにして、文化を獲得し、動物とはちがった人間としての性行動のできるからだをつくりだした。
八　人間は、生き方が混乱すると、生きることと生きつづけることが混乱して、からだが動物的にひとり歩きする。
九　思春期のからだや心の変化は、ヒトとして自然なものであるが、そのあらわれは一人ひとりちがっている。
一〇　再び、思春期は、ヒトが人間になるための第二の難関である。

この学習項目の中にさらに具体的な問題をいくつか設定しました。それはもちろん子どもたちの関心や要求を組み入れたものですが、その問題に即した教材や学習ノートを作って、学習をすすめていったわけです。

そうした学習のようすをくわしく話している時間がありませんので、よく理解していただくことはできませんが、いつの場合でも、子どもたちは性の学習では、最初にとまどいを覚えるのが普通でした。子どもたちにとって、性は大きな関心事であるけれど、いやらしくて汚いことと思う部分が強いため、それが学習（勉強）の対象となって目の前にあらわれると、どう反応してよいかはっきりしないようでした。ただニタニタしていたり、まったく素知らぬ風でツンとすましていたりして、普通の授業態度とは一風かわるのが常のようです。けれど、そのとまどいも一時間を過ぎるころからはとれるのですが……。

性の学習において最初に示す子どもたちのこのとまどいの雰囲気に、いつも子どもたちの中にある性の不自由さを感じたのです。思春期に入るころから、みずからの性の悩みや問題を、まったくといってよいほど親に話さなくなる子どもたちですが、それはまた、学校での性の学習の最初に示すとまどいを見れば、よくわかる気がするのです。

性の学習の最初の時間が終わったとき、「先生の話をきいとると、だんだんはずかしくなくなった」とか「私は夏休みに生理になってからなんだかとっても不思議な気持ちだったけれど、この勉強をしてみんなも私と同じ気持ちなんだなあとわかった。でも、なんだかはずかしい気がする」など、子どもたちが書いた感想には、性の学習がとまどいをもたらすけれど、学習によって性に対する新しい目もひらけていくものだということが、少しは読みとれると思います。

また、私との学習ではそのとまどいが性の用語についてもあらわれてきます。前にもいいましたように、私は子どもたちの実感をもとにしたいと考えますので、用語では実感をあらわす俗語を引きだすようにします。たとえば性器官のひとつである男子の陰茎にしましても、あるいは第二次性徴発現の一つであります陰毛にしましても、私たちの俗語では、「チンボ」とか「×××の毛」といいます。子どもたちは、小さい時からその言葉でその器官や現象のもつ性的意味を理解しているのです。そして、生活を通したその性理解が、その用語に一定の実感的内容を含めているわけです。それに対して、学術用語としての「陰茎」や「陰毛」は、生活を通した性実感を伴わないので、聞くことも口にすることも恥ずかしさを感じないわけです。私は、学術用語でいえば恥ずかしさを感じないのに、俗語でいえば恥ずかしさを覚えることの中に、性の矛盾を見るのです。この矛盾は、恥ずかしさを感じる俗語にまつわる生活的な実感の内容をはっきりさせなければ解くことができないと思います。そのため、あえて俗語での理解内容を引きだしながら、学術用語による科学的な理解とを対比させてみたりするのです。その学習の状況を具体的に述べることはしませんが、こうしたときにも子どもたちは、とまどうのです。

とにかく、子どもたちにとって性の不自由さは大きいようです。学習でも科学の用語や知識だけで表通りを通っていれば平気ですが、みずからの性実感を明るみにだして科学で検証するとなれば、とたんにとまどいを覚えなければならないようなところに、生活を通して内面的に蓄積されている子どもたちの性観念、性理解の不健康さを見るのです。だから性学習は、不健康さをも含む性実感を、あるがままの事実としてみつめることから出発して、そこにある性の必然性とでもいう、人間にもたらす自然や社会の原理をみつけだし認めあいながら、不健康さの非人間性・非科学性の内容やその成因を考え、人間的で自由な性をつくりだす道としての生き方を、自覚的に求めさせることにねらいを持つわけです。

思春期は、人間らしさと生きる力をつける時

話があちこちとんで恐縮ですが、性の学習では、ともすれば子どもたちの細かい疑問や小さな関心に引きずられて、性の百科事典のように、迷路に入りこんでしまいそうになることもあります。子どもたちもまた、受精による生命誕生の不思議さにとらわれ、受精方法を含めて、すべてを細部にわたって知らねばならないという迷路に入ることもあります。そんな迷路へ入りかけたある時、私は次のような文章を作って、学習全体のねらいを改めて問い直し、迷路から本道へ戻るように工夫したこともあります。

〈先生からの手紙〉

「男女のからだと思春期の生き方」を、なぜ学習するのか――

思春期というのは、人間のだれもが、人生の難関であると思います。

それは、人間として持って生まれた男女の性が、いや応なしに新しい段階へ発展し、それと共に、だれもが、それまでとはちがった新しい自分を発見しなければならない時期だからです。

思春期になると、人間はだれでも自分のからだに新しい変化がおきてきたことを発見します。そして、女子が「月経」を、男子が「射精」を経験したとき、それは大きなおどろきとして自分のなかに、女性と男性が自覚できるのです。

また、こうしたからだの変化は、それまでには経験したことのない感情が、なかをかけめぐっているような新しい気持ちの動きとなってあらわれます。それは、異性

の人をみるときだけでなく、年下の小さい友だちや、年上の青年、おとなの人などに対しても変化となってあらわれることがあります。

　このようなからだと気持ちの変化は、自分についての考えや、自分のやることについての気がかりとなって、自分がどう生きたらよいのかという精神のうえでの新しい自分の発見をともなうものです。それは全く新しい喜びであったり苦しみや不安であったりしますが、いつも他の人と自分をくらべながら、他の人と同じようになりたいし、他の人とはちがったすぐれた面を持ちたいという矛盾となって、自分という人間をみつめながら、新しい自分を発見し、創りだしていく努力となってあらわれるものです。

　思春期のからだ・気持ち・精神のこうした変化と働きは、ひとりひとりの人間にとっては、その生活や社会の影響によって、いろいろなあらわれ方をしますので、自分では思いがけないできごとにぶつかることの連続なのかもしれません。

　けれど、この時期は、おそい早いのちがいはあっても、人間であればだれもが避けて通ることのできない時期であるし、また、だれもがたいへんな努力をしながら、必ず通ってしまうことのできる時期なのです。

　いま、からだや気持ちのうえに、思春期を迎えはじめている皆さんは、自分のからだや気持ちが、いままでとはちがった変化を示すことに、いろいろなおどろきを持っていて、それが、何のためにおきるのか、どうしたらよいのかということではっきりしないままに、一人だけの悩みになっていることが多いことと思います。

　また、いまの社会は、人間の生きるねうちと性のあり方がうまくむすびつかず、性が人間の生き方のなかで考えられずに、性のおこないだけが、ひとりあるきをしていることがたくさんあります。

　それは性のたのしみやおもしろさを売り物にして、そこにだけ人間の興味をひきつけ、人間としてのほんとうの生き甲斐をつくりだすことと、性を切り離してしまうことにもなってあらわれています。

　そのために思春期ごろの少年少女が、一人だけの悩みを、性のたのしみや、スリルのおもしろさにまぎらわせてしまい、人間としての自分を新しく発見し創りだすことを忘れてしまうこともあります。

　いま「男女のからだと思春期の生き方」を学習するのは、思春期を迎えはじめた皆さんに、自分の、自分たちのからだや気持ちの変化がどういうことから生まれてくるのかをみつめながら、これからの思春期というたいせつな時期を、どのように生きていったらよいのかということについて、じっくり考えてほしいからです。

人間は、はじめから何もかもがわかっていて歩むものではありません。皆さんがこれから歩む思春期というものが、何のために起き、人生にとってどういう時期であるのかということが、大きく腹へ落ちればよいのです。人間の性のことも、愛のことも、生き方のことも全部わかることではありません。人間として生きてゆくうえで、それをおこないとして表わす必要がほんとうに自分のなかに生まれれば、何を、どうしたらよいのかは、必ず自分で、自分たちで発見し、創り出すことができるのが人間なのです。

その時期は、思春期や青年前期を過ぎて成人といわれるころに必ず訪れるのです。それは人間の肉体（からだ）や精神（こころ）だけでなく、それを毎日の生活として支えていくことができる経済（くらし）のうえでも、人間の自立と連帯が可能な時期です。

そのとき、ほんとうに自分の、自分たちの人間としての内容（なかみ）や方法（やりかた）をみつけだし、ゆたかにすることができるために、人間の自立と連帯の基になるあらゆる力を夢中になって身につけるのが思春期だといえます。それは、自分となかまの新しい発見をともなった学習の時期でもあるのです。

思春期を迎えはじめた皆さん、学ぶことに欲を出し、生きることに精をだして生活することを忘れないでほしいと思います。

この文章〈先生からの手紙〉を読みながら、子どもたちは、みずからの性の学習関心の迷路入りに気づいてくれたようですが、そのことからもわかりますことは、子どもたちはほんとうには、性の人間的意味がわかりたいのであって、あれやこれやの方法を知りたいわけではないのだということです。

たとえば、この文章を読んだあと、ある子どもは、「……僕がこうかいしている事がある。それはどういうことかというと、ほんとうの性の勉強は、キスのやり方やラブレターの書き方なんかを学習するためじゃあない。思春期を迎えはじめた僕たちが、からだや気持ちの変化が、どういうことから生まれてくるのかをみつめながら、思春期というたいせつな時期を、どのように生きていったらよいのかということについて、じっくり考えていくためなんだ、ということをつかみとれた。……」と感想を寄せていますが、学習の素材となる事象が性現象や性行動であっても、子どもたちにとっていちばんわかりたいことは、やはり性とはどういうもので、それは人間の生きることにどういう意味をもつのか、ということだろうと思うのです。

だから、性の学習にあたっては教師みずからが、そのことについてみずからの人間的見地をはっきりさせておくことが必要だと考えるのです。そして、このことはまた家庭における親の立場としても同じだと思います。それは決して性は難解なことがらやめんどうな言い回しでなければ説明できないというものではないだけに、親としても性についてはは事実をもとにした人間的真実のある道理を基本的に持っていることが大事だし、それを家庭の生活として日常的に具現化することがなければならないと思うのです。

性の学習というと、何かたいへんむずかしいことのように考えられがちですし、特に親として子どもの性に対する指導は困難だということも聞きますが、教師にしても親にしても、まず、みずからが性についての人間的真実のある見地をはっきりさせることが必要でしょうし、それさえあれば、子どもに対応することができないことはないと思います。けれど、いくら教師や親だといっても、その性の見地だけが絶対だというわけにはまいりません。その点ではそれを子どもたちに押しつけてすますというのではなく、いっしょに考えながら、より人間的真実にせまる新しくて高いものをつくりだす立場を持つことがまた必要だと考えます。

性の学習ということであれこれまとまりのないことを述べましたが、子どもはこうした性の学習を通して何をつかむことができたかということを理解していただく参考のために、ある年の学習の終了後に書いた一人の女の子の感想文を紹介してみます。

思春期って　いそがしいけど　ものすごく　だいじなんやね

六年　女子

「男女のからだと　思春期の牛き方」を勉強してきて私がつかんだのは、思春期っていそがしい時期やなって思えた。

「先生からの手紙」のなかで、「人間は　はじめから何もかもが　わかっていて歩むものではありません。皆さんが　これから歩む　思春期と　いうものが　何のために起き　人生にとってどういう時期であるのかということが　大きく腹へ落ちればよいのです。

人間の性のことも愛のことも生き方のことも　全部

わかることではありません。人間として生きてゆくうえで　それをおこないとして現わす必要が　ほんとうに自分のなかに生まれれば　何をどうしたらよいのかは　必ず自分で　自分たちで　発見し　創り出すことができるのが人間なのです。」というところは、石田先生が言ったことばにもあったように、

「全部　おぼえちゃおうなんて思ったって　できるもんじゃない。それより　おぼえれんでわからんなんていうことより　何故そうなっているのかということを　考えてほしい。きょうみ半分に知ろうとすることは柿の虫いろみや」と言ったことと　いっしょに　私の頭に　こびりついたみたいや。

（注　〝柿の虫いろみ〟とは性の学習の中で、出したたとえ話。柿が自然に熟すのではなく、虫がはいったために早く赤くなるのは不自然であるように、性についても本質がわからないうちに、興味半分に言葉だけで知ることをいましめたこと。）

そう思ったら学ぶことに欲を出し生きることに精を出すっていうことが　だれかに　教えてもらってやるんじゃなく、自分たちで考えてわかっていくことやなあと思えた。

そうせな　自分の生き方なんて　自分が　生きていくことやもんで　だれかが　つくってくれるわけないもん。そう思ったら思春期って　ぼさぼさしておれん　いそがしくって　わかりだしゃあたのしい時期になるんやなあって思った。

私は思春期に入りかけとるなあ　とうれしくなった。

3　生命の尊さと人間的自立を自覚させる中で

大人がまず現状をしっかりみつめることから

これまで、子どもたちの性の実状や、私の貧しい性学習の一端について、とりとめのないことを話してきましたが、子どもたちに「生命の尊さ」をわからせ、みずからの性のつまずきを自覚的に克服させて、性の主人公としてほんとうに人間的な性をつくりだささせるためにはどうしたらよいかということこそ、大事な問題だと思います。けれどももう時間がありませんので、そのことについてくわしく話しておれません。簡単に私の考えの結論だけを申しますので、のちほど、みなさんでゆっくり討議していただきたく思います。

結論と申しましても何かはっきりしたものがあるわけではありません。また、学校ではどうしたら、家庭では

どうしたらというように、区別して述べるゆとりもありませんので、一般的なことを概括して申します。

第一は、いま一九八〇年代ですが、七〇年代以降のエスカレートしてきた状況がもっとひどくなった実態の中にこんにちの子どもたちはうめいているということを、私たち大人はしっかりみつめてみなければならないと思います。

それは子どもたちが黙っているからいい、変な問題をおこさないでいるからいいというものではありません。子どもの人間としての内面がますます不自由さを増しているのに、わかるべきことがわかっていない事実がいっぱいあるからです。

ある瞬間まで、猫の子のようにおとなしかった子どもが、「勝手やないか、自由やないか、文句をいうな」といって、突然開き直る条件が、わからないことによって増大される人間的不自由さの蓄積として、こんにちの子どもたちの中に、いっぱいひろがっているのです。そして、その条件は反面では子どもたちを、開き直るだけのエネルギーすら失って、無力で人間的活力を奪われた奴隷的状態に追いやっているのです。

このことは、ともに子どもたちの自立が困難になっていることが条件として強まっていることにもなりますが、それだけに、子どもたちの実態の中にある人間的うめきをきちんととらえなければならないと思うのです。

子どもにみずからの内面的真実をみつめさせる

第二は、子どもたちにみずからの内面的真実をみつめさせることが必要だと思います。それは子どもが自分の生活をありのままにみつめることで、自分のかかえている矛盾と問題を具体的に見つけることにもなりますが、このことは、子どもがみずからの生活実感の中にある人間的真実にもとづいて、主体的・自覚的に現状を改善し、克服するためにとても大事なことだと思うからです。

自分の内面をつくりだしている生活の事実を、自分の目で観て、その中の問題について自分の頭で考えることは、子どもにとってはたいへんなことですが、今を流されないようにするには、どうしてもくぐりぬけなければならない、人間的自立への道だと考えるからです。

第三は、人間としての生きるめあてをはっきりさせ、毎日の生活にきちんと目的をもたせることだと思います。

それは、いまはこれ、こんどはこれ、といったようにカレンダー式に区切った目的をたくさんもたせることで、子どもを管理しその生活を時間で追い込んでいくということとはちがいます。人間として生まれてきたからには、人びとに役立ちながら、希望に満ちた人生をつくりだしたいのは当然です。その人生にかけるといいますか、その人生をつくりだしていくような、自分の生き方を律することができる人間としての生きるめあてをはっきりさせることが大事だということです。そして、そのめあてに向かっての生活をつくるための、日常的な目的をきちんと持たせるようにすることなのです。

このこともまたたいへんなことですが、いくら現状の自分をみつめさせてみても、このめあてをつくりださせることがなかったら、下りのエスカレーターをのぼっていくのと同じになってしまうと思うからです。

子どもが悩んでいることをともに学ぶ

第四は、人間的生き方をしっかりさせるための物事についての基礎的・基本的な知識と科学的見地を得させるようにすることだと思います。

このことは真実にもとづいた科学を、きちんと子どもに学習させるということでもありますが、いま子どもたちがほんとうに悩んでいること、わかりたいことについて、ほんとうのことをきちんと教えてやることが必要です。教えることができなかったら、いっしょになって考えてやることが大事なのです。ルイ・アラゴンが言っていますように、「学ぶことは誠実を胸に刻むこと。教えることはともに未来を語ること」というように、学習をほんものにすることによって、子どもたちにわかりたいこと、わからせねばならぬことを、きちんとわかるようにしてやることがなければならないと思います。

第五は、子どもたちにほんとうの仲間をつくりださせ、仲間との連帯の生活によって、問題を発展させるようにしてやることだと思います。

子どもの発達にとって仲間ほどたいせつなものはありません。それがいまは「同じ手ぶりで踊っていても、離れ離れな心と心」（久保栄『火山灰地』の中に出てくる言葉）の状況にさせられています。いつもいっしょにいてもほんとうの心を打ち明けあっているとはいえません。いつでも「きのうの友はきょうの敵」になってしまう弱さをもっています。

それだけに「いっしょにいるから仲間なのではない。いっしょに生きるから仲間なのだ」というように、人間としての生きるめあてをもった仲間の生活をつくりだしてやるようにすることがとても必要だと思います。

これでは「性のめざめとつまずき」の話の結論とはいえないと思いますが、この一般的な課題を具体的・実践的に追求することが、子どもたちを人間的に自立させることになるのだと考えるのです。

性のことでも、子どもたちの性をいかに人間的なものにするかということこそが問題でありますだけに、この一般的な課題に即して具体化することが大事だと思うのです。この課題を性のことに具体化したかたちでのいろいろな問題を申し上げることはできませんでしたが、それぞれの具体的条件の中で、真に子どもたちの実態に即し、子どもたちが納得して、自覚的に現状を克服して新しい人間的な性をつくりだすような実践をみんなで生みだしていってほしいものだと思います。

＊一九八三年六月。和田典子・中村博・丸木政臣・石田和男・本多公栄編著『危機をのりきる子育て』三省堂、一九八三年六月三〇日。ここで石田は、思春期の性教育の根本的な目標がどこにあるのかを明らかにしようとした。

◆論文7（一九八三年）

不純の中の人間性――医療と教育

若月俊一氏との対談から

1　医療技術と医の魔術性

石田　前衛と後衛、支配者と非支配者の関係は、教育の中にもありますが、医療でいうと、私はいつも、後衛というよりか非支配者の立場なんです。医療を受ける立場にいつも立っているんです。

歯医者さんにいくと、あんなに痛かったのが、ぴたりと治っちゃうんです。あれは不思議でならないんですが、けれど、必ずといってよいほど「ああ、こりゃひどい。すぐ抜きましょう」といわれる。そうすると、私は逃げちゃって、がまんするんです（笑）。歯を抜くことがいいか悪いかは別として、「抜きましょうか、どうしましょうか」という相談ではなく、「抜きますよ」といわれるわけです。けれど、私にすれば抜かずに治してほしいのです。しかし、「頼む。抜かずに、しかもこの痛みをとってほしい」というのはなかなかいいにくいんですね。お医者さんからみれば、「なんだあれは。せっかく親切にやってやろうと思ったのに、逃げちゃうとは」というようなことになります。そういう問題が教育にもあったと思います。つまり、医療に対する民衆の側の要求が楽にいえるようになれば、いわば地方化された医療でなしに、まさに地域の医療というふうなところに行くような気がするんですけれどね。

若月　これは重大問題ですね。私たち農村医療をやってまして、いまもいちばん大きなテーマは無医村の問題をどうするかということなんですよ。農村医療で、大正のはじめから問題になったのは村に医者がいないということで、もうひとつは、医者の治療費が非常に高かったということです。大正時代のいい伝えによると、東北の農民は、年寄りが死ぬとき医者にかかるのには、娘を売らなければならなかったといいます。

この二つが大きな問題だったんですけれども、問題は昔から医療とか医術っていうのは百姓のものではなかったということですね。富士川游先生の『日本医学史』をお読みになるとわかりますけど、昔の優れた医者は全部御典医です。お抱え医者ですよ。徳川時代もあとになって、だんだん町人が栄えてきますと、町医者が出てきました。でも、これもみんな金持ちのお抱え医者で、村には医者はいなかったんですよ。調べてみますと、世界中そうなんですね。いまでも、アジア、アフリカ、アラブ、ラテンアメリカの農村には本当の医者はいません。わが国で、無医村の問題がとりあげられたのは大正の後半なんです。まあ、大正デモクラシーのあらわれといってもいいんですが……。そういう歴史を考えますと、医者はいつも支配階級のものなんですね。

　昔、光明皇后が、平城京の時代に、施薬院を建て、貧窮、重症の患者のための慈恵病院をつくったというのは有名なことですけれど、それは特殊な例です。日常の養生問題を取り上げるようになった「養生訓」が出たのは、元禄の貝原益軒になってからです。健康ということばが出てきたのはそのあとのことで、オランダ医学の訳からきているのです。医療を論じたりすること自体が歴史的なことがらで、地域の民主主義の発展にもつながるんです。

　先生の先ほどの、歯が痛いとき歯医者にいくと、すぐ治っちゃうが、患者の意見も聞かないで、抜くぞっていって抜いちゃうってことですね。ここに、医者というもの、医療技術というものが、いつも庶民より一段高いところにあって、支配的に使われる根拠があるんですよ。医療の魔術性というんです。医者は元来、魔術的なものをもっています。治してもらえばありがたいですからね。コカインを塗れば痛みなんてすぐとれるのは当たり前なんだけれど、患者さんの感謝は大変なもんですよね。医者は、その上に、あぐらをかいて、いばっちゃってんです。「素人は黙っとれ、おれに任せりゃいいんだ」と文句いわせない態度です。

石田　絶対的……。

若月　絶対的な支配ですね。こういうものを医者ってものはもともともっているんですね。ですから、私たちは、カルテを書くとき必ずラテン語で書きます。「神経痛」とかくと素人にもわかっちゃって、つまらないのですが、「ノイラルギア」と書くとわからないからありがたい。魔術性を誘発するわけです。いったい医者には、上手な口がいるんですよ。ええ、口のうまいのが、いい医者ということになるんです。そして、優秀な医者は、庶民のところにはいかない。えらいさんとこへはよく行きます。○○大臣だとか△△社長の家へはよくいくのです。

そういう人とくっついていれば、庶民を百人診るよりもお金になります。そういう医者は腕よりむしろ口のうまい医者です。それを、学者や政治家はけっこう信じるんですなあ。だから、日本の学者や政治家なんて大したもんじゃないと私は思いますね。とにかくそういう魔術性を医者はもってるのです。

しかし、医学と医療は、医者のためにあるわけじゃありません。病院のためにあるわけでもありません。住民のためにこそ医学と医療の存在理由があるのですから、これをひっくり返さなくちゃあなりません。「なぜ、おれの歯を抜くんだ。納得いったときは抜くけども、勝手に抜かれちゃ困る」と反論できるようにならなきゃ、おかしいわけです。

石田　そういう意味で、ぼくはもうひとつ妙な体験があるんですよ。盲腸で……。

若月　盲腸？

石田　虫様突起炎ですが……。あれは、ほんとに、この辺が痛くなって、まちがいなく自分でもわかったですよ。それで、もうしかたがないのでお医者さんへ行ったら、ただちに手術して入院二週間といわれました。

二週間入院していると子どもたちの卒業式に文集をつくってやるのが間にあわん。そういう私の事情や気持ちは、お医者さんの前に行くと、うまく話せないのです。それで、「一週間ぐらいで何とかなる方法はないのですか」とたずねるのですが、そうすると医師の裁量する部分へ口を入れたということになるのでしょうか。お医者さんはムッとされた表情で「とにかく、すぐ手術しますから、入院してください」といわれるんです。私はしかたがないので「家へ帰って入院の仕度をしてきますから」といって帰ったんですけどね。

家へ帰っても、まだ痛いんです。一週間ぐらいで散らしてくれる医者はないかと思ったり、もう切っちゃおうかと悩んだりしましたが、思いあまってすこし話のしやすいほかのお医者さんのところへ行って一週間で散らせてほしいと、事情を話しておねがいしました。そのお医者さんは「無茶なことをいうやつやなあ」と苦笑されましたが、「おまえさんの希望するとおり、いっぺんやってみるか」といって、毎日私の家へ往診に出向いて散らしてくださったのです。そのおかげでとにかく文集づくりは間にあいました。もちろん、ほかの先生にも手伝ってもらったのですが、結局、十日間ぐらいかかっちゃったんです。

若月　いつごろですか。

石田　六六年ごろですかね。それで、そのときも手術の用意をされていた医者を裏切っちゃって、その医者から逃げちゃったわけです。で、そのあともときどき痛いもんでね、これはいよいよ困ったと思っていましたが、どうも結局のところゆ着したようで、痛まなくなりましたよ（笑）。

若月　それでとうとう手術はしなかったの？　ああ、それのほうが良かったのかもしれない。

2　医者の誤診と替え玉作戦

石田　私は医師を裏切るというか、医師の指示に従わず、医療から逃げだしたということでは、もっといろいろ前歴があるのです（笑）。

私が教員になって二年目の、肺結核の問題がやかましかったころのことです。戦時中、学徒動員で、軍需工場にいたときに、肺門リンパ腺炎か、肺浸潤か、私には、はっきりしませんでしたが、二か月間ほど帰宅療養させられたことがあります。その後、自分には自覚症状はないし、元気でしたので、もう忘れるように努めていたのですが、そのときには少しからだがだるくて、微熱があるような状態が続いたので、戦時中に東京から疎開してきておられたハイカラさんといわれた町医者の先生に診察してもらったんです。そのとき、私の姉も学校に勤めていたので、いっしょに診察してもらったら、姉には何にも異常がないけれど、私には異常があるので、「明日からさっそく入院して気胸療法をやらなければ危い」といわれました。私は毎日の学校生活が面白くてかなわない状態でしたので、「入院しなくて、通院で治療することできんか」とたずねましたところ、「そんなわがままをいっとれば、あなたは二十五歳までいのちはもちませんよ」と叱られてしまったのです。

私は悩みました。二十五歳までに死ぬというのはちょっとショックでしたが、毎日のこの面白さというのは瞬時も失いたくなかったので、ほんとうに困りました。先にもいいましたように、私には学生時代に肺病だったという前科がありますだけに、医師のいわれることは当然のような気もするが、自分の病気の現状については、それほどでもないような気もするわけです。この目前の面白さを選べば早死するという問題は、当時の私には人生の生き甲斐全体を問われたようなことになってしまったのです。ほかの人に相談すれば医師の指示に従うようにすすめられることはわかっていますだけに、相談してもしかたがないという思いで、あれこれ迷ったわけです。

そして私は二十五歳までに死んでもいい、どうせあの戦争で意味もなく死なねばならぬいのちであったのだから、いまのこの毎日の面白さを失わないで、毎日を精いっぱい生きることのほうが大事だ、と決めたんです。いっぽう、お医者さんは、入院するはずだと思っている患者の私がちっとも来ないので、毎日、学校へ電話をかけて入院をうながす。お医者さんに対してはいくら悲壮でも、私の勝手な決意などいえませんので、はじめのうちは、「まだやりかけの仕事が終わらないから」とかいって延ばしていましたが、それも通用しなくなったころからは、恐ろしくなって、居留守を使うようになったんです。そうしましたら、それがわかって、「死んでも知りません。勝手にしなさい」ということで、入院治療への誘いは止まってしまったが、あのときはほんとに迷いましたね。

そして、まだこれには後日談があるんです。私といっしょに診察を受けて異常なしであった姉は、それから間もなく、同じお医者さんの診察で異常ありということになってしまって、医師の指示通り気胸療法を受けるようになりました。いっぺん気胸療法をやりはじめると、長びくものですから、姉は国立療養所などにも入っていましたが、結局三年間の病休の後、教員をやめてしまいました。あのとき、入院を拒否した私は、そのまま教員をつづけることができたわけです（笑）。

それといまひとつは、異常を宣言されても治療を拒んだ私にとって、その後、もっとも恐ろしかったのは、その年ぐらいからはじまった教員への強制的なレントゲン検査です。これは県のはからいで、レントゲン車を学校へもってきて、全教師を強制的に間接撮影する制度ですが、これで異常となると、保健所へ行って精密検査を受け、その結果をみて県の審査会が検討し、体検の必要性その他を決めて通告する。だから、この検査にひっかかると、もう有無をいうどころではない。

ハイカラな町医者さんの指示を拒否して毎日の教員生活に生き甲斐をもっていた私でしたが、二十五歳までのいのちといわれたからだについては、その後、だるさや微熱もとれて健康感はあったものの、どこかに自覚できない異常が巣食っているような恐れは残っていました。そのため、この年に実施されたレントゲン検診のときには、まさに箱根の関所を越える思いでした。ひょっとして、ハイカラなお医者さんの診断どおりだったら、せっかく決意して生き甲斐を選んだのも水の泡になってしまうわけですから、そうならないように工夫するしかないと考えたのです。

それについては長い間の秘密としてめったに話したことはありませんが、いま正直にそれをいいますと、通常でいわれる替え玉作戦で関所越えをやったわけです。その名は申しませんが、同僚で信頼しあっていた先生の一人に、こっそり胸のうちを語って、その人と私が相互に替え玉になったんです（笑）。その人は大変健康で丈夫な人でしたので、その人が私の名で、私がその人の名でレントゲン写真をとった。もし、私の写真に異常が発見されても、名前はその人のものですから、精密検査にはその人が出向けば異常なしがはっきりすることはまちがいない、と考えたからです。

私たちは、その替え玉作戦が決して正しいことだと思ったわけではありませんが、若い生命の躍動期といいますか、自分たちがじっと休養していれば、それだけ人生の価値も減るものだし、ひいては社会的、教育的損失になるぐらいに思っていましたので（笑）、やむにやまれぬ人生的正義感のようなつもりでやったわけです。けれど、その結果の通知があるまでは、正直なところ心配でした。間もなく通知がありましたが、二人とも異常なしでほっとしたことをよく覚えていますが、そのときにハイカラな町医者さんは、学生時代の痕跡を発病と誤診されたのではないだろうかと思いました。その年度末には、学校を変わりましたので、それ以降、替え玉作戦はできませんでしたが、医師の誤診だろうという勝手な推測とともに、二十五歳になるまではいつも心の底に発病と死への疑念が渦巻いていたことも確かです。

それは、私が露見しないけれど菌保有者で、受けもちの子どもたちに伝染させはしないかという恐れがどこかにあったのと同時に、二十五歳までの生命というハイカラ医者さんの予言が、私の深部にうごめいていたからだと思うんですが……。そのくせ、私は二十五歳以前に、その疑念をそのままにして結婚してしまいましたが、考えてみれば、女房に対して無責任なことをしたんだなと、いまでもときどき痛む思いをすることがあるんです。

このように、私は医師の親切を裏切ったり、医療を逃げたりしたことが何回か重なっています。それは、七〇年代のはじめごろのことです。人事院勧告完全実施を求めるストライキの問題で、組合の分会会議が開かれていたときです。夕食時ということもありましたが、あまり熱気のこもらない議論でしたので、私はこんなことでは闘争にならないと思って、少し怒ったような発言をしたんです。胸にわだかまりがあって、それをよく整理もせず、感情的になっていたのでしょうか。発言の途中で急に胃がしめつけられるようになって、キリキリと痛みだしました。バチがあたったのでしょうか、もう会議どころではありません。胃をおさえてうずくまってしまいましたら、ほかの先生たちがお医者さんへ連れていってくれました。

事情を話しますと、そのお医者さんは私の胃をおさえてみたあと、血圧を測ってから看護婦さんに注射の指示をして、ほかの用事があったのか「五分もすれば、痛みはとれますよ」といって病室のほうへ行ってしまわれた。看護婦さんは注射を打つと「もうお帰りになっても大丈夫です」というので、同僚の先生が用意してくれた車で帰宅したんですが、注射してから二～三分もしたころでしょうか、車中で、こんどは頭が割れるように痛みだし、こめかみの近くの血管が頭頂へむかって「ズズズ」と動くような気がすると思うと、脳が破裂するように痛む。それがひっきりなしにつづくわけです。顔からは脂汗が流れ、頭をおさえるというか、かかえるというか、そんなかっこうのまま帰宅したんです。

女房は私が頭が割れるように痛むといったら、たまにはいい薬だと思ったようで「アハハ」と笑っていましたが、私の顔から脂汗が流れているのをみて、こりゃ本物だと感じたらしく、あわてて布団を敷いて寝かせてくれました。床についたって痛みがとれるわけではありません。水枕をして頭をひやしても、どうにもならない。しかたがないので、先のお医者さんに電話して、ようすを話して往診をお願いしたんです。お医者さんはさっそくかけつけてきてくださいました。熱と血圧を測り、痛みどめの注射だといって何かの注射をして帰られました。私は、痛みが少しやわらいだように感じましたが、まだその痛みがつづくうちにねむりにはいってしまったようです。

翌朝目をさますと、昨夜の痛みはうそのようにすっかりとれていました。けれど、少し頭がふらふらしますので、その日は学校を休み、夕方まで床の中にいました。さっぱりしたように思ったので風呂へ入ることにして、風呂場へ行きました。裸になって流し場で先洗いをしてから、風呂桶に片足を入れたら、湯の熱さかどうかわかりませんが、また、昨夜と同じ痛みが「ズズズ」とやってきた。私は片足を湯から引きぬいて、はうようにして寝室へもどりました。その夜の痛みは三十分ぐらいでどうにかおさまりましたが、翌日からは痛みがなくても風呂に入るのがこわくて、十日間ぐらいは入浴しませんでした。十日目ごろ、こわごわ入ってみましたら、以前の状態にもどっていて、入浴の気持ちよさを味わうことができた。

それから、私はあの痛みの原因がはっきりしませんので、原因をたしかめるべくほかの大病院を訪れてみました。内科へ行ってお医者さんに経過のあらましを伝え、検査をしてもらいました。血液検査から、脳のレントゲン撮影までいろいろしてくださいましたが、結果として異常がないし、痛みの原因はわからないということでした。

そして、その半年後、全身の健康診断で入院する機会があったので、岐阜市に近いさらに大きな病院で、再びあの痛みの経過を説明して、その原因についての検証をお願いしてみました。一般的な検査のほかに、少し面倒だなという顔つきでしたが、頭部のレントゲン撮影と、脳波の検査もしてくださったのですよ。すべての結果を聞きにいったとき、「肝臓が少し悪いだけです」といわれたので、「それはどれほどのことですか」と問いましたところ、「普通を一とすれば十分の一程度です」といわれたので、ああ、こうした答え方もあるのだなと感心したことを覚えていますが、頭の痛みの原因は何もいわれなかったので、それこそ恐る恐るという気持ちでしたが、「ひょっとすると、血圧を下げるつもりなのに、血圧を上げる注射をまちがえて打たれたということも考えられるのではないでしょうか」とたずねましたら、「そんな医者はいない。素人判断しちゃいかんよ。医者はそうしたまちがいをすることはない」といわれました。

若月　それはひどい。

石田　そのときのお医者さんは、私が痛みの原因を医師の誤診ということにして、その医師の治療を問題化するための裏証言でもとるために、あえて質問していると考えてそうした返事をされたのかなと勘ぐってみることもありますが、私は私に対する医師の治療にまちがいがあっても、それが故意のものでないかぎり、それを責めたりしようとは全然考えてみたこともありません。医療にまちがいがあるのは当然だが、それが人命に結びついてとりかえしのつかないことになる危険が、できるだけ少なくなることを希望するだけですから……。

私は医師でも教師でもそうだと思いますが、その人の医療や教育で、いっぺんもどんなまちがいもなかったという人がいたら、それは、ほんとうは医療も教育も何にもなくて、リスクのまったくない無害な技術だけを行使されたものではないのだろうかと思うほどなんです。前にもいいましたが、人生もまったく同じで、程度や内容に限度はありますが、まちがいがないことはあり得ないと思うからです。だから、私が痛みの原因を知りたいのは、医療への不満を申し立てるためではなくて、わからないことに対する自分への不安を解くためですよ。そうしたことから、あのときの痛みについては、いまだに原因がはっきりしないが、もう過ぎ去ってしまっていることですし、あの状況を再現することはできませんので、いまでは「人間の痛みには、いまの医学では解明できない痛みが発生するようなものもあるのだな」と思っているだけです。

若月先生の前でこんな話をしてしまいまして、何というむちゃくちゃなやつだとびっくりされたかもしれませんが、私にはこうした医師への裏切り的な医療逃避、医療拒否の前歴があるんです。だといって、医師や医療について不信だというわけではない。あんまり身勝手で恥ずかしいのですけど、痛みはとってもらいたいし、故障はなおしてほしい。また、そうしてもらった経験はいく度もありますので、信頼できるわけです。けれど、自分のからだは、じぶんしかわからないという気持ちもどこかに強くあって、病気は自分でなおすものだという考えにもなっていますよ。たいへん矛盾したようなことですが、先ほどの庶民の立場みたいなものが、医療に対する私の構えになっているような気がしてならないので、どうも困ったもんです。いまに「ギャフン」と参るときがあるのかもしれませんが……。

それから、私のこうした経験や考えに根があるのかも知れませんが、いま問題になっている、子どもたちのからだと心のことにつきましても、体についての実感をはっきりさせ、それを大事にすることをいつも私は強調しています。自分のからだについては、自分が主人公であるわけですのに、他人や機器の示す価値でしかみないということがあるからです。「顔色が悪いなあ」といわれると、急にどこかが痛くなったり、血圧が一六〇あると知ると、とたんにからだがだるくなってしまったりするというようすをみかけます。だれでも「おかしいぞ」といわれて、良く思うことはないわけで、私でもそうですが、それでも顔色が悪いとか、血圧が高すぎるとかいう場合には、他人や機器がそう判断する内容を自分のからだでもって示しているわけですから、それなりに実感できるものがあると思います。自分のからだのこの状態が他人や機器にはそう写るのかということで、自分のからだの実感との関係において、それをとらえなくてはならない。社会状況や対人関係のことでは、景気が悪いとか、いやなやつだというときに、それに相応した自分の実感としてとらえているものを大事にすることが、少ないように思えてならないのです。

とくに子どもの場合を調査してみますと、自分のからだの調子をみわけることができないのが多いことに驚きます。気分、痛み、体温、便など、自分のからだの調子をみわけることについて問うてみますと、痛みと体温のほかにはほとんど気づかないようです。その痛みもことばにあらわすと、痛みの場所のほかは、痛み方といいますか、種類についてはことばが一様になっていてはっきりしませんし、体温は体温計で測る以外、はっきりしないですね。もし、体温計が故障していればそれきりのようなものです。こうした場合は、からだが病気をともなっているときですが、そうでない場合といいますか、病気が顕在化しないときにはまず気づかないようですね。

気分でみるということの内容はいろいろですが、そこがほんとに弱いような気がします。気分ということには、実感が反映しているはずだと思いますが、それがはっきり自覚できないようですよ。だからすっきりするということでも、からだ全体の調子が心にもたらせていることとしては理解できない。一時的な精神の興奮状況だけを、すっきりというようにとらえている子どもがたくさんいることに気づきます。うまくいえませんけれど、からだと心が統一的にとらえられるという点で、実感できるといいますか、実感していることを大事にすることが軽視されているように思います。そのことはまた、からだと心の弁証法的作用といいますか、頭の疲れたときにからだを動かすというような意味での積極的休養というものを生活化させるという点で、弱さがあるように感じているんです。

3　よい医者、よい教師とは

若月　医者だって誤診もありますよ。しかし、それに対して患者が意見をいえないというのではまずいですね。医者というものは特権階級だという意識があるから、そうなるんじゃないでしょうか。こういうような意識から、〝医は算術〟になったり、患者さんを試験台に使う人体実験みたいなことがたまたま出てくる。ただ自分の学位論文をつくればいいというのでは、ヒューマニズムでも何でもなくなってしまいます。「先生といわれるほどのバカでなし」ということばがひそかに民衆の中にはやっていますがね。

医者のほうが、よりエリート的な社会的地位にいるだけに、より悪い役割を、知らない間に、演じていることもあるんじゃないでしょうかね。世間には「町には総評、村には農協」なんてことばがはやっていますが、これはあまりいい意味でいっているんじゃない。圧力団体ということですよ。では学校の先生の日教組と、お医者さんの日本医師会に対する庶民の感覚なんかはどうでしょうかね。

この間アメリカの医学教科書を読んでいましたら、ドクターという英語はラテン語のティーチャーと同じなんだと書いてあるんです。医学の父といわれるヒポクラテスも同じようなことをいっているというのですが、患者に〝教える〟のが医者だというのです。すぐ注射をしたり、すぐ薬をだすのじゃあない。まず病気になった原因を説明し、その原因をとり去る工夫を教えるのが医者なんだという。だから医者はまず教育者でなければならないのに、いまの医者は、病気を診断し、それこそ、馬にくれるほど薬をたくさんくれるだけです。処方箋にたくさんの薬の名を書きつらねるのを誇りにしてるのか、あるいはたくさん薬を出してもうけようとするのか……。なにしろいまの保険制度では、たくさん薬をだすほどもうかるようなしくみになってますからね。最近は薬代だけでなく、相談料にも若干は保険点数がつくようになりましたけれども、いまの段階では、まだ薬を出したり、注射を打ったほうが、大変もうかるようなしくみになっていますからね。

しかし、薬についてはこういう意見もあるんです。それは、日本人は薬が好きなんだ、こんな薬の好きな国民はない、というのです。私などが夜中に子どもの往診に行きまして「この程度のおなかなら、たいしたことないと思うから、柔らかいお粥と消化のいい栄養物をやって、ようすをみてください。二、三日寝かせておけば良くなると思いますよ」と注意して帰ってくると、これがえらく評判が悪い。「あの院長、注射もしてくれない」といって非難する。そういう、いろんな無理解が住民のほうにもありましてね。住民にも根強い技術崇拝主義があるんですよ。

私なんかが終戦直後、東京から佐久へ来たときは、大学の同輩が「いよいよお前も都落ちか」といいました。もちろん、それには軽蔑的な意味が含まれているんです。心臓の手術をするような専門医はえらい技術者だが、田舎の〝なんでも屋〟の医者なんかはずっと格が落ちる。ところが、この考え方は、大学だけじゃない。この山の中の住民自身がそうなんです。これにはがっかりしましたね。〝田舎医者〟というわけです。

石田　民衆も悪いんですね。先にもいいましたように、私もそうですが「なおしてもらえばいいんだ」という点で、非常に実利主義だから、よけい医師の側によってこないと思うんですよ。

若月　だから、うちの病院の若い医師たちによくいうんですよ。「患者から、先生、先生といわれていい気になっちゃいけないよ」と。農家の人と酒を飲んで、しまいに、お互いにへべれけになってくると「医者泥棒」なんてことばを使いだすんです。「ちょっと待て。おれも悪いことはたくさんしたけれど、泥棒だけはした覚えはない」と怒ると「何いってんだ。てめえたち医者なんて、とんでもねえ高給とりやがって、まるで泥棒と同じじゃねえか」と反発される。

よく聞いてみると、今日は一反の田で米十俵とれる。四十年前、私が佐久に来たところは、たった五俵でしたけれど……。しかしそれにしても、一俵の米価はまだ二万円になりません。この佐久地域は、みんな〝三反百姓〟ですから、年収は六十万円です。そこから、肥料代、農薬代、機械代などを引くと、その半分になってしまう。これが年収ですからね。四人家族で一年間三十万円の所得じゃどうにもなりません。ところが、この辺の無医村に大学から医者を呼ぶと、学校出たての若い医者でも、「月百万円くれなきゃ行かない」というんだそうです。「それじゃ、まるで泥棒と同じじゃないか」といって怒るんですよ。庶民の心の中には、そういうひがみ根性みたいなものがひそんでいるんですかね。

石田　学校の先生も、「税金泥棒」といわれることがあります。よく考えてみたら、決して高くはないんですが、「高い給料もらって、子どもと遊んでばっかりいる」などといわれるんですね。ほんとうに子どもと遊ぶことができれば、いい教師のわけですが……、良寛さんのように。

ところでさっき、先生が、ドクターの語源はティーチャーだとおっしゃったけれど、それは、教育と同じで、病気は、医者がなおすんじゃなしに、患者自身がなおすのを、医者が援助するんだということになるわけですね。教育でも、教師が外から子どもをつくってやるのじゃなしに、子どもが自分で発達するのを、教師が援助してやるんですからね。それが逆に出てくるのが、いま問題になっている戸塚ヨットスクールなんかですね。あれは子どもが自分を育てるのではなしに、教師にしごかれて自分を変えるんですねえ。

若月　人間にはそもそも、自分で病気をなおす力があるわけですからね。いわゆる免疫力です。自然治癒力ともいえましょう。そのからだの中の治癒力をうまく引き出すように指導してやるのが、医者なんですよ。

石田　患者は「異常があるかしら」という不安がいつもあるわけです。それに対して「異常がないよ」といわれるだけで、なおっちゃうことがありますね。

私が、教員組合の専従をやっているときのことです。

方針書を書きはじめたのですが、ある一点でつまってしまい、丸二日ほど、同じ問題で堂々めぐりをしているだけで、そこから先へ自分の考えがちっともすすまんのです。すると、頭に孫悟空の輪がはまったような感じになってきたんですよ。鉄の輪のようなものがガちっとはまりこんだようになって、どんなにしてもそれがはずれないのです。こりゃあ気が狂ったかしらんと思った(笑)。

堂々めぐりの問題は頭の芯にあって、それから一歩も発展できないし、頭には輪がはまって、何か自由に考えられなくなったような状態でしたので、酒でも飲んで酔ってしまえばなおるだろうと思い、近くの飲み屋へ行って、ウォッカのびんをからにしましたが(笑)、それでも輪はとれんわけです。そしてからだは酔ってふらふらでも頭の芯は酔えないのです。いよいよこれで人生もおしまいかと思って、女房に「どうもおかしい。精神病のような気がする。これから精神科の医者へ行こうと思うので、いっしょについてきてくれ」といったら、女房も心配してついてきました。名古屋に行って、なんでもいいから精神科と書いてある医院の門をくぐりました。いま、その場所は、はっきりと記憶にないんですけど、お医者さんに「なんにも異常ありませんよ」といわれました。そしたら、頭の輪がぱあっとはずれましたね。気持ちのいいのなんてもんじゃなかった。すうっとしましたね。

自分で精神病だと思ったのに、精神病ではないといわれて、とにかくおかしかったのです。

若月　自分で自覚症状があるときは、大丈夫なんですよ(笑)。

石田　けれど、そのときお医者さんが、「だめだ。やっぱり異常だ」といったら、私はそれっきりだったかもしれません(笑)。

教育にも、そういう医者の一言と同じような意味をもつものがあるんですね。私が教えた子で、そのときは六年生でしたが、家庭事情があまりよくなくて、いつも悩んでいる子がいました。しっかりした子でしたが、家庭事情の重さのために伸びきれないでうめいているような状態でした。その人は、もう四十いくつになっていますけど、いまになってもよく私を慕ってくれるんです。その人がある機会に「石田先生のどこがよかったんだ」とほかの人に聞かれたら「『やればできるやで、がんばるんだぞ』といわれたことで、それがいままでの大きな支えになって生きているのだ」といっていたのを知ったんですが、そんな人生の支えになった一言をどういうときにいったのか私はまったく記憶にないんです。その人の力になったことばは「やればできる」なんて当たり前のことなんです。「おまえは、やっても全然だめだ」なんていうことはないわけですからね。そんなくだらないような一言が、教育力になってくることもあるわけですね。

若月　先生とは、そういうもんでしょうね。心理的なカウンセラーでもあるわけです。ティーチングで、知識やインフォメーションを与えるだけじゃない、と思うんです。医者もまたまったく同様です。しっかりやれば、薬なんか飲まなくてもよくなるよ、と元気づけてやることが大切なんですね。

なにしろ人間の精神と肉体とは非常に関連してますからね。他人の家に泊まると、よく便秘しますが、これを私たちは「気がね便秘」と呼んでいます。気がねな人の前で食事すると、ちっとも消化液が出ないんです。怒りながら食べるとよく下痢しちゃいますが、これを「怒りばら」と呼んでいます。

こういう心理的影響は、日常ざらです。精神と肉体の両方、とくにその連関をよく考えながら、治療を指導しなければいけないのに、いまの医者は、とかく肉体だけをみる傾向が強いんです。すぐ「じゃあ、この注射を打ちましょう」です。生活や食事の指導はあまりしない。ストレスの多い生活からきたものなら、その雑事から離れて静かに寝かしておくだけでなおるかもしれないのに。

そして、肉体でも、たったひとつの臓器だけをみるんですね。なにしろ、いまは専門化がすすんでいますからね。同じ胃腸科でも、胃と腸とは専門が別という具合です。精神的なストレスからきた病気だとなったら、精神的治療をしないのかというと、それは、精神科がみればいい、専門がちがうからというんです。

あの日航の大事故を起こした片桐機長の例ですが（編者注——一九八二年、日航機が機長の異常操縦で羽田空港沖に墜落し二四名が死亡した）、あの人は、どうも精神分裂症だったようですね。しかし、問題が起きたときに片桐機長の検診をした医者は「ちゃんと健康を調べて異常がなかった」と明言しているんです。その医者は、肉体だけを診察して精神的なことはいっさい調べてなかったようです。「おれは精神科じゃないんだから、肉体だけ診ていた」と平気でいいきっているんですね。いうまでもないことですが、私たち人間は、動物ではないんですから、精神的なもの、社会生活的なものまでみなけりゃいけないのは当然でしょう。こんなことは、普通の人が考えたら当たり前のことです。

いまの大学からきた若い先生方の診断のし方をみていると面白いですよ。問診で聞くのは二つだけです。まず「あなたは男ですか、女ですか」と……。これは聞かないといまは男だか女だかわからない人がいますからね（笑）。ジーパンはいて、アデランスやったりしてるとよくわからない。

で、そのつぎに年齢を聞く。それだけです。少なくとも職業ぐらいは聞くべきだと思いますがねえ。家庭状況も聞いてほしいですね、家におじいちゃん、おばあちゃんがいるかどうか……。もちろん、職業や環境なんてものも聞きません。そして、あとはいきなりレントゲン、血液検査でしょ。そのデータで、病気を診断するんです。これじゃ人間がつかめるはずがありません。

＊若月俊一・石田和男対談集『人間・医師・教師――医療と教育の接点』（あゆみ出版、一九八三年一一月）から、医療と教育について語り合った部文を掲載した。一五七――一八四頁。タイトルは編集者による。

◆論文8（一九八四年）

子どもの人間性をとりもどすためのわたしたちの課題

――子どもをどうつかむか

生きいきできない教育現場

さて、情勢というようなことでは、先程から小木曽郁夫先生も言われましたし、あるいは、子どもたちの状況ということで今、冨田弘先生もお話しになりましたように、大変ひどい中で、子どもがつかみにくいというのが今日の一般的な状況だろうと思うのですが、一口にいえば「ひどい」「ひどさ」がうんと目立って来ていると思います。そのことについて、私がこのごろ見聞きしているようなことをいろいろ申し上げても不必要なことでしょうし、皆さんの方が「ひどさ」という点では、もっとなまの形でいろいろつかんでおられると思いますので、その点では申し上げることを省きますけれど、そういう中でも特に、教師の健康というようなことで、大変不健康さが目立っていると思うのです。

九月以降、今年二学期にはいってから、わたしどもの近くでも多くの先生がなくなっていかれたわけです。わけても、若い女教師がなくなられるというようなことが続いて起きたりしておりまして、いたましい感じがするわけなんですけれど、女教師の場合でも、女性としての本能といいますか、いわば自然の生理が持たなければならない女性器官の疾病というものが非常に多い、という状況があるようです。亡くなられた先生の中にも、そういったことで亡くなられる方が多いのですけれど、本当に人間のからだの、まさに自然的な部分というものが破壊されて来ているというようです。

先生の、疲れがひどくなっているということの中にも、単に形の上でいえば、腰が痛いの、肩がつまるのということが多いわけですけれど、本当は自分の生理の上での一番基礎というか、本能的生理的な部分というものが、ずいぶんいろんな形で侵されはじめているのではなかろうかと思います。そういう点では、健康というような問題ひとつとってみましても、今日のひどさというものがうんと深い所で体を浸蝕し始めて来ていると考えるわけです。

なぜ、そうなってくるのかということなんですけれど、実際には非常に毎日が多忙だということだと思います。一般的には多忙という形でとらえられているといいますか、事実、多忙なんでしょうし、そのほかに言い表しようのないことかもしれません。「このごろどうや」と問うと、「もう忙しゅうてかなわん」というふうに、先生の答えがほとんど返ってくる。実はその忙しくってかなわんというのは、もっとちがった内容とちがった言葉で言い表わせば言い表わせれることなんでしょうけれど、日本語の今の表現で言えば、「忙しゅうてかなわん」という言葉が実は、実感的に今日の状況を表わしていることだと思うのです。

このごろよく耳にすることですが、学校生協の人が学校へはいって来て、「ほんとに学校も変った」という話をされます。「最近、学校へ物を持っていって売ろうとしても、先生が物なんか見てくれりゃせん」というのです。少し前だとじっくりとまでいかなくても、みんな寄ってたかって、大変ショッピングというものは好きなはずなんですが、ああだこうだとひねくりまわして、そんな中でいろいろ、みんな冗談を言い合いながら、物が売れていったけれど、もう学校へ行っても、みんな、たった、たったと走ったるかっせるだけや。なんともしょうがない。そのうちにもう学校へはいってくれるなという学校がたくさん増えて来た。妙な管理職が増えて来た……と。その人は管理職みたいなところに目がいきながら、むつかしいことを言わしてなも。わしら入って行こうとしても、入っていけん……というようなところで、今の体制の問題としてとらえるのですけれど、実際入って行ってみても、例えば、管理職がうんぬん言わずに、学校の中で物ひろげてよろしい、いくらでも先生に売ってください、と言われても、先生は見ておれんという状況があるのです。それほど、いわば忙しさというようなものが実際に体を通して表われてきているということですね。

それ以上言っていいかどうか分らんのですけど、それ程忙しくて、それで教育効果が上がっているかというと……必ずしもそうでもないと思えるのですが。

では、一体、何なんか……という問題ですね。忙しいということが教育効果にならないというような問題、そういう意味でいったら、今日の状況は、単に忙しいというふうに言えることなのかどうだろうか、もう一度検討してみる必要があるのではないかと考えるわけです。さらに、体が二つあっても、三つあっても足らんほどひどい状態におかれているというだけでなしに、精神的重圧というものが四六時中先生をとりまいているようです。重圧によってさいなまされているということがいっぱいあると思うのです。

それは、全体みてみると一体何なんかということ、忙しいとか、重苦しいとか、面白くないとかいうこととしてたまっているものは、実際はやらされることばっかやっているということだと思うんですね。いわば管理強化という風にも言えることなんでしょうけれど、本当にやりたいということがやれない、やりたいということがだんだん失われていく。自分でやりたいということがいわばなくなってくるというような、そういう状況にだんだん今日おかれて来ている、そういうのが実は今日の忙しさということになっているのではないのでしょうか。忙しさということは、やりたいことがあって忙しいわけではなくて、やらされているという忙しさですが、やらされているということは、必然的にそういう形をとらざるを得ないということだと思います。自分でなんかやっておって、忙しいという問題ではないところに今日の教師のおかれている問題のもつ重大性というものがあるような気がするわけです。

よく言うことですが、わたしもやめて、永井先生もおやめになったわけですが、さっきも先生にお会いして「どうやなも……」「わしもやめてちょっと楽になった。……そんな言い方をしちゃ、わるいわなも」といっておられたけれど、楽になったと言えば、楽になったみたいな実感があると思うのです。だが、実際は、まんころの歌にあるように、満期になると、やめた途端にかくっといってしまうような意味で芯から楽になってしまうという場合も一方では出てくるわけです。けれど、やめた途端にどだい元気が出てくる人がまた、おるわけですね。学校におった時とは、全然、様相というか、顔つきが違っちゃう、生き生きしたような形で動かれる先生もあります。きょうも旅行、あすも旅行、退職金をためて、その利子だけでどこやしらん行って来た、外国へ行って来た、来年も行くというように、いわば、自分の人間が火を噴いたように、五十何年というと大げさでしょうけれど、教師の間、全く押しひしがれておったものが、途端に火を噴いたごとく表われて生きいきしたようにしてみえるわけです。その時は遅すぎるといやあ、遅すぎるような気もするんですけど、そういう先生をよく見かけるわけです。人生は長いわけで、どこかで生きいきすりゃええといえば、そうかも知れませんが、本当は今生きている時に、今勤めている時に生きいきしたいわけで、やめちゃってから生きいきするということでは少し淋しいわけです。勤めている時、実は生きいきしなけりゃならんし、そこで生きいきした時にはじめて、そこに教育が本来の意味で存在するわけですが、そういう点からいうと、現職の人が、仕事の中で本当に生きいきできないというようなことの中に、教育が大きくゆがめられて来ているさまが表われていると思うのです。退職した途端に生き急ぐように、そこからあわてて生きいきするというような姿を見るにつけ、私もどれだけかそれに近いかもしれませんが、本当に淋しい思いが一方でするのです。生きいきしとる人ははじめて人間がとりもどせたように嬉しがるのですが、それで、「あんたも退職しりいよ」などと言って、なんか退職をしなければ、人間になれんというような思いすらいだかされるような嬉々とした喜び方で話されるわけですけれど、実は、退職して生きいきするのでなくて、いま退職しない中でどう生きいきするのかということが、本当は今、私たちの課題ではないんだろうかと思うわけです。

不自由とつまらなさの増大

そういった、教師が生きいきできない状況ということこそ、まさに、不沈空母化とか、あるいは臨調体制とか、教育の分野でいえば教育臨調といわれることの、いわば結果なんだろうと思うわけです。支配の経済的、政治的、文化的、教育的、軍事的ひどさというものが、さきほどの挨拶にもありましたように、田中角栄氏の問題ひとつとってみても、よく表われていると思うわけですけど、そういう点では不沈空母化を具体化していく教育臨調というものの持っているひどさというものが、ほんとに日に日に強まっているということ、そのことが実はさきほど申し上げたような忙しさとなってわれわれの中に表われてきているのだと思うわけです。今日の特徴をつくりだしている支配のねらいは、実は構想としては教育臨調ということでも、ずいぶん出てきているわけですね。しかも、不沈空母化を目ざすための教育版だということがはっきりしておりますし、一昨日、昨日にかけまして新聞等に出ております中教審答申というものも、そういったものを如実に表わしているわけですけれど、実際は、教師に対するしめつけをテコにして、それを具体化するという所に、教育支配の歴史は絶えず特徴を示してきたし、いまもまたそうですね。

そういうやり方しか実際は教育を支配することはできないわけですから、否応《いやおう》なしに教師に対するしめつけというか、管理なり、あるいは教師の人間をスポイルするという問題がつきまとうわけなんです。それは教育って一体、教師によって違うんだというふうに、よく親たちは言うわけですね。わたしたちの実感の中にもきっとあると思います。自分の習ってきた先生というものを見ながら自分の人生にとって先生の与えた影響というものがいろんな形で違いをもっているんだということは実感としてあるはずです。つづめて言えば、やっぱり教育というものの、色んな条件はあると思うんですけれど、非常に重要なひとつのテコというのは、教師のあり方という問題にあると思うのです。そういう点では教師をどうするかということをぬきにして教育を変えるわけにはいかないと思います。その大きな瀬戸際に今、きて、最後のあがき的な矛盾の段階に支配としては入って来ていると思うのですけれど、そういう支配の側の矛盾が大きいだけに教師に対するしめつけというものが一段と強まっているわけですし、そのことが例えば、主任制だとか、かつての勤評だとかいうものをはじめとして、いろんな形で出てくる訳ですけれど、そういうものの総仕上げ的なものが今、いろんな職場の中でひたひたと押し寄せて来ている教師に対するしめつけなんだろうと思います。それは教師にとっては全く不自由といえる状態をつくりだすことになるわけで、一口に言えば、教師の自由というようなものを抑圧する所に最大の特徴をもっております。教師の場合、二つの面で自由でなければ本来の意味で教育にはならないし、教師にはなり得ないという問題だと思うんです。一つには政治的市民的に自由であること。けれどこれは、悲しいかな、戦後のうんと早い時期に既に日本の教師は政治的市民的には、本来の意味の自由というものを抑圧されて来ました。かつての教育二法がそうでした。政治活動の自由というものを教師から奪ったという問題は全く教師を教師でなくした一つの大きな条件であったと思うんです。

さて、もう一つの自由は教育的自由だと思うのです。教師の教育的自由というのは、いわば教師をどうとらえるのかという問題になるわけですけれど、教育内容に対する教師の選択権という問題だろうし、教育方法に対する教師の選択権ということになると思うのです。その自由というものを今日、全く奪いつくしたといえるようなところまで奪って来ています。そうした意味では今日、教師の自由というものがその基本において抑圧され奪われているといえます。そのことがいろんな形で教師から生き生きした部分というものを失わせているということになると思うのです。そういう教育現場に表れている、教師の自由を抑圧する体制というものは、際限のない重苦しい空気として日々現れていて、なかなかどれだこれだというふうにうまく区切って言えないのです。そういう状態というものは、湯の中へどこからともなく水が入ってくると、はじめは冷たい水が入ってくるようすがわかるけれど、今や湯の全体に混じってしまってだんだん湯が冷えてくると、どこをふさいだら湯の温度が保てるのか分らないのに似ています。水が全体に散ってしまって湯が冷やされていくように、際限のない重苦しい空気がどこの何という形を明確にしないままで毎日現れて来ているというようになっているのです。先程もいわれた週案の問題だとか、計画の問題だとかいろんなこととして言われている訳ですが、それらのいろんな問題が毎日皆さんの所へも現れて来ている具体的な支配なんだろうと思うのです。

そういう中で学校は、ウソの公然化ということが今日的な特徴になって来ています。ウソがウソとして公然とまかり通る場になっているのです。特にひどいのが今年に入ってからの各種の発表会や研究会のつくられ方のようです。その仕組まれ方のひどさはたいへんなもののようです。先生の服装までも規制してしまうといいます。恵那のある学校では、その日は何がなんでも男の先生はネクタイをしてこいという指示があったので、それに従っていったら、子どもは「先生、きょうどこで法事があるの?」なんて聞いたというのです。ほんとにそういうようなことから始まって形から整えることによって形から違っちゃった人格が現れることになるのです。本当の人格でないものがその日に現れるわけですね。教師の人格はもう場を失うといいますか、人格でない他の衣《ころも》を着たものが教育という名前で一日あらわれるのです。また、ある学校の発表会へは指導主事さんが来られて、ほめてほめてほめすえたということがあったそうですけれど、その会へ参加された他校の先生は、「ようもそうやけど、ああいう風にうまいことといったもんや」と話しておられました。それは、そこでのある授業についてですが、授業にあたって全部短冊にポイントが書いてあるというわけです。子どもの質問も何もかも、一つもそれからはずれないというのです。すべてが予定通りやといううわけです。子どもたちのどんな質問でも短冊に書いてある以外のことは、また一つも出てこんわけです。違ったものが一つでも出てくれれば、短冊では困っちゃうだろうけれど、短冊通りにいっちゃうというわけです。どうしたら、ああいう風になるのかしらんというようなことを言ってみえたのですけれど、ほんとにそういう点ではつくられていく、仕組まれていくのです。で、そうでなくって本音がどれだけか出たりすると、後の研究会では「サクラを入れておられたわけですか」なんていう質問が出ちゃったりするのです。とにかく教育研究の場で「サクラ」というような用語がずい分使われるそうですね。「サクラ作っとかれましたか」などと指導主事の人までが言ったという話で、何というのか想像もつかないほどの荒廃ぶりが今年になって一層めだってきているのです。いわば、真実というものがほんとに覆いかくされてくるわけですが、それは同時に「おもしろくない」という状況にしかならないわけで、そういう点で、忙しいということは片方ではおもしろくないという、つまらなさを否応なしに増大せざるを得ないという、そういった問題なんだろうと思うのです。

けれど、そのことは単に教師がおかれている職場の状況というだけでなしに、生活全体でみれば、子どもたちがまさにそういうところにおかれているということだと思うのです。子どもたちも何ら先生たちと変わりがないと思うのです。ほんとにやりたいことがやれずに、おもしろくないということなんだろうと思うのです。先生だって、おもしろくないことの中でどれだけかおもしろいことをやると、「きょうはおもしろかった」という日があるように、子どもだってどれだけかありゃ、おもしろかったという。だからまるっきりおもしろくないというばっかでもないので、まあ人生ってこんなもんかなあといって、おもしろくないということが多いことが人生だというふうに人生観ができるだけの話で、そういう意味でいえば、生活がというか仕事が人間的でないと、またそこで人間性がゆがめられればほんとにちいさい所の面白さでもって、これが人生ってなもんだというふうになっていくだけのことだと思うのですけれど、本来人生というものは面白さに満ち満ちているはずのものなんだということからみてみれば、今のほんに小さな部分しか面白さがないという状況は、まさに、矛盾の集中したあらわれなんだろうと思いますし、そういう点では、少し長い歴史の目で見れば、ほんとうに今が転換期だといわざるを得ないし、またそう考えるわけです。そしてこのまま私たちの人生が果てしなくこんな風に進んでいったり、人類のあり方としてこんな風に進んでいくということではあり得ないわけです。

面白さを求める基礎のひろがり

そういう意味でいったらほんとうに、今日のこの面白くない状況というものは長い歴史の目でみる場合の転換期であるだろうし、もっと社会法則的な意味で言えば、新しい社会の入り口にさしかかっていることとしてとらえて間違いないだろうと思うのです。それが午前何時かの夜明けとして存在していて、すべてが明るくなっているのではなくて、そしてどこかがはっきり新しくなっているわけではないけれど、今日の古さというものが条件としての新しさの中で表れているのだということだろうと思うのです。したがって、本当は面白さをつくりだす条件が非常に大きくなっているというふうに、今、物がみえなければ、本当の意味の教育を私たちはつくり出すことはできないだろうと思います。面白くないものがいっぱいになってきているということは本当に面白さを求める基礎が広がってきているということなのだと思うわけです。

たとえば、週案ということがよく言われます。恵那地域のある学校でいうと、まず書かせ、出させるというところに最低の基準を置いて何が何でも出させるという所に力点を置いた指導が強まっているようですけれど、その場合でも単にいい位なものを書くというのでなしに、週案だから赤ペンで、やった結果を批正しておくというようなことが当然なんだと、赤ペンが入れてあるかどうかということが実際には週案をみる時の、いまの段階での大事な基準として、ある校長さんなどはみておられるようです。しかし、その赤ペンが全部に入りはじめた段階までくると、今度は、資料がいっぱい週案にはってある週案だとか、あるいはノートに一時間毎やったことが綿密に書いてあるものこそ本当に週案なんだなどと言いだしたりして、単に赤ペンなんてというようなもので直しておくというだけでは週案ではないのだということをいって、次から次へと週案基準のノルマを高めてくるといいますか、そこへだんだんだまして連れ込んでいくというようになるのが常套なのです。そのためには当面はとにかく出させるというところに焦点をおいて全員に強制指導?するというわけです。君が代、日の丸の強制という問題でも、全くそれと同じようなこととして、現在まで来たわけですし、またこれからも来るだろうということが予測できます。そういう点では強制の結果はどこまでいくということがきまりきっているわけです。君が代では、先ずは式次第の中に入れることを強制し、その場合にはメロディだけでもしょうがないといいますが、その次にはちゃんと歌えるようにということで、元へもどるということはないわけで、必ず前へ進むように問題を押し込んでくるわけです。その中でみんながウソの形でしか自分の本音を吐くことができないようになってくるのです。

週案の例で言いますと、あの週案をいくらくわしく書いてもそこに教育の真実が現れるということはないのです。事実としてはどれだけかは表わせます。算数をやった。算数のなんページをやった。あるいは、ひきざんをやった、二のだんをやった、三のだんをやったというのをもっとくわしくして、二のだんの中の何と何をやったなどと言って細かく書くというようなことは週案の中ではいくらでもできます。そこには、事実というものをどれだけか反映することはできるけれど、決して教育的真実を現すことはできません。大事なことは、やっぱり教育にとっては真実なんだと思います。よくいう話ですけれど、例えばシナリオ小説というものが最近はやっています。単にシナリオというだけではなくって、それは一種の小説なんですね。そのシナリオ小説と言われるものは読んでいるうちに感動があるわけですし、人間がわかるし、真実があるわけですね。あそこには心理描写などが小説風には書かれていません。言語と動作だけが書いてあるだけです。たまに情景としての風景が書いてあるのみです。ある条件としての事実だけがシナリオとして構成されているだけですが、そのシナリオを読んでいると、まるごとの人間が出てくるわけです。人間の心があるわけです。けれど、週案というものはそういうことは絶対にないと思います。どんなにくわしく書いてあっても、そこで子どもや教師の心がわかり週案を読んでいるうちに泣けて来たなんていうことはないと思います。ほんとに先生の悩みが週案を読んでるうちににじんでくることはないのです。そういう意味でいったら、やらされることを綿密化するというだけであって、そこで教育の真実が深まるというものではないし、また真実が現れてくるものではないわけです。だから、週案を詳しく書けば教育の効果があがるとか、あるいは週案に詳しく書けるような教育をすることがほんとうの教育なんだと言ったって、それはやらされることが綿密化するというだけのことであって、教育的真実という面からいったら、週案の記述で深まるわけではないということなんだろうと思います。そういう点で私たちのまわりに、支配の強制として現れて来るものがすべて、真実の声をくずしていく訳ですから、実際にはみんなの中で、「いやだ、いやだ」とか、「こんなことはウソだ」ということを認めあいたいという気持、そういう思いが強まっていることはまちがいないと思います。けれど、ウソの公然化が矛盾としてみんなの中にひろがっていても、それで直ちに教育の場からウソを追放してしまうことができないという困難な問題が実際にはあるわけです。いやだ、ウソだ、インチキだ、真実は違うんだということをみんなが胸の奥にひそめていながら、それでいてそれがみんなの合唱にならない、また、なることがむつかしいということにつきましては、私たちはもっと歴史の中からも学ばなければならないと思います。

ウソで塗り固める支配の脆さ

一九八〇年代の今日が、一九三〇年代に非常に似てきていると言われるように、いま、きな臭い問題はいっぱいあるわけです。日本がかつての第二次世界大戦に突入していったような状況と、今日、日本の置かれている、安保体制下での不沈空母化の路線というものがたいへん似た危険をもっているわけです。あの時なぜ戦争政策に抵抗し、やめさせることができなかったのかという問題は今日私たちがかかえている問題として考えてみなくてはならないと思うのです。それを歴史の中で学ばなければならないと思います。あの時と今日とは、比較にならない条件の違いがあります。今日はまだ真実を言い得る条件がいっぱいあります。あの時のように治安維持法下にあってひとりで頑張って言って牢屋へ入れられてしまうというようなことじゃないわけです。またそういう人が何人かいるだけという違いではないのです。わたしたちが今言い得る条件というものは、わたしたち下々の中だけに真実についての呻きがあるのではなしに、本当は上の方こそもっと呻いているということとして存在しているのです。学校の中での週案の体制みたいなものでも、今まで自分が平教員をやっている間、週案をまともに書いたことがいっぺんもないような人が、管理職ということで今日急に「私は以前から週案というものはたいへん大事だと思っていました」なんてことを平気で言っている訳です。そういうところが本当は支配の矛盾なんですね。その人はホントにウソの公然化ということを臆面もなくあらわしているのですが、その人ももうひとつ上の方から「あんなもの、本当は書いたって意味はないのだ」といわれれば、「ほんとにそうですね」なんていうことを平気で言うわけです。そのようにほとんど上までウソで塗り潰されてきているということが実は今日の条件としての支配の脆《もろ》さなんです。三〇年代の場合はそこんところがウソで塗り固められて、言っているというのではなくて、本当にそう思い込んでいる者が実際にたくさんいたというところに問題の困難性の大きさがあったのですが、今はウソで塗り固めながら、形だけが構築されているというわけです。いわば中が白アリで食い荒されていく脆さというものをいっぱい持っているというのが今の条件であろうと思うのです。

そういう点で今日の情勢というものは本当にひょんなことからというか、ある小さなきっかけで真実が人間的に結集すれば大きくひっくりかえっていくことを内に含んでいるという条件を、私たちはまわりの状況の中にみてみなければならないと思うのです。まさに歴史的瞬間と言われる、そういう問題だろうと思います。歴史的瞬間というのは長い期間の中の、またある期間の総体として言われることでしょうけれど、もっと現実的に言えば、それは、社会が変わっていく瞬間を条件として内包した時期だと思います。どこで、どういうふうに出るのかということは予測はできませんけれど、まちがいなく起きてくるというものであるわけです。そうした意味で、今、歴史的には変わる瞬間に入っているということとして、わたしたちがその立場の目で物が大きく見える時、実は、子どもたちを見る目も変わってくるのではないのだろうかと思うのです。人間が歴史的社会的所産だということは、社会の土台が変われば、上部構造的な意味で人間の意識が変わってくることを意味します。それは存在が意識を決定するというテーゼになってもあらわれています。今日のわれわれが生みだしている存在としての社会の土台が、ほんとに地殻変動を大きく起していますし、不況は慢性化してしまってどうにもならなくなってきています。百兆円を超す赤字国債を抱えた日本の国が、世界の資本主義国の中でGNPは第二位を示しているというような状態というのは、本当はわたしたち日本人の存在している経済的基礎というものが全く予想もしない矛盾をはらみながら、大きくくずれ始めてしまっているということだと思います。

いつでもどこかに存在する子どもの人間性

従って下部構造の変化にみあった変化が人間に表れるわけですが、今日の子どもの変化というものはまさにそうなんですね。だから、非常につかみにくいと思うのです。今まで通りの目で子どもを見ようと思っても、なかなか見えないし、つかめない、けれど、では子どもたちは人間ではなくなってしまったのかと言えば、そうではなくて、まちがいなく人間ですし、現状にみあった人間性を持っていると思います。ただ、それがどこでどういうふうに現れているのかということが具体的になかなかつかめないところに問題があるわけです。学校へ来て先生の前に出ている限り人間でない形で現れていることが多いのですね。条件によっては私たちがそうなんだと思って見ればよくわかると思います。例えば、官制の強制された講習会へ出た時には、教師も人間としての形をまるっきり出していないことがしばしばです。文部教研などへ行った時には、生き生きとした教師の姿が人間の形として出ていません。が、子どももあの通りだと思います。きめられた宿題を持ってこいと言われればかんかないな（しかたがない）と思いながら持っていって、何か言えといわれれば、はいなんて言って、心にもないことを発言したりしています。また、研究発表などといえば、自分の机の上に一週間の発言表があって何％やったか自己点検して、○がたんとついたでええという子どもするとか、研究授業の時に発言したら、その発言を二重丸にすることを指示し、発言を二回したことと同じに認める先生があるそうですね。ここまできている状況ですが、それらのおかしさも私たちが文部教研その他、官制の研修センターへいった時にやっているさまだとみれば、子どもだけが非人間的だとみることはできません。学校で、教師の前で、あるいは親の前で、非人間的状況になるというか本来の意味の人間らしさが現れないから、もうどうにもならんようになったということではないのです。

——中略——

子どもたちは、今日の状況の中でわたしたちからみて非常に満足すべき状況ではなくたって、人間性というものをやっぱり彼らはまだ持っているわけです。自主性ももっています。けれど、それは今の状況で言えば、六〇年代のおしまいのころのように家庭の中へ入って家庭調査をしてみれば、そこに発見できるかといえば、そこでも発見できないというところが今日の新しい問題だと思うのです。土台の変化は、家庭そのものを崩壊させているわけです。生活苦に重なる離婚や蒸発の激増という形で家庭そのものは今日、崩壊状況に入っているという中で、地域も破壊されていますが、そういう中で一人一人の人間が疎外されていくのです。疎外されていけば当然そこには、人間性がゆがむという問題がありますし、それが喪失するという現象が生れますが、それでは全くなくなったのかというと必ずしもそうでもないというところが大事です。では、どこにどうして存在するのかという問題を、私たちは今日の中で実際に発見しなければならないと思うのです。私たちは子どもたちの人間性がなくなってしまったものだという風に決してみるわけにはいかないし、現になくなってはいないはずです。ただ私たちの目を変えて見ない限り私たちの目にうつらないという問題があって、非常に子どもをつかみにくくしているというだけだと思います。

子どもをつかむ実践——わかる学習と問

そのことを私たちが今考えてみなければならないと思うのです。それには、私たちのやっていることの中でつかまなければつかめないという問題があるのです。子どもをつかむということは、つかむ実践があってこそつかめるわけで、実践とは別にどこかで網を張っていたらひっかかって来るものではないのです。だからつかむ実践をしなければならないのです。ではつかむ実践とは一体何か。それは、わかるということが基本《もと》になるという問題だろうと思います。ほんとにわかるような実践をどうするかということが重要です。それはわかる授業などというい方でずっと数年来言われ続けているわけですけれど、わかる授業ということの中だけではなかなかわかるというわけにいきません。いってみれば、わかる生活全般を含めたこととして、私たちはそれをわかる学習と言っているわけです。子どもたちがわかるということをどう身につけるかという中で実は子どもたちが人間性を発揮することができると思います。人間性とは、わかるという形をとる時にでてくるものだと思います。もっと別な言い方をすれば、それは自分で考えるという問題だと言えます。わかるということは自分で考えるということがなければできません。自分で考える時にはじめて人間らしくなってくるわけです。そういう意味では子どもたちが本当に自分で考えるというような、あるいは自分たちで集団的に考えあうというような、そういうことを、私たちはどれだけ保障しているのかということとしてもう一ぺん考えてみる必要があるのではなかろうかと思います。

——中略——

自然の原理にたつ視点を

もう一つの問題は、子どもをつかむという場合に、物のとらえ方で私たちが基本的に変わらなければならない事態に立ち至っているのではないかということです。先日、自分の妊娠を知らずに女子高校生が子どもを産んでしまって、その子を刺し殺し警察に捕まったという東京での話が新聞に出ていました。産むまで知らなかったということの真偽はともかく、生まれた赤ん坊が自分に乱暴した男によく似ていて憎かったので刺し殺してしまったと書かれていました。そしてなお、家の人も本人も出産するまで妊娠していることを知らなかったというのです。この事例にもあらわれていますように、今日、性の問題というのは非常に深刻な状態になって来ていると思うのです。今の例に見られる様に高校生の性問題というのは特に深刻だと思うのです。

この間、高校の先生たちとお話する機会があって、耳にしたことですが、いまの高校生は妊娠問題を惹き起すことが多いようですね。その際、妊娠が学校当局に発覚すれば、退学せざるを得ないのが通例のようです。妊娠と勉強は両立できないというのが今日の高校のシステムになっているというわけです。従って妊娠した時にどう子どもを守るかという問題は、それをひた隠しに隠すということがまず第一にとられる方策です。ある特定の先生が知っても、それを職員会で討議するという訳にはいかんのです。言ったら最後、処分としての退学になるか、あるいは自発退学という形を推奨されるかは別として退学という結果を惹き起こさざるを得ないわけです。そうすると、ひた隠しにしながら、それは中絶という形をとって無かったことにして、事が処理されて行くということが多いというのか、そうせざるを得ないというのです。テレビの金八先生のように中学生でも産んでしまったというようなことにはいかないわけです。そういう問題は大変深刻だと思うのです。

男子生徒との間の矛盾だっていっぱいあると思うのです。男子生徒だって妊娠をさせたという生徒はいるけれど、相手が女子生徒で、口を割らない限り絶対分らん訳ですね。誰が妊娠させたのか、させた側はわからず、した側しか分らんのが妊娠です。だからいつだって性の問題については女性の側が不利な立場になることはきまりきっているのです。もし、妊娠したということが退学の理由になるならば、相手が女子高校生でなくても、妊娠をさせたという男子高校生は現実にたくさんあり得ると思いますし、私の知っている範囲でもあるわけですから……。けれど男子の場合は実際には退学は無いわけです。男子の場合、自分の中には妊娠というものが結果としては出てこないわけですからわからないだけです。そういう点では性の問題というのはいつも女の人の側に矛盾が集中していくということがありますが、それにしても現実に中絶するという形によって黙って事が処されて行くのがほとんどです。

黙って中絶することが妊娠ということにおける性の問題での人生の第一歩になったということは非常に不幸なことだと思うのです。性ということのとらえ方でも、命ということのとらえ方でも、また人間そのもののとらえ方でも、中絶を第一歩に経験するということは決して正しいことにはならないと思われます。たしかに止むを得ずという事情はいっぱいあります。だから先生は妊娠をある女生徒がしたことを知れば、内密に親にだけ相談して、学校では他の先生に言えないから、中絶という方法でもって他の先生にもできるだけ知られないようにして、無事難関を通させるのです。それでその先生は、「あんた、もうこんなこと二度としちゃあかんよ。妊娠して中絶することを癖にすると、結婚して本当にあんたが子どもを欲しいという時に、流産が慢性化しちゃって、子どもが産めないという体になる危険性がいっぱいあるのやよ」と言うわけです。その時は素直に「ふん」とうなずくので、よくわかってくれたのだと思っていたら、また二ケ月位たって「先生ー」と言って来るということが一人ならずあるそうです。「同じ経験をやってしまうのです。どうしたもんでしょうか」という先生の悩みになるわけです。ほんとにどうしたもんでしょうかとこちらも悩んでしまうのです。

けれど、問題は、例えばその女生徒は妊娠したという時点にあっても、自分が将来、一定の形で結婚した時に自分の子どもがどう生まれるかということのために、そこに人生の目標がひとつ大きくあって、それのために自分の性が存在しているわけじゃないところにあるのですね。とにかく、今の瞬間をみんなに馬鹿にされないように、見捨てられないように、誰かに縋《すが》って生きて行くために、「好きだ」と言われれば、体の関係を持つことによってそこで生きていることを確かめ合うという瞬間の喜びしかないという、そういう切羽詰まった生活の状況の中の問題であるわけですから、やがて流産する体になりますよ、というような説法では、本当に納得出来ないでいると思うのです。今の今が淋しくてかなわない、ということが解決できないわけです。誰かに縋っていなければならないし、誰か親切な男の友達が無きゃならんというようなことなのです。で、その男の友達だってある意味で言えば人生の友として、人生を共に歩んでゆくというような長い見通しでの男じゃない。長い見通しでの男友達なんてなかなか得られないなかで、とにかく自分を好きだといってくれて、「おお」「やあ」と言ってつきあってもらえる人でなければならないのです。そしたら、つきあってくれるというそのことが男にとっては肉体的関係を持つことでしかその女の子の存在を必要としていないというような、そういうさし迫った現実の問題であるわけですから、やがての時のことの危険性ではどうにもならないということもいえます。そういう問題がだされていたのです。

それでどうするかということで、私はその先生に対し逆に問題を出しました。結論的にいえば、たとえ女子高校生の場合でも妊娠に対しては出産するという立場で考えないといけないのではないかということです。くわしい話をその時にしたわけではないのですが、通常妊娠すれば誰だっておめでたいなもというのが当り前なわけです。「どうも困ったてー」などということは、人間の一般ではないわけですね。人工的に体外授精をしてでも妊娠を喜ばなければならないというような時代ですから、妊娠すれば嬉しいというのが当り前なはずです。けど妊娠したら内緒にして悲しまなければならないという事のもつ悲劇性というものに対しては、産むという立場で本気に考えないから、間違いをくり返すことになるのではないかと思うのです。そのため、産んでみ、といってやらなければだめではないかと考えます。徹底して産むことを考えよといわなければ……。そりゃ大変だと思います。高等学校の今の生徒で、なんとなく家の仕事も何も手伝わずに、翔んで歩いて男の子と遊んでいるだけみたいな子どもに対し、妊娠しちゃった、さあ産みなさいと言えば……。さあ、おむつの世話からしなければならないのです。乳も飲ませなければならないし、おむつのせわどころか、おむつをどうやってどれだけ作るかもわからないという状況でしょう。一体親子で食っていけるかどうかもはっきりしないという中でも、産むという立場で考えてこそ、初めて事の意味というものがわかるわけです。できたらとるという立場からでは本当にものが分らないと思います。そういう点で言うと、本当にものを自然に考えなければ駄目なのだという気がします。その時に事のもっている本質がはっきりみえるのだと思います。いまの例で申しますなら妊娠したというなら産むんだと考えた時に、はじめて妊娠という事のもつ人間的な意味ということがはっきりするのです。けれど、今の条件の中では私はそれに堪えられないという問題はたしかにあります。その時にはじめてもっと重い問題として中絶ということをその子が考えざるを得ないのです。だから、誰かに訴えることによって密かに助けて貰って、中絶させて貰う、というようなことでは、一定の時期になって流産が慢性化したりした場合、先生があの時、中絶せよなんて言ってすすめたので、わたしの体は毀《こわ》れちゃったなどというくらいの程度なんだと思います。今、先生としては精一杯庇《かば》うわけでしょう。そこで、隠しても退学にもならないように、庇ってやりながら、一定の時期になると、あの先公のおかげでわしゃあの時産んでおけばよかったに体が毀れちゃって、ひどい目に遭ったなどといわれることが無いとはいえません。そういう裏切られ方というか、非信頼のされ方というものが重なりあってくるというのが今日の教育現場にある深刻さだと思うのです。

妊娠の問題は非常に極端な例かもしれませんが、実際には色々な問題がそうなのです。それはやっぱり、子どもたちに対し、人間の自然な原理を基本の立場として考えさせるということを教育として私たちがもっと深めなければならないこととしてとらえてみる必要があるということです。そういうこととして、ものを見るようにならなければ本当に意味のある結果にはならないのではないかと思うのです。けれど、じゃ産みなさい、産むようにしたらどうですか、本気になって産んで育てるように考えてみなさい、と言って、それについて先生も一緒になって考えてゆくようになるとすれば、先生にとっても新しい問題が起きてくるのは当然です。それは何かといえば、産んだら高校では勉強できないという現状に対して、どう、それとたたかうかという問題があるわけです。産んだら勉強できないというきまりは高等学校に存在しても、産んだら今仕事ができないというきまりは社会一般にはないわけです。例えば先生であれば産休や育児休暇の制度があるわけです。不満足な内容でも現存しています。だから、高校生に育児留年ぐらいがあっても少しも不思議なことではないという世の中だと思うのです。育児留年みたいな制度があれば現状での無責任で、悲劇的な中絶は随分なくなると思います。また、育児留年制度を高等学校につくれば、女生徒はみんな子どもを抱え、二年生から三年生にかけて留年してしまって学校が満ぱいになるかというと、実はそうならないものだと思います。そういう制度ができるということは実は、交際・性交・妊娠・出産・育児というようなことを人生の重みとして考える体制を、一年の時からきちんと作っていくことが保障されるようになるからです。

それは、高等学校だけに限らず小学校から中学校も含めて人生の中で性を人間の生き方の問題として重くとらえることができるような子どもを育てていくことが可能だと思うからです。それが可能でないからおどして退学処分という方法でくいとめようとするわけです。だから中学校でのさまざまな規則も似たものになり、小学校の規則も似たものになるのです。自然の流れを全部逆に食い止めて、人間らしく発露させないでおいて非行防止だという形をとるわけですけれど、そういうおどしや処罰の方法ではほんとに解決できないものだと思うのです。自然の原理を大事にして、自然の形でできれば「産む」ということを喜ぶことができるような立場をとって物事を考えていく時に、今の学校制度のもっている矛盾を私たちだけでなく、子どもたちも本気になって考えてくれるだろうし、父母や行政者も全体としてそのことを考えて行くことができる状況だと思うのです。だからいま、制度的に退学という処分があるからそれで、ということではなくて、産んでも勉強も両立できるという制度をつくるということを基本として考えねばならないと思うのです。けれど、その制度ができるころには、実際には高等学校で妊娠というような事態をひき起こさない子どもが本当はできてくると思うのです。制度と内容とはそうした結びつきをもつものでしょうが、それに向ってなかなかふみ切れないところにも問題はありますが、歴史的瞬間というのは、本当は、内容を制度的にも大きく変えなければならない問題を含んできているものだと思うのです。

「守りから攻めへ」視点をかえる

そういう点では私たちの視点を変えなければならないといえます。私はそれを守りから攻めへというように言うのですけれど、いま、攻めろといえばこうした視点変化の問題が大事だろうと思うのです。くどいようですけれど、女子高生の妊娠で、できたか、とろまいかというのはほんとに守るだけで、できたか、産もまいかというように視点を変えてものが見えていかなければ、今日の矛盾を、制度を含めて変えていくというわけにはいかないだろうと思うのです。ただ今日一日にそれが変ってしまうというわけにはいかないと思うし、今後一年の間にそれが変るとも言えないと思います。だから、ある高校の先生と話した時に、今とは違った言い方でしたけれど、「そんなことは正しいと思うが、先生、甘い」といわれるわけです。私の言うことは現実のきびしさの中では甘いのかもしれませんけれど、それが自然な人間の道ではないかと考えるのです。だから「それなら、いつできる?」ときけば、「そんなことは絶対できんさ」といわれたのです。私と話した先生はどうも、永久にそういうことはできないと思っておられるようです。けれど、今の高等学校の制度が永久に続くとは私は思わないのです。私の方が遠まわりみたいだけれど、きっと早く解決するだろうと思うわけです。だが、その人はもう絶対だめだとあきらめきっておられるのです。私よりずっと若い人だけれど、その人は自分が守り一手で生きておられるからえらいわけです。だから、職場の先生も信頼できないという問題になります。職場の先生も信頼できない、下手に話すとすぐどこへ筒抜けになるかわからないというように友達も信頼できないということになってくることの中には今日の複雑な状況が反映しているにしても、余りに展望がないのです。本当は私たちの政策的な視点を現状に即した教育性をもつものに変えてみなければ、友達をつくっていくというか、真実の力が増えていくということにはならないと思うのです。自分以外、まわりのみんなが敵に見えてくるような時には、大抵政策的には守りの政策に徹し切っている時だと思うのです。信頼するものは私一人で、時には私も信頼できないという状況ですね。たとえ守りの形をとっても攻めの政策を取らなかったら、味方はふえません。

それは運動の問題では「統一の方向で団結を」という言葉としてもいわれていきます。それは、私たちの戦後の運動の一つの大きな教訓だと思うのです。団結しなければいけないと言ってるだけでは、団結は強まらないのですが、どのように統一をひろげて統一を強めるかということでみんなが統一のためにたたかって行くときに本当は団結が強まるものだというのが勤評闘争以来の教員組合運動における大事な教訓のような気がするのです。ついでに言えばその場合、統一の発展は団結の強さにかかわるという法則があると思うのです。だから団結もしていないのに、統一だ、統一だと言ってみても、本当は統一は進まないのです。たしかに団結の強さだけが統一を前進させるけれど、統一の発展だけがまた団結を強めるのだという相互関係で団結と統一は進むものだという意味でいえば、攻めというのは実はそういうことなのだといいたいのです。運動の上で言うこの視点を、私たちはもっと子どもと教育の問題や、職場や地域の問題の中に生かさねばならないのです。その基本としてもっと自然な立場をとらなければならないということを言いたかったのです。

さき程申し上げましたように、今日ではまわりの土台がぐちゃぐちゃになっているわけですから、ほんとからいえば、がばぁーと固まり得る条件がいっぱいあります。したがってその条件をどう組織できるかという場合の政策のあり方なのです。政策というとたいへん政治的な言い方のようでわかりにくいかもしれませんが、一般的にいえばどうするかという方針のたて方における目のつけ方として受けとっていただければよいのです。そういう意味で視点を変えるということが無い限り、子どもたちもつかめないという問題になってくるでしょうし、子どもたちのかかえる矛盾を本当に発展させることもできないと思うのです。だから、守りという立場だけで守っていくのではなくて、実際には攻めるという観点で子どもを守っていくというようにしたいものです。そうしないと、守ることによって孤立し、秘密ばかりが増えてきてしまって、「王様の耳はロバの耳」みたいに、どこかへ穴掘ってブツブツと言わなければならなくなります。そして、言った途端に木が生えて来て喋ってしまったために全部ばれてしまい、わしゃ、もう人生に全く絶望しちゃったといって自殺するというようなことにしかならないわけです。そういう点では「王様の耳はロバの耳」みたいな隠し事ではなくて、すすみたいものです。なんかいいことやると隠さなければならないということは、ほんとにおかしいことなんです。子どもを守ったら隠さなければないという、あの妊娠の話ではなしに、子どもが妊娠したら産めという立場で考えてみると、結果として産めないということはたくさんあるにしても、産むという立場は人間としての自然な観点でもあるし、それは同時に、ものごとを基本的に発展させ、運動としてもひろげていくことができる、そういう視点になるのです。その点で、子どもをつかむということでも、子どもを信頼して裏切られても、なお信頼せよということを私は言うわけですが、信頼するには信頼するための本当の視点というか、問題のとらえ方が必要なのではないのだろうかといいたいのです。

非行のとらえ方について——〝のぼせる〟ことの中から自立の芽を——

大変時間が延びてしまっていて申し訳ないのですが、いま申した性の問題などは、たいへん特殊な例ですけれど、よく考えてみればどんなことでも同じことだと思うのです。今日の高校生の問題でいえば、性だけのことがおかしく、非行のようにとり上げられるわけですけれど、それは性欲だけが歩いているみたいなものだからです。満身性欲で生きているみたいな恰好の状況だけが、性非行としてとりあげられるのですが、同じように一面だけが歩いている姿はいっぱいあります。例えばオーディオにのぼせているのも同じだと思うのです。のぼせる種類が違うだけです。ある一面だけにのぼせていることは同じことです。それは、全体としての人生にのぼせている わけではないのです。ある子はひたすら性にのぼせて、彼女か彼氏かしりませんが、もうそれだけに生きていますし、ある子になればオーディオで明け暮れています。どこへ行くにしてもヘッドホンをつけています。何もほかのことはありません。あんなのは、のぼせ方でいえば、大人がパチンコや麻雀、浮気にのぼせるのとすこしも変わらないわけです。そういうことから言って、ある子が運動で筋肉鍛練だけにのぼせているとか、ある子が勉強と言っているけれど点数だけにのぼせていることと変わりがないのです。勉強といえばいかにも立派そうに見えるけれど、やらされる中での点数だけにのぼせているのは、考えてみれば人生全体や人間の生き方全体に目がないということでは、ほとんど同じことだと言えます。本当に人生にのぼせているわけではないのです。そういうことから考えてみますと、子どもたちが今、どこかでそういうのぼせ方をしていくことの中に実は、人間を求めている姿があるわけだと思います。だから今の状況の中での人間の求め方として、オーディオにのぼせているものだけは良くて、点数にのぼせたり、筋肉にのぼせているものはもっと良く、性欲にのぼせたものだけが悪い奴だということはいえないと思います。

だから私たちはのぼせていることを評価しながら、のぼせる中味についての価値を考えさせるということが実は教育なのだと思うのです。けれど、そののぼせていることを冷やすことが教育だという問題が現実にはあるわけです。それは時にはとろくさいことばっかにのぼせやがって糞だあけなどと言って、肝心な思春期の性欲の発動を一切踏みにじるようなやり方をとります。性なんてものは汚いものだというような話にしてしまって、そうならないのに、どうせなら勉強にのぼせよといってみるだけです。問題は子どもがいまのぼせているものをもっているということの中に人間の証があるわけだということです。人間でなかったらのぼせることはありませんよ。性欲にのぼせているとすれば、性とは何ぞかということを本当に教えなければだめです。性欲にとりつかれていると、昔の六百六号という薬も効かないような恐しい梅毒や、けちな性病が外国からどんどん入ってきているから、鼻が落ちたり、陰茎がくさってしまうぞというようなおどしをどれだけかけてみても、そんなことで子どもたちの性欲がなくなるというわけにはいきません。そういう点では本当に人生とは何かということから、今ののぼせていること自体を子どもたちにきちんとみつめさせるということが実はそのことを子ども自身が考えるということになるのだと思います。だから、子どもたちがのぼせているという場合に、非行という窓口と枠を設けて、そこにふれることだけにはのぼせてはいけない、それにふれないオーディオなどは別に非行ではないというだけではどうにもなりません。

たとえば、電話でムダ話をすることにのぼせるというような子どもはいっぱいいます。二〇分も四〇分もあちこちへくだらない話を電話でやるのです。それも他人の悪口ばかりを言って、みんなの間をさくことを趣味としている者すらあるのです。これなどは一種の非行でもあるのです。物をムダにするとか、仲間をさくという意味でいえば、大変な非行ともいえます。しかし、そんなことは誰も非行とはいいません。けれど、そんなのぼせ方こそ異常なわけです。そういう点では、子どもたちのスピードやスリルやセックスだけにのぼせる部分的なのぼせ方に対して、歴史的・社会的所産としての人間の価値をやっぱり基本的に教えなかったら、子どもたちが自分でそれに気づいていくことにはならないと思います。だから、私たちはのぼせているところに人間の証を見なければならないし、しかものぼせることができるエネルギーが存在しているということを、本当に冷静にみつめてみなければいけないと思うわけです。

基本的な改革の視点というものは、やっぱり当り前の理屈だろうと思うんです。その意味では私たちがたてる理屈は当り前でなければならないのです。いま、大事なことは単純な大衆的良識といってもいいような、あるいは伝統的良識といってもいいような当り前の良識が必要なのではないでしょうか。悪いことをした代議士が裁判の第一審で有罪判決になったら、代議士を辞めるのは当り前さというのは大衆的良識ですよ。三審制度があるので、それが終わってから考えますなどということは、これは良識ではないですよ。法治国家の良識では辞めるのが当然だと思います。だから、政治家も良識通りにしてくださいという問題になるわけなのです。そういうような意味で言ったら、私たちの良識というものが本当に人間の自然的原理の上にでき上がったものとして考えながら、その点での視点をもういちどはっきりさせていくということがたいへん大事なことではなかろうかと思うわけです。

——後略——

＊一九八四年、東濃西地区教育講演会での講演。『人間・生活・教育』二五号（一九八四年三月一日）による。約三分の一を省略した。八〇年代において子どもの生き方の矛盾や困難が深まる中で、「子どもをつかむ」視点を改めて深めようとした。

◆論文9（一九八四年）

〝魂の技師〟としての教師

指の傷跡として残る安らぎの授業

最近では年齢による皺のほうが深くなってしまってあまり目立たなくなっているが、私の左手の甲には、人さし指から小指まで一直線に刃物での傷跡が残っている。その白くふくらんだ傷跡をみるたびに、私は一九三九年の小学校六年生の時を思いだす。

飛騨の地にあった複式学級のその小さな学校は、いまではもう廃校となってしまっているが、私はその学校で学んでいた。たしか手工の時間であったと思うが、河原に密生していた猫柳の木をとってきて、親指ほどの人形をつくる仕事をしていた。三角刀で人形の首のところをまるく削りとりながら、こけしのように細くつなぎとめる作業をしているとき、右手に力が入りすぎて人形の首を切り落としたいきおいで、人形をもっていた左手の指の付根を一直線に傷つけてしまったのである。骨まで達することはなかったが肉の部分を相当深く切ったため、するどく血がふきだしたのと、指が千切れてしまったような驚きを抱いたのを覚えている。

その時、受け持ちの先生はさして驚きもしないで黙って傷の手当てをしてくださったが、私の不注意も決してとがめられなかった。手当てを終えたあと、出来損いの人形をみて、「人形も首を切られて痛かったやろうな。かわりにまたつくってやれよ」と先生にいわれ、私は四本の指を一緒に包帯でくるんだ左手に新しい材料をもって、何本もの人形を刻んだことが記憶にある。

また、この先生は同じ手工の時間に古竹を割った材料で、表皮の部分に硫酸で絵をかいて壁掛けをつくる仕事も教えてくださった。私が何の絵をどう描いたかはまったく忘れているが、竹の表皮を焼く硫酸の匂いと、ほの白いけむりの色だけが忘れられないで残っている。

太平洋戦争直前の日中戦争のさなか、あの先生が手工の時間に何故こうした教材をとりあげておられたのか、私にはわからないが、この手工の時間に関する限り私は戦時色を見出せないし、手を動かし物をつくる人間の平和なよろこびが私の受けた戦時教育のなかにもあったことを思い起こすのである。それは私の指に肉体的な痛みが傷跡として残っているからよけいにそう思うのかもしれないが、傷の痛みとは別に平和な安らぎの気持ちとしてその授業が忘れられないのである。

「山芋」で知った安らぎの質

こうして私が飛騨の小さな学校で、わずかながらも手工の時間に安らぎを覚えているより三、四年ほど前、越後の黒条小学校では「ぼくらは生活派だ」（五年・伊藤昭二）と宣言したり、「いやなうた」と題して小作百姓である自らの家にふりかかる社会矛盾をみつめながら、同時に「ぼくらの村」として農村共同社会の行く末に希望を抱いた大関松三郎という子どもが現存していたのである。

もちろん、当時の私は大関松三郎少年の存在を知る由もないが、私の先生たちも誰一人そうした少年が存在していることも、また、そうした少年が生まれる教育が存在していたこともご存知ではなかっただろう。またご存知ではないというだけでなく、先生方の教育の範疇に生活があっても、それは便宜さだけでその変革ということは皆無だったのではなかろうかと思われるのである。

私は当時の自分の貧しさを、また私を教えてくださった先生方の教育観や生活把握の問題を大関松三郎少年の教師であった寒川道夫先生と比較して難じようとしているのではない。それは淋しいことであっても歴史の進行過程にあった矛盾で、当時ではどうにも仕方がなかった事柄であると思うからだ。

けれど、戦後になって私も貧しいながら一人の教師として子どもたちとともに生活するようになり、大関松三郎の作品集『山芋』や、その教師寒川道夫先生の存在を知るようになって、教育における質の意味について開眼した。またその開眼は必ずしも大関松三郎少年や寒川道夫先生の存在した事実を知ったということでなくても、教育としての質の異なりの存在は戦後の日本の教師のほとんどが知ったことであろう。

先ほど、私は自分の小学校時の貧しさを淋しいことであっても仕方がなかったことであったといったが、それは後日になって大関松三郎少年の存在を知ったことで自らの貧しさに淋しさが多く加わってきたのかもしれない。そうでなければ、前述したように貧しさのなかにも平和な安らぎの時も加わっていて、貧しいけれど楽しいといえたかもしれないからだ。

それは部分的・一時的であっても私の経験した安らぎの授業（教育）は、猫柳の人形でいえば、傷の痛みは残っていても、いくつもつくった人形が何であったのかは記憶にないし、竹材の表皮にあらわれた硫酸の匂いとけむりは残っていても、何の絵を描いたのかは皆目記憶にない事実として楽しいといい切れないのだ。

当時、大関松三郎少年が寒川道夫先生によって、私と同じような手工の作業をしたのかどうかはわからない。また、あの私にどれだけかの平和な安らぎを与えてくれた手工教材が、当時の国定教材であったかどうかもわからない。だから同じこととして比較することはできないが、当時の大関松三郎少年なら、私と同じ手工教材を作業しても、猫柳の人形や古竹表皮の硫酸画で、どんな人形を刻み、何の絵を描くかが中心の関心事だっただろうと思うのである。だから、その手工授業が私と同じ程度に安らぎを見えていることであったとしたら、四〇余年を過ぎたいまになって、傷跡と匂いしか思いだせないというようなことにはなっていないだろうと考えられるからだ。

そんなことを考えてみると、教育における質の適否は子どもをしてどのように主体的に、自覚的に生活にかかわらせるのかという点で、また、その人間の生涯にわたってきわめて大きい作用をもたらすものであるともいえるような気がするのである。

究極的には教師が担う教育の質

これまで私は、自らの貧しい思い出を含めて、戦前のしかも戦時中といえる日本の教育のなかにも、どれだけかの安らぎが存在し得たことや、安らぎが社会的・歴史的展望と結びつくことで生活主体としての自覚を伴った安らぎの創造も可能であったことをみてきた。

安らぎというような言い方は不適切であるのかもしれないが、子どもが人間的・自然的な内面状況で無理強いされることなく意欲的・能動的に学習、発達するさまを私はここでやすらぎといっていることを理解してもらいたい。が、その安らぎの存在する量や質は、きわめて画一的といわれた戦前・戦中にあっても教師によって大きな差異をもたらしていたのである。

たしかに教育にはさまざまな条件と要素があり、それらが織りなされてその質を生みだすものであるから、ここでいう安らぎというのも教師個々の問題に解消してしまうわけにはいかないが、本論の主題と、主題のもつ今日的意味やその必要性からいえば、あえて安らぎがつくりだされる上での教師の差異を問題にしたいのである。それはいまも述べたように、教育の質は無数の条件・要素によって織りなされるものであっても、それが教育力として子どもたちにたいして実践的に作用するのは、教師の人間＝質を通して具現されるときに決定的になるからである。もっといえば、ある教育体制として一定の質が構成されていても、教師のちがいによって実践的にはその質が量的には弱められたり強められたりするだけでなく、質を変えたものとして子どもたちに作用することがあるからである。それは小さな例でいえば、学校としてのきまりや決定事項が、学級＝教師のちがいによって徹底を欠き、あれこれもめることなどにもなって日常的にあらわれていることでもわかる。まして、子どもの人間的可能性を発見し、それを引きだし発展させるということでは、教育の質は究極的に教師に委ねられているといわねばなるまい。

ふたたび、戦時中の教育にかえって恐縮だが、私の小学校時代にも綴方はあった。けれど私が学んだのは「生活綴方」ではなかった。生活の断面を綴方用紙に書いて、先生に○をもらったり、評をいただいたことはあったが、何をどうかいたのか記憶として何にも残っていない。ある友人が私の小学校時代に書いた綴方がプリントされている文集をもっているから見に来ないかといつか誘ってくれたことがあるが、私は全然それを見たいとは思わなかったので断わったことがある。私にはそれを見てみるまでもなく判っていることがある。それはどこかにどれだけかの事実をならべたわりあいきれいな文章になっているだろうが、真実の生活というのか、私の人間的真実は何にもでていないことがはっきりしている。だから見たいとは思わなかったのだ。

けれど、私たちに綴方を書かせるために、当時の先生たちはいろいろ工夫されたことがたくさんあったと思う。題のみつけ方とか、記述の仕方、文の構成など、私たちがどれだけか意欲的になるために苦労されただろうと思うが、教えられた方として受けとるべき先生の苦労についてはさっぱり思い出せないままにいる。その意味ではまことに頼りない教え子でしかない。

一方、寒川道夫先生は大関松三郎少年を含めた小学二年生六八名の担任として、クラスの全員にノートを一冊ずつ買って、自分の「心のなかに動いていることばをそのまま書けばいいんだよ」といって、どこでもいつでも心のなかで動いたものを詩に書こうと勧められたといわれる。そしてある朝、机の上に提出されていたノートのなかに、きらっと光るものを発見したという。

しょんべん
どてっぱらで　しょんべんしたら
しょんべんが白い頭をして
にょろ　にょろ
どてっぱらをおりていった
へびになって
にょろにょろ　まがっていた

そのノートが大関松三郎少年のものであり、その時少年は三年生であったという。その時のことを教師である寒川道夫先生は、「ぼくの眼は、きっとおどろき、いぶかしさで、釣りあがった眉の下で、どんぐりのように大きく見開かれていたにちがいありません。そして何回かくり返し読むうちに、おどろきもいぶかしさも、喜びに変って行った」と記しておられる。『大関松三郎の四季』の著者、南雲道雄氏はこの事例をあげながら、「ここで詩人でもある教師寒川道夫と、詩人の才能をぎっしり詰めこんだ卵松三郎とが遭遇したのだ」と書いておられるが、『山芋』の作品集にみられる大関松三郎少年の能力と可能性は、やはりこの感動的な遭遇によって大きく展かれていったのだと思うのである。

大関松三郎少年は、貧しい私とは比較にならない優れた資質をもっていたことはたしかであろう。だから彼と私を比較することは無理だが、それでも当時をふりかえってみて、子どもの個性と能力への着眼と発見こそが教育力の基礎だとすれば、教育の質を実践的に担う教師の責務は、きわめて重いものだとしみじみ思うのである。

教師は授業専門職者ではない

「君たちは商品だ。商品価値があれば高く売れる。その商品価値は授業のうまさに他ならない。少なくとも三カ年間は、組合やサークルなど、余分のことには一切目をくれないで、ひたすら授業研究にはげむことが大事だ。それが売れゆきとしての商品価値を高めるみちだ……」とは、一九八三年度に岐阜県内のA地区でおこなわれた新採研（新採用教師の官制研修会）で、ある指導主事が強調したことだという。

ここには今日の教師管理の思想が典型的に示されているように思うが、この思想はたんに新採用教師にたいして鼓吹されるだけではなくて、すべての教師に授業研究の強制を伴った研修体制の強化として押しつけられてきているのである。その場合、新採研で言うほど露骨な商品価値論としてあらわされなくても、授業を教師の任務の中心において、その巧拙が教師とその教育の価値を決めるものと教師に思いこませようとするのである。

私はいまここで授業論を述べているゆとりはないが、教育にとって授業という名の学習形態が欠かせないものであって、その授業を組織する点で教師が職務上の特性をもつとしても、それでもって教師の専門性を授業に置き換えてしまうことは間違いだと思う。教師の専門性は法規的にも「教育を掌る」（学校教育法二八条）ところに中心があって、たんに授業を掌るところにはないわけだ。いくら授業が教師の仕事の大要を占めるからといっても、授業を含めた教師の仕事の中心は、子どもたちの教育そのものに置かれなければならないのだ。教師にとっては、教育に目的があって、授業は一つの手段でなければならないからだ。このことは授業を軽視したり、教育目的を授業のなかに生かさなくてもよいということではもちろんない。授業を真に教育として生きたものにするためには、教師が教育そのものについて知見を深め、専門家として見識をもたねばならぬことこそが重要だといいたいのだ。そして自らが担当する目前の子どもたちの現実から、その子どもたちへの教育とは何かを深くとらえるとき、教育として生きた授業が構想され計画され実践化されるのである。教育実践の深さは、何のために、何を、どうするかという目的・内容・方法が、子どもの現実に即して統一的に把握され、教材にまで具体化されて創造され、それが学習活動（授業展開）の構想として教師の意欲を湧きたたせるようなこととなって教師の側にあらわれるものであろうが、それはまた、子どもの現実のなかに、歴史的社会的課題を生活課題として具体的にとらえながら、それを発達的教育課題として的確に目標化するということがなければ真の教育力にはならないのだと思う。

こうした点からみれば、教師管理の授業中心思想は、教師が専門的にもたなければならぬ教育視点を、職務上の特性である授業視点にすりかえ、授業から真の教育性を剥脱させることによって、教師を授業技能者にすりかえることにねらいがあると考えられるのである。そのことについて、私は一九五七年の第五次全国教研集会へ寄せられたアンリ・ワロン教授（フランス）のメッセージのなかに、「利潤が、生産手段を支配している人たちのための最大限利潤が、基本的法則であるような経済制度をいまなおたもっている国ぐににおいては、一定の期間に最大の利潤をあげる技術を学習することが、科学的原理の学習とすりかえられているからであります。そして科学自体は、たんに、最も使いやすい公式のよせあつめにすぎないと考えられているのです。そのようにいやしめられると科学はもはや最もきたない便宜主義と区別できないのであります。それは、たんに最も重宝な方法にすぎないものとなり、すべての教育力をうしなうのであります」と述べられていることを深くかみしめてみなければならないと思うのである。私には、教師管理の授業中心論と、その思想による授業研究や、またその結果として生みだされている授業展開そのものが、本当の教育目的を失ったもっともきたない便宜主義としか映らないし、教師を教育専門家から授業専門職へ鞍がえさせる仕業と見えて仕方がないのである。

ひどすぎる状況でも手をこまねいておれない

一面的に強調した部分もあったかもしれないが、これまで教育における教師の役割の大きさについて考えながら、教育臨調（臨教審）支配の先走りとしての教師変質の危険性の一端をみてきた。

教育支配の究極の目的が支配のための人的資源の育成と確保にあることは間違いない。今日では戦争政策を含む最大限利潤の追求という支配の意図からいえば、教育をとおして科学技術の急速な進歩に間に合う安上がりの労働力と、自由主義社会防衛という名のもとで国家に忠誠を誓う有能な肉弾を早急に育成・確保しなければならないという衝動が働いている。そこでは「個人の尊厳を重んじ、真理と平和を希求する人間の育成を期する」（教基法前文）ことは邪魔であるばかりか悪でしかない。

けれど戦後の民主的な教育実績は、支配層が教基法そのものを廃棄し「新教育勅語」の下で労働力と肉弾育成を押しつけるわけにもいかない、国民教育の力を蓄えてきている。こうしたことは臨教審でも「教基法の精神尊重」と掲げざるを得ない矛盾となっているが、看板や建前を空洞化する反動的実績がつみ重ねられ、すでにあらゆる面で憲法・教基法への違憲・違法状況がつくりだされてきている。とくに目的達成のための教育内容の反動的画一化と統制は、戦前におとらない程度に新しい様式で強められてきているし、その教育内容の伝達者となるべき教師の管理と職務統制は、超労働過重と重なって恐ろしいまでにすすんでいる。

その具体的な状況をここで述べていることはできないが、それは「ひどい」「ひどすぎる」の一語につきるのである。それでもなお足りぬとあって、教員免許法案や教科書法案として教育臨調支配の露払いが教育内容と教師に加えられようとしている。

前述したように、かつての戦時教育体制のなかにあっても、部分的には教育実践としての安らぎが存在し得たことから考えれば、今日のこのひどい状況のなかでも、安らぎとしての人間的で民主的な、いいかえれば科学的で教育的な教育実践は、教師たちの努力によってどんどん創りだされていることは確かであるが、反面その困難性が増大し、実践をたたかいとして生みだし拡げる点でとまどいがみられる状況も広がっているように私には思われる。

その理由を簡単に教師の自覚や意欲の不足に帰することはできない。何よりも支配の無茶が、教育の道理をひっこませる体制を教育現場と地域に生みだしているところに主因があるからだ。そしてそれが父母や教師集団を混乱させたり、学校の自主性や主体性を弱めたりして、教師に活力や展望・自信をもたせないように作用しているからだ。理由はそれだけではなくまだまだたくさんある。

けれど——といわねばならぬ。憲法や教基法の精神・条項を含めて、国際的にも明確になっている教師の本質的な任務は、「子どもの個性を尊重し、かれの能力を発見し発達させ、かれの教育と訓練とに意をもちい、将来の成人した市民の道徳意識を形成することをたえず意図し、かれを民主主義と平和と諸民族のあいだの友好との精神で教育することである」（教員憲章・一九五四年八月・世界教員会議で採択）。このことを、目前の子どもたちに教育専門家として実践的に具現することについて、手をこまねいてみていたり、手を引いてしまうことは教師として許されないからだ。

このことは教師の技が上手・下手ということで左右されることではないし、意欲や自信の有る無しで放置されてよいことではない。とにかく目前に生命と生きる権利、学ぶ権利をもって、どう生きたらよいのか、生きる力をどう身につけたらよいのかを選ぶために、乳児が母親の乳房を求めるように学習を求めている子どもが存在している事実を直視してみれば、わかることなのだ。その点で私は、教師の任務を子どもの姿のなかに、人間的で社会的な要求としてするどく把握することが必要だと思うのである。

教師の正念を教師像として究めること

ところで主題の本論を述べるにはもう紙数もなければ、再考の時間もない。舌足らずで要領を得ぬことを覚悟で結論だけを記してお詫びしたい。

それは、今日の教育支配が教師にとって正念場といえる状況をつくりだしてきているから、それだけに教師がもつべき正念をはっきりさせることが必要だということについてである。その場合、正念は先にもあげた教師の本質的な任務に集約されるような教育観・教師観が、教育実践の特性に即して統一的に内包された教師像として明らかにされることが大事だと思う。それは子どもと教育実践に立ちむかう教師の基本的な性格と姿勢の特質が、教師の生き方を含めた在り方として、はっきりされるようになるからである。いわば、教師の理想がたんなる理念や願望にとどまることなく、仕事の特性にもとづいた日常的・実践的な在り方の像となって自らにつかみとれるまで、正念としての本心を究めることによって、自らの活動のなかに自信をもち展望をひらくことが実践的に可能になるのではなかろうか。

「大樹深根」というが、それは自らの内奥深くに自覚と自信の根をはることをぬいてなりたたない。今日の支配の嵐は矛盾だらけの弱さをもっていても、衝動をともなって全面的・集中的に体制化するときの強さはあなどれない。それだけに教師が大樹深根としての誇り高き教師像を明確に抱くことの必要が感じられてならないのだ。

さて、その教師像であるが、結論的に言ってしまえば私は「魂の技師」という言葉に集約・代表される教師像こそ、大樹深根として究められなければならないものだと思う。このことが主題であったのに、それを詳細に述べることのできない不甲斐なさを恥ずかしく思うことしきりだが、私自身は教職にあるうちのほとんどの期間、「魂の技師」を教師の在るべき像として、また、自らが達成すべき像として追い求めてきた。それは今日流にいえば「聖職ともいえる労働者像」であったのかもしれないが、それを教師の仕事の内容的特質と、方法的特性を一致させた固有の性格のものとして具体的に把握するには「魂の技師」がもっとも適切だと考えたからに他ならない。

そもそも「魂の技師」という名は、ゴーリキーが名付けたものだといわれ、五〇年代には『魂の技師たちに』（福井研介著）の本まで出版された。当時、私もむさぼり読んだが、教育実践上学ぶべきことはいっぱいあったけれど、教師としての私の生き方を含めて在り方を統一的に把握するまでには読みこなせなかった記憶がある。また、ゴーリキーの『児童文学論』からもさまざま学んだが、教育の仕事の中心に魂が置かれていることは理解できても、技師の特性を読みとるまでにいたらなかった。そして堀江正規さんの「教師論」その他あれこれからも、「魂の技師」像を深くつかみとることを心掛けた。だが、私自身の実践的貧しさは、像を追い求めるだけで、像を実感するまでにいたらなかった。これも淋しいけれど仕方がなかったことだと思っている。

いま私は、自らには実感的に到達できなかった「魂の技師」像でしかなかったと述べたが、本当の像はいつか到達すべきものでなくて、その日その日の教師の活動のなかでたのしさや喜びの充実として実感できればよいし、それが真実の「魂の技師」のありようだと考えている。それはまた、暗黒の三〇年代に越後・黒条小で、子どもたちの個性を尊重し、その能力を発見し、無限に発展させることを実践的に創りだしていた頃の寒川道夫先生の在り方に、私が「魂の技師」の典型をみつづけていたともいえるのかもしれない。

ほんとうに言わねばならぬことが、すべて残ってしまったようで何とも心苦しいが、最後に、一言だけ付言して終わりにしたい。

魂は真に自由であることによって魂となり得ると思う。だから、「魂の技師」たらんとすれば、自分のなかにもまた子どものなかにも、学校・地域・社会のあらゆるところに、自由を求めひろげることをたえずたたかいとして組織しなければならないと思う。それは教師としていえば、市民的（社会的）、職業的（教育的）な自由の獲得の度合いだけが、「魂の技師」としての質を高める保障になるからだ。そのことからいっても、ひとりだけの教師では、また、父母市民と無縁な教師たちだけでは、「魂の技師」になることはできないのだといいたい。

＊教育科学研究会機関誌『教育』一九八四年五月号、国土社。一九七〇年代から八〇年代にかけて、教師の仕事と責任をどう規定するかが改めて論争されていく状況を背景にして、石田は「魂の技師」としてとらえる視点から教師論を展開しようとした。

◆論文10（一九八五年）

思春期の子ども——人間的自立と社会の矛盾

はじめに

思春期とは一体何なのかという問題を、きちんとお話できるといいと思うのですが、ここでは難しくそれを考えるのではなくて、割合にやさしく考えていきたいと思います。思春期という時期につきましては、みなさんもその時期を通ってこられて知っておられるわけです。私も間違いなくそれを通ってきたのですが、通ってしまうと割合にその時のことははっきりしていないという、そういう時期でもあると思うのです。

そのように思春期という時期は、ものすごく多情多感ではげしく生きていく時代なので、一生けん命生きたけれど記憶としてははっきりしないということもあります。自分ではそういうような気がするのですが、それだけにその時期については、親になってしまったり、先生になってしまったりした大人からみれば、子どもにとってどういう時期なのかということをきちんと知っていくことが大事だと思います。その時期にあるいろんな子どもの状況に対処していくときに、そのもとがはっきりしているといいのじゃなかろうかと思うからです。そういう意味で、思春期とは一体何なのかということが、どれだけか最後にまとまればいいと思って思いついたことから話します。

思春期ということを一口でうまくいいあらわすのはむつかしいことです。普通、思春期といえば年頃、または年頃になったといわれることです。そしてその年頃の娘や息子は昔でいえば十四〜十五才をさしておったと思うのです。広辞苑などの辞書でみれば、思春期は発情期というようないい方で春情をもよおす人間の一つの大きな節目なのだということをいっています。それが、今日では、もっと早まって比較的早くなってきているのです。その中味は人間が個体として、自立していく能力が自我としてつよまることにあわせて、もう一つ同時に、自分と同じ人間としての種族を残していくことが身体的にも可能になる時期だと思います。

そのことは、生理の現象でいえば、女の子に月経が生じる、男の子が射精するという形で、はじめて思春期というものが体の中に到来するのです。

自分が一人の人間として全うすると同時に、人間の種族を残していくことも間違いなく全うしていく、そういう力を本格的につけていくきっかけになるわけですが、そういうことになると非常にむつかしいわけです。今の世の中では、特にむつかしいと思います。それだけにいろんな問題が、その年頃の子どもに生じてくるのですが、それがいろんな形の中で早まってきていて、実際には十二〜十三才ころから思春期という時期に社会的には入ってきているようです。

従ってみなさんの子どもさんたちが、大体そういう時期に入ってきたわけです。これから、その活動がもっと活発になる時期になってきます。そうすると家の中でも今までとは違った反応というものがいっぱいでるということで親の悩みが多くなるという問題だろうと思います。

——中略——

我慢の深まり

私は恵那教育研究所にいるのですが、そこで過日、子どもたちは一体、本当に生きていくという上で何を問題にしているのかということを話しあってみました。いろいろの話の中で、こらえて生きているところに問題があるのではなかろうかということになりました。本当に私たちもこらえこらえて生きていると思うのです。みなさん方も、どっちをみても我慢しておられると思います。会社へ行けば行って我慢し、家へ帰れば帰ったで、またおとっつあんをみればおとっつあんをみて我慢し、そして時々、我慢ができずに爆発したりしてみますが、そうすると、それがまたもう一つ自分の所にはね返ってきてまた我慢しというように、我慢がものすごくいろんな形であると思います。どこにも我慢がいっぱいあり、我慢のしようがない程たまり、相当こらえこらえて生きているというわけです。これ以上我慢なんかできるものかという所まで押し込められてきたというのか、そういう状況や気分が強くなってきているのが実状だと思います。

そのなかで、もう仕様がない。ここらであきらめるかという人も相当できるわけです。もう、我慢なんかしていたってあかんで、まあわしゃ、こういう浮世へ生まれてきたのが因果なもんやで、運が悪かったとあきらめるわな、といって、自らで我慢の気もちを捨ててしまうようにするか、またどうか何かのことにおすがりしてそこの所でええ道を開いてもらえんかと思ってみたりする人もあったりして、いろいろ人間が頑張って悩むわけですが、このように大人自体がいろんな格好で我慢しているのです。もちろん子どものことについても我慢していることがたくさんあり、大人同士のことだけでなくてあらゆることで我慢しているのと同じように子どももまたあらゆることで我慢しているという問題なのです。本当に子どもも我慢に我慢を重ねているようです。よくもあれだけ我慢していて、頭にこないものだと、ちょっと別から見ればそう見えることがいっぱいです。我慢し切れずにあるいは我慢の仕方が違ってしまって、みんなに非行だとか、厄介者だとか思われるようにあらわれる子どももいますけれど、それは我慢のあらわれ方の違いなのだと思います。おとなしく我慢するか、わいわいわいわい騒いで我慢するかの違いなのです。

がやがややりながら、我慢するとか、あばれながら我慢するということもあるわけです。よく警察の逮捕などという記事を読むとあばれて、もがきながら嫌だ、嫌だといって逮捕される人とすんなりすみませんでしたとおとなしく逮捕される人とがあります。テレビや映画にもよくでてくるあの二種類みたいなもので、すんなり我慢する形とどんなにも身内の中からわいてくるすんなり黙って我慢することができないというエネルギーを自分で、どうしたらよいかわからないから暴走してしまう、という形で非行に走っていく格好の我慢の仕方というのももちろんあると思います。

我慢の形はどちらにしても、とにかく子どもたちはずいぶんいろんなことに我慢していることは間違いありません。それで先日、我慢ということについて、子どもたちの意識や実態を、子どもたちを対象として、調査してみました。我慢に我慢を重ねているということが、あなたはありますかと聞くと「ある」と思っている子は少ないのです。毎日我慢していること〻は間違いないし、こちらからみているといろんなことに我慢しているということはよくわかるわけですが、それが我慢しているという子ども自身の意識になっているということでは、大体三割位しかないのです。三割位の子どもはいろんな格好で我慢しているということを自分の頭の中に入れているのです。

たとえばそれは、小さな形ででもあらわれています。もうちょっと小遣いがほしいと思うけれど家でちょっともふやしてくれないので我慢しているとか、あるいは学校で勉強が面白くないけれど怒られるから我慢している。また、友達がちょっといじめるけれど我慢している。というような意味で我慢していることを身近なことの中にみつけ、そしてそのことについて、我慢していると思っている子どもが大体三割位で、あとの七割の子どもたちは我慢の生活をしているけれど頭の中の意識にはなっていないという実態がありました。そこの点がものすごく大事なことで、よく考えてみなければならないと思います。

ではその我慢の実態はどこへでているのかということが問題になるわけです。ある点でみれば意識されないほどに我慢ということについてもっと我慢していると思われるのです。話を少しとばしてみますが、我慢を意識している子に我慢していることについてどうやって解決したらよいかと問うと全く解決の方途がなく、我慢してこらえている者がいっぱいいます。

その数は先の調査（予備調査ですけれど）では、我慢を意識している子のうち約六割のものに方策がないのです。だから大きくいうと、ほとんどの子は我慢しているけれどあきらめるという形になっているのです。そして少数の子どもですけれど、自分を押さえつけて、自分が我慢させられていることに、もっと積極的に入っていって我慢できる人間になってしまいたいという我慢の仕方を考えているものがあります。例えば小遣いがどうしても少なすぎて我慢しているけれど、どうすればよいかというと、これだけの小遣いでええように僕が変ってしまわなくては仕様がないというわけです。また学校が面白くないことで我慢している。どうしたよいかでは、もっと僕がいうことを聞いて、我慢できる子になっちゃいたいとこたえています。どんなことでも我慢できる子に自分で進んでなっていくというように考えている面が気になりますが、これは大人の中にもずい分あると思われることです。

もう一つの傾向は、学校などの問題で子どもは面白くないというと、もう学校へ行かないという我慢の解決の仕方をだします。登校拒否というのは一つはこういうものです。それにしても、そういう我慢をしている子が、じゃどうしたらよいかということについて、これはこうしたらよいという思いをもっているものが少なすぎるように思います。

だから今の子どもたちのある部分を選んで調査してみた結果として、小学校の高学年から高校生まで平均的な状況を言えば、三割位の子どもが我慢を意識しているが、その我慢をどう解決したらよいかということでは、解決の仕方にどれだけか意見があるという子は全体的にみた場合、一割から一割五分位しかいないといえるようです。

そこで話をもとへ戻しますが、我慢の意識がない部分はではどこへでているのかという問題になるわけですが、そのことについても最近の子どものなかには、あたらしい変化といえるような特徴がみられます。

子どもたちの意識されない我慢、それは気分と体にでてきているようです。

たとえばジンマシンが異常にふえているようです。また無性に腹が痛くなることも多いようです。原因は自分でもわからないようですが、嫌な目にあうと腹が痛くなるという子がたくさんいます。腹痛やジンマシンや吐き気など、そういう体の変化だからそのことは自分が我慢していることが原因になっているとは思っていないのです。この頃体のことでどうもおかしいことはないかと問うと腹痛、ジンマシン、吐き気など、そういうことでは自分の体の中におかしさを感じている子どもはこれはうんと多いのです。

また、いらいらする、何かわっと叫びたくなる、無性にはしゃぎたくなるというような気分によくなるとか、あるいは全くさみしくなる。何か知らんけれど、どこかへ行ってしまいたくなる、死んでしまいたい、というような気分になるということを答える子どもはずいぶんいます。そういう子どもは数としては、割合高いのです。それは我慢が意識を通り越えてしまって体や気分の中にでてきたのだと思います。そこまで子どもの我慢が深まってきていると考えてみなければならないように思います。

無性に腹が痛いとか、無性にジンマシンがでるとか、あるいはきゅうに食欲がなくなるというような体の変化については、子どものいい方でいいますと、嫌なこと、嫌な目にあいそうだと思うと腹が痛くなり、本当に痛くなっちゃうが、そのことを忘れると直っちゃうといいます。

それはやはり我慢なのです。けれど、何かのおかげでそうなっているというようには考えていないのです。そうした意味で言えば、今のこどもたちは相当我慢をしていることはたしかです。

自分のテンポがもてない

そして、思春期の子どもたちはそうした一般的にあらわれている子どもたちの状況がもっとも特徴的にでるわけですから、我慢の仕方でも、一見、異常性をおびた形であらわれてくることがたくさんあります。親の側からいえばどういう子かしらんと思うようなことはいっぱいあるでしょう。この間も私のところへ四十なかばの親から手紙が来ました。そこの家の子が進路でゆれている中学三年生ですが三日にあげず登校拒否が始まってきたというわけです。子どもが学校へ行きたがらないということでその親は非常に悩んでいる状況が書いてありました。以前にも登校拒否で一週間位休んだことがあったのですが、そのときはどうにもしようがないので、一緒に心中しようという所まで覚悟したけれど、そこまで思いつめてみたとき、どういうわけかはっきりしないままに、うまく調子がでだして、どうやら拒否がとれたわけです。もういいかしらと思っていたらまた、この頃になって週に一度は必ず学校を休むようになってきて、それがだんだんひどくなって、二日三日と続けて休むようになってしまった。娘をどうやって育てたらいいのか全くむつかしいと悩んでいる、というような状況が書いてありました。それは登校拒否というような形で我慢の問題があらわれたものだと思いますが、どこをどう解いていけばよいのかがその娘さんには自分の解き方としての鍵がみつからないということだと思います。時間は早く過ぎます。今の中学三年生の子にしてみれば、進学の時期はきまってしまっています。そこへあわせてどうかしなければならない問題と自分が思春期の、さまざまに多感な状態で悩んでいることがうまくかみあわないのです。学校ではそんなこととしておれば進学に遅れるから、これだけの勉強をせよという話ばかりがでてくる。それはそれで必要だということが頭の中を半分くらい占めてしまうけれど、自分の体と心のもとではそのことを拒否し、もっと人間らしい将来へむけた生きがいみたいなものを探し求めているわけです。だから毎日、毎日、せっつかれればせっつかれるだけ、そこで葛藤しながら、どこかで割り切ってしまうようについていけず嫌になるのだと思います。そこへ親までが、あんたも学校へ行かにゃあかんに、高校受験なんかもうすぐだよ、などといえば、そういうだけ親が憎らしくなるというようなことで、わしはこれでいいでほかっといて、と親にくいついてきて手がつかんようなことになることもしばしばです。そうすると、何でこの娘は！　この間まであれだけ素直なかわいい子だったのに、どういう魔がさしたものかしら、と親の側では悩むわけです。それは何か娘に魔がのりうつったわけではなくて、娘をとりまく条件が娘をしてそうした魔の状態にさせているだけのことだと思います。

あと一年間も捨てておいて、学校のことなどいいから、自分のまわりを自分自身をよくみつめてみて、それで学校へ行きたくなったら行くということにでもすればいい。それまでじっくり自分のテンポで考えてやってみ、というくらいの余裕があれば、逆にそんな魔のさしたような状況になったり、そうした思いにはならないで済むのだと思います。けれど今の社会の時間は実に早く迫ってくるわけです。ものすごく小刻みな社会時間になっています。それに対して人間が自立していく時間は、今日の社会が要請する時間にはあわないという問題がありますだから本当にジレンマに陥いることがおきるわけです。それが、思春期の子どもの場合、特にひどいということだと思うのです。

そのことを別の言葉で考えてみればよくわかります。「十で神童、十五で才子、二十過ぎれば只の人」と昔から言われていますように、十才頃は神様の子程利巧そうにみえて、十五才頃には本当に才能のある、しっかりした子だといわれても、二十才過ぎたら何だあれは只の凡人じゃないのかといわれるのが、昔からの人間のさまだったわけです。私のようにもう六十才近くになるともっと憐れなさまに自分が入ってくるわけです。ところで、十五で才子といわれる時期がその子によって少し早いか遅いかの違いはあってもそれが思春期なのだと思いますす。人生の中で最も才がたけている時期だと思うのです。本当に人間としていえば一番才が生かされるといいますか、神がかりみたいな意味で突発的に利巧さが発揮されるのではなくて、人間らしい才というものが身につく時期が思春期の時期だと思うのです。

この時に社会の時間と、自分が人間として自立していく時間としての自分のテンポがあわないわけです。だから、子どもの中ではその矛盾についての意識はなくても、ほんとうにものすごく大きな我慢の仕方になるわけです。その時期にゆったりと人間らしく――人生というのは長いものですからその時にもうすこしゆっくり自分で選んでいくことができたなら、もっと才が生かされて、二十過ぎたって才ある人にのびていけるのではないのかという感じがするのです。

人間発達と社会の矛盾

けれども、今の社会の中では、最も人間としての自立に必要な才がでてくるその時に自分の才をのばすだけの余裕がなく、自立への条件が伴わないということがもとにあって、それが社会的な情勢に応じて、さまざまな形で親の叱言や親の心配として子どもの上にあらわれざるを得ないのだと思います。そんなにゆったり家の子が遊んでいてくれては困る。平安時代や江戸時代に生きているのなら、あれ位でもいいのかとも思えるけれど、これだけ科学が発達して何から何まで覚えなければならない時には、それでは間に合わないと思うわけです。お稽古事も全部いくつかしらんまでにやっておかなければならないし、パソコンも覚えてもらわないかん、自動車の免許位とっておかねば嫁にもいけけん、そして英語のひとつもしゃべれるようになってもらいたい。しかもそれを全部二十才くらいまでにはすませてほしい、という欲にもなっているのです。そういう親のせつない欲にみられる社会の要請に対して当の御本人が自分のテンポでどれだけか生きようとしていれば心配でかなわんのはまた、あたりまえだと思います。

だからそんなことでは間に合わんという親の声になるわけですが、子どもにとっては俺のことやで放っといてくれというわけですが、子どももさて、どうといって、この自分なりのテンポで八十才位まで間違いなく、こういうふうにいけるという見通しは何にもないのです。何にもないから焦ることになります。子どもが焦ると親もよけいに焦るのです。社会的に学校の側からも焦らせるということが重なって子どもは自分を失ってしまうというとちょっと大げさですが、本当に浮足立ってしまう様になります。だから勉強しているような様をしていても、実際には何にも勉強ができないし、頭の中には何にも入っておらんということがあります。

そのように格好だけはそこについているという子どもの姿はいっぱいあります。内容は何もないのに形だけでそんなものは、何とかなるわいというようなことで、勉強を捨てていくというか、勉強なんかどうでもいいわという態度にでることがあります。そうするとその態度が実に親にとって心配なわけです。

あんな反抗ばかりする子ではなかったのに、神童の頃は全くいい子だったのに、何ということか。毎日学校へ行っているのに何と学校は悪いのか。学校だけでなく友達も悪い。そして私はよいけれどお父さんは悪いと、つい思ってしまわれるほど、子どものことで問題がいっぱいあると思います。

そういう心配は、大きい意味でいえば、今日の社会のしくみと人間の発達の順序とのずれなのだと思います。人間にあわせて社会ができていないなかで、社会にあわせる人間をつくろうと思ったらたいへんだと思うのです。今日の社会のどんな場面にもあって生きていけるような人間をつくろうと思っていたらおおごとです。それがせめて、東京大学を出ることか知らんと思って、東大、東大とそれだけを子どものめあてにする風潮もありますが、今日の社会に全部人間があっていくことを考えるのではなくて、いちど考え方を逆にしてみることが大事なことのように思います。そうかといって毎日の生活は社会にあわなければうまくできないことは確かなことですが、といって人間にあう社会をつくること――そういうように社会がもう一つ人間にあったようにならないものかという問題を本当に考えてみる必要があるのではないでしょうか。

子どもはみなさんよりうんとあとの長さを生きていくわけです。その子どもたちが生きていく間にはせめて、社会に追いまくられてばかりいなくてもいいようになってほしいものです。例えばチャップリンのモダンタイムスの映画はまさにそのことを指摘しているわけです。機械に人間が使われていってしまう様を、今から五十年ほども前にチャップリンは映像として描きだしました。

人間が機械に使われていく時の人間の悲しさというものを、五十年ほど前にアメリカでチャップリンは映画にしましたが、五十年後の日本のいま、その通りになってきたわけですし、そこに生きる人間の悲しさが実感できます。人間が機械に使われているのではなくて、人間が機械を使うのだということは極めて大事な問題ですが、その問題は人間の発達の問題にもなるわけですから、もっとみんなで考えあわなければならないと思います。そしてそのことだけで、ただちに社会が変わるとか、また変えれるということを言っているわけではありません。けれど、そうしたことをも含めて、人間の発達と社会の関係をよく考えてみなければなりません。何か社会にあわせることだけが人間なんだというふうに考えて、そして子どもをみると、特に思春期の子どもは反発せざるを得ないと思います。放っておいてくれ、もうそんなことして苦しめるのなら俺はこの世の中におりたくない、といって、思春期に生きていく力がいっぱいできるはずの子どもが自殺するという、痛ましい事故が本当にたくさん生れてきているのです。

そしてまた、その時に放っといてくれといって、ええかげん手のつかなかったような子どもでも、その思春期の時期を過ぎると何と見違えるようなええ男やええ女になっているということもいっぱいあります。

このように思春期というのは、人間の発達のうえでのいろいろな特性をもっている時期でもあるのです。物の観方ということでも、大人になってから世の中を見ていく見方よりも、もっと人間味のあるといいますか、生命の躍動とでもいうべき活力が生物的な基礎をもって生じてきている時ですから、瑞々しいものがあります。それだけに本当にむつかしいといえばむつかしいわけです。思春期の子どもの観方や考え方も、そのあらわれ方というのは、人間の発達とそれがうまく仕組みとして進んでいかない社会との矛盾としての我慢の累積として、子どもの上にさまざまな形であらわれるものなのです。だから、そのあらわれを子ども自身にどう自覚させていくかということだけが最も大事なことなのです。子どものあらわれをそのようにみていくことが必要です。そうでないと、この頃家の子は友達のおかげでけちなふうになってしまったとか、先生がおぞかった（つまらない）のでおぞい子になってしまった、学校が悪いからこんな子になった、また隣の家の人がけちなことを言ったので、こんなになった、とか、おばあちゃんが悪い、おじいちゃんが悪いなどというようにだけみて、子ども自身に自らの生き方を自覚させるようにはならないからです。確かに一つ一つのことにはそう思いたくなるような要因があると思います。たとえば子どもがほんとうに悩んでお母ちゃんには「本当に俺は勉強がかわらんのよ。それで学校へも行きたくないのやぞ」と言ったのに、学校へ行って先生にはそのことが言えずにいるため「勉強する気がないでやわ」などと先生に言われたために、ほんとうに学校が嫌いになってしまったというような違いはあるだろうと思います。そうすると、お母ちゃんは、家の子は勉強がわからんということで、私にあれだけ切々と訴えて泣いていたのだから、先生もその位のことはわかってくれるか知らんと思ったのに、お前のやる気がないからだ、他の子をみてみろ、きちんとやっているに、とあんなことを言わっせるもんで家の子は余計悪うなると思いたくなることはたしかにあると思います。お母さんがそのように思われることも仕方がないと思うわけですけれど、何かそのもとの原因について、本当に先生が悪いというだけでなくて、発達する矛盾を子どもの時期的特性と社会的ゆがみとの関係でみながら、思春期という時期をもう一遍とらえなおしてみる必要があると思います。

立って歩いた努力

もうすこし広げて考えてみたいと思います。人間が人間に成っていく上で、思春期というのは一体何なのかということをもうすこしはっきりさせたいと思います。『エミール』という教育書を書いたルソーという人は非常に有名な学者ですが、その人は思春期について人間の第二の誕生だという言い方をしています。人間がおぎゃあと誕生した時を第一の誕生だとすると、本当に人間になっていくというか、人間の自立する誕生は思春期なんだというわけです。

私もそういうことと同じ意味をもつ程思春期は、重要だとは思うのですが、私はあえて第二の難関だと考えています。それはヒトが人間になっていく上での非常に重要で大きな関所みたいなものだと思うからです。では、第一の難関というのはいつかということですが、それは二足歩行する時期だと思います。一般的に言って人間が他の動物と違うと言えば脳が大きく立って歩くということが最大の特徴であるといえます。そして進化の過程では立って歩くことがまた脳を大きく安定したという歴史があると思います。こうした人間のからだの発達を詳しくお話することはいたしませんが、とにかく人間は最もひ弱くしか生れることができない宿命を帯びています。

おぎゃあと生れた時にとんだり歩いたりしてくれればたいへん簡単です。犬みたいにせいぜい一週間位たって一人でとんで歩いてくれれば世話ないのですが、そんなわけには参りません。本当に手塩にかけて育てなければどうにもならないわけです。少なくとも一人で行動できるというか、自分で行動の範囲をひろげ、自由をひろげる基ができるのは誕生からほぼ一年後になるのです。それは、立って歩くことによってはじめて可能になるわけですが、この赤ちゃんが立って歩くことを獲得するのが、第一の難関だと思うのです。

赤ちゃんが立って歩くまでには、何回となくひっくり返りながら失敗をくり返します。あの時にもうえらいでやめたと、赤ちゃんが言いだしたらもうおしまいです。こんなに何回も立ってひっくり返ることはあほらしいから、もうええわ、寝とって生きていくわといって、ほんとうに直立二足歩行をあきらめてくれたらえらいことだったと思うわけですが、それをあきらめずにどんなにえらくて、ひっくり返っても、自分で立ち上り歩行してしまったのです。その時に親は何がしてやれるかというと決して代りに立ってやるわけにもいきませんし、無理に歩かせるわけにもいかないのです。本当にみているだけなのです。

這えば立て、立てば歩めの親心は、立ってくれなければ一人前になっていけんから、どうしても立ってほしい、立ってしまえば、また歩いてほしいという切なる思いですが、では子どもはどういうように立ちあがったかということでは、それは自らに記憶がないところが一番いいわけです。誰もかも、これはものすごくえらかったのにちがいなくても、あの時はえらかったなどという人はありません。これは言葉が無いから覚えられないし、記憶にならないからです。

覚えられないから、立ちあがってしまったわけです。あれを覚えて考えることができる人間だったら、直立二足歩行をやめるということがあるのかも知れません。

ところで思春期もまた、人間の自立にとって新しい難関で、人生でいえば直立二足歩行に匹敵する大きな人間的自由への生きがいの満ちた時期のわけですが、言葉があって覚えることや考えることができる上での難関に入っていますから、第一のときよりうんと複雑でむつかしいのです。時とすると思春期の生きるエネルギーが逆になることもあります。たとえばそれは自殺という問題になってあらわれることもあるのです。けれど、赤ちゃんは絶対に自殺はしません。赤ちゃんは自殺という方向を考えることなく立ちあがりますが、立ちあがるときはものすごく困難だったと思うのです。あんなに苦労して立ちあがることを努力する力があったわけだからお前、もうちょっと本気になって勉強してくれよと言いたいのもたしかです。

お前ははじめから駄目な人間ではなかった。その証拠に立ってきたのやないか、とほんとうに言いたくもなるわけです。

そのように立ちあがるというのはやはり人生第一の難関だと思うのです。そしてこの立ちあがることについては、親も誰もかも一生懸命それを励まします。何日までに立ち上らなかったら将来、どこの学校へ入れてやらないぞとかあるいは、どれだけ歩かなかったら、何かを与えないぞとおどかすのでなくて、子どものテンポで立ち上るのを待ちます。たしかに遅い子も早い子もあります。けれど、遅いといって罰食った子はありません。家の子はすこし遅いよという親の心配はあるでしょうが、だからといってお前はだめだ。もう学校なんか行かしてやらんなどと言う親はありません。間違いなく子どものテンポで、その子その子の能力というか力に応じて頑張って立ってきたわけです。いま、思春期もそのように越えていけるのなら、本当に子どもたちはみんなすばらしい子になっていくだろうという気がするのです。けれどもそうはならないところに問題があるわけです。人間的自立の基本を生物的に言えば人間は立ちあがることによって、一人の人間として自立することをはじめるわけですし、それを基礎にして将来にむけて一個の人間としての生を全うしていくのです。そういう生き方の第一として立ちあがって歩きはじめることを一才児の頃にやるわけですが、その後、幼少年期の十年間ほどの生活を通して、一人で生きていく身体的・生活的能力が、全面的というわけではなくても、基本的に獲得できるその段階で、精神的な自然と肉体的な性（雌雄）を明確にさせて、自己の生を全うさせる基本と共に、人間の生を継承するための種属を維持していく能力を身につける時期を迎えるわけですが、その時期が思春期というわけです。

いわば人間が一人前になっていく、その別れの節目になるのです。この思春期の時期に、女性は月経を、男性は射精の生理現象をむかえ、生物的な性成長としては、これで一人前になっていくのです。生物的にみれば子どもを残すという動物のもっている一つの使命というか、そういうことが可能になったとみるわけです。けれどいま、人間的にはそれでもう完全になったから、結婚しなさいなどとは誰も言いません。昔ならそれで結婚できたこともあったのです。「十五で姉やは嫁に行き」と歌に残されているほどです。しかし、今の複雑な社会はそうした生物的成長の条件だけではただちに異性間の結婚という形でもって子どもをつくり、その子どもを親の力で育てていくことができる社会ではないからです。更に人間としての一人立ちをつよめ、経済的にも文化的にも子どもを育てることができるまでの能力を親自身の生活力として保障することができないからです。すくなくとも経済的に自立する力ができるまで人間は結婚にむかって歩み続けるというか、準備していく必要があるのです。

結婚しても不思議でない力を経済的にも文化的にも得るように、そうした人間的能力をつけなければ、今日の社会の中では、人間的に子どもを生み育てることができないという現実があります。だから当然、そうした意味で初潮をむかえ、射精をむかえるということがそのまま人間の一人前ということにはならないのです。

そのことは子どもたちも自覚しています。私は初潮をむかえたので、明日にでも結婚するなどという子は誰もおりません。やっぱりそれだけでは結婚をともなう人生生活はできないという問題なのです。

けれどもその問題というのは生物単位でみれば可能だし肉体的にはその可能を充足させる欲求をもつけれど、人間的な側で複雑な社会だからそうならないというところにむつかしさがあるのです。いわば、生物と人間の矛盾が生理と社会（生活）の矛盾として存在するからです。

そうした矛盾はあるものの思春期は、人間が個として自立すると同時に種属を保存する性的連帯を可能とする、その基礎ができるという内容をもつものです。だから、その時期というのは、人間がもう一つ大変りするという点で、やはり大変な時期だと思うのです。

人間の自立という意味でいえばもう一人の自分をきちんと自分の中につくっていくと同時に、異性と人生を共にする能力を身につけなければならないのです。だからその時期は、ルソーに言わせれば第二の誕生ですし、私でいえば第二の難関だというのです。

大志がもてない困難

難関というのは、昔の事柄でいえば関所と同じ意味を持つものだと思います。関所というのはどうしても通らなければならないし、そして通るにはむつかしいところだったのです。関所には幕府の役人がいて、通行手形を持っているか、旅の目的は何か、服装はどうか、所持品はどうか、人相書きに似ている犯人ではないのかなど、何とかかんとか、いろんな検査をされたわけです。

そのように、関所を越えるというのは大変な難儀が必要であったのですが、その関所は間違いなく、みんなが通らなければならない所にできているのです。だから、その関所を通るのは難しいけれど、通らなければならないものであったため、必ず、みんなはいろんな通り方で通っていったわけです。結局むつかしいけれど通ってしまえるものであるのです。第二の難関というのもそれと同じで、通過していくのに非常に難儀なことが多いのだと思います。早く壮年になりたい、定年になりたいといっても、思春期を除くわけにはいきません。生物的にいって通る筋道は同時に人間の自立の上でも通る筋道にならざるを得ないのです。けれど今日では、その通過の仕方は困難です。先程も申しましたように、社会の時間に大きな規制があるからです。赤ちゃんが自分にあったように立ちあがっていくように、思春期も自分にあったように通過していくことができればいいけれど、十五の春は泣く春になっています。かつて京都府の蜷川知事は「十五の春は泣かせない」ということで高校の小学区制を守ってこられました。しかし、岐阜県の現状では大泣きしなくてはならない春になっています。

そういう条件の中では自分の歩み方、生き方だけで思春期を越えていけないということがあるため、本当は子どもたちの中にいっぱい新しい困難を生みだしてきているという現実だと思うのです。

何度もくり返していますが、思春期の時期は十五の才といわれる通り、人間の頭が最も生き生きと働く時期だと思います。そして感情的にも多情多感であり、夢も大きいのです。相当大きいことが思えてしまうものです。みなさんも十四～五才の頃は今日の実際よりももうすこしましなというか夢は大きかったと思います。同じ結婚するにしても今の相手よりももうちょっとましな人が十四～五才の頃は頭にあったことでしょう。生活全体にも、夢もあるし、希望もあるし、そういう意味では生きていくことについてのエネルギーというか、活力が大きかったと思います。そのように、生物的にみれば思春期の時期というのは生きる意味と生きる力がものすごく働くときだと思います。

だから、そんな頃の子どもにだめな子などは一人もいないはずです。人間が最も生きいきして、一生の中でも一番エネルギーが発揮される時期だと思います。それは社会的なエネルギーとかその価値ということでは必ずしも合意できなくても、人間として最も能動的な状態になることはたしかです。けれどもそこのところで充分にエネルギーが、人間的、社会的に発揮できない状況があるように思われます。それにはいくつかの問題がありますが、本当に大きな目的が保障されないといいますか、大志がもてないということがたいへん重要な問題だと思います。本当に夢が現実化していく形での希望にはならないのです。夢は夢で現実化できないことを夢として、それを実現しようという目的には絶対に結びつかない、どうせ俺はしがない者で、河原の枯れススキだ、というような思いすら、思春期に抱かねばならぬほど大志を抱くことが困難なようです。

感覚的に成熟する性

そうした状況にいる子どもたちですから、さまざまな問題が生れるわけですが、そのなかで、性の問題というのも大きな問題のようです。それは最近の社会の中で、子どもたちは性的にだけはおそろしく早く、感覚的にも成熟してしまうという実態があるのです。

本当には体がついていかないといった方がいいのかも知れませんが、性の感覚や意識だけはたいへん早く成長しています。

——中略——

性につき動かされる

そういう子どもの感覚は、中学生あたりになると、もっとえげつなくあらわれることもあります。これは恵那地域のある中学校で二年生女子の子どもが授業中に、落書きを書いて、まわし読みしていたものです。

ねー、私とレターセックスしよ。じゃ早速書くで。

注（興奮をくれぐれもしないように）

男「×××もうそろそろいいだろ。」

女「だめよ…まだ…もう少し。」

男「なぜだよ、もういいじゃないか。」

女「まだだめなのよ……あっそこはだめ……。」
男「×××、もうがまんできないんだ。」
女「○○さん……。」
男「もういいだろ。」
女「……ええ、いいわ。」
男「……。」
女「あ――っ。」
後は女のうめき声がひびく…。
どうだった?! たった?! あ、男じゃないわ。
これよー私が考えたんやないで、テレビでよくやっとるてー。再現フィルムかなんかで。
うんじゃ　えろだちへ

これは実際に授業中に書いてまわしていたものですが、中学二年の女子で不思議ではないのです。そして、男の子は同時にこんなのを書いています。これは明らかにラブレターです。

Aさんへ（本名があります）
ぼくははっきりいって君がまぶしく見えるよ！　君は僕の太陽だ！
君と席が離れてしまって悲しい毎日だ。
君は知っているかい？　ぼくの熱い視線を
一度君の裸体を見せてくれよ。
あは、馬鹿だなあ、ぼくって。
いくら頑張っても、君みたいにきれいで可愛いい人はぼくみたいな卵に振向いてくれないよなあー
ああーゆううつだ。
ごめん、こんな手紙を書いて
困るだろう？　君だって毎日何十通のラブレターがくるもんなあー
とにかく、君が好きだ！　誰が何といっても好きだ。
嫁に来ないか僕のところへ？
じゃあ返事は
うーん、そーだなあ、あっ、五時にG組の前の廊下へ持ってきてくれたまえ。（そして唇を書いて、チューとして）
GOOD BEY《ママ》S より（本名があります）

これも授業中に書いて渡そうとしたものです。人間の性という意味でいえば、人間としてどう生きていくのかということよりも、性の方が先に子どもたちを衝動化させている状況がみられます。これは事例としてあげたわけですがすべての子どもが、すこしの遅い早いはあるけ

れど、今の社会の中ではこの事例のように、つき動かされていると思います。そして、いまは時代としてそうなのだと思うのです。

不自由さの増す性

だから、いやが応でも性の問題というのは、きちんと子どもたちに学んでもらうことが大事だと思います。人間の生き方の中で自分の性をとらえてもらうようにしなければならないのです。そのように、性を考えなおさなければならないと思います。そうなっていないため、子どもたちは性について余計不自由なのです。性を学習するということでは、その不自由さがよくあらわれます。

私はこの十五年位前から、性のことについて子どもたちと少し勉強することをやってもきましたし、そのことを問題にもしてきたのです。十五年前の子どもたちも性についてはどれだけか不自由だったけれど、不自由ながらももっとあっけらかんと問題にしました。今は全くかくしています。何も知らんというような顔をしている子はいっぱいいます。これから性のことについて勉強したいと思うというと今度は、全部わかったような顔をしています。気持ち悪いと思えるような態度がいっぱいあります。ジキルとハイドのようです。表で全くそ知らぬ顔をしているけれど、内は悶々としていることは間違いないのです。そのように不自由だから実態も悩みも素直に言えないのです。

私が南校にいた時のある年、子どもたちと学習したときの始めはそうでした。

「君たちこの頃、体に何か変ったことないか」「小さい時の体でない体に変ってきたことはどこか」などと聞くと子どもたちはもう変な雰囲気になるのです。

明らかに初潮を迎えたという子もいれば、間違いなく陰毛ができている子もいるし、現にニキビもいっぱいでていて、声も変ってということがはっきりしていても、そんなことは何もないというような顔をしているのです。あえてある男の子に「君はきっと何かが変ってきたら」ときいたら、真赤な顔をして、鳥の鳴き声のように「けっ」というだけだったのです。それは毛ということだったのです。毛が生えたということぐらい、ニキビがいっぱいあって平気なような男の子でもはっきり言えないのです。そして、「何の毛やよ」と聞くともっと言えないのです。何度もきくうちに、やっと「ちん」というだけです。そうかそうかとそこからです。それで、子ども言葉で「ちん毛」が生えてきたことがやっとはっきりしたのですが、それを陰毛という学名としては知りません。

だからそれは陰毛ともいうということを話しながら、現実におんしの体に生えてきたものを持っていて、なぜ、その事実が言えないのかと聞くと、もう何か悪いことでも起きているような様子になるのです。その子にとっては陰毛が生えたということはある意味で実に喜びなのですが、またある意味で恥ずかしいことでもあるのです。かくしたいことのようだけど、誇らしいことであるのに違いないけれど、それがそのまま学習の場で自由に言えないわけです。こういう不自由さは、最近ではもっとひどくなっているようです。

だから全く知らん顔をすることが多く、「何か性のことについて本当に知りたいことはないのか」という質問をすると、今の中学三年生なんかでは「全部わかっちゃっているからこれ以上何もいらない」と答える者がいっぱいいるのです。

性の感覚としては本当にわかったみたいになっているけれど、それは性がわかったわけではありません。感覚はきっと、私の感覚よりもっと進んだ状況になっているのかもしれません。それだけに性のことは人間の生存と生き方にかかわって、ごくあたり前の現象なのだが、その性は衝動をともなってあらわれてくることは間違いないからその衝動をどういうように吐いていくのかという問題をきちんと生き方にかかわって考えさせることが要るのです。たとえば自慰ということはごく自然な誰もが経てきたことだと思うのですが、そのことが実に恥ずかしくて悩みになるわけです。明けても暮れても授業中でも自慰しているというような子はおりません。けれど実際には自慰が悩みにしかなっていないのです。そうした悩みも不自由さとしてものすごく子どもを締めつけていますが、その悩みや不自由さを、子どもたちは学ぶ意欲にならない形で、それをごまかしてしまうのです。だから性の問題では、いろんな間違いともいえるようなことがおきてくることは、いっぱいあるのです。

とにかく全く何の見境いもない性情報が、ある種の大人の興味にのっかって、子どものところまで同質同量にでてきているわけですから、そのなかで、むしろ感覚は十二分にねられてくるのです。そういうことに対しても、子どもたちが自らの性をとらえなおすことは、学習として必要だろうと思うのです。

生き方のなかでつかむ性

けれど学習が必要だからといって、家庭内で、子どもに対し親が「ちょっと来て、座ってみよ、これから初潮について講義する」などというわけにはいかないものです。性の知識や科学的理解は学校が分担すべきことで、家庭での基本的な役割は、人間は男と女がおもいやり、協力しあって生きていくのだということを生活を通し、親の生きざまの中で子どもに理解させてやることにあると思います。

自分の家の親をみて、ああいうふうに男と女はいたわりあい、助けあい、力づけあって人間らしく生きていくのか、何とすごいものだ。俺もそういうようになりたい、と子どもが受けとってくれるような生き方を親がするということで、理屈じゃなしに体でわからせるというのが、一番大事なことでしょうが、それがなかなかできにくい世の中になっていることもたしかです。

どこの家でも夫婦で、親子でもめたりします。そうならざるを得ないことが社会的にいっぱいあります。だから子どもには、そうした現実のなかで、なぜそうなのかということをきちんとみて考えてもらわなければならないということがあると思うのです。そういうことも含めて、全部が全部満点の家にはならなくても、あるときには、あることでは満点の家になるように、そのように努力する以外にないと思うのです。

また子ども自体の性のことについていえば、性のことはこれまで申しましたような意味で、人間の生き方の矛盾なのだとみることが必要のように思います。子どもは生物として性的衝動をもってくるわけですが、それが現在の社会の変化の中では、人間的自然な形であらわすことができないようないやらしさを持ってでてくるのです。だから、子どもは実際に自分の中にうみだされてくる性の衝動が実にいやらしいこととしてとらえもします。けれどいやらしくても性的衝動を止めるわけにはいかないのです。

かつての中国に存在したような宦官《かんがん》になるわけにもいきませんし、インポテンツになってもらえばよいというわけにも参りません。性の衝動が正常にはたらかなかったならば人類は破滅するわけですから、そういう意味でも、子どもの中におきてくる性的衝動は人間として貴重なものなのです。この衝動とは本当には何なのか、そしてそれはどのように吐け口をもつことが人間として必要なのか、生きること全体とどうかかわらせるべきかを本当に子どもが正しくつかめないということで、子どもは悶えるわけですし、それをかくし、ごまかせば、そうする程悶えなければならないわけです。悶えの実態を聞きだしてやらなければならないと思います。

そうしたことについて、もし子どもが聞いてきたら、親は知っている限り、素直に話してやることが大事です。そうしたことを聞かれると親自身の中にあるいやらしいという気だけは捨てなければならないと思います。

子どもは聞くとき、聞き方におかしさをもつことがあります。例えば以前にあったことですが、「お母ちゃん、僕どこから生まれたの」と子どもに聞かれたので、お母さんはどこからを、自分の体の中の場所と考えたのですが、それは勝手な早とちりであったのです。それでそんなこと、大きくなればわかるといって放ってしまったのです。

けれど、その話は何がもとなのかというと、子どもの中でもよくあると思うのですが、友達同士の話で、あの子はもらわれ子やとか、お母ちゃんが違っておるとか、そういう話を聞いたので、その子は自分が不安になり、自分もひょっとするともらわれてきたのではないのだろうかということをお母ちゃんに確かめたかったので、自分がどこから生れてきたのときいたわけです。だから、子どもの聞き方を大人の猥褻なというか性的想念のままに受けとってはダメだと思います。もしわからなければ当の子どもに「なぜそんなこと聞くの」と聞きかえせばいいのです。子どもは親に、聞いてならないと思うことは絶対聞きません。いやらしくって、汚なくってと思っている内容での性のことについては絶対に聞きません。どういう性交の仕方をしているのかというようなことは聞かないものです。性のことで聞いてくるときは必ず聞かなければならない理由があるものです。

ただ、質問の仕方がひどく唐突にでることがあり、それを何か自分の性の行為のさまとか何か秘事を聞いているのか知らんと思うことは、必要ないのです。質問の意味がわからなければ「なぜそんなことを聞くの」といえば子どもから聞かんとする意図はでてくるのです。それに応じて答えてやればいいのです。だから、そのことすらかくれたこととして、「そんなことお父ちゃんに聞け」などとつき放すことをやっていれば、子どもは本当に母親をたわけにするだけでしょう。「お母のくせになにとろくさいこといっとる」ぐらいにしかならないわけです。俺がどこかよその子か家の子かということが見当つかんたわけたことはないというように、極端にいえばそういう笑い話にしかなりません。そういう点では性の問題ということでは本当に卒直にいうということがたいへん大事なことだと思います。

発達跛行の性

もっと細かく今の子どもの性の発達とか性の特徴とい

うことについて申し上げながら、今の社会の現実のなかで、生きる目的と生き方を正面にすえた性のことを、きちんとお話ししなければいけなかったのが、こんな話になってしまい、たいへん申し訳ないわけですが、最初申し上げましたように、いま思春期の子どもたちは非常に複雑な社会の中で自分の歩み、早さだけで歩けないことでのもがきをいっぱいしています。本当にそのもがきをもがきとしてみてやることが何より大切だと思います。その気持ちが子どもの心をとらえますし心さえとらえれば、こちらの思いも必ずわかってくれるものだと考えられます。

心をみずに形をみるだけで、何てざまや、妙な格好して何じゃ、このアイシャドウはとか、およそ形だけが目について文句の対象になっているようです。アイシャドウつけて変な格好する子がひょっとしていても、それを結構だとはあまりいえないのかも知れませんが、何であしたアイシャドウをつけているのかな、とまず考えてみることが必要です。あれは自分のテンポということでいえば、そこだけ速さが早すぎるわけでしょう。アイシャドウをつけるのはせめて二十才位でいいのに、そこだけを社会のテンポにあわせてしまったのです。アイシャドウにあらわれる性では十五才で彼女たちは飛び級をやっているわけです。

他のことは遅れてしまって、留年をしていながら、性のことだけ飛び級でいくのでおかしいだけです。そして、そのおかしさをおかしさとして自覚しないでいるのです。けれど実際は性のことでは、それに相応した人格的な知性ができないのに性だけを誇示しながら、飛び級でも何でも子どもは行ってしまうのです。いわば、それを自分のテンポと考えているのでしょうが、人間的にはそのテンポが跛行しているのです。

本当は人間として自立するところが勉強のことも含めて性のことでも自分のテンポとして自覚されてくるものだと思うのです。だが、そこが、ちぐはぐになってしまうのです。これは子どもにとって実に大きな悩みになっていると思います。この悩みのところへやっぱり親の眼がきちんと入っていき、親の知恵で援助してやれさえすれば、子どもはあんなにあわてて、性だけ大人になる必要はないはずです。自立の片一方は遅れすぎるので、もう一方で早く自立したい形をとるだけで、人間的本音はやはり全人的に自立したいところにあると思います。

小学校四年生からもう乳の形が苦になるという時代。十五才になりさえすればもっと他のことが苦になるのは当然です。そういうところに子どもたちは生きているという意味で、社会と人間の基本にたちかえって、ほんとうに人間として自立できるかしこい子どもたちに育てるよう頑張りあいたいと思います。

＊一九八五年一二月六日、中津川市南小学校五、六年PTA学習会での講演の記録。『人間・生活・教育』三一号（一九八六年四月一五日）。前半部分などで約六頁を省略した。発達の「第二の難関」という視点から思春期論を展開しようとした。

◆論文11（一九八六年）

今、なぜ生活綴方か——第八回生活綴方研究会記念講演

退職して四年以上過ぎてしまった今も、生活綴方教育は非常に大事だということを思っておりますし、言ってもいるわけです。実際に、現場にいて子ども達と直接ふれあうことがないので、今の子どもたちにとって、どういう点で必要なのか、またどういうふうにそこの所を切り抜けていったらいいのか、という問題についてはなかなかわかりません。また、そのように問題を究めようと自分でもしていないというずるさみたいなものがあったりすると思います。そのため、こういう所で改まってお話をすることはお断りし続けたのですけれど、どうしてもやれというお話でしたので、止むなく出てきた次第です。

生活綴方教育は自由を求めるたたかい

ところで、〝今、なぜ生活綴方か〟というのが与えられた題になります。今朝のご挨拶にもあったように、一九七〇年にこの西小学校で、自主的な生活綴方研究会というものを、当時講堂と呼ばれていた所で開きました。あの頃からすでに十何年もたってしまいました。あれ以来、この西小学校は、七〇年代のこの地域の生活綴方教育のメッカとして、実践を推進してきてくださいました。今くわしくその当時の状況を述べていることはできませんが、私たちは結局、人間と教育の自由の問題を追求してきたのだと思います。生活綴方の実践ということは、実際には人間とその自由を教育の上で追求していく仕事なのだと、今しみじみと思うのです。

いま大変えらいといいますか、忙しいだけでなくて苦しい、不自由な状況がたくさんあります。したがって、もう少し何とか楽になりたいということが望まれるわけです。教育の上で楽になるということは、一体どういうことなのかということが、ある所で出されていました。その時に私が感じたのは、人間はただ楽になればいいと

いうものではないだろうということです。本当に楽になるということは、本当に自由にならなくてはできないことであるだけに、自由を求めるというか、自由のためのたたかいは本当にえらいかもしれないけれど、そのたたかいこそ、まさに楽しいはずなのだと思うのです。そういう意味でいえば、今楽になりたいということは、えらいけれど楽しいたたかいとして、教育に取り組んでいかなくてはならないと思うのです。

生活綴方の教育は、自由を求めていくたたかいの主要な内容になると思いますが、綴方教育というのは、奴隷のえらさではないけれど、えらい仕事なのだ、決して楽に何も考えずに、すっとやればできてくるというものではないのです。

七〇年代、ここで生活綴方の研究会が最初に自主的に開かれた時も、たしかにえらかったと思います。その当時の先生も大変えらかった。夜遅くまでやったということも含めて、また小さい子どもをかかえながらも先生たちはやられたわけですが、うんと楽しくやれたことが思い出されます。そして、その中にやっぱり本物があったんだということをしみじみ感じています。

――中略――

私の綴方教育の原則――ありのままを引きだし、子どもに愛着をもつ仕事

今になってふり返ってみますと、その時々にはいろんなことを模索してきたと思います。いろんなことを思いついたり、考えたりしてきましたが、自分のやってきた生活綴方の実践の原則（原則というより特徴でもいいのでしょうが）みたいなものをいくつかにまとめ、申し上げてみたいと思います。

実践の基本をどこにおいたかといえば、ありのままということをどう追求するかがひとつです。それから、子どもの人間にものを付与していくというか、与えたり塗り付けたりするのではなくて、子どもの人間をどう引きだすかということです。エデュケートというのがそういう意味を持つのだということを、教育学の上では言われてきたりしていますが、ありのままという問題と引きだすという問題が、私の実践の上でのひとつの基本になってきただろうと思います。

ありのままという問題をもっと違った言い方でいえば、現実直視による真実の発見、追求の問題だったと思いますし、子どもの人間を引きだすことの側でいえば、それは子どもの人間のよさ、すばらしさの発見として、私が受けとった問題でした。

綴方をやることによって、何て子どもはいいものだろう、何てすばらしいものだろうというふうに、私自身が子どもへの理解というより子どもへの愛着を深めていったのです。子どもの人間が引きだされる度にそれは強まっていくものだと受けとっていたわけです。私の実践の基本になっていたのではないかと今になって思います。

何を書くかが決まれば、どう書くかは子どもが見つけだすもの

それでは、生活綴方の教育に限っていえば、その指導の原則としてどういうことを私は大事にしてきたかということになりますが、第一の問題は、綴方は何を書くかをつかめば、どう書くかは必ず子どもが自分で見つけるものだという立場です。だから、どう書くのかという問題には、絶対に触れないのです。何を書くかということをどう子どもに見つけさせるかということが、生活綴方の指導上の一番の軸になるべき問題だと考えていたと思います。

その後、いろんな所で言われることがあるのですが、産ませるより孕《はら》ませること、なんとかして産ませたい、なんとか綴方をしっかり書かせたいとすれば孕ませなければならない、どう子どもの中に孕ませていくかです。

だから、教師の綴方にかかわる第一の要点は、子どもにどう綴方を孕ませていくかという問題になると思います。

それは子どもに何を書きたいとか、何を書かねばならないかと思わせるかという問題です。子どもは、書かねばならないという程まで自覚的にはならないだろうとは思うのですけど、これを書きたいなあというところで止まることなんだろうと思うのです。そのことが客観的にいえば、書かねばならない、書くことによって自分を越えていく問題になるのでしょうが、子どもは主観的に書かねばならないから私は書くというふうにはならないのです。私自身が今、ものを書けと言われても、書かねばならないからなどとはゆめゆめ思わず、書かないとしょうがないでと書くことがたまにあるわけです。それよりむしろ子どもは積極的に書きたいという要求はあるわけです。その書きたいという要求をどうつかませていくかという場合、「何を」という問題が必ずついてくると思うのです。

今日の午前中のお話の中でも、先生が書かせたいものと子どもが書きたいものとは違うという話が出ました。落とし穴に落ちたことを書かせたくても、子どもはファミコンで遊んだことを書きたいというから、「そんなこと、落とし穴の方がいい」と言った話を宮田先生がして

みえました。実はそういうことの選択はともあれ、子どもが何を書きたいのか、書きたい中味をどう持たせていくのかというところに、教師の果たすべき役割があるだろうし、そういう場合の「何を」をどうとらえさせるかというときに、教師の値打ちがあるだろうと思います。

あの先生は、「書きたいことを書け」と言うと、いつまでたっても「犬」と「花」と「運動会」みたいなことを子どもたちは書く、こっちの先生は「書きたいことを書きなさいよ」と言うと、もっと意味のあるものをちゃんと子どもは書くようになるということがあります。その違いは結果としては子どもにあるのでしょうが、別に言えば、教師側にあるわけです。書け、書けと、何でもかんでも「このことについて書け」という問題、子どもが書くときに何を選ぶかという「選ぶ」という問題は、教師の値打ちにかかわる問題なのだと思います。その場合、それは綴方の指導だけで決まってくることではないのです。あらゆる教育活動の反映としてそこが出てくるわけです。だから、綴方そのものに限っていえば、何を書くかという問題は、もちろん綴方を通して子どもたちに値打ちを理解させることにもあるけれど、むしろ教育全般の活動を通して子どもたちにその「何を」を選ばせていくことになると思います。

「何を」書くか、どういう題材を書くか、中味に何を書くかという問題は、実は生活が子どもに生みだしているものなんです。生活と違ったところで生みだされるものではないわけです。書きたくなる中味というもの、生活が生みだしている「何を」という問題については、強い弱いとか、深い浅いとかいうような意味の価値についての判断の違いはあると思いますが、それを自分が生きていく課題として(それは綴方だから綴るということになりますが)そして綴るべき中味、「題」として、どう自覚的に意識させるかという仕事が、実は綴方の中でいえば、非常に大事な仕事ではないだろうかと思います。

どう書くか、どう書かせるかという眼を教師の側から本当に取り除かなければならないのです。どう書くかを子どもに結果として考えさせるようにすることが、教師の値打ちであって、どう書くかを教師が教える仕事ではないのです。結果として、どう書くかを子どもが考えるようになりさえすれば、教師の役割はほとんど果たせたことになるだろうと思います。

問題を意識化していく手だて――「何を」「どう」に具体化できるまでにつかむ教師の努力を

書く自由とか、書かない自由ということが、ここ二、三年少し問題にされたことがあります。

村山士郎さんが丹羽徳子さんの言われたことを問題にされ、書く自由と書かない自由ということについて論議されたことにもかかわってくると思いますが、何を書くかを子どもがどう選択するかという問題です。教育実践という場合は、基本的に書くということをある意味では待つというか、書く意欲を子どもから引きだすことが基本ですけど、それは書かせることによって意欲的になるということもあると思います。その場合、書きたくないと言ったから、何もかも仕方がないというばかりではなくて、書くことによって、それが書く意欲に転化されることが全くないとはいえないのです。けれど、書かせられる立場だけでは、生活綴方は基本的に、書く自由、書く意欲、問題を自分のものにしていくことにはなかなかならないだろうと思います。

その場合、問題を「題」として意識化させていく手だては、綴方の教育に限っていえば非常に重要な問題です。問題はある、問題があるなら書きなさいではなくて、それを「題」として、書くべき中味としてとらえることが大事になると思います。それを文の構成や構想、方法で言われる人もあります。私は構想まで立ててということは自分でもできない人間で、ものを書くときは自分自身が何にも構想がなくて、はじめを書くと次が出てくる、という人間ですので、子どもにも構想を立ててということを私はあまり強調したことがありません。ふと書き始めれば、連なっていくだけの中味をつめておけば書いていけるものです。だから、深く問題をとらえるというか、大きくとらえる、重くとらえるということが大事になると思います。

「題」を意識化させる手だては、教育の方法としてもさまざまに考えなくてはならないと思います。私の場合、一般的に生活姿勢としての呼びかけを随分行ってきました。何でも「なぜだろう?」と考えなくてはいけない、いつ見ても「なぜだろう?」、「どうなっているか?」とものを見なくてはいけない、そういう眼がなければ綴方にもならないし、考えることもできないということを強調してきました。だから、教室の黒板にいつも「なぜだろう、どうなっているか」と書いておいて、「これやぞ、これやぞ」と生活姿勢の問題のように強調するような手だて、それもひとつの手だてとしてやりました。それをやれば、すぐものが見えるというふうにはいかないのですが、そんなことも含めて「なぜだろう」「どうなっているだろう」ということを生活を見る場合の眼として、子どもたちに提起しました。教師は、そこでさまざまな手だてを講じることがあると思います。
そのことについて、例えば寒川道夫先生が大関松三郎を発見する頃のことですが、寒川先生の書かれた物にあることでいえば、寒川道夫先生は二年生のクラス全員の子にノートを一冊ずつ買って、「自分の心の中に動いている言葉をそのまま書けばいいんだよ」と言って渡して、その書き方にいくつかの意識化させる問題を提示しておられます。

あっと思ったら　それは何だ
おやっと思ったら　よく見よ
へーと思ったら　よく聞こう
あーと思ったら　よく考えよ
ちぇっと思ったら　もう一度見よ
なんだ　くそっ　へんだぞ
ばか　えい　わぁ　うまい
まだまだいろいろあるぞ
心の中の言葉を
いい耳をすますのだ

ノートのはじめに刷ってやっておいて、そして子どもが「あっと思ったら　それは何だ」「おやっと思ったらよく見よ」ということが、子どもの日常的な生活姿勢の中に入るようにして、おやっと思って心にとまってものを書いてみよ、あっと思ったらそれは何だというようなことから、それを書いてみるということをやられたということが書いてあるわけです。そういうような意味で呼びかけてみる問題だとか、題見つけのノートを意識的に持たせていくということがあるわけです。綴方の題をいつもかも注意して探しておりなさいと言うだけでなくて、題見つけノートを特別に持たせることによって、題見つけノートに気づいたことを書いておく、あるいはときには教師が一斉にそれを取り扱う形で、「最近、題見つけとして見つかったことを今日はまとめておこうかね」というようなことで書いておくことも非常に大事なことだと思います。それはだれもがやっていることですが、手だてがない限り、なかなか「考えてみなさいよ」「見つけたことは胸にしまっておきなさいよ」なんて言うだけでうまくあらわれるということにはいかないと思うのです。それから何にもはっとしようがない、同じものを見てもはっとするのかしないのかというときに、いろんな作品を鑑賞することによって、「あっ、俺もそういやあ、ああいうふうにものを見れば、はっとできるなあ」とか、「あっ、同じようなことだったら、俺のとこにもあるわ」とかいうように、さまざまな作品を鑑賞するということのなかで、そういった問題を子どもに意識させることもあると思います。

もっとていねいな手だてでいえば、例えば、「たるかったこと」というような題としてものをとらえているとすれば、たるかったことを長い綴方にする前に、何がどんなふうにたるかったかということを、たるかったことの中味を二行か三行にまとめさせて、そこをもう一度考えさせてみることも必要です。書き終わってから、「あんた、たるかったという題やでええ題だと思ったら、何もたるかったことではないやないかね、こんなことはつまらんことを、時間ばっかかくって」と言わなくてもいいように、事前にそういう問題を子どもに意識させていくことによって、中味をもっと確認させていくというようなことも含めて、書きたいことを子どもたちが意識していくことをもっともっといろいろな方法でやらなくてはならないだろうと思います。

だから、ありのままに綴ることは、自分で何か書きたいことを生みだすための、さまざまな教育的な手だてを当然必要としてくると思うのです。それから、そういうような問題は、いくらでもみなさんが思いついてやってみえると思います。私もこうしなければいかんと思えば、今度はこういうふうにやろうとか、こういうふうに言ってみたらどうだろうとか、いくらでも思いつけたものです。何か問題を子どもたちに意識させようとすれば、意識させなくてはならない命題が教師にとってはっきりすれば、どうしたらいいかということは、子どもと同じで、教師が生みだすものなのだと思います。何を書くかがわかれば、どう書くかは子どもが自分で考えると同じように、子どもたちに何をわからせなければならないかを教師がはっきりさせれば、どういうふうにそれを子どもたちのものにしていったらいいかは教師は思いつきうるものなのです。自分で方法も思いつきもできないのにやらなくてはならないというふうに問題がとらえられるとするならば、それはまだ何をしなくてはならないかが自分ではっきりしない証拠だと思います。どうやったらいいかわからんということばかりが悩みで、やらなければならないことがわかっているかというと、たいていはやらねばならないことがわかっていないときが多いのです。何をしなければならないかが本当に深くとらえられた時は、実は教師にとっては、どうしなければならないかということが方法になってあらわれてくるべきものなのです。そこが、教育のもつ特性の大事な点なのだと思います。

だから、私の教育課程づくりの時も申し上げたことがあるのですが、「何を」「何のために」子どもたちに教えなければならないかが重要な問題なのです。「何のために」「何を」子どもたちに教えなければならないか、わからせなければならないのかという時に、「何のために」と「何を」というものを「どう」というところで教師が思いついていった時に教育実践になると思います。だから、「どう」という方法にまで「何」という問題を深くとらえない限り、「何」がわかったみたいで「どう」がわからないときは、やっぱり本当はわかっていないことだと思うのです。だから、子どももどう書いたらいいかわからん、もっと事前には何を書いたらいいかわからん、書くことがないというわけですが、その時は本当に中味がないわけです。本当に書きたいことがつまってくれば書くものです。

それは、例えば午前中の、障害児をもっておった西尾あやめ先生の報告の中で、障害をもったK君という子でも本当につたないか、つたなくないかは別としても書くわけです。「うまかったあ」「おいしかったあ」と、あんずの匂いや味、色まで含めて書けることは中味が膨らんでいる証拠です。

だから、そういう意味で子どももそういうふうに「何を」という問題さえとらえれば、「どう」ということがでるように、教師もやっぱり子どもたちにわからせていくべき「何を」を「どう」という方法として、自ら具体化できる、実践化できるふうにまで「何を」というものを深めて、つかまなければいけないのではないかを、私はそういうふうに絶えず考えようとしてきました。そうばっかりいかなんだという話はいくらでもありますが、そういうふうに私は、教育をわけても生活綴方では考えてきました。それが私の教育実践のひとつの原則のようなものです。

よい綴方はよい生活から生まれる——生活こそ綴方の種

あと少し、綴方を孕ませていく上でのいくつかの原則、私が重視してきた問題を申し上げてみたいと思います。

もうひとつの問題は、綴方はよい生活から生まれるものだという問題です。よい綴方はよい生活から生まれることを私たちは強調してきました。生活こそ綴方の種、母体なんです。その生活ということを抜きにして、綴方だけを方法の問題として、表現だけを強調してみたって、これはなかなか綴方にはならないだろうと思います。だから、本当に綴方を子どもたちに書かせようとすれば、本当の生活を子どもたちにさせる仕事がいちばん基本になります。それが実は「孕み」の基本なのです。いってみれば、綴方の源泉は生活であるし、綴方の教育でいえば種なのです。種は生活の中にあるという問題です。

今はそんな姿を誰も見たことがないと思いますが、私が綴方の実践をやっていた頃は、まだ田んぼに麦が作られているのが見られたのです。これから、いよいよ麦の成長の時期に入るわけです。麦は二月頃になると、どこの田んぼでも、麦踏みをやられます。それから、麦に硫安という肥料をかけると、とたんに生き生きと青々と成長するというようなことがありました。五〇年代、その麦の成長にたとえて、子どもによい生活をつくらせようとすることは、麦に硫安をかけるようなわけにはいかないと問題にしたことがありました。何か肥やしをやったら、さっと変わってくるというふうに生活をつくるというわけにはいかないのです。ある意味では、非常に長く見通さなければいけない問題です。それは、今日の綴方のために今日の生活を強調することではないわけです。明日綴方を書かなければならないから、今日しっかり生活をしなさいというようなものでもないのです。けれど、いい綴方を子どもの中から生みださせる、子ども自身がいい綴方を書けるようになろうとすれば、いい生活を子どもたちに日常的にさせせることが基本として考えられない限り、綴方という面だけを取り上げても、いい綴方が書けるというわけにはいかない問題があると思います。

よい生活をつくりださせるためには、一般的指導と個別的な特殊的指導があるのは当然のことです。一般的に生活をどうつくりださせていくかは、これはみなさんが今日いくらでもやられていることです。例えば綴方の作品を読むことを通して、いい生活とは、こういうような具体的な問題のときはこういうふうに考えてみたり、こういうふうに自分の行動をおこしたりするものだ、〇〇君のやっている生活はやっぱりいい生活やなあということを、具体的に考えてみる場合もあります。あるいは、子どもたちの書いたものをもっとつめてみることによって、自分としてはその良さを意識しないで綴方を書いているが、教師がそこに眼をつけ、「ここがあんた、大事だ」と指摘してやり、いい生活と言われるところの非常に大事なポイントになるところをもっとくわしく書くように教師が言うことによって「あっ、そういうことなのかなあ」というふうに、子どもたちが個別的、具体的に生活をもっと受けとめていくという問題もあります。指導それ自体は、一般性と同時にそういった個別性をもったことに当然なるだろうと思います。

また、よい生活をつくりださせるためには、長期的なめあてと同時に短期的な目標としても、もっと進めていく必要があります。短期的な目標ということは、ただ明日のためということを言っているわけではありません。私が子どもたちを二年間受け持ったとすれば、二年間の間にこういう生活ができる子どもにしていかなくてはいかんなあというような長期のものと同時に、せめて一学期の間にこういうことだけはわかる子ども、こういうことについての生活の仕方が変わる子どもにしなければならないという意味での、長期の目標と短期の目標をもって、生活をつくりだすという問題がひとつあるだろうと思います。

それから、生活というものを漠然と言うだけでなく、例えば友だちとの関係の問題、勉強にかかわっての問題、仕事とか家族の問題などにかかわって、そこでいい生活とはどういうことなのかというように、ある意味の分野に即しながら具体的にわからせていくという問題もたくさんあります。そのことは一般的な教育としてもあるし、必要なのだと思います。

私がそうした問題で考えてきたことを、今日、中垣先生が四年生の子どもの問題として報告してくれたことにかかわって申し上げます。

あそこで、子どもはある意味でいえば、自分の間抜けさ加減もさらけ出した格好で素直に書いています。けれど、あそこにある姿勢、生活の眼とか、生活に対する姿勢、問題のとらえ方は必ずしも正しいわけではないと思うのです。なんでもケンカして家を飛び出すと考えさえすれば、それで事が収まっていくということに対して、あとの分散会でも家というものをどういうふうにとらえさせるか、兄弟をどういうふうにとらえさせるのか、などについてどうしたらいいかという話がありました。あの場合、あの綴方の中でそれを深めるか深めないかは別としても、少なくとも子どもたちに「家とは一体何なのか」「兄弟とは何なのか」、あるいは今日言われる「家出とは一体どういう意味を持つのか、どういうことなのか」というようなことを含めて、ある分野にわたってきちんと子どもたちに私の教育課程として理解させる場合もあるだろうし、あるいはまた、一般的な教育の中で理解させることもあるだろうと思います。そういうことを含めて、子どもにきちんとわからせていくことを抜きにしておいて、生活をよくすることはなかなかできないという問題が当然あると思います。

生活をわからせていく上での綴方作品の役割

最近特に多くなっていますが、綴方作品の研究をすることが綴方だみたいに、一部でなっています。そこを強調される方もいます。綴方作品の研究会をすることが綴方の研究だということは、それはひとつの重要なポイントだと思います。しかし、もっと言えば「綴方は授業だ、授業として綴方をどうするかということが、綴方の生命だ」みたいにとらえられるとすれば、私は必ずしもそういうふうだけには考えてこなかったのです。綴方を共同的に取り扱うこともやりましたが、それを授業という形でおこなうとすれば、授業だけが綴方でもっとも主要な生命だというふうには考えませんでした。だから、綴方作品の研究をおろそかにしたというわけでもないのです。綴友だちの綴方作品を研究することは、授業の方法を通す通さないにかかわらず非常に重要な問題だと思います。

生活を子どもたちにわからせていく場合に、友だちの綴方作品が具体的に示している問題がいちばんわかりやすいのです。しかも書いている人間もよく知っているということも含めて、綴方作品を通すことは非常に重要だと思います。

それは値うちある生活を具体的にとらえていく、生活というものをとらえる具体性を子どもたちに持たせていく上でも、重要なポイントになると思います。その場合、生活を変えていくという意味でいえば、何よりも自発性、(当時はやる気という言い方で言っていたのですが)、とにかく子どものやる気を引き出すことなのだということを言い続けていたのです。

六〇年代の「みつばち」学級の実践の時も、予想以上に子どもたちの頭が観念化されていて綴り方にならない。とにかく「概念くだき」をやらないとどうにもならない。その「概念くだき」をどうするかということのためにとにかく生活の事実をいっぱい書いてもらう。その中で気づいたこと、感じたこと、おもしろかったこと、悲しかったこと、悔しかったこと、怒れること、何でもいいので、気がついたことを書いてみ、と言って、私の新聞の記事にさせたりしました。こういう努力が、七〇年代の綴り方復興の前に私が気がついたことです。

「こと」を自覚的にするということが重要なのです。子どもが「こと」の意味がわかって、目的・内容がつかめれば、方法としてやることは思いつけれると先程も言ったわけです。「何のために」「何を」しなければならないかが本当によくつかめれば、どうしたらいいかということは、どんな子どもだって考えられるのです。そうすると、生活をよくする場合でも、生活を変えていく場合でも、「何のために」「何を」という問題を本当にわからせていくことです。生活を変えるには何をどうするかという場合でも、本当は「何のために」「何を」どうすることなのかという問題として、子どもが自ら考えていくように、そこを追求していく。そのために、綴方作品はきわめて大きい意味をもつと思います。そういうことがなくて、授業がうまく流れたとか、うまく発表しあったとか、論議だけがうまかったという問題ではないと思います。今日よく、指導主事の人が来て、授業の流れとかいって、授業のある特定のやり方だけを強調されますが、綴方は授業というところに生命を持つものではないだろうと思います。

綴方は人間的で、自由な雰囲気の中で花ひらく

もうひとつの次の原則みたいなことですけど、綴方は人間的で自由な雰囲気の中で花ひらくものだという問題です。普通でいえば、学級づくりといわれている問題です。そういうことを抜きにして、綴方だけを花ひらかせるわけにはいかないだろうと思います。いってみれば、綴方の土壌の問題です。どういう種はどういう土壌の中で育つかという問題です。土壌をきちんとつくらなければいけない、菊つくりは土つくりといわれるような問題です。土はどうつくるか、それはいってみれば、人間的で自由な集団の雰囲気だろうと思うのです。それは教師と子どもとの人間の関係、あるいは、子どもと子どもとの人間の関係が信頼で結ばれるようにすることにつきると思うのです。そこが、今日もっとも難しくなっていて、なかなか綴方にもならないと言われているところです。

そのことについて、今日の午前中の報告でも出たわけですが、そこの突破口がはっきりしてきていると思います。教育のいちばん基底になるべき信頼というものを、綴方によって取り戻すことが可能なのだということが実証されてきたと思います。その信頼で結ばれる関係をどうつくりだすかという問題を抜きにして（それが土壌になってくるでしょうが）、綴方は実際には具体化できない問題だと思います。

教育の基本は信頼だと、私に限らず誰もかもが言うと思います。まして心の問題は、本当に信頼を抜いては芽吹くわけにはいかないだろうと思います。信頼のないところで、心の芽が吹くことはありえないわけです。信頼はお互いの交流と理解を深める、強めることを抜きにして成り立たないわけです。その交流と理解の中に生活綴方をおくという問題が、また重要なのだと思います。そこに、交流における生活綴方の特性があると思います。

今日の西尾あやめ先生の話の中で、ミニミニ通信みたいに、子どもの事実を教師が書いてやることが、子どもたちの喜びになっていくのです。そして、子どもたちの表現を本当に知り合っていくことは、どんなに人間を安心させていくかということにもなると思います。

学級づくりという場合に、一枚文集も含めて学級文集があることが、ある意味でいえば必須の条件だと私は考えてきました。文集のない学級なんて、私は考えてみたこともなかったのです。生活綴方教育をやる者が文集がないことを平気でいることは、何か違っていると思います。そういう性質のものだと思います。文集は子どもたちをどうつかむかだけでなく、学級の赤い動脈として必要なのだと考えてきました。だから、文集をどうつくるかという問題まで含めて、もう一度ここで言わしてもらうなら、本当は手書きの文集をつくらなければいけないだろうと思います。子どもが書いたものをずらーっと刷ってやって、「文集読んでおけよ」で済ます、教師も読んでいないような文集ではだめなのです。本当にどんなにつまらないような子どもの書いたものでも、それを教師がもう一度手書きで写してやるときに、はじめて子どもと教師は対話をするわけです。その対話が、教師にとって重要なのです。「こんだけしか書かんのか」とか、「なんで、こんなつまらん字しか書けんのか」とか、「なんで、こんな間違えたような考え方をするのだろうか」とか言って、それでもそれを教師が丹念に書き写してやりながら、そして、それに短評をつけてみたり、ある時はそれについて話しあいをしてみたりする。違った形で子どもにふれていくという意味でいえば、私は文集はどんなに困難でも、本当に手作りでやるというところが、綴方の醍醐味なんだろうと思います。入江さんという人は、もっと厳しく、文集のない学級は学級ではないという意味のことを一九三〇年代に言っています。文集があるか、ないかという形態の問題だけを言うのではありません。文集があるという場合も、情報が馬鹿ほど多い今日、子どものものまで情報として過剰にやるのではなくて、せめて少なく手づくりでやることが、逆にいえば教育的な配慮になるだろうと思います。だから、手作りの文集を（必ずしも手書きとはいわないけれど）作る時の心が通い合うような無言の対話は、非常に大きな綴方の中味になるだろうというふうに思います。そういう点で、手作りの文集ということは、ある意味で必須の条件だと思います。

それから、もっと重要なことは、共同の意識、一緒に学級をつくっていくという問題です。それは基本的には共同の行動をたくさん起こすということになると思います。綴方で交流しておりさえすればいいということではないと思います。共同の生活をどう子どもたちとの間につくるかという問題です。そういう形で集団の質を高めていくことになるだろうと思います。それは学習と生活における共同の強化というか、共同の活動を強めるという問題です。それはある意味でいえば、自治の追求です。徹底して私たちは、自治という観点を子どもたちの集団に対して重視しなければならないと思います。

この間もある学校で児童会か生徒会が「これから任命式を行います」と言って、任命式をやっていたのです。ぼくはある青年教師に、「自分たちで選挙した者を任命するなんて、たわけのようなことをやりょおるな。今の学校っておかしいなあ」と言ったら、「僕たちもそうだったよ」と言ったので、「あれ、そうかな」と思ったけれど、責任を上がもつみたいな格好なのです。本当は自分たちで選挙しておいて任命するなんて、日本の総理大臣を選挙したとしたら、レーガン大統領に任命してもらうみたいなことをやられて国民が黙っておるというようなものです。教育の場だから、それは当然だなんてことはないのです。自治というものを子どもたちに今完全に保障することができないにしても、その精神を重視するときに、はじめて自由と規律が生まれるわけで、自由と責任の問題ではないわけです。自由と規律をどう子どもたちに生みださせるか、それが実は学級の中の非常に重要な問題です。「お前たち、これだけの自由があるけど、これだけの責任もある」という問題ではないのです。規律の問題として、どういうふうに自分たちを律していくかという問題だと思います。

そういう点では、活動を非常に多様化させながら、創造的にするということがもっとも重視すべきことだと思うのですけれども、そういうことの中に生活綴方というものが特性的にきちんと位置づけられるような学級が非常に大事だと思います。

教師の適切な眼が子どもの綴方を豊かにする

次の問題は子どもの綴方は、教師の適切な眼をぬいては豊かに成長しない、伸びないという問題だろうと思います。綴方教育の場合、教師の適切な眼というものがあるのか、ないのか（それは自らで身につけていくより仕方がないことでしょうけれど）によって、綴方が違うという問題なんです。同じ素材があっても、そこのところが見落とされるのか、鋭くそこのところがつかまえられるかという問題も含めて、教師の眼がある意味でいえば、肥やしになる問題です。子ども自身の中に種があり、学級の中に土があったら、教師が本当にきちんと肥やしを与えなければならないのです。種が出れば放うかっておいても、どうにかなるものだと、雑草がいちばん本来強いものだと言っとるうちに、今は枯れてしまうわけです。

そういう点では、子どもの綴方をみて、その発達矛盾というか、環というか、「あっ、これだ」というところを発見して、その芽をするどく適切にとらえる確かさというか、そういう教師の眼が非常に重要だろうと思います。それはまた綴方にかかわっており、綴方を通してしか身につかないものだろうと思います。綴方をちっとも読みもせずに、教えもせずにおいて、適切な綴方を見る眼がないかしらといっても、それは無理というものです。そこは「餅は餅屋」というような教師の専門性にかかわる問題だろうと思います。そういう点で、寒川道夫さんは、あのすばらしい詩を書いた大関松三郎という少年を発見して、あそこまで引き出していくときの眼を、ひどく当たり前のところにつけておられたのです。

その小学校二年生のときに、先程いったノートを一冊ずつ持たせて、「あっと思ったら、それは何だ」というようなことで書かせているうちに、ある日大関松三郎が書いてきたものがあるといいます。〝しょんべん〟という詩です。

どてっぱらで　しょんべんしたら
しょんべんが　白い頭をして
にょろにょろ
どてっぱらを　おりていった
へびになって　にょろにょろ　まがっていった

そのときに何気なく見過ごしてしまったか、しまわなかったかという問題です。そのにょろにょろのしょんべんを見たときに、寒川道夫さんはその時のことをこう言ってるそうです。

「ぼくの眼はキッと驚き、いぶかしさでつり上がった眉の下で、どんぐりのように大きく見開かれていたに違いありません。そして何回かくり返し読むうちに、驚きもいぶかしさも喜びに変わっていった」

この眼です、何回も読むうちに喜びに変わっていったという、この喜びこそが、実は松三郎に通じて松三郎との信頼関係を強めて、やがて「ぼくらの村」が描かれてくるようになっていくんだと思います。だから、たまたまこれは大関松三郎にかかわっての本で言っているのですが、どんな子の中にも大関松二郎ほどに鮮やかに出されないかもしれませんが、必ずそういう芽をもっているわけです。そういう意味で教師がどんな短い文章の中からでも本当に的確に読みとれるのかどうか、敏感に驚きやいぶかしさを思いながら、喜びに変えられるようなものを子どもの中に汲みとってやれるかどうかという問題は、非常に大事だろうと思います。

丹羽徳子先生が『明日に向かって』という本の中でも書いておられるけれど、「ぼくが読んでやる」という日下部君の文があります。お母ちゃんは字を知らんで、僕が読んでやらんならんし、書いてもやらんならんという五年生の子の文です。あの文ははじめはもっと素朴な形で問題が出されていたのですが、この文を読んだとき「あっ、これだ」と思い、日下部君にもっとはっきりわからせていくことと、学級の中でこういう生活があることをみんなにわからせ、子どもたちの眼を開かせなければいけないと思って、その作品をとりあげました。最後のまとまった文章になる前に、それを子どもたちに読んでやって、「日下部君に手紙を書いてみ」ということをさっとやった、その素早さというか、その敏感な心が重大だと思うのです。

けれど、今度は「はっちゃんのこと」を書いた泉君の場合、はっちゃんという障害者のおばさんについてものすごく問題をもち、なんとかしなきゃならないと思っており、ちらちらと書かれてくるのを今度は逆にいえば、じぃーと待っておるのです。「あー、こんだけも書いてきたの。はっちゃんのことは大事だよ。はっちゃんの問題を書きんさい」とはやらないわけです。これは教育学でいったら何というか知りませんが、ある種の子どもを知った場合の勘みたいなものだと思うのですが、教師の眼の鋭さ、正しさ、確かさみたいなものは、本当にその子どもとその生活を深く見る、そういう眼の中にあるものだろうし、綴方を人間の発達にかかわってとらえるなら、そういうふうに見えるものだと思います。何か綴方を作品主義として取り上げていたら、絶対にそういうふうな眼は持てず、早く書かせようと思うか、こんなもの書いたって駄目になってしまうかのどちらかになってしまうように思います。もっと人間というものを大事にする眼で綴方を見る場合、そういうふうな問題もあるだろうと思います。

私の経験でいえば、記憶にあるのは、例えば安江満寿子（杉山満寿子）という去年話したあの子が五年生の時に「苦労する母」という文章をまとめたときのことです。これはまとまってみると、当時でいえば大変よくまとめた文章だと評価されたわけです。私もそれが学級の綴方の雰囲気をつくっていく上で、ものすごく大きな役割を果たしたと考えております。「満寿ちゃん、あんなやつが書けるかあ」と問題になるわけです。けれど彼女がその作品を綴る上では、教師のひとつの眼がなければならなかっただろうと思います。それは満寿子さんの夏休みの日記を私が見ていて、「この中の全部をまとめて、お母さんをひとつ描いてみよう」というだけのヒントを出したのです。ある日の一日だけを、というふうに私はその時考えませんでした。これでお母さん全体をどうとらえさせるか、そこのところが問題だなと当時、私は思いました。だから、すぐ明日までに書きなさいという問題でもなく、「夏休み中の生活日記全部の中で、お母さんをひとつ浮き彫りにして、自分についてお母さんというものを書いてみよ。まとめてみよ」というように、その時教師の側から肥やしを出したという問題です。そういうことで、彼女は何日もかかって家で書いてきました。二〇枚ほどのものにして持ってきました。あの頃、綴方不毛の地のように自分では思っていました。けれど、二〇枚の綴方作品として、母と共に生きていく、そういう健気な乙女の状況が出ていて、恵那でも生活綴方が拡げられる、中津の子だって生活綴方が書けるんだというふうに確信していったひとつの作品となっていったのです。その時でも、何もやらなければ作品は出てこなかったし、一定の肥やしが必要だったのです。

しかし、肥やしは教育にとって非常に重要ですが、種類や量を間違えると大変なわけです。その種類と量という問題と、それからいつもかも同じ肥やしをやればいいということではないと思います。そこを間違えると、時に嘘を書くようになるという問題を最近聞きました。東濃地域の話ですが、熱心な先生で、一年生の子どもに一生懸命に文を書かせられるのです。書くと先生がこれは大事だなと思ったところにちゃんと横線を引いて、「ここは大事だね」と感想を書いて、励ましてくださるわけです。それを子どもは身につけて、先生に励まされるようにものをとらまえ、書きたいと思うのです。そのうちにある時、運動会があって、お父ちゃんも一緒に行って、お父ちゃんが何かの競技に出て一生懸命やっておる時に、子どもはお父ちゃんなんか見とらずに、べらべらしゃべっておって、文を書く時だけ「お父ちゃんが一生懸命やったので、がんばりなさいといいました」という意味の文を書いたというわけです。そしたら、お母さんがしっかりしたお母さんで、「あんた、これウソやないの、ちっとも見とらなんだやないの」と言ったのですが、その子どもは「こうやって書くと、先生は横棒を引くに」と言ったというのです。そして、その先生はまさしくそこに横棒を引き、「よくはげましてあげましたね。よかったですね」と書かれたそうです。けれど、事実は、そこのところは嘘になっているのです。それは肥やしが同じだということです。子どもはこう書けばいいかしらというふうになるばっかに肥やしがいくと、本当に肥やしが効き過ぎて妙なふうになっていきます。肥やしが一種類だけではあかんのだろうと思います。綴方はこう書くと、先生がほめてくれるという問題ではないわけです。そういう意味では、教師の眼と助言は非常に大事だと思います。その肥料成分が今度は不足しているのに、ちがう成分をやっても駄目だという問題なのです。ここの成分を今やらなければいけないのに、ちがう成分をたくさんやって、「これほど言ってもわからん、たあけやな」となる、そうなるのは成分がちがっておるのに間違いないわけです。子どもに何も効果が出てこない、自覚的にならない時は、教師の与えている肥料が全く過剰であるか、効いていないか、間違っているかです。そうやっておいて、私は肥料をやっておいた、熱心であったということではだめなのです。綴方の場合、子どもたちに与える肥料が本当に適切かどうか、またどういうことが肥料になるのか、本当に肥料になることはどういうことなのかは、綴方を通して知り得ていかなければならないわけです。綴方の教育とは全然別のところで知り得た肥料を持ってきて、理科の時間はこういうふうにやったから、綴方もこういうふうにやればいいというわけにもいかないのです。そういう意味では、綴方の実践を通して、教師は肥料の適切さを身につけていくことが大事だと思います。

ただし、肥料の本質は成長を促す、保障するという問題でなければなりません。除草剤とは違うことを本当に考えてもらいたいのです。何でも薬をまけばいいというのではありません。除草のためにまくのではない、成長をどう保障するか、ということが大切なのです。それは援助ということが基本です。なぜならば、伸びていくものは種そのもので、花の命は花にしかないわけです。植物の命は、教師が引き出したりできないものです。命は自らの矛盾として成長していくわけですから、その命に対して、どういうふうに援助するかという問題だけが、教師がなすべき仕事であります。放っておいたら、命は枯れるという時代です。そういう点で、発達の矛盾は子ども自身の内部にあるという観点をきちんと持たなければならないのです。子ども自身というものを教師の思い通りに引き出したり、本当に剪定してしまってわけのわ

からん盆栽にして、「ええ眺めや」なんて言ってること
ではないと思います。といって、ほったらかして無茶苦茶になってるのを、これは自然だというものでもないのです。どういう人間にするかという問題です。そういう意味での教師の援助が非常に重要です。

私の場合でも、今になっていうとまことに妙なことですが、三〇年ほど前に綴方をやっておった頃に教えた、今五〇近い子が少し前に、「私は先生に本当に助けられた。教えられたことが未だにずっと生きていて私の力になってるというか、支えになっている。本当にありがたかった」と話してくれました。そうやって言われると教師冥利というか、うれしくなって「何て言った？ おれはそのとき」と言ったら、「やればできるに」と言ったというのです。ぼくはどういう時にどう言ったなんて、何も覚えていないわけです。「やってもできんぞ」というようなことは、たいてい言わんわけです。その時その子どもに残ったたった一言は「やればできるぞ、おんし、くじけちゃあかん」ということであったそうです。何の時、何を言ったかはわからないけれど、「やればできる、お前にはやる力がある」ということを言い、うまく援助したのだと思います。肥やしが実にうまく効いたと思いますが、本当に残っているのはそういうことなのです。「やればできる」とあの時言われたこと、あの時が何の時であるのか、どういうふうに私が言ったのかはわからないけれど、子どもが何十年もたって覚えておってくれたということは、本当に援助ということは大事なことなのだということを示していると思います。それは、あくまでもおだてではないわけです。

人間性と科学性が援助の内容だろうと思います。教師が援助すべき内容は、人間性と科学性がきちんと結びついたものでなければならないと思います。おだてたり、すかしたり、騙したりするものではありません。だから、誉めるという形もあれば、叱るという形もあると思います。援助ということは、叱らないこととは違うわけです。ただ、内容が子どもに納得されることが決定的に重要だと思います。教師が納得するのではなくて、本当に子どもも自身が納得するところに援助がなければならないし、そのための方法を教師は生みださなければならないと思うのです。

綴方を通して援助するためには、教師は心をこめて綴方を読まなければいけないという問題があります。そして、たくさん読まなければいけないということもあります。子どもって、こういうふうにものをとらえるものだなとか、こういうふうに書くものだなとか、こういう

ふうに書いていることはこういうふうに言いたいことだなというようなことまで含めて、綴方をたくさん読んで知るという問題も必要だろうと思います。だから、綴方を通して援助をする教師の綴方を見る眼というものは、綴方の実践を通して豊かになっていくものだろうと思います。ある意味でいえば、子どもの綴方と共に教師も育つものだと言えます。共育、共育とこの頃言うわけですけれど、本当に綴方と共育みたいに考えないと、綴方の教育にならないだろうと思います。

まとめていえば、今申し上げた四つか五つのことが、私のひとつの原則みたいなものだったと思うのです。けれど、いつもかもうまくやったのではなく、そのとき、そのとき、失敗だらけで生きてきたけれど、それを今総じていえば、こういうことになるだろうと思います。

本物の教育やで、綴方の教育をやる

ところで、生活綴方をなぜ大事にしたかという問題です。それはいろんな言い方で言えると思います。そのことはもう時間がないので、本当に端折るより仕方がないことですが、私たちが戦後恵那綴方の会をつくって、綴方を始めた頃は「本物の教育やで、やる」と、これだけです。綴方の難しい理屈などなくて、綴方をやることは本物の教育だ、アメリカ流の教育は偽物の教育だというわけで、「本物の教育」というそれだけの合言葉で進めてきたのです。別のことでいえば、「リアリズムの教育だ」とハイカラに言った人もおりますが、（本物とリアリズムは同じ意味ではないのですけれど）「リアリズムの教育」だと言われると、「ほー、リアリズムの教育か。何で綴方をやるのや、リアリズムの教育だから」なんて人もおりましたが、だいたい総じていえば、「本物の教育だ」というふうにとらえてきました。私も本物の教育と言い、これが本物の教育だと思っておりました。

私自身は本物の教育の中味・中心というものを、考えることを身につける教育、考えることを教育的に具体化できる教育、そして、それは民族的、日本的な方法なのだと考えておったわけです。それは別の言葉でいうと、「現実直視」という言い方で、現実を直視するというそのことが、実は考えるという結果になるのだと思っておったわけです。それだけでいいとか悪いとかいうことは別なのです。今考えてみると、もっといろんなことが必要だったけれど、当時はそれぐらいの理解でやっていたと言ってもいいと思います。

そして、その後七〇年代を経て、この地域では生活綴方は、生活実感の客観化だとか、内面の真実の客観化だというふうに、私自身はとらえるようになってきました。内面の真実の客観化とは、実践的には真実をありのままに綴ることとして具体化されていくところに基本があると思います。

事実をありのままに綴るということは、どういうことで、どういう意味があるのかということについては、『作文と教育』八六年九月号に書いたものがあります。もし興味があれば、そういうものを読んでいただければいいことで、私はここでもう一度申し上げようと思うわけではありません。またどうしたらそういう綴方が書けるようになるのか、綴れるようになるのかということについては、それこそ午前中からずっと話されてきたことの中で、非常に具体的になってきていますし、まだ全面的に自信が持てるまで明らかにならないにしても、今日の状況の中での新しい方向は出されてきております。

今、なぜ綴方が必要なのか——ある母親の訴え

問題は、今なぜそれが必要かということです。今なぜそれが必要なのかということを、実は私も答えなければならない問題だと思っているわけです。今というものを、政治的にも社会的にもあらゆる分野からとらえて問題にしていくことが本当は大事なのですが、私はそういうことを今日申し上げようと思うわけではありません。それでは、教育的にということになるわけですけれども、教育的にとらえる場合にも、それを子どもの状況に即した教育性の問題としてとらえるとらえ方を、これから私が改めてしゃべっているわけにもいかないだろうし、そういう時間ももちろんないわけです。それは私が今まで述べてきたつまらない経験の中からでも、どれだけかご理解いただきたいというふうに思います。

では、今日の必要性ということで、ひとりの母親の訴えを紹介して、綴方を親自身が必要にしているという問題について申し上げてみたいと思います。

その親は誰かというと、去年の綴方研究会でお話しした杉山満寿子さんです。杉山満寿子さんは今年の夏過ぎてから、私のところへ手紙をくれたのです。なぜそういうことになったかというと、実は満寿子さんの住んでいる春日井へ小木曽尚寿さんの出した本『先生、授業の手をぬかないで』を売りに行った人がいるわけです。それで、彼女はパラパラと見たら、基本的には生活綴方批判であったということから、恵那ってそんなふうになっとるのと改めて思ったわけです。それでなんとか親の人たちに、もっと綴方というものを考えてもらいたいと思い、親の人にわかってもらうための文章を書こうと思ったり、

実際に行ってその人たちに自分の思いをお話をしたいとも思ったけれど、「本当はそちらに行き、ＰＴＡの前で話すのが一番いいと思いますが、度胸も反撃に応答する頭のめぐりもなく、とてもじゃない、私は人様の前でしゃべれるというふうに勇みきっては行けんので、私の考える方法としてはこれしかなかったので、この文章を先生に寄せるで、何か間に合ったら使ってみてくれ」ということを書いてきたのです。

生活綴方教育を考える

杉山満寿子

私は生活綴方教育の初期の卒業生の一人ですが、いまだに教育現場において、その手間のいる教育法が実践されている事実を知り、先生方の熱意と努力に深い感銘を受けておりました。

ところが、ごく最近思いがけない巡り合わせで、全国的に名の知られた「綴方教育」の地元にありながら、「綴方」の本質を理解していない人が多いことを知り、大変驚き信じられない気持ちです。

地元の人達には、「綴方教育」の恩恵を感じているからこそ、三十余年という実績と歴史があると思っていただけに意外でした。そこで私は、私の見解から恵那の子ども達のために、一言述べさせて頂くことにしました。

一口に「生活綴方教育」とは、子どもと教師の信頼度を軸に、子ども本人の取り組む姿勢を通して心に蓄えられ、人生の基礎になっていくものだといえます。教師との信頼関係が薄ければ、子どもは心を全開して、ありのままを書くことを反射的にためらいますし、ありのままを書かなければ真実が見えず、したがって書く本人にとっても空しいのではないでしょうか。

非行等の件については、何かその辺りにも原因があるような気もします。自己の存在の証明をそんな形でしか表せないという事実は、自分の存在を認められたいという気持ちの裏返しと、それをどう表現したらよいかわからない苦しみの手段だと思うのです。

子どもが、指導者に心をあずける位置からスタートする最も内面的なこの教育法は、その実践過程を経て子どもが家庭や学校におけるそれぞれの立場を確実に理解することとなり、それは互いの立場を認めより深める段階に至り、クラスでは黙っていてもわかりあえるほどの強い絆のサークルが形成されていく経験を得ました。それは、あらゆる可能性を生み出す力の輪とも言えました。それだけに教師にとっては、その人間性が影響されるので、とても厳しい仕事だといえますが、その厳しさに敢然と立ち向かい、子どもたちに心の目を開かせるために努力されている先生方の苦労は並大抵ではないと思います。

ものを書くということは、言葉として発言する以上に自分の考えや心がハッキリ見えるものです。だからこそ、自分の書いたものに教えられるということもあり、特に「綴方」は、人間が一生、自己との冷静で深い対話を通して真実を見つめ、決断と行動するための何よりの訓練になると思います。

私が石田先生やクラスの温かい絆の中で、「綴方教育」から受けた最大のもの、それは「不屈の精神」です。人生には悩みや挫折がつきまとい、特に真剣に見つめるほど、その衝撃は大きく感じられますが、そういうことに出会うたび、感情に流され自暴自棄になることもありました。そんな私を恐ろしい程の力で引っ張ってきたものは、あのときに養われた理性の目、もう一人の私だったのです。迷い悩む闇の中で、実際に「死にたい」と思ったことも何度もありました。でも、最後には自分を突き放し、あくまでも第三者のような目で現実を見られる冴えきった冷静さは、自分でも驚くばかりでした。そういうもう一人の私に助けられ、次に進む道を教えられてきました。苦境に立てば立つ程、真価が発揮されるその存在は、まるで命を支える太い綱のようであり、道標であり、生きるためのバネともいえるでしょう。

もし、この教育を受けた者の共通点を問われたとしたら、私はこう答えます。「とにかく、人生をひたむきなほど真剣に見つめて生きている。そして、たとえ何度も谷底に突き落とされようとも、必ず元の位置以上の所まで這い上がることのできる目と力を持っている」と。

それは学力より尊い人間の財産ではないでしょうか。

子どもの教育は、家庭においても社会においても、「個々の魂を守り育てること」と、「置かれたポジションの中で、命をいっぱい輝かせて生きるための工夫と手助けをしてやること」が、根底に流れていなければならないと思うとき、「生活綴方教育」は、教師と子どもの足並みさえ揃えば、それらを満たして余りあるものがあります。そういう基礎の上にこそ、学力やルールが成立するのであって、基礎のない地面の上にいきなりできあがってしまった教育図面通りのものを積み重ねても、人生の中で「こんな時どうしたらよいものか」ということさえ考えられない、それこそ危険を感じますし、人間としての温もりも失われていくような気がします。

石田先生は、人間の本当の強さ、やさしさ、美しさ、悲しさを、心の深い泉から限りなく溢れ続けている人です。その先生が、心を砕き身体を張って、子どもたちの幸せのために貫き通してきた「生活綴方教育」の真意を本当にご理解いただき、郷土が築き上げてきた、この意義のある教育法に自信と誇りをもって支援していただくことが、この時代という背景の中で思春期を迎え、揺れながら通過していかなければならない子どもたちを守るための、一社会人としての自覚と責任にもなるのではないでしょうか。

私は今、温厚で無口な兄、激しくて行動派の妹の二つの思春期から、目に見えないたくさんのものを受け取りながら、それぞれがそれぞれの役目を持って生きる命のいとしさを見つめ、心に刻まれた道標に導かれ、明日に向かって一歩一歩大切に歩いていきます。そして、遠い日、小さな私を一人の人間として受け入れ、扱ってくださった石田先生の大きさを、一人の親として改めて噛みしめています。

これが、我が愛するふるさと恵那の子どもたちへの贈り物となることを願いながら――。

一九八六、七、一

そういうようなのが親の意見です。当時綴方教育を受け、中学校だけ出て、そして生きている、学歴社会の中で言えば、低学歴の義務教育だけすました母親の意見です。

――中略――

今綴方というものを本当に多くの人が必要だと言っているのは、今申し上げたような文章の中から、理解していただけるだろうと思います。ただ、一言だけ付け加えるように言わせてもらいますと、今度の七・六同時選挙の投票日に大岡昇平氏が朝日新聞紙上に書かれた意見で、「今は地平線の上に黒い雲が表れていて、その広がりが多くなっている。その時に中流意識の暗示をかけられておるのか、あるいは見ようとするのか見ようとしないのか、中流意識の暗示をかけられたまま、いいじゃないかと浮かれているのではなく、今こそ目をぱっちり開けて見ることが必要だ。そしたら、まさか三百四議席にはならないだろう」と大岡さんは本当に信じて書いたら、それが目がぱっちりあきすぎたのか、あきすぎてぼやけたのか三百四議席になって、それから書いておられないのですけれども、その眼をぱっちり開けて見る仕事が生活綴方教育なんだと私は思えるわけです。

かって私は、眼をぱっちり開けることを知らなかったために、戦争が終わることを知らなかった、考えつけなかったのです。近い日におとずれる自分の死だけを信じ、そこに未来をもって、そして彷徨して生きていました。そういう無知の悲しみにかわって、今子どもたちが眼をぱっちり開けるという問題は、実は核戦争の危険があるかなあという不安がわかる子じゃないわけです。核戦争の不安は取り消すことができるとこまで、子どもなりに見えるかどうかということにかかわる問題です。そういうふうに未来を見る力が子どもたちに必要なのです。何も核戦争を取り除くことができるということを社会論的に、軍事力から何もかも含めてはっきりさせよと私は申し上げるわけではないのです。核戦争が起きるかもしれん、起きたら逃げていけばいいわ、それでおもしろないで俺はこうやっとるという問題ではなく、核戦争は止めることができるんだ、その力は自分の中にもあるんだというふうに、自分の生き方の問題として考えることができる子どもを育てることが今本当に必要になっていると思うのです。生活綴方というのは、まさにそういう子どもを育てるために必要なのだろうと考えています。毎日、小さいことの中でどう考えるかはもちろんですけれど、同時に、生きていく上での大きな障害というものに対して、それをなくしていくと考える子ができてくるというか、戦争をやらせないことができるんだというふうに子どもたちに是非考えてもらいたいのです。私は戦争を止めることすらできなかったし、終わることすらわからなかったのです。だから、始まることがわかる人間でなく、止めることのできる人間に育てるという、そこの問題が非常に重要になってきていると思います。今重要だということはまさにそこに問題があるわけです。

——後略——

＊一九八六年一〇月一九日、第八回生活綴方研究会記念講演の記録。編集時点で石田が一部手を入れた。石田が自分史をのべた前半部分を含んで、約八頁を省略した。この中で石田は、自らの経験を踏まえつつ生活綴方の本質とそのための指導の原則を改めて整理している。

◆論文12（一九八八年）

教師の持つべき三つの顔

民主的教員生活の仲間

「生徒を民主的に教育するためには、まず教師自身が民主的な修養を積まねばならぬ。それも理論や観念としてではなく、教師の生活に結びつき、実行を通して修養することが必要である」（「新教育指針」昭和二一年五月一五日、文部省）という助言は、戦後の教師たちの生活を変えてきた。

その中心は教師たちが、それぞれの地位や仕事に違いがあれ、皆が仲間として協力しあって、子どもたちの教育にあたる気風と慣習を生みだしてきたところにあると思う。そしてそこから、仲間としての結び合いが、教育にかかわる教師特有の生活組織として作られてきた。

それは基本的に三種の組織で、ひとりの教師が三種の組織に加わることによって、教育に責任を負うことを可能にするのである。だから私は、そのことを「教師の持つべき三つの顔」というのである。

第一の顔は、教員組合の顔である。戦前は教員組合を組織することが治安維持法に触れることとして危険視されたが、戦後は政府・文部省の勧めもあるほど、教師が教員組合を組織することは必要で当然のこととなってきた。

教師たちが自らの身分と生活を安定させるために、そして教育諸条件を整備し、民主的教育の完全実施を保障させるために、教員組合に加わって、その民主的組織のなかで「教師自身が民主的な教養を積む」ことは、仲間と一緒に問題を解くためにも、また、自らの人間を民主的に鍛えるためにも、欠くことのできないことなのである。

子どもたちに、皆は仲間として信頼し合い、お互いに助け合ってよい生活をつくらなければならないのだ、ということをあいさつ代わりになるほど強調する教師たちであるだけに、自らがそうした生活組織に加わることがなくては、実感的な教訓にならないのは当然だと思う。「教師が前へ進むとき、子どもたちも前へ向いていく」という言葉があったが、その基本となる教師の生活組織は、教員組合だと考えるし、教師にはその顔がいるように思う。

民主的教育研究の仲間

教師は聖職か労働者かという論議は、必ずしも決着がついたわけではない。いまここでそれを論じるつもりはないが、私はこの二つの要素を教師という特性に合致させて、教師の性質をいい得たものは「魂の技師」という言葉に勝るものはないように思う。

この言葉を最初に用いたのはロシアの文豪ゴーリキーだといわれているが、人間の魂をあれほど大事にした作家だから、そうであって不思議はないと思っている。

魂の技師という言葉は教師の仕事をまことによく表している。教基法第一条に示されているように「教育は人格の完成をめざし」た仕事であるだけに、人間の魂にかかわる崇高な性質をもっていることは確かだ。それだけに、そのかかわり方においては、対象の尊厳性にふさわしいものでなければならない。それは高度な専門性をもった技師の仕事のようなものだ、ということではよくわかるのである。

だから教師は、対象である子どもの見方から、働きかけの内容、方法を含めて教師の専門性について絶えず研さんを積まねばならないのは当然である。いわば、教師の仕事の特性ともいえる教育実践について研究することが欠かせないのである。

その場合、困難をともに探り究めながら、成果を共通の財として広げるために、仲間としての日常的な教育実践研究の場が組織されるわけである。この自主的な教研組織が、第二の教師の顔なのである。

この顔を持つことは、教師たちが自らの教育実践を地についたものとして、仲間の中で検証しあいながら、創造的に発展させるうえで欠かせないことなのであろう。

それにしても教育実践は、教師が納得したものでなければ、教育としての効をもたらすことができないものであるだけに、その研究にあたっては自由が大事にされねばならない。が、それは教師が人間としての本音を言い合うことが保障されることにほかならないのではなかろうか。

父母たちと結ぶ仲間

教育は国家のものではなく、父母、国民のものなのだ、というのが戦後民主教育の基本となっている。

　地域での教育行政の主体者として地方自治体ごとに住民の公選によって教育委員を選び、教育委員会を設置したことは教育の主権在民を具体化した特徴である。また、学校には保護者会（父母会）に変わってＰＴＡ（父母と教師の会）を設けるようにしたのにもその趣旨は表れていた。

　以来、地方教育委員会もＰＴＡも続いている。だが、教育の主権在民の趣旨は必ずしもよく生かされ、強められてきたとはいい難いように思う。

　しかし教師は、直接的に子どもを受け持ち、その教育にあたることを日常の仕事とするために、子どもの直接的保護者であり、学校へ教育委託を行う点で教育の直接的主権者である父母との結び付きを欠かすことはできない存在になっている。

　それは子どものために便利だからとか、その方がよいからという程度のことではすませない学校教育成立上の原則を含んでいるからだ。学校教育は父母と教師の両側面で成り立つということが、だれもの実感であろう。

　その点で教師が親（父母）と理解、協力することは当然のことであるが、それは単に個々の結び付きというだけでなくて、仲間として結び合うことがなければ、子どもたちとして存在している個の子どもへの対応を確かなものにすることはできないと思うのである。

　子どもたちの教育のために教師たちが父母たちと仲間として結び合う自主的、民主的な組織、それが第三の教師の顔である。

　教師は一人ひとりの子どもに責任を負う教育を営まねばならない。その場合、一人ひとりの父母の理解をともにすることに努めるのは当然であるとしても、教育を委託する父母たちと、その委託を受ける教師たちのその一人として、結び合いをつよめる時、主権者としての父母たちの真の願いがつかめるのだ。

＊一九八八年『岐阜新聞』「素描」欄に掲載された九編のうちの教師論三編。句読点などの一部を修正した。

◆論文13（一九八八年）

指導を捨て、教育を——異様な多忙からの脱却をめざして

烏《カラス》の鳴かぬ日はあっても、教師の「ああ、忙しい」という声をきかぬ日はなかった、といってもよいほど、教師にとって多忙の一学期が終わろうとしている。

八〇年代に入って、教師の忙しさは日立ってはげしくなり、その異常さはしばしば問題にされてきたが、今年八八年度の多忙さは、これまでになく異様なものとなってきた。

「何がそんなに忙しいの」と聞いても、誰もその忙しさをまともに数えあげて答える者はいない。数えきれないほど忙しさが重なっているようだ。

「それでどうしているの」と聞けば、サボったり手抜きができんので全部やらねばならないから忙しいのさ、と答えが返ってくる。

「いまどうしたいの」と聞くと、ただ何もかも忘れて、いつまでも眠ってしまいたいだけなの、と答える人がたくさんいる。

忙しさを他人事のように書いているが、当の私もたしかに忙しい日々であったことは間違いない。この一学期間、下手でも好きな手仕事などはほとんど手がけることができなかったことになってもあらわれている。教育現場の教師たちが異様な多忙さに追われていれば、教師たちに支えられている教育団体にいても忙しさがうつってくるのは当然だと思えるが、どうもおかしい。

ところで問題なのは、教師の多忙さがもたらしているその結果である。

この一学期間、職員会でも研究会でも、子どもたち全体の状況について、じっくりとみんなで話しあったことはいちどもないという学校がいっぱいある。だから子どもたちの特徴だとか、対応の基本的視点などは何ひとつ共通したものになっていないという事実である。そのため、これだけ忙しさに明け暮れして一学期が終わらんとしているのに、新学年当初から子どもたちがどれだけ変

化し、発達したのか、あるいは共通した問題点が何であるのか、さっぱりわからないという状況があるのだ。

教師たちは、子どもたちのため、教育のためというこ とで多忙の渦に巻き込まれているのであるが、多忙さの意味と内容を子どもたちのうえで具体的にとらえることができないとすれば、教師たちの忙しさというのは一体何のためのものなのかということを、問わざるを得ないわけだ。

チャプリンは五〇年余も前に映画「モダンタイムス」で労働者自身にとって全く意味のわからない忙しさが持つ労働の非人間化の本質を描いたが、いまの学校工場のさまをチャプリンが描いたとすればモダンタイムス以上の滑稽さで教師たちの姿と忙しさの本質が形象化されるにちがいあるまい。

子どもたちのためと主観的に思い込むだけで、実際には何にも子どもたちのためになっていないのだとすれば、これほど、残酷なことはない。いま、教師たちは、自らの多忙さが自分にとって辛苦なことであっても、教育的に残酷なこととは考えたくないから、多忙の本質を自らのうちに暴きだすことを恐れ、みんなで本気に問題にすることを避けているのではあるまいか、と皮肉った人がいたけれど、それは皮肉ではなく事の真実をついたのかもしれない。

私は、教育現場の教師たちと全く同一の仕事をしているわけではないけれど、この一学期間に己が身にふりかかっていた多忙さを考えてみると、結果としては教師たちのため、教育のためと主観的に思いたいだけで、その実、何のためかはっきりしない、ただ忙しさのためだけの忙しさに巻き込まれていたといえなくもない。

いくら忙しくても、そうしなければその日がやってい けないから、それがどれほどの意味をもたなくても、また、効果が予測できなくても、とにかくそれだけを済ませることで忙しさをつくり、実感するといったことになっていたような気がしてならない。

たしかに、その日のうちに、その時々に処理し済ませてしまわなければならない事務はある。けれどそれはあくまで事務であって、教育ではないという問題があるはずだ。教育は相手の実態に即して、見通しをもって対応する仕事であるから、その日、その時に処理しておけば済むというわけにはいかないものだ。その日の対応が誤っていれば、次の日に正すことも必要だし、その時の対応に不足があればまた次の時に充足させることもあるべきだ。だから計画は有って無いともいえる。ただ、いまの現実を正しく把握することと、それを発展させる見通しだけはいつでも欠かせない。そこに教育活動の特徴があるわけだ。

そうした点からこの一学期間の教師たちの異様な多忙さを考えてみると、子どもたちのため、教育としてきりきり舞いさせられていた内容は、ほんとうのところ教育という名での事務ではなかったのかと思うのである。そして多くの場合その事務の内実は、子どもたちを管理するための指導そのものに過ぎないのだと言わざるを得ない。

実際に多忙を生みだしている教育現場で、最も多用される語は「指導」であるし、教師の忙しさは「指導」の強化として現実化されているのが事実のようだが、そうであるだけに、いま多用され強化されてきている「指導」をこそ考えてみなければならないと思う。

教師が子どもたちに「指導」ということで対応する様子は改めて述べる必要もないのであろうが、行政機関が「指導」として教師たちに対応するときの状況を想い起こしてみるとよい。合同訪問、指導訪問などの名で、学校へ「指導」がおこなわれると、指導の当日ずっと以前から、指導を受けるための準備のものすごさといったら、教育現場を知らぬ人には想像もできない異様さをつくりだすのである。

毎日の学校活動にとっては、それこそ見向きもしない無用の計画書や要覧を、あれもこれもといっぱい整えたり、実態や実際とは異る報告書や指導記録書をあれこれの分野にわたってどっさり作らせたり、常日頃とは全くちがう掲示物をやたらと貼りつけたり、あるいはあれほどやかましくいう授業時数を大幅にカットして何度も大掃除をしたりするなど、指導日を迎えるための忙しさは、現場教師でなければわからない馬鹿らしさを伴っている。

そして教師のその指導力を示す本命の場とされる授業を観て指導がおこなわれるとなると、また大変で、ほんの二〜三分の指導参観のために、一時限の授業案から子どもたちの座席表まで含めて用意せねばならぬのである。何ともいやはや、というわけである。

しかも、そうした指導の機会がやたらとふえてきたのである。これだけで教師の多忙は極限を越えてしまうのだ。これは教師が「指導」される場合であるが、この調子で教師は子どもたちへの「指導」を準備し、具体化せねばならないのである。教師は自らの受ける「指導」が実際には「教育」とは異質の作用をするものであることを誰もがよく知っている。特に「指導」の内実は、何よりもたてまえと形式が必要で、真実は無用というより邪魔になるものであることを、そしてそこでは嘘の公然化が最もていよくおこなわれるということを――。

その教師たちは、自らで受ける「指導」の原理で、四六時中子どもたちを指導せねばならぬのだから、たまったものでないのは当然である。忙しさはどれだけでも増すけれど、どれだけの効果もあがらぬからである。ここで詳細を述べないが「88中部未来博」のための指導といったら、非教育性の典型といえるのではなかろうか。

教師たちだけでも困っているこの「指導」が、教師たちによって網の目のごとく隙間もなく全身にかぶせられてくる子どもたちが、どんなに忙しさにあえいでいるか考えてみなくてはなるまい。本人がどう感じ、どう困ろうが、そして本人が何をほんとうにのぞんでいるのかが第一ではない。指導者として「指導」をしておいたという実績をきちんと作っておかねば責任を問われたときに立場を失うというようなことがもとになっているような「指導」で最も被害を受けるのは子どもたちなのである。

パロディみたいになるけれど、行政機関と教師たち、教師たちと子どもたち、それが反対の立場からみっちり「指導」を受けてみるといちばん「指導」の滑稽さがよくわかるのだろうにと思うのである。

このように、いま教育現場に横行し、教師たちや子どもたちに多忙を強いているのが、「指導」という名の管理主義なのだと思う。私はいま余りにも酷な言い方で教育現場の教師たちの状況を述べたのかもしれないが、こうした言い方でなくても「指導」が強まるにつれてはげしさを加えてきた多忙については考えてみなくてはならないのではなかろうか。

今更、改まって言う程のことではないかもしれないが、学校教育法に規定されているように「教諭は児童・生徒の教育を掌る」のであって、指導を掌ることが本務ではない。先に存在するのは「教育」であって、決して「指導」ではない。「指導」はあくまで「教育」に従属するべきもので、教育現象の一部であり、教育を具体化するうえでの援助的行為を指すものでしかない。それなのに、「指導」が前面にでてきて、それが全面的に「教育」を代行する状況がうまれ、現実的には「教育」が忘れられ、失われる事態になっているのである。

「教育」と「指導」それは本来、矛盾しあうものではないのかもしれないけれど、「指導」が全面化し、「教育」が廂《ひさし》に母屋をとられてしまった現状では、いや応なく対立するものとしてあらわれてきているのである。しかもそれは、教師たちの異様な多忙の本質にかかわって矛盾するのである。

こうした点から考えられることは、いま教師たちが追いたてられ巻き込まれて、自縄自縛のようになっている忙しさは、実際には「指導」の名による管理教育に内在する非教育性、即ち教育の事務的効率化がもたらすものであるだけに、多忙からの解放は教育のすべてに真の「教育」性をつらぬくことを抜きにしては実現出来ないものだと思うのである。

そのためにも、「指導」の用語にかわって「教育」の用語を用いることで、自らを含めて学校が教育の視点をつよめ、本来の教育性とその機能を回復することに努めることが何としても大事なことになるのではなかろうか。

私はいま簡単に「指導」の用語にかわって「教育」の用語を用いることということのであるが、「指導」という言葉を使わなければ、総ての機能が停止してしまうほどになっている教育行政と学校現場の現状では、そのことは簡単にいくものでないことがよくわかる。だが「指導」という言葉にこめられてしまっている非教育的な概念をそのままにしておいて、本来の在るべき教育的視点を共通的に探りだすことの方がより困難だと思うからである。

「指導がある・ない」とか「指導が強い・弱い」とか、あるいは「指導が上手・下手」などで事が片付けられたり論じられたりしているだけでは、指導の前提となるべき「教育」の視点が失われていくように思えて仕方がない。「指導」はあくまで「教育」のてだてにかかわる用語なのだと考えるだけに、根幹となる「教育」が用語としても前面にでてくるようにしなければ、子どもたちへのほんものの対応は後ずさりしていくばかりではなかろうか。

この一学期間、教師たちの一部にはあまり多忙に追われるなかで「一致した指導を」ということで「指導の画一化」すら求める風潮が生じてきたといわれる。だがそれは黙視、黙動などへ辿る道でしかないことは明らかだ。

いま、子どもたちも教師たちも、ひとりひとりの内面は極めて複雑で一様ではない。「学校に子どもたちを合わせるのではなく、子どもたちに学校を合わせるのだ」というのは何も与謝の海での障害児教育だけの教訓ではないはずだ。極めて複雑で多様な子どもたちの教育という場合、教師たちも複雑で多様であるだけに、「指導で一致しない」ことにあせるのではなく、「教育で一致する」ことをこそ大事にしなくてはならないのではなかろうか。

「教育で一致する」といっても、その基本はすでにはっきりしている。それは教育基本法として明確にされてきている。憲法・教育基本法が制定以来四〇年余になっているといってもそれは未だ一字一句も変更になっているわけではない。そして教師たちは間違いなく憲法・教基法を遵守することを誓って教職についているわけだ。

憲法・教基法を根幹として、目前の子どもたちの実態に即しながら、学校職場で「教育」についての視点を共通的に探りだし、その視点で教育を個性的にすすめること、そのことこそ、学校を民主的に更生させるためにいま教師たち自らでなさねばならぬ、そして可能な方途なのではなかろうか。

第二学期の学校・職場が「教育」論議の花の咲き乱れる季節となって、教師たちが「指導」による画一的で殺人的な多忙から、人間的ゆとりをとりもどすことができるようになることを願わずにはいられない。

（八八・七・二〇）

＊『人間・生活・教育』三六号（一九八八年八月一二日）の巻頭言。署名は碇道太（ペンネーム）。

◆論文14（一九八七年）

安心・不安の意識調査

私は今、学校から離れて教育研究所におりますので、直接的に子どもたちに接することがないわけで、実践を通して今の子どもたちを見るということができません。それで調査を通した子どもについてのお話しかできないわけです。

先程お配りいただいた資料を、今の子どもたちの中に情勢をみるという点に関わってごらんいただきたいのです。私はこの調査をもとに、外面と内面の関係といいますか、外面つまり情勢が子どもの中に入り込んで、どのように内面を作っているかという問題について、お話したいと思います。

この調査は、今年の一月に私どもの研究所が福島大学の教育学部と協同して行ったもので題名は「安心・不安の意識調査」となっています。

子どもたちが何に安心し、何を不安と感じているのか、子どもたちは本当に安心してよいものを安心と感じ、本当に不安なものを不安と感じているだろうか、また、安心できないものに安心し、実は不安でないものを不安と感じていないだろうか。とにかく安心と不安がどのようになっているかは、今生きている子どもをとらえる上で、非常に大きな問題になっているわけです。

何回も予備調査をして、そこから問題になる事項を選択してもらったものです。その回答の三十項目の中から上位十番目までをグラフで示しています。黒棒は平均値です。

誰を調査したかといいますと、私どもの地域を四つに分け、そのブロックの小・中・高の生徒各学年一学級――小学校は四年生から――と、福島大学の学生二四〇名です。実数でいいますと、小学生が四四九名、中学生四五四名、高校生四九一名、大学生二四〇名の計一六三四名の調査結果です。

意識調査（一）子どもは「優しさ」を求めている

第一の問「あなたは自分が人間らしく生きるために、どんなことを大事にしたいと思いますか。……二つだけえらんでください。」これは人間の価値の問題です。

ここでは「優しさ」が筆頭です。優しさ、平和、友達、努力、健康、命、愛、自由、家族、正直、これが十位までです。まだ三十位まであるわけです。

「正直」で七％ですから、あとは僅かな数になります。とにかく高い率はこの十位に集中しています。

この中で、平和と自由という、いわば社会制度がもたらすものを外せば、残りは一一四％（二つずつ選択するので全体は二〇〇％となります）で過半数になるのです。

「人間らしい」ということは、そうなると見方によっては、人間的価値以前とも思われる事柄に集中しているように思えるのです。

いってみれば、優しさ、友達、努力、健康、命、愛、家族というものは、動物一般として生きるために必要なもの、といってよい程にいわば基礎的なものです。人間が真に人間らしく生きていくという場合の最も基底的なもので、それは動物でも同じだといえる程です。

「優しさ」は少し人間の概念になるでしょうが、友達とか命とか家族などは一般の動物でも必要で、どうしても人間でなければならない以前みたいなところに、本当に大事にしたいという「人間の願い」が込められているような気がします。

そこに、人間らしさを求めなければならないような情況に子どもたちがおかれているということは本当に問題です。

この項の調査結果で注目したい第一のことは、「優しさ」「愛」の二項目の回答にあらわれている小・中・高・大の率の状況です。

「優しさ」は全学年を通してほぼ同率（二一％〜二五％）にあるわけですが、「愛」は学年の上昇に従って飛躍的に（三％から三六％へ）伸長しています。

ほぼ同率で優しさを求めていることは、ある意味できわめて重大です。学習度や生活経験度にかかわりなく、優しさが求められるということは、最も人間的な基礎を求める質が同じだという点で、今日の一般的傾向、あるいは特徴を示していると思うわけです。

今年の四月、私たちの地域の先生方が報告しておられましたが、新学年で受け持ちが変わると必ず第一に子どもが質問するのは「先生、怒るか怒らんか」ということ

安心、不安の意識調査

1987年1月
恵那教育研究所

この調査は、恵那地域の小、中、高校生の人たちがねがっている人生についての価値と、現実の生活での安心感や不安感の実態をさぐるためのものです。たくさんの項目の中から限られた数の強い思いをえらびだすということでは、すこし面倒かもしれませんが、先生の指示にしたがい、自分のほんとうの気持ちを率直にこたえてください。

（　　　　　）学校（　　）年　男・女

問1　あなたは、自分が人間らしく生きるために、どんなことを大事にしたいと思いますか。下記の中から2つだけえらんで、番号に○をつけてください。

1自由、2愛、3根性、4知恵、5平和、6金銭、7学歴、8健康、9実力、10正義、11仕事、12友達、13真実、14家族、15自立、16命、17性、18政治、19住居、20権力、21努力、22正直、23要領、24考える力、25話合い、26優しさ、27平等、28その他、29わからない、30ない

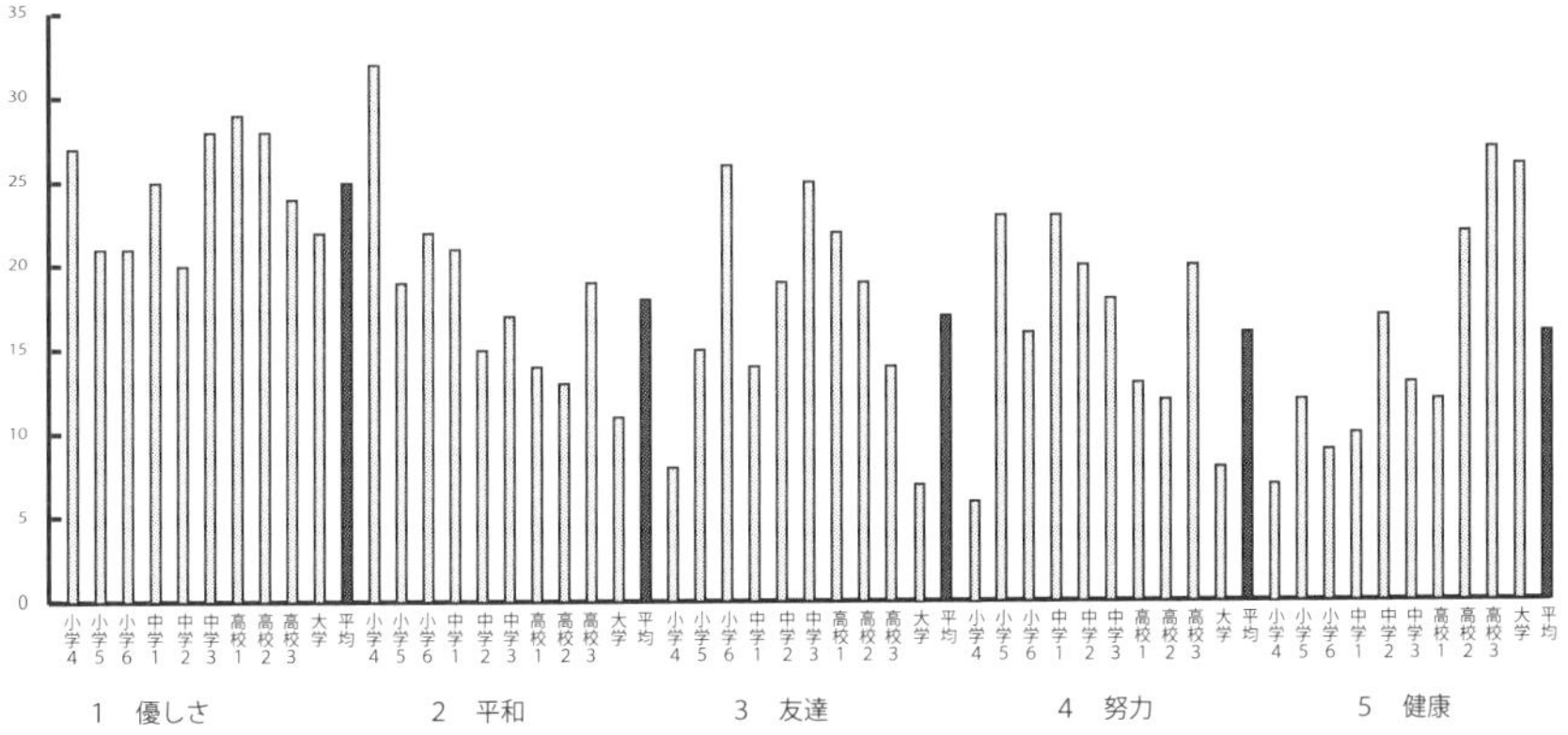

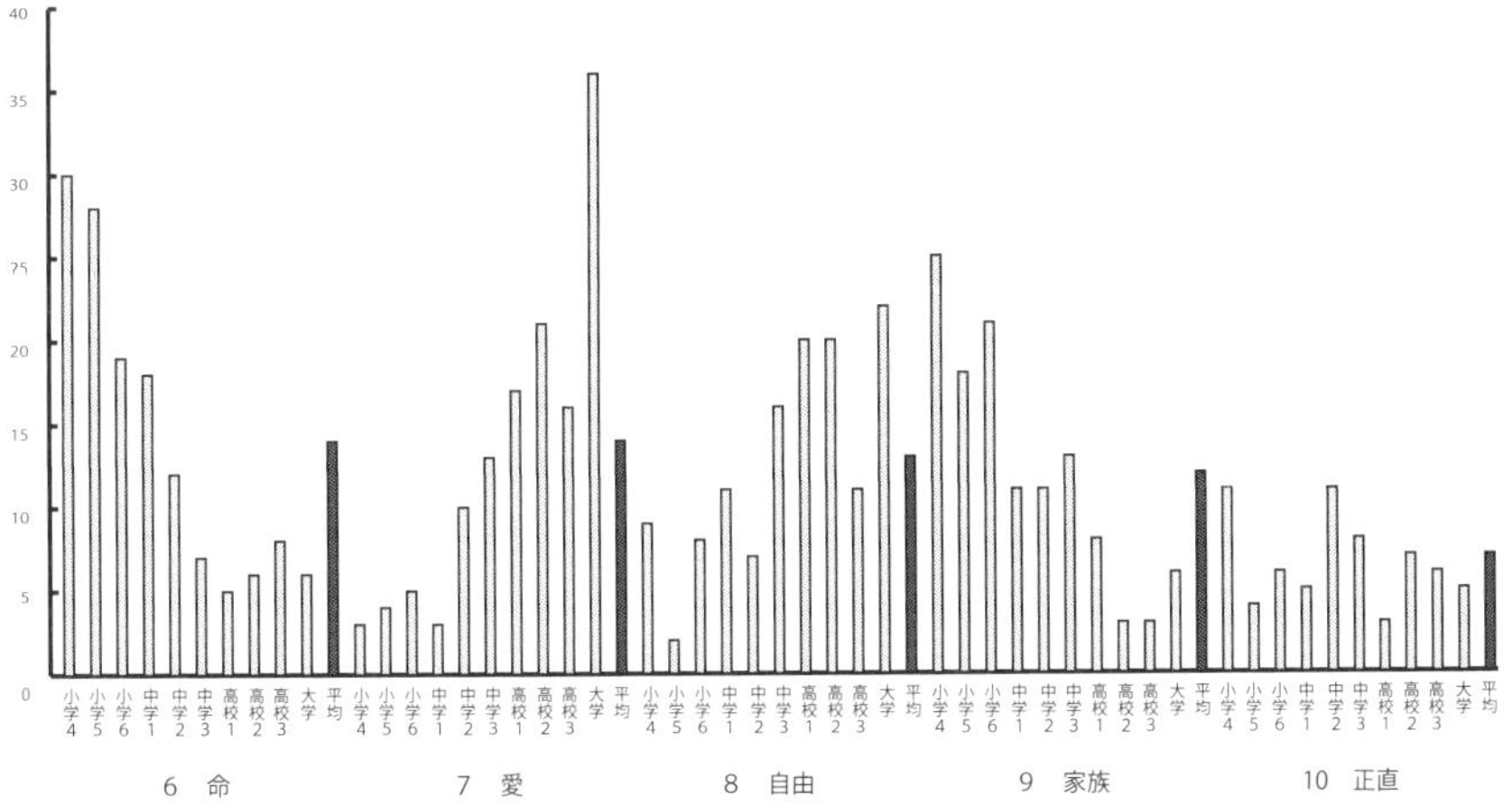

だといいます。先生が怒るか怒らんかということを、子どもは物凄く苦にしているといいます。子どもが先生に対して優しさを求めるのを、そういう言葉で表しているわけで、本当に切ない程の思いだなと思うわけです。

「愛」は――基礎的な質としては「優しさ」と非常に似たものをもちながらも――倫理的な人間的資質にかかわる高次元的な内容をもつ概念としてあると思うのですが、その「愛」は、学習度に従って倍率的に伸びてきます。

「優しさ」と「愛」を加えると平均で三九%、小学生で二七%、中学生で三三%、高校生で四八%、大学生で五八%という順当な発達になるわけです。比率でいえば小を一とすれば中一・二、高一・八、大二・二となります。

「優しさ」と「愛」、それを今子どもたちは、人間の最も大事なものとして求めようとしている、皮相にしか子どもたちを見られない人には、子どもたちが優しさと愛をこんなに高い率で求めていることに驚くだろうと思います。

愛を内容とする優しさといいますか、あるいは優しさをもとにした愛への志向といいますか、そうしたものが今の子どもたちが求めている人間らしさの中軸になっているわけです。そこに今日、社会的に非人間関係が強められている中での、真の人間性を求める中心問題があるわけです。

どの学年の子どもも、本当に真剣にこのアンケートに取り組んだという報告を含めて考えてみますと、子どもたちが非人間化に対して、優しさに焦点をあてて「人間」を求めているというこの人間の求め方は、深く考えさせられるところです。

「たくましさ」などということで、「強さ」とか「非情さ」を要求する今日の支配の中での、この優しさを求める子どもたちの情況は、いわば支配の矛盾だといえるでしょう。

支配の側では真の「優しさ」とか「愛」を求められては困るわけで、これからの二一世紀に向けて、「たくましさ」というようなものを含めて「非情」さを要求するわけですが、そうしたものは否定されているわけです。

しかし同時に、通り一ぺんの優しさでは生きていけないわけで、それを求めるがしかしそうは生きていけないという子どもの側の矛盾もあるわけです。

この問題とかかわるかと思うのですが、問にあって、この図には出ていない、「自由」、「考える力」、「正義」、「真実」は、比率は低いのですが、学校種によって、小学校から大学へ進むに従って比較的順当に上っていくわけです。このことは大事に考えてみる必要があると思うのです。

それは、「優しさ」といった多分に直感的な、あるいは感覚的なものではなくて、自由とか正義、真実といった理知をともなった人間的価値にかかわるもの――理性的人間的価値判断――が、学習と生活経験を重ねるに従って比率を高めるということは、当然といえば当然ですが、今日の社会と教育状況の中で非常に大きな意味をもつと共に、子どもたちが、優しさ、愛を求めながらもしかもそれを実現できないという矛盾の本質を、いずれは見抜き、理性的に克服する道を見いだすだろうという確信をもたせるものだと思うわけです。

「健康」は非常にパーセントが高い。ここでは平均一六%で学齢に従って上っていきます。

これと同じ調査を私共の地区の親にやってみましたら、圧倒的に多いのが「健康」で五〇%以上、図に示しきれない程でした。

現在の社会情勢の中では、健康を保つということは、自覚的な努力を必要とするもので、その意味では、この要求は知的な価値的要求です。

私どもの日常でも、会えば「元気やったか」別れれば「大事にして」と挨拶する。挨拶はすべて健康にかかわるものといっていい程で、日常生活の中にも健康に対する思いというものが溢れているわけです。

生活の圧迫とか、社会保障の削減ということの中で「体だけが資本」「自分の体は自分で守るしかない」という消極的な諦めに似た一種の不安感の現れという見方もあるでしょうが、しかし、人間らしく生きることの内容として求める「健康」の意味は、きわめて積極的な、建設的創造的なものであると思います。この「健康」という言葉にこめられている人間的な願いの重さというものを、キチンととらえる必要があろうと思います。

とにかく、この問一の上位に位置する子どもたちの求めている「人間らしさ」というものは、実は支配の政策の進行の中で、抑圧され破壊されてきている〝人間らしさ〟の基礎であろうと思います。私たちはここに〝人間らしさ〟を具体的な自覚にまで高めざるを得ない客観的な、情勢と呼ばれる外面の働きをみるわけですし、抑圧をはねのけ破壊を克服して、本当の〝人間らしさ〟を創り出すであろう子どもたちの未来をみるわけです。

こうした意味でも、この問　の答の中には非常に重要なことが含まれていると感じるわけです。

意識調査（二）希望をもてない子どもたち

問二の「将来自分でやりたいと思うこと……」という問には、子どもたちの現在の切ない気持ちが表わされていると思います。

数字を追ってみますと「家庭をもつ」というのと「旅行をする」というのが一、二位を占めて、他のものは年代その他に応じて、非常に多様化しています。

実はこの図では男女をいっしょにしていますので分からないのですが、将来なにをやりたいか、という点での男女の差は非常に大きいのです。「家庭をもつ」とか「旅行をする」とか「子どもを生み育てる」では圧倒的に女性が高率です。

今のお母ちゃんたちの旅行ブームを見ても察せられると思います。本当に旅行が好きなんですね。好きというよりは、したいことが旅行になっているというのが本当なのでしょう。「家庭をもつ」ということでは、男子は平均して一一・一%、女子が三二・五%です。「旅行する」では、男子一一・八%、女子一九・九%で大差がついています。

男女差の大きさが目立つ項目について言いますと、女子に高いのは、今いった「家庭」とか「旅行」の外に、「子どもを生み育てる」「手に職をつける」「資格をとる」「動物を飼う」があります。それから男子に高いのは、「冒険」とか「金もうけ」（笑い）「スポーツ」「機械をあつかう」「運転・操縦」「発明・発見」「気ままにする」こういうのは男のほうが高いのです。

こうしたことの中にも、今の社会の現実はよく反映されていると思うのですが、それにしても、女性を軸にして「家庭をもつ」と「旅行をする」というこの二つが最大の希望であり、将来の夢となっている事実については、本当にこれでよいのかと考えさせられるわけです。

この二つが希望であり夢であるという事実を突きつけられると、従来の希望や夢としてそのようなことしか抱くことができない、あるいはそれらを夢や希望として抱かざるを得ないことの切なさというものを考えないわけにいかないのです。

将来家庭をもつ、ということは、全く基礎的な人間的な営みです。また旅行をするというのは一つの拘束からの離脱です。人間の営みの一つとして当然のことが夢であり希望であり、解放の獲得とか自由の謳歌とかいう人類の本来の夢や希望は、旅行という枠の中に閉じこめられているように思うわけです。今の子どもたちが、大志

問2　あなたは将来、自分でやりたいと思うことはなんですか。下記の中から２つだけえらんで、番号に○をつけてください。

1 冒険、2 金もうけ、3 物をつくる、4 人助け、5 子どもを生み育てる、6 手に職をつける、7 会社をつくる、8 学問・研究、9 資格をとる、10 スポーツ、11 有名になる、12 機械をあつかう、13 芸術、14 記録をつくる、15 旅行をする、16 動物を飼う、17 運転・操縦、18 勝負に生きる、19 店をもつ、20 テレビにでる、21 出世、22 家庭をもつ、23 芸能活動、24 発明・発見、25 世の中に役立つ、26 気ままにする、27 遊びごと、28 その他、29 わからない、30 ない

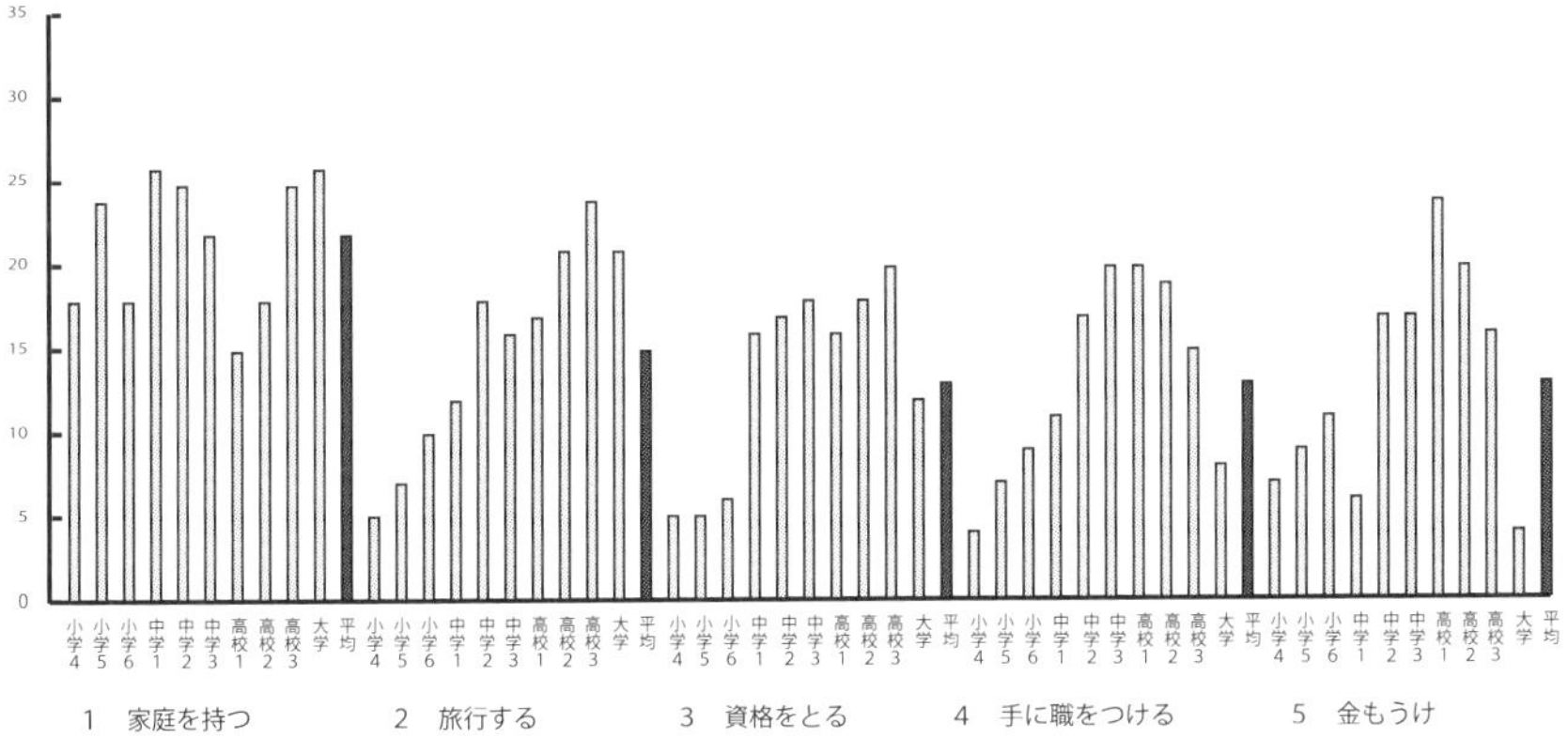

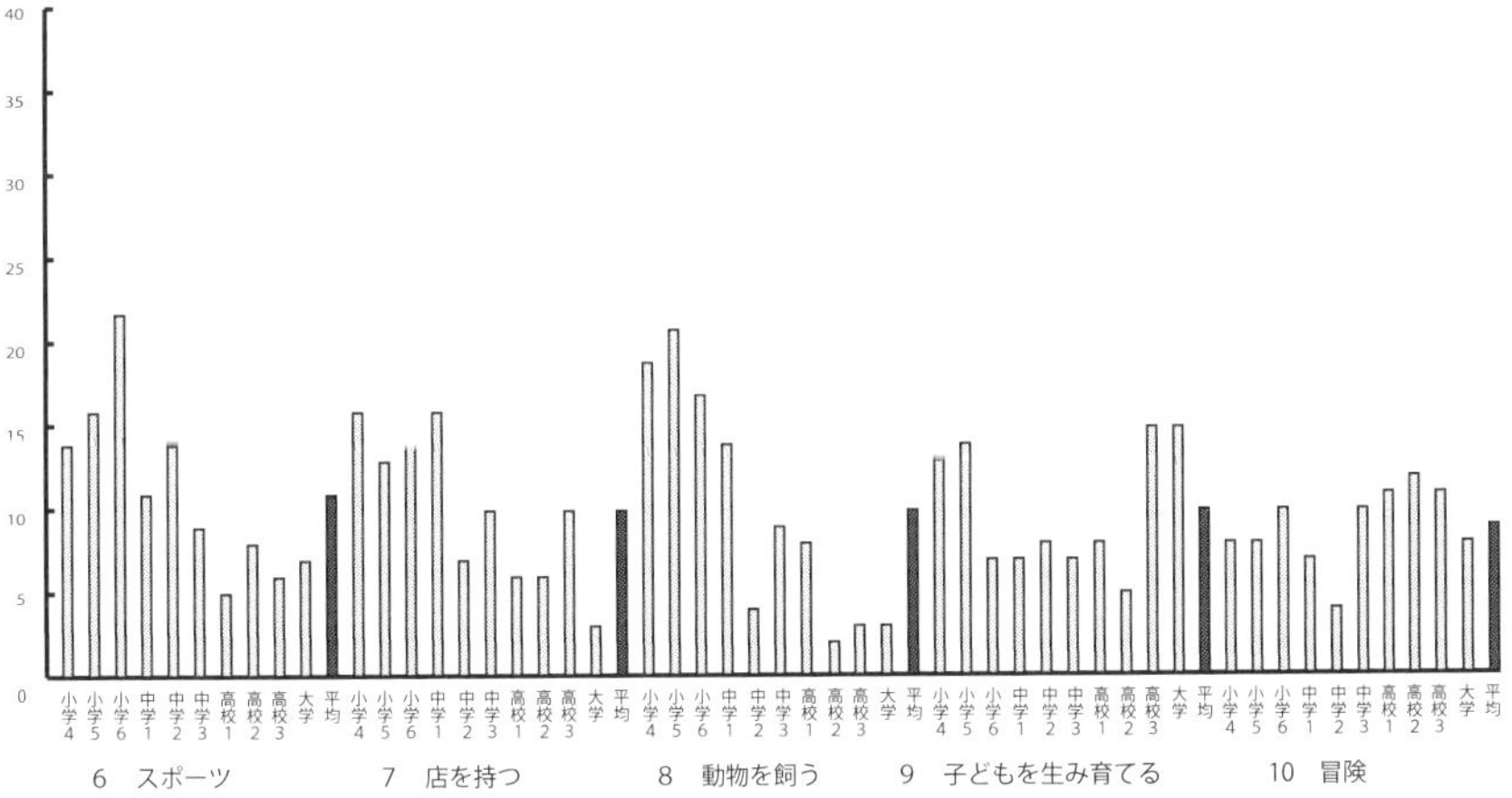

を抱けないでいるということの適例です。

こうして、この問二では、子どもたちを、全く受身の狭い人間的視野の中に押し込めている「非情」な情勢の反映をみるわけです。子どもたちが大志を抱けず、狭く暗い未来しか展望できないでいるにもかかわらず、そのことを「切なさ」として自覚せず、なおそこに夢や希望を追う姿は、本当の意味で「切なさ」としかいいようがないと思うのです。

意識調査（三）「安心」の支え

問の三は、「今の生活で安心できること」です。

全体として、「友達がいる」「健康である」「両親がいる」の三つが圧倒的に多い。次いで「家族が元気だ」「平和である」の二つです。五つで一三〇％になるので全体（二〇〇％）の六割強に当たります。社会の空気のように感じているのは「平和である」と思うのですが、これを除けばすべてがまたもや個人的、家族的なことでしかないわけです。

社会の制度や政策が生み出しているものに安心感がないというところに特徴があると思います。

先の「人間らしく生きるために大事にしたいこと」と同様に、ここでも動物的と言える程に、私的な、血縁的な部分にしか安心のよりどころが求められないわけです。

今日本は、国際社会では大国日本といわれ、政治、経済ではもちろん、軍事的にも国際情勢をおびやかすまでに成長しているわけですが、その内実とは実はこの程度のものだということになります。つまり、大国日本といっても、国民や子どもたちがいま生きる安心の根拠としてあげているものは、実は国家の政策、社会の制度では全くないわけです。

社会としての脆さを意識しているといいますか、どんなにひどくなっていてもいいように身近なところで寄りそっていくという、いわば国民が本来もっているしたたかさといいますか、そうしたものを子どもたちがもっているのだとみることもできると思うわけです。いってみれば、社会への不信というものが、身近なものでの安心をうみ出しているわけですから、いくら「日の丸」「君が代」を強制して、愛国心やら民族主義を押付けてみても、子どもたちにはそれを受け入れるものがないのです。そして、国家を強制すればする程、逆に国家への不信は増大するわけです。これは全く支配の側の矛盾です。

他方、子どもたちは、今の安心感の根拠であるものが、今の社会情況の中ではどんどん崩れていくことをみない問3　あなたは、今の生活で安心できることはどんなことですか。下記の中から２つだけえらんで、番号に○をつけてください。

1金銭がある、2健康である、3容姿がいい、4自信がある、5大事にされる、6友達がいる、7家族仲がいい、8生活に困らない、9話し合える、10両親がいる、11事故・事件がない、12平和である、13仲間はずれでない、14家族が元気だ、15好きなことがやれる、16世の中が安定している、17自由である、18科学が進んでいる、19物が豊かにある、20家の収入が安定している、21物価が安定している、22医療が発達している、23食べるに困らない、24福祉がゆきとどいている、25近所づきあいがいい、26いろいろと便利だ、27勉強ができる、28その他、29わからない、30ない

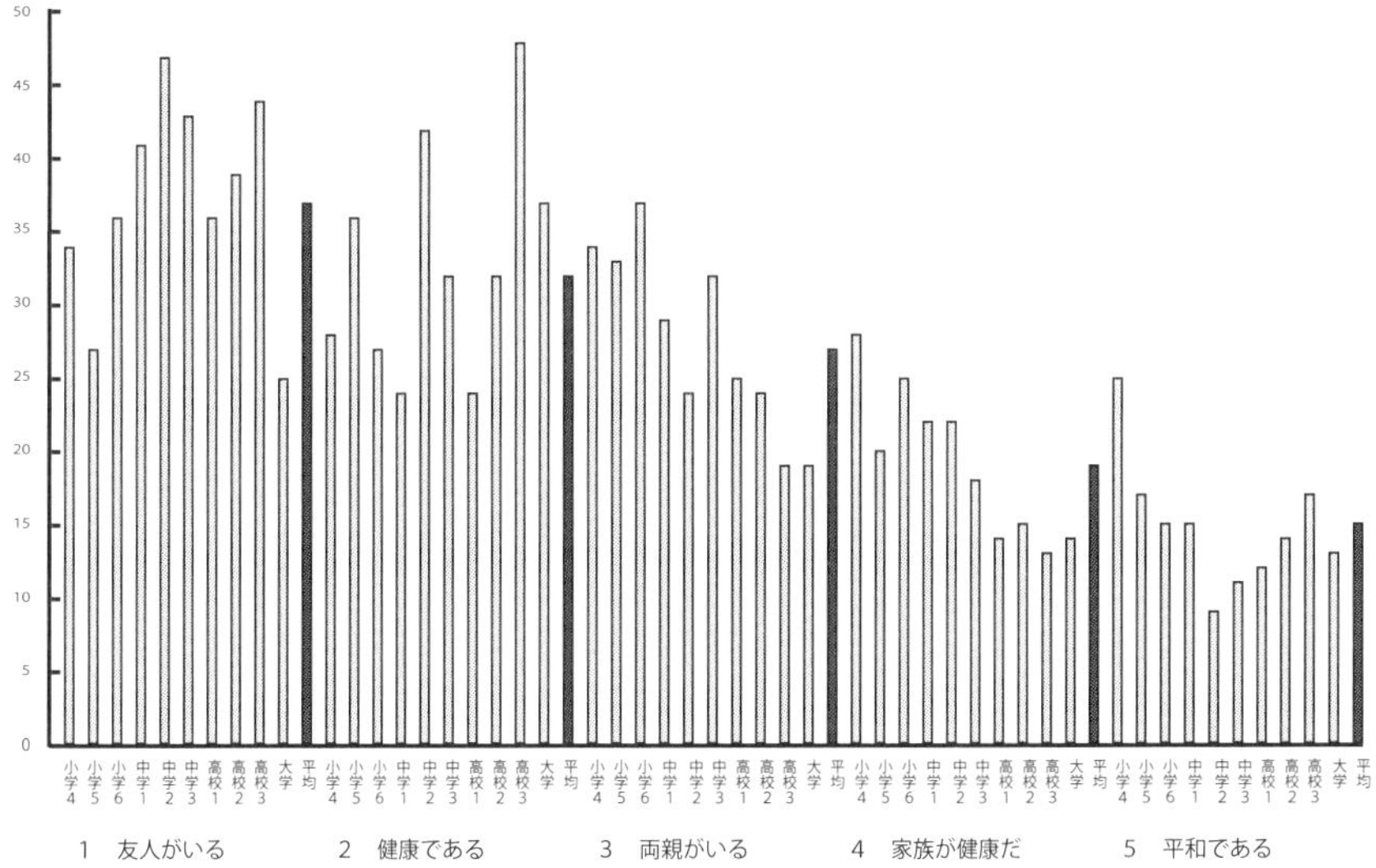

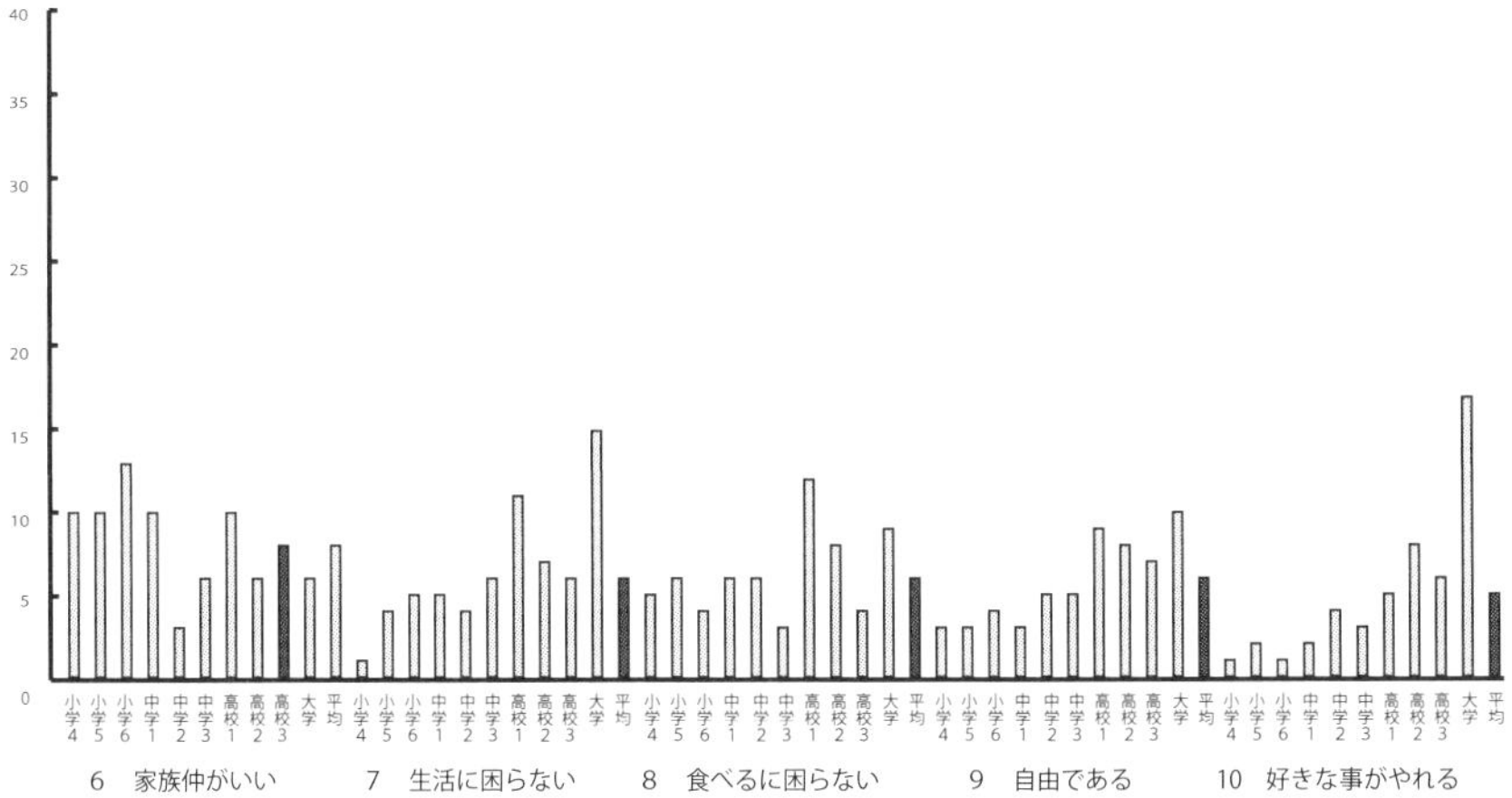

わけにはいかないわけです。友達関係も「昨日の友は今日の敵」になり、家族も崩壊し、ひびが入るという情況を毎日みせつけられる中では、この今の安心の基礎を強いものにするには、どうしても社会制度、国家政策の保障を必要とすること、つまり安心できる社会を作らなければならないことに思い到らざるを得ないわけです。

つまり、社会とか国家の制度とか政策に安心感をもてず、身近なところにそれをもつけれども、しかしこの身近なところの安心感は、実際には社会制度や政策というものに保障されたものでない限り、本当の安心感にはならないことに気づくわけです。

例えば「今安心できること」で「健康」ということは高い比率を示していますが、この「健康」というものを今の社会的諸条件の中で考える限り、安心の内容としてはきわめて脆弱なものです。「お前、健康が安心だというが本当か」と問いつめたら、社会保障制度の不備な現状の中では、たちまちその安心は不安に転落するでしょう。

ですから、社会的動物としての人間の安心というものは、まさに社会的にしか得られないものであるということを、子どもたちは知らざるを得ないところに来ているわけです。

問三の答は、社会の中に安心の根拠を求められない子どもたちが、社会を否定して再び社会の側に目を開けていくという認識の進展を示唆しています。子どもたちのいだいている現在の「安心感」は、こうしたものとしての一つの大きな矛盾です。

意識調査（四）不安な将来

問の四をみてみましょう。ここでは子どもたちの「将来」への不安の大きさをみることができます。

問四は「将来の生活でも安心できることはどんなことですか」です。選択肢は問三と同じです。

ここですぐ気づくのは、問三の答にあった現在の安心の中心である「友達」も「健康」も低率になっていることです。これは、先に申しましたが、現在の安心感がもっている不安定さをよく示していると思います。

全体として言えることは、「将来の安心」というものが非常に多様化し、しかもそれぞれが低率であるということです。このことは、「これこそ将来も安心だ」といえるものがどこにもない、ということを示しています。

この点で言えば、問四では「わからない」というのが一一％で上位十位のうち六番目に出てきます。「将来の問4　あなたは、将来の生活でも安心できると思うことはどんなことですか。
問3の項目の中から2つだけえらんで、言葉（ことがら）に○をつけてください。
番号に○をつけたことと同じ場合でも言葉に○をつけてください。

1金銭がある、2健康である、3容姿がいい、4自信がある、5大事にされる、6友達がいる、7家族仲がいい、8生活に困らない、9話し合える、10両親がいる、11事故・事件がない、12平和である、13仲間はずれでない、14家族が元気だ、15好きなことがやれる、16世の中が安定している、17自由である、18科学が進んでいる、19物が豊かにある、20家の収入が安定している、21物価が安定している、22医療が発達している、23食べるに困らない、24福祉がゆきとどいている、25近所づきあいがいい、26いろいろと便利だ、27勉強ができる、28その他、29わからない、30ない

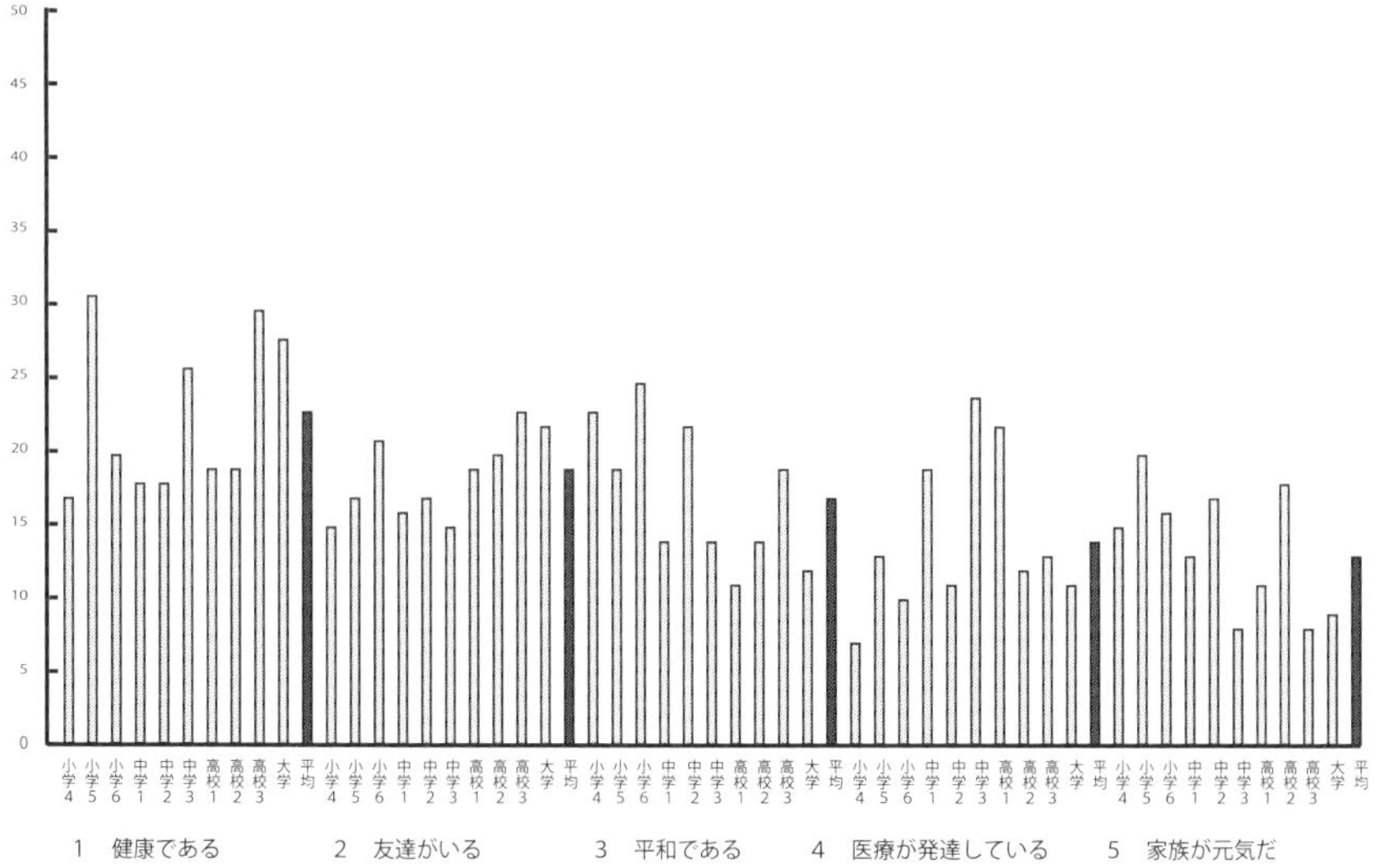

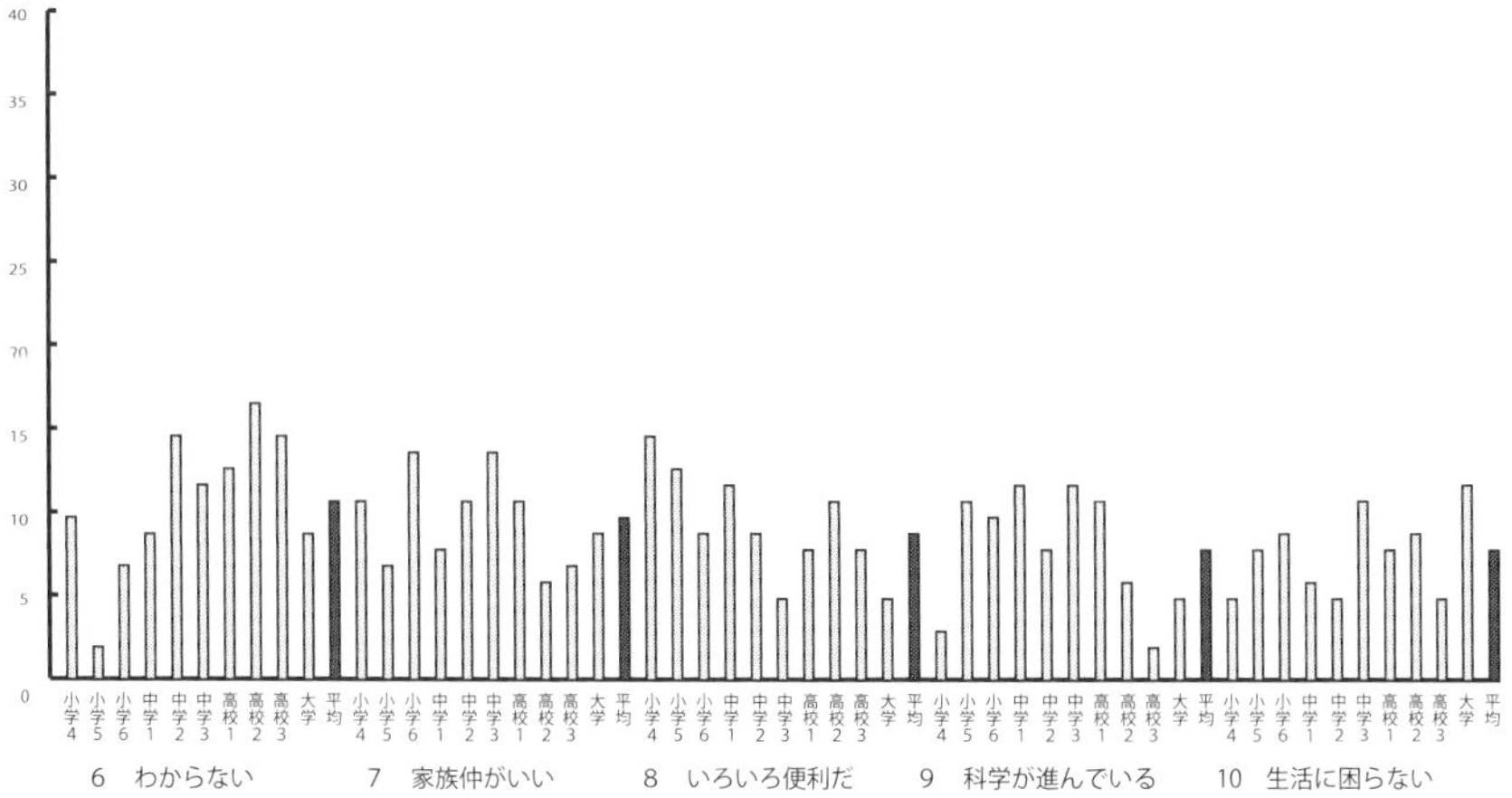

ことはわからない」というのが実感としてあるわけです。これは一つの特徴です。

「将来でも安心できること」としてあげられた九項目――「わからない」を除いて――の比率は全体の六〇％弱です。問一の「今のこと」については五項目で六割強になるのに、将来のことになると九項目で六割弱にしかならないというわけです。それ程安心できる要素が見当たらない、展望がつかめないわけです。

教育臨調は「二一世紀に向けて国際社会を目ざす日本人」などといっていますが、どんなにわめいても、子どもがこのように将来に対して不安をもつ情況の中では臨調路線そのものが挫折する運命にあることは明らかです。

この「わからない」という答のグラフをみますと、教育を受ければ受けるほど現実がみえ、そしてみえればみえるほど将来に安心ができない、安心する個所がなくなってくるという傾向が示されているように思えます。一体教育とは何だろうという問題も含めて、この「傾向」の示す問題は大変なことだろうと思われるわけです。

意識調査（五）国民的意識としての核兵器への不安

問五は正面から今の生活で不安に思うことを調べたものです。

答は「核兵器がある」というのが圧倒的に多く、次が「勉強がわからない」です。

この結果をみて私はびっくりしました。核兵器への不安はある程度の予想はしていましたが、これほど比率が高いとは思っていなかったわけです。「核兵器がある」「勉強がわからない」「戦争がおきそう」「自信がない」という順位も予想をこえていました。

この上位四つのうち「核兵器」と「戦争がおきそう」を合わせると四六％、「勉強がわからない」と「自信がない」を合わせると三一％になり、四つの合計は七七％になります。

この数字は、今のすべての不安の（二〇〇％中）四〇％を占めるのがこの四つであることを示すわけです。

果たして私たちは、これまで今の子どもの内面として、こうしたことを考えていたでしょうか。

この回答の全体的な特徴は、上位十項目にみられるように、「不安」の中心が社会条件の中でとらえられてい問５　あなたは、今の生活で不安なことはどんなことですか。下記の中から２つだけえらんで、番号に○をつけてください。

１体が弱い、２家族の話し合いがない、３災害がおこる、４自信がない、５勉強がわからない、６友達が少ない、７金銭がない、８両親がそろっていない、９物価が高い、10 不自由である、11 病気・公害が多い、12 わかってくれる人がいない、13 入試ができない、14 家族が健康でない、15 近所とつきあいがない、16 情報が多すぎる、17 政治が悪い、18 医療がおくれている、19 仕事がない、20 好きなことができない、21 事故・事件が多い、22 家族仲がわるい、23 核兵器がある、24 科学が進みすぎる、25 家族が一緒に生活できない、26 戦争がおきそう、27 自分の部屋がない、28 その他、29 わからない、30 ない

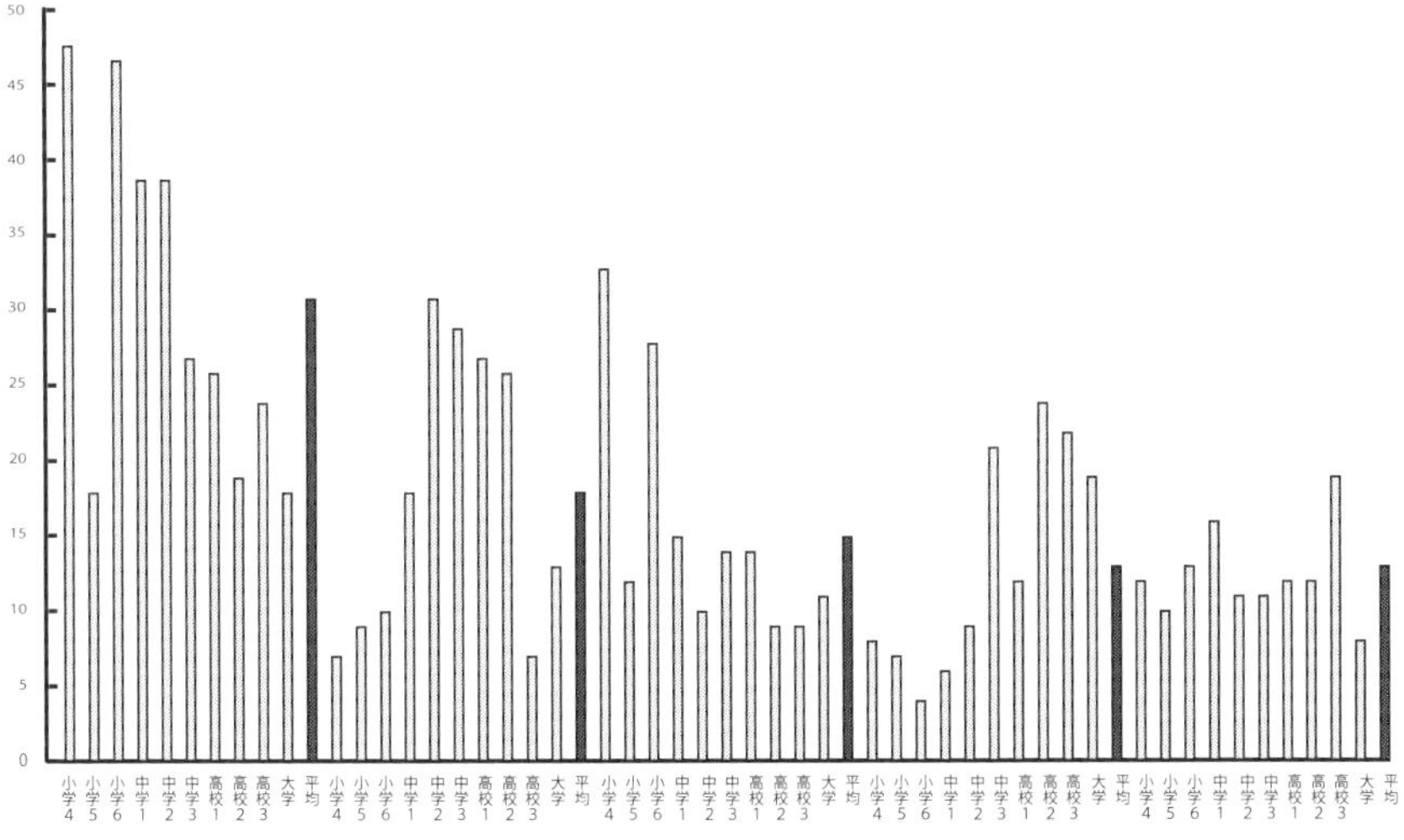

1　核兵器がある　　2　勉強がわからない　　3　戦争がおきそう　　4　自信がない　　5　事件・事故が多い

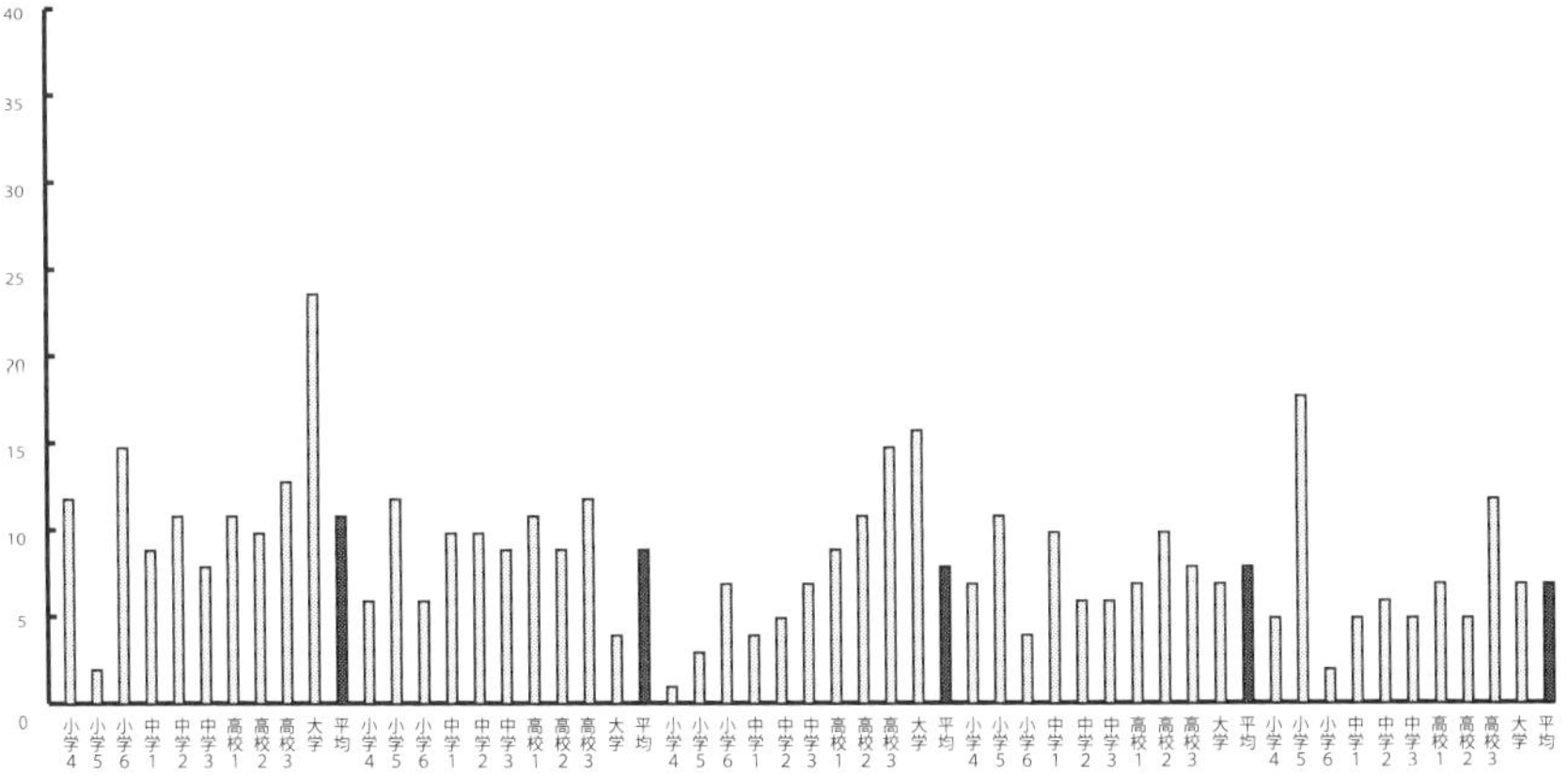

6　政治が悪い　　7　わからない　　8　金銭がない　　9　病気・公害が多い　　10　ない

問6　あなたは、将来の生活でも不安だと思うことはどんなことですか。問5の項目の中から2つだけえらんで、言葉（ことがら）に○をつけてください。番号に○をつけたことと同じ場合でも言葉に○をつけてください。

1体が弱い、2家族の話し合いがない、3災害がおこる、4自信がない、5勉強がわからない、6友達が少ない、7金銭がない、8両親がそろっていない、9物価が高い、10不自由である、11病気・公害が多い、12わかってくれる人がいない、13入試ができない、14家族が健康でない、15近所とつきあいがない、16情報が多すぎる、17政治が悪い、18医療がおくれている、19仕事がない、20好きなことができない、21事故・事件が多い、22家族仲がわるい、23核兵器がある、24科学が進みすぎる、25家族が一緒に生活できない、26戦争がおきそう、27自分の部屋がない、28その他、29わからない、30ない

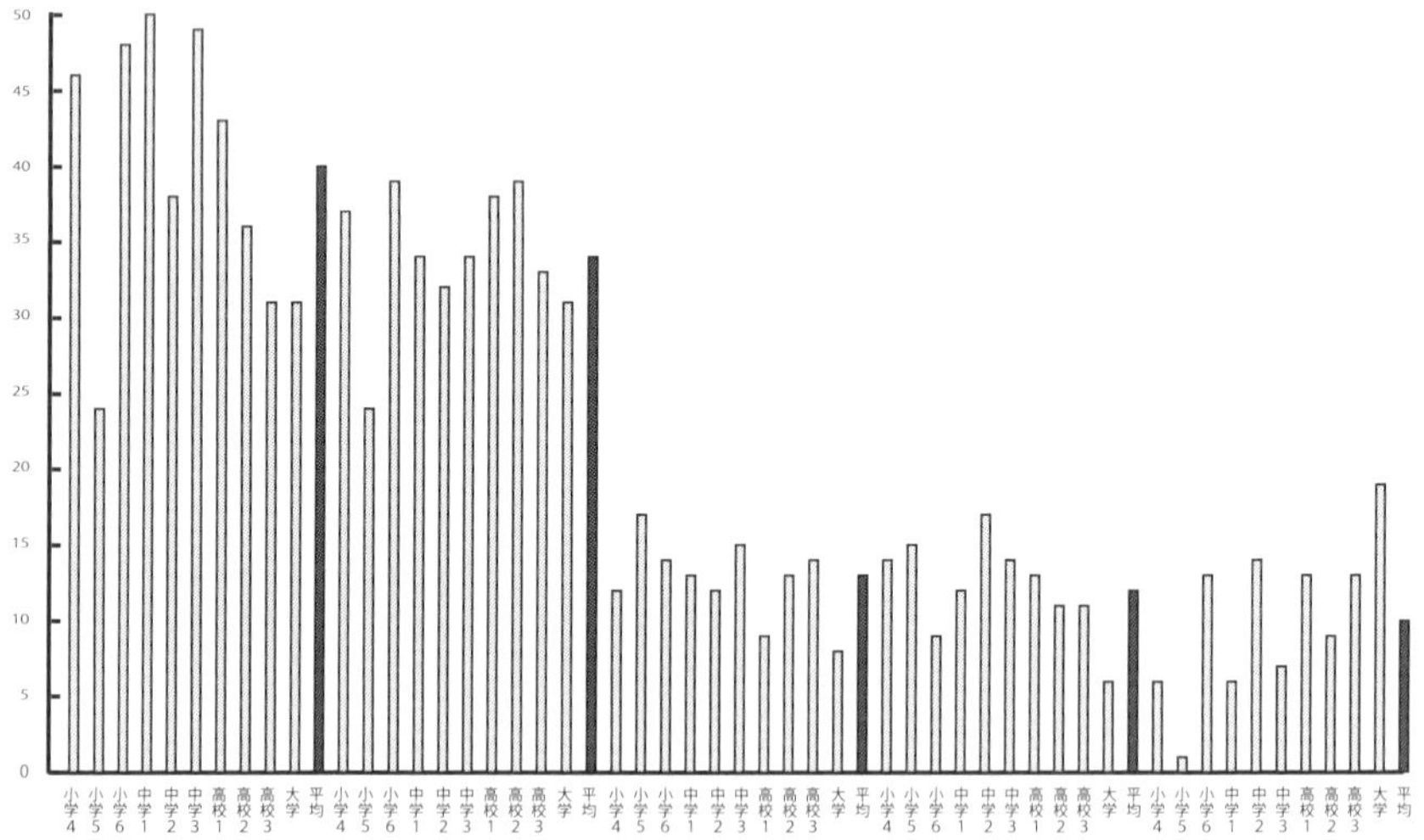

1　戦争がおきそう　　2　核兵器がある　　3　事件・事故が多い　　4　わからない　　5　政治が悪い

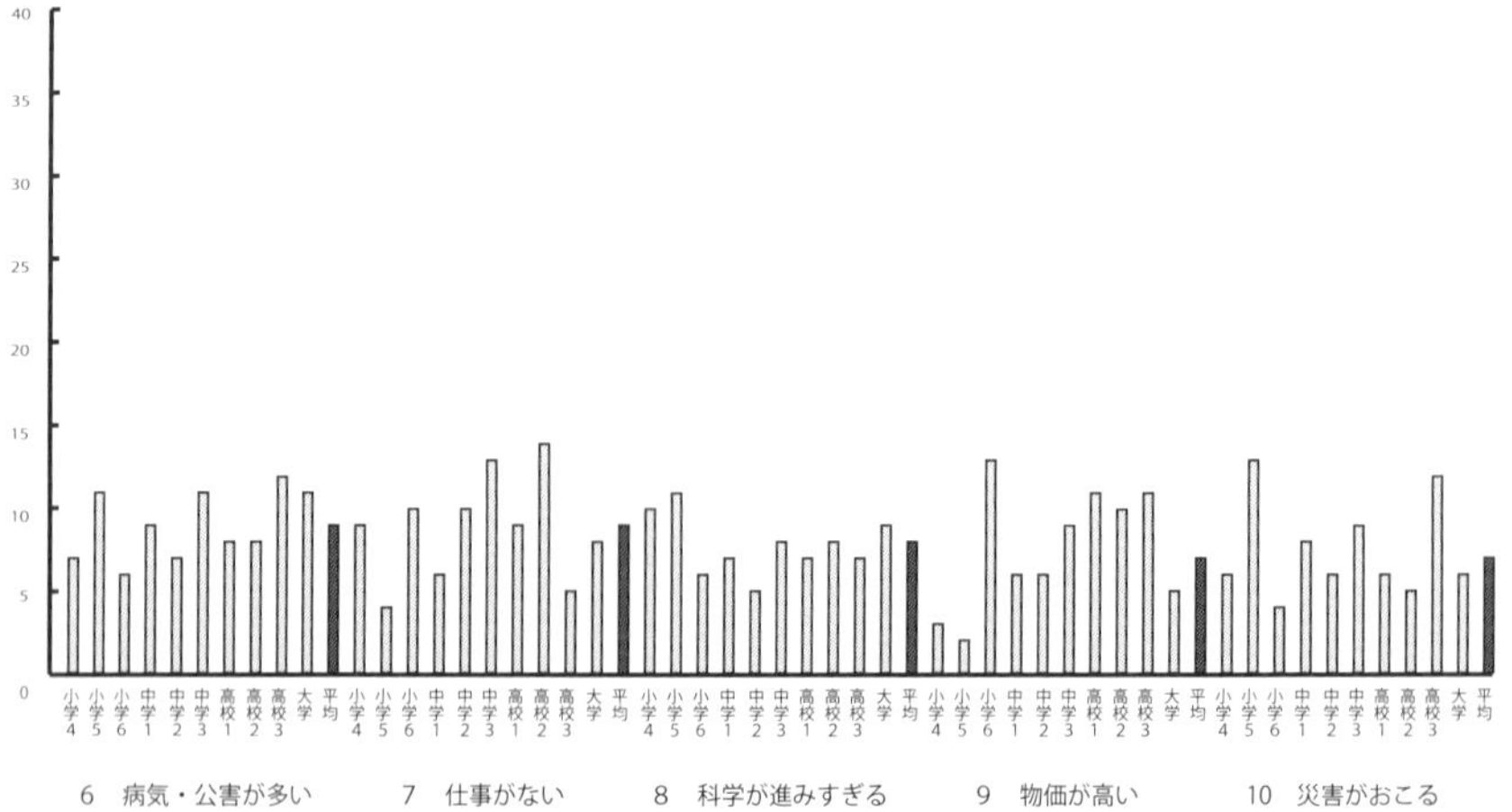

6　病気・公害が多い　　7　仕事がない　　8　科学が進みすぎる　　9　物価が高い　　10　災害がおこる

ることです。第一項の答の中では「安心」が自分の身近なところにしかなかったのに比べて、今度は社会の中に「不安」をいだいているわけです。

今子どもをみる時、その不安が、このようなものとして内在している事実を正しくとらえることが、極めて大事なことであるような気がします。

ところで、「勉強」とか「自信」という不安は、社会条件としての不安ではなくて、第一項と同じような「身近なところの不安」ではないのか、という疑問があるかもしれません。実際親も先生も、それは本人の能力や努力のせいであるように子どもに思い込ませようとしているし、「そんなことでは将来困るぞ」などというのです。

ところが、将来の不安をみる問六をみてください。ここでは「勉強」も「自信」もケロッと消えているのです。将来の不安の中にはそれらはないのです。

「勉強がわからない」「自信がない」というのは、今上級学校に進むのに困る、今、困るのであって、それが将来決定的なものになるというものではないということを子どもはみているわけです。

「勉強がわからない」「自信がない」と子どもに思わせているのは、明らかに社会条件なのです。教育制度、教育のあり方が、子どもたちにこうした切ない思いをさせているわけです。この二つの項で、中学・高校生の箇所がとくに伸びているのに注目すべきです。

しかし私たちが問題にしなければならないのは、現実に今、今の不安として、「勉強」や「自信」の不安がこれほど高い比率で存在しながら、それが素直に表面的には出ていないということです。

「勉強」や「自信」の不安だけではなく「核兵器」や「戦争」の不安についてもそうです。こんなに高い不安があるならば、それを不安としてもっともっと大きく問題にすれば早く解決すると思われるのですが、絶対にこれを不安として素直に表さない。それが素直に生活として現れない。そこがおかしいし大変なことだと思うわけですが、現実的には、自分の不安の大きさに反比例した行動をとり、「核なんて何さ」「学校なんて何さ」という顔をする、そしてこれらの不安からの逃避生活へ入ろうとする。

だから不安が大きければ大きい程、あるいは強ければ強い程それを忘れそれにとらわれまいとする、つまり逃避しようとする。そして目前のこと、本当につまらないことに感情的にノメリ込もうとする。大志をもつことなど到底できるわけがないのです。

私がかつて（戦時中）馬鹿であったというのは実はこ

のことです。「やがて死ぬしかないのだろう」と諦めのように不安として感じていた間は絶対そのことは問題にせず日々是好日として明け暮れていたわけです。

今子どもたちはまさにこの不安、巨大な不安を抱いておるから、本当にこのことを出さずに生きている。これが問題の切なさというものを大きくしている気がするわけです。

しかしここで見逃してならないのは、全体の比率としては十一％で低いのですが、（問題の答六）「政治が悪い」というのは、小・中・高・大の割合で順当に伸びているということです。

先にも触れましたが、ここでも一定の経験と勉強を積んでいくと、自分の不安を政治と結びつけていくその目というものの拡がりが、明らかに大きくなることを示しています。

「将来の生活での不安」（問六）では、文句なしに、「戦争がおきそう」と「核兵器がある」の二つが最大の不安となります。双方合わせて七四％、百分率で不安全体の三七％になります。

これが、今の子どもたちが自分の将来を考える時、心の中の三分の一以上を覆う暗さとして絶えずもちつづける不安なのだ、ととらえてみなければならんと思うわけです。

「戦争」「核兵器」の不安は、他の不安と違っています。例えば交通事故の場合であれば、自分が加害者になる場合は当然ですが、被害者の場合であっても自分に責任がある場合が多いわけです。

戦争と核兵器の場合は、これと違います。子どもたちからみれば、それは自分の力では一切何ともしようのないところで、自分たちの願いと全く関係なしに起こってくる社会的不安です。同時にそれは、今では確実に死をもたらすことがハッキリしています。

単に事故がおこって病院に行くということでは済まないわけです。「戦争」と「核兵器」は、一瞬にして死をもたらすわけです。その不安が自分の手のとどかぬところで、自分に責任のないところで作り出されているわけです。文字どおり社会的な不安なわけです。

子どもたちの日常の行動の底に、こうした不安が大きく位置を占めていることを、正しくみる必要があろうと思います。

将来のこの暗さのもとにさまざまな不安を抱いていることを考えれば、子どもたちの生《なま》の生き方にみられる刹那的感情的なホットな行動と、またそれと反対のようにみえるクールなといいますか、いかにも冷めた反応の交錯した複雑な姿勢も分かる気がします。

教室などの子どもの情況がそうですが、ワイワイ感情的に刹那的に騒いでいるその同じ子どもが、ジーッと先生の態度を読んでいるというか、自分の態度を決めるために相手をまず読むというか、そういったクールな面をあわせ持つという、非常に複雑な姿勢を持っているわけです。

この子どもの持つ複雑な姿勢というものが、実は子どもの中に、その深い底に、将来もたらされる不安の大きさというものがあるというふうにみれるかどうかが問題です。

「一般的に言ってそういう理屈である」ということではなくて、現に生きておる目の前の子どもの中に、本当に正確にそのようにとらえることができるのかどうか、という問題です。

一六〇〇人ほどの子どもの中で――こういう答の出ることは予想していたにしても――これだけ多くの子どもが「不安」として「戦争」と「核兵器」をあげている事実に対して、深刻に受け止めないわけにはいかんと思うのです。

ところでこの不安は、単にそれが圧倒的に多いだけでなく、ほぼ同率で多いということに注目する必要があると思うわけです。何か勉強が分かると変わってくるような不安ではなくて、小学生も大学生も、年齢や学習、経験にかかわらず、いってみれば国民的不安として「戦争」と「核兵器」の不安は存在するわけです。

「戦争」「核兵器」の不安は直接的な不安という意味では誰も同じように分かる不安です。しかし他方では、それをどうしたらなくすことができるのか、ということは誰にもわからんという意味の不安でもあるわけです。

一般的に言えば、学習や経験による認識や、年代の特質としての関心にかかわりなく、高比率で同比率になるというそういう不安というものは、ある意味では人類的と言えるような、国民的感覚といいますか、普遍的人間的感覚にもとづく共通理解として存在する不安だと言えるかと思います。

そのことはまた、別な言い方をすれば、今の社会が生み出している国民的常識といえる性質の問題だと思います。

「核兵器」「戦争」という不安は国民的常識です。問題は、では国民的教育はこの不安に対して、問題をどれだけ深くとらえさせ考えさせているだろうかということです。その不安があるということに多少触れる位で、最も肝心なこと、この不安はなくすることができるし、なくすることが人間なのだ、そのためにはこうすればいいのだ、という内容は全くスポイルされた形になっているわけです。

先程もいいましたが、「将来の不安」という点までくると、「今の不安」ということで高い比率を示した「勉強」や「自信」の不安は陰をひそめてしまい、上位十項目の中に出てこないわけです。子どもたちは、「勉強」の不安は将来の不安ではない、将来の不安は「核」だというわけです。ところが親や先生は「将来の不安は勉強できんことだ、お前勉強せい」と言っておいて一番不安がっている核のことについては全然触れようとしない状況にあるわけです。

先生や親はある意味で逆のことを言っているわけです。「核のことはお前も俺も手がとどかんので考えんでい い。勉強のできんことが将来の不安なんだ」というわけです。

子どもはズーッと先まで生きるのですから、核のことを考えるのは当たり前です。「俺の生きている間は落ちてこんだろう」と思っている者には大した不安ではない(笑い)。先の長い者が不安に思うに決まっていることには手をつけない。それでいて、先まで生きる者が「将来の不安ではない」というものには手をつけて「勉強ができんと将来大変だ」とおどすわけです。

もちろん、「勉強が分からない」とか「自信がない」という不安を、そんなことは大した問題ではない、などというものでは全くありません。この問題はそれ自身として重要な問題であることは当然です。ただ、この問題は、一つには、この不安が——今自覚しているにしてもしていないにしても——今を生きる社会的事件のなかでの不安であるということをふまえ、今日の学力問題にかかわって、充分考慮してみなければならない問題だと考えるわけです。私が強調するのは、子どもの不安のなかで占める特別に大きなものが、現在についても、将来についても核の問題であることを、子どもの実感として私たちはみなければならないということなのです。

意識調査(六) 何のために生きるのか

問七のAとBですが、これは、こうした安心や不安が交錯した矛盾の中にある子どもたちの人生の希望や見通しについてたずねたものです。

七のAの問は「あなたは、自分の人生として何歳まで生きてみたいと思いますか」です。

小学生は九〇歳以上、中学生は八〇歳まで、高校・大問７Ａ　あなたは、自分の人生として何歳まで生きてみたいと思いますか。下記の中から１つだけえらんで、番号に○をつけてください。

1　30歳まで、2　40歳まで、3　50歳まで、4　60歳まで、5　70歳まで、6　80歳まで、7　90歳まで、8　90歳以上、9　その他、10　早く死にたい、11　わからない

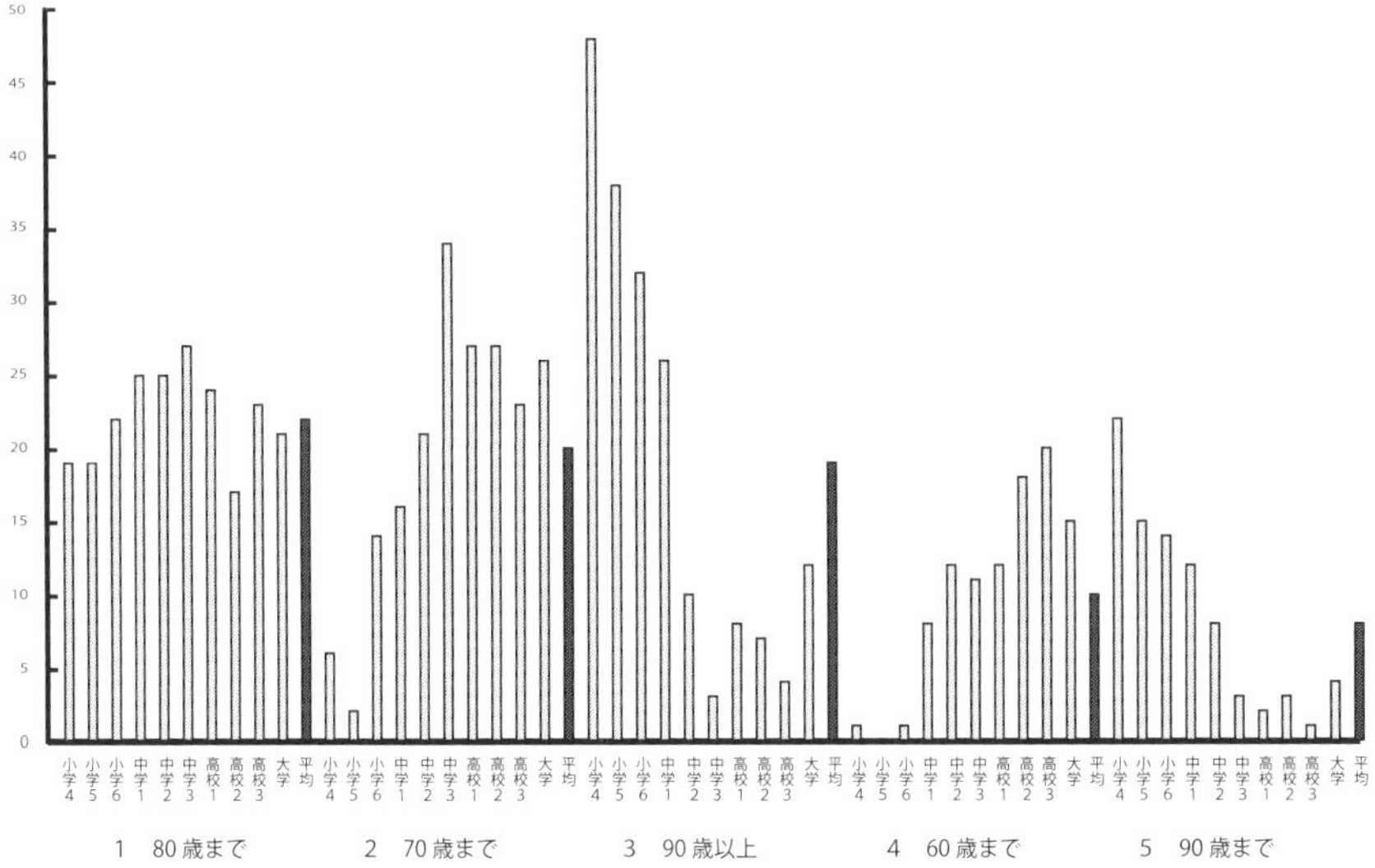

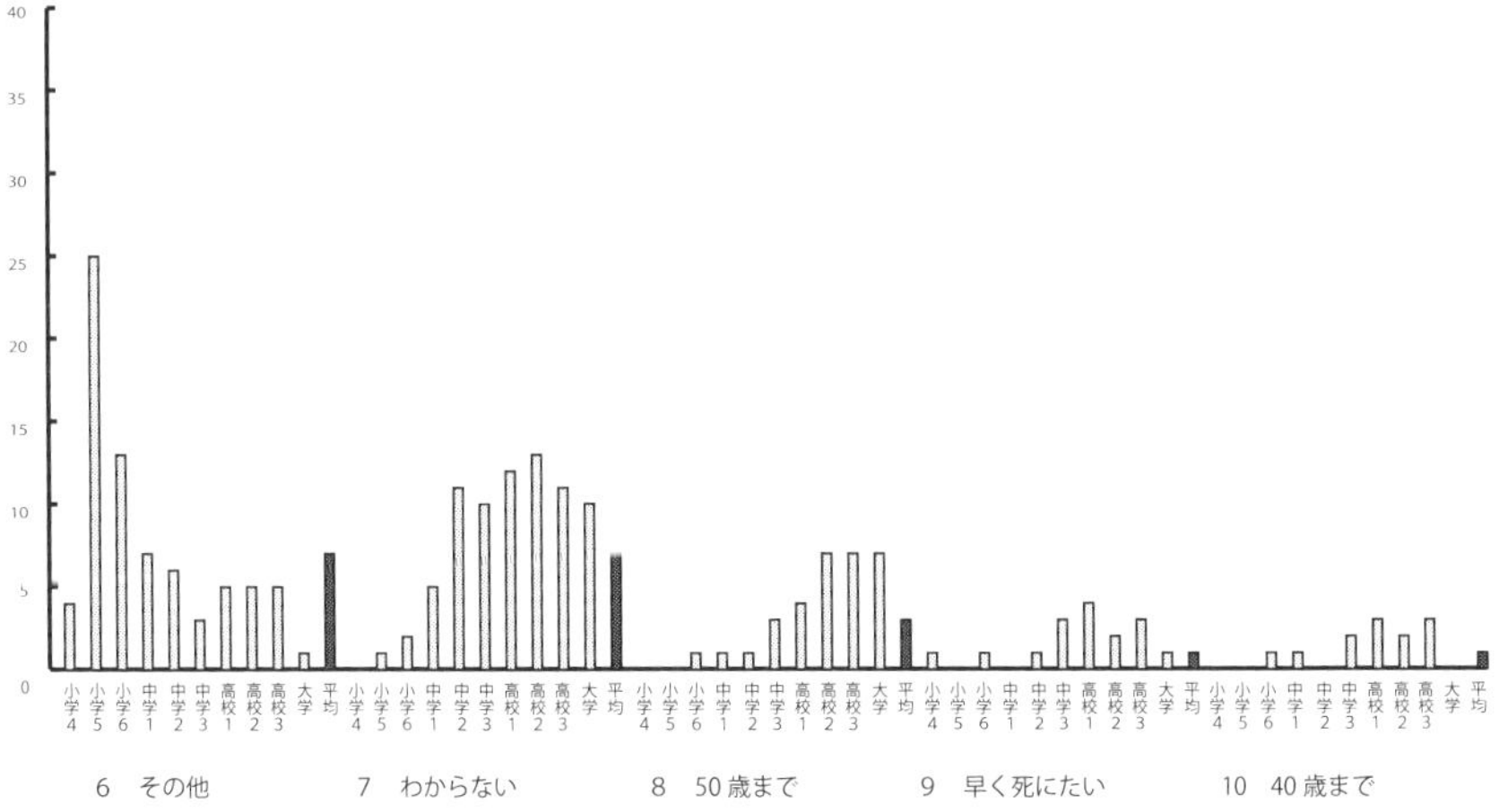

問７Ｂ　どうしてそう思いますか。下記の中から１つだけえらんで、番号に○をつけてください。

１生きていることはたのしいから、２世の中のかわりを見てみたい、３死ぬことはいやだから、４やりたいことがあるから、５わからない、６その他、７健康でおれると思うから、８平均寿命だから、９何となく、仕方ないから、10 生きることはつらいから、11 生活や社会がよくなるから

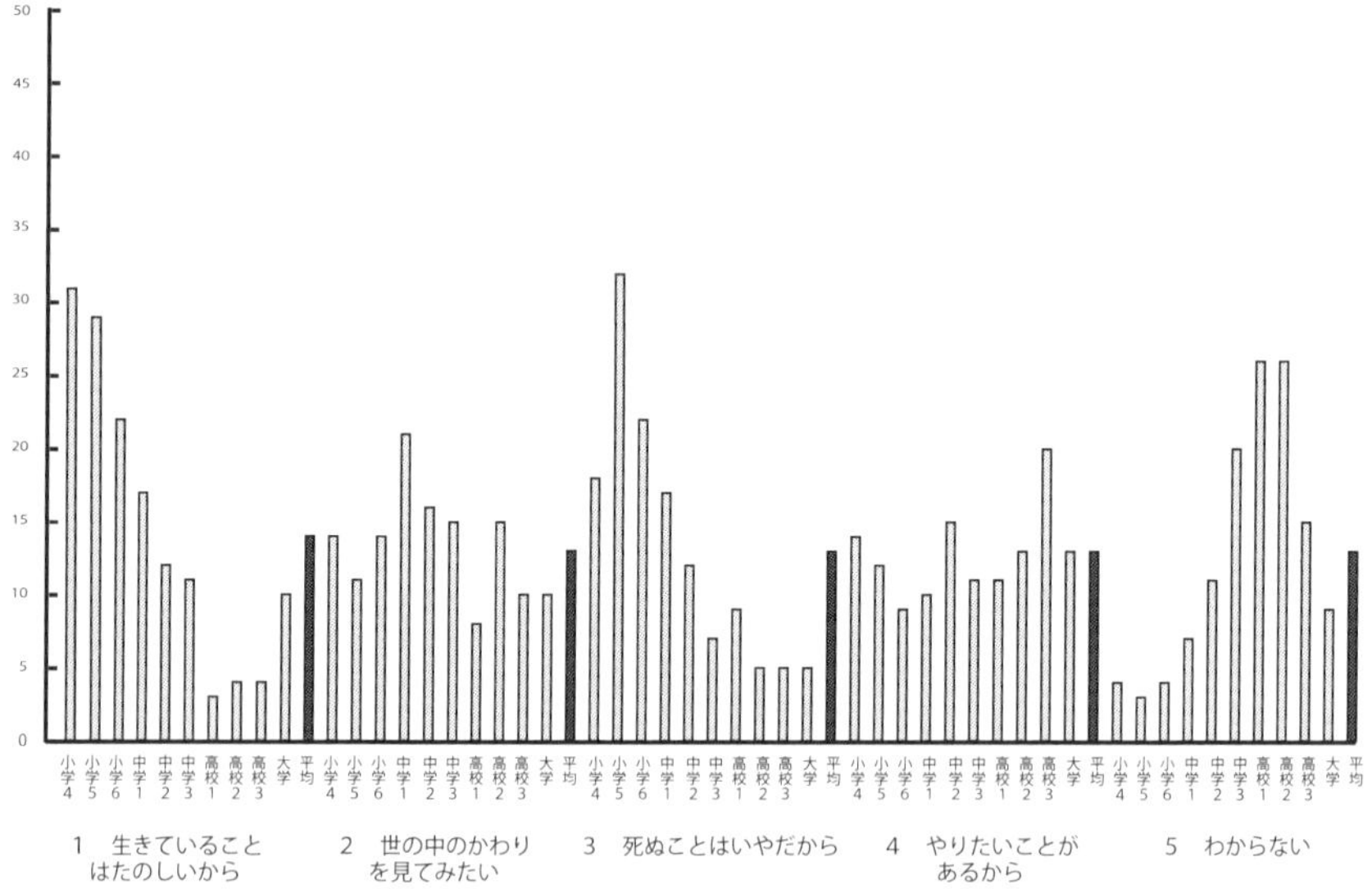

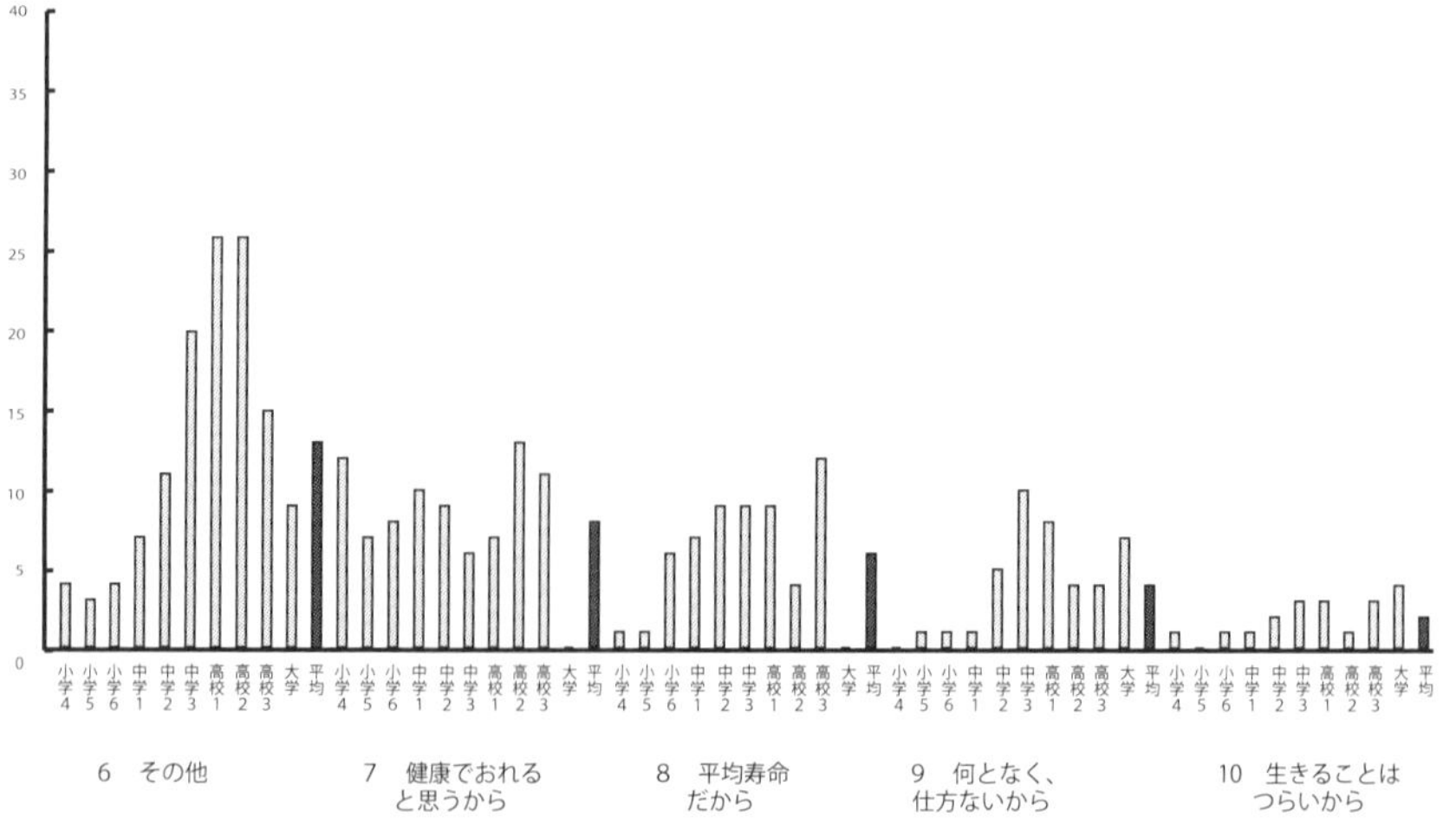

学では七〇歳までがピークになっています。

七〇歳位はと考えるのが大人一般の考え方かもしれません。とにかく九〇歳以上という夢が、現実化するなかでは次第に七〇歳は減ってくるわけです。その限りでは、この数に問題を見つけることはできないように思えます。しかし、問題が全然ないわけではありません。

この表には全部でていないのですが、「早く死にたい」というのを含めて五〇歳までを自分の人生とみている子どもが、高校生では一二％もおり、大学生まで含めると八％もいるということです。早死に希望がこれだけあることは実に大変なことだと思うのです。

しかし最も注意を求められるのは、その理由（七のB）なのです。一目して分かるように、ここには圧倒的な比率を示すものがないのです。ここが非常に問題だと思うのです。なぜその年まで生きたいのかという、生きるための理由として決定的なものがないのです。

年齢の低い小学生では、「生きていることはたのしいから」とか、「死ぬことはいやだから」という理由が突出しています。しかし、少し現実がみえてくると、つまり、中・高・大と進んでくると、どれというハッキリした理由がなくなってくるわけです。そして「わからない」と「その他」が非常に多くなってくる。

「わからない」――生きるのは七〇歳位まで生きていたいと思うが、生きていく理由はわからない――というのが、中学生で一二・六％、高校生は最も多く二二％、大学生でも九・一％という数になっています。

「わからない」の次に多い「その他」は、年齢が高くなり、物事がわかってくるに従って増えてくるわけですが、子どもたちのあげた理由といえば、その中心は「ボケてまで生きたくない」「人に迷惑がかかるまで生きたくない」「あんなに汚くなってから（年寄りのことですね）生きたくない」「五〇歳以上のような汚いものになりたくない」（笑い）――もう私は絶対ダメだと思いました（笑い）。そんなことまで含めて、ボケてまでとか人に迷惑をかけてまでとかいうのを、この「その他」の中にものすごく多く書いているわけです。

そこには、社会保障を信じることができない今日の状況がよく現れている。そしてそのことは、この図にはありませんが、「生活や社会がよくなるから」（問七のB八）生きていたいというのが十一番目にあるのですが、それが平均で何と〇・六％に過ぎないということでもわかるわけです。

これからの生活や社会がよくなると信じる子どもは〇・六％しかいない、何と世の中に対して子どもたちは悲観的になっていることでしょう！

調査結果については、まだまだ問題があり申し上げたいことがあるのですが、時間もありませんので全体的なことだけで終わらせていただきます。

意識調査（七）早死にを望む子どもたち

ただ一つだけ、この表には出ていませんが、私が非常に大事だと思ったことを付け加えておきます。

それは、先程申しました「早死にしたい」と思っている子どもに関わることです。それは、率は少ないのですが、三〇歳までで死にたい、四〇歳、五〇歳、それに「早く死にたい」と答えた子どもたちのことです。

この早死にしたいと思っている子どもたちだけの各問に対する答えを集めてグラフにしてみたら、驚くべきことが出てきたわけです。

例えば問一の、「人間らしく生きるために、どんなことを大事にしたいと思いますか」の問には、この子どもたちは「平和」とか「健康」とか「努力」などはものすごくダウンしている。そして「友だち」というところが非常に多くなるのです。問二の「将来やりたいと思うこと」では、早死に希望の子どもは、「金もうけ」（笑い）と「店を持つ」がグンと多いのです。けれども「家庭を持つ」とか「世の中に役立つ」とか「手に職をつける」というのはグッと下がるわけです。一般の子どもたちと一〇％前後の差があるのです。

問三の「今の生活で安心できること」になると、一般の子どもがあげている「友だちがいる」とか「家族」とか「平和」とかいうところは特に大きくダウンして「食べることに困らない」「生活に困らない」が大きくアップするわけです。「友だち」「家族」「平和」の中に安心を見い出せないわけです。

問四の将来の安心では、上がるところはなくて軒並みに低下しています。

もっとも特徴的なのは、「不安」に関するところです（問五と六）。今の不安ということでこの早死に希望の子があげているのは、圧倒的に「自信がない」と「金銭がない」の二つです。

ところが、この「不安」ということの中には、一般の子どもと違って、「核兵器」ということの意識がほとんどなくなるのです。「今の不安」で一般の子どもが「核兵器」をあげる率が三一％あったのに、早死にの子は三・九％なのです。核兵器の存在が不安であるという意識がかくも低下しているのです。驚くべきことです。

将来の不安についてもそうです。「戦争の不安」で一〇%、「核兵器」では一三%ダウンしてくる。

そして問七のB「どうしてその歳まで生きたいと思いますか」については、「生きることはつらいから」が一七%、「何となく、仕方ないから」が七%。もちろん「生きていることは楽しいから」は〇%です。何という無意欲的なものかという感じがします。

申し上げたいことは、ただ一つです。核兵器があることをおそろしいと意識している子どもとの決定的な違いは、生きることとの意欲の違いだということです。

早よう死んでもいいという子は、核兵器のことについて全く意識しておらんのです。ですから、核兵器の存在に関する問題、核兵器を意識する問題は、生きるエネルギーに関する問題に転化するという非常に重要な問題のような気がするのです。

人類の生存を願うことと核兵器の存在をゆるすことは決定的に矛盾するわけです。そのことをいろいろな形で今の子どもは意識し不安という形で表しているわけで、「不安」と思う子は、小学生でも九〇歳位まで生きたいと思うのです。高校生でもせめて七〇歳位まで生きたいと思うのです。不安と思いながらそうなのです。しかしそこを不安と思わない子は、早よう死んでもいいと思い、生きてもせいぜい五〇歳までなのです。

だから、繰り返しますが、核兵器をどう意識するかという問題は、生きるエネルギーに関わって大きい問題なのです。

時間がきて、大したことを言えず申し訳ないのですが、この調査全体を見ますと、子どもたちは平均的にいえば、「八〇歳近くまで生きてみたいと思い、そこでどれだけかのことをやりたいと思うが、実際には、自分の健康をもとにしてごく身近なところで安心できるだけで、核兵器や戦争を始め社会的不安が実に多くて、人間らしく生きるために『優しさ』を求めて喘いでいるが、それも思うように得られない」という情況にあるということが読み取れるように私には思えるのです。

今日の教育実践の課題

この子どもたちの内面となっているこうした情況を、教師はどのように具体的な場面でつかんでいくか、社会が子どもにもたらしている――社会情勢の反映といいますか――こうした数字に出てきたような情況を、目の前の子どもの中の生きた気持ちとしてどうとらえていくかという問題が、非常に大事な気がするのです。

そして、客観化された現実の生活事象といいますか、こうして数字として示されたものの中にある、人間的な願望と非人間的な実際の生活情況の矛盾を、自らの生き方の問題としてどう自覚的に把握させていくかということが、今日の教育実践の一つの中心課題だと思うのです。

実は、私が今日申し上げたかったのは、本当はこれからのことだったのです（笑い）。今までのはその前段でした。それが、もう時間がなくて言えませんので、申し訳ないのですが、その題だけ申し上げておきます。

私がお話したかったことは、子どもたちの内面がこういうふうになっているとしたら、私たちはそれではどういうふうに私たちの実践を組織し、子どもたちのこの内面に対応するのかということでした。

一つは、何のために、何をどうするかという立場で教師は方法をあみ出さなければならない、ということです。ともすると、教師はやり方だけの、いわば技術屋になりがちですし、政府も教師をやり方だけの技術屋に作りかえています。

私たちにとって「やり方」は非常に大事です。現場の教師は——私もそうですが——教育実践では、「方法」をもたなければ実践にならんわけです。いくらカリキュラムを作って、教育目的とか教育内容を明確にしても、どういう教育方法でそれを子どものものに転化することができるかがハッキリしなければどうにもなりません。

だから教師は「方法」をもたなくてはならないが、その方法というのは、何のために何をやるのかということが生きた目にならなければならない。ところがそこのところの目がスポイルされてきたわけです。本当に今「方法」は危険なものになって来ているのです。

子どもたちの心の中を探っていくというか、引き出してくる教育実践というものは、まさにそういう点で、時には新らしい方法というものを必要とするけれども、そこは「何のために」と、「何を」とを、いうならば意図と内容とを「方法」というところでどう生かすべきかという問題が一つあるのではないか、ということです。

二つめは——ちょっと妙な言い方で申し訳ないのですが——正義という視点を、不正義に対する正義という視点をキチンともたせたい、ということです。

今の子どもたちは正義として生きていかなければならないけれども、その正義を単に正義の理屈としてではなしに、今の子どもたちが生活実感としてもっている問題の中に実は正義の基本的内容があるのだということを、どうときほぐしながら子どもの言葉にしていくか、ということです。

正義の理屈として、例えば憲法何条の……というい方――これは正義の最も中心的ないい方になっているのですが――、こういう憲法の条項でしか物が言えないのではなくて、今の生活実感として抱いている自分の言葉として、憲法が生きた正義の指針となるようなそういう正義を、どう生活実感の中でろ過したものとして子どもたちが受けとっていくか、またそういうふうに作り出していくかという問題です。

三つめは、そういうような問題を実践的に発展させていく環というものを、どのようにつかんだらいいかということです。

教師が子どもたちに、キチンと教えなければならないことがいくつかあると思うのです。例えば先に申しました核のことなどは、全くそうだと思います。それは国民的教養の問題としてキチンと分らなければならないことだと思うのです。

子どもたちの理解を妨げる、いわば躓きの石となっているのは、生命の生と、セックスの性と、政治の政の「三つのせい」にあるように思います。子どもたちの実生活の中では、この三つがいわば「矛盾の焦点」となっているように思えます。この三つはそれぞれ独自の分野の「矛盾」としてありながら、同時に深く関連しています。

例えば「生」、生きるということは自己変革にかかわることです。自己変革がなかなかできない。

それから「性」という問題は連帯の問題に関わるわけです。連帯が本当の意味で連帯になるという変革をとげるためには、性というものをどうとらえるかが物凄く重大な問題になります。

ところが性という問題になると、連帯が急になくなってしまうということが起きるわけです。「好きだよ」というと連帯が全く切れてしまってただ動物的な衝動が働くわけです。

それから、「政」は、社会制度を変革することです。ですから、自己が変革され、連帯が変革され、制度が変革されていくという、その変革する部分、対象に関わって、子どもの中に矛盾が生れるわけです。「変革しなければならない」ということと「それができない」ということ、そこが一番深刻な問題になるわけです。

深刻な問題になるから、そこを投げようとするわけです。そこがうまく生き方に結びついて理解できないから投げる――だから逆に言えば、ここのところが今の教育の課題になるわけで、子どもたちにそこの所をキチンと学ばせる必要があるのではないかと思うのです。

その場合、簡単に言えば、「優しさ」とか「愛」とか「友だち」とか「勉強」とか「自信」とか「核」とかいう、あの子どもたちの不安や生き方の高い比率で出てくる問題に、この「三つのせい」がうまいテーマとして、学習のテーマとしてそこに生かされていく必要があろうかと思うのです。

子どもたちの情況に応じて、どういう学習テーマとして設定するかということは、教師の力量にかかってくる問題です。

例えば「優しさ」というものを学習の対象にするならば、それは単に心構えや道徳的な観念的なものではないわけで、「優しさ」もまた社会的に作られる歴史的な所産なのだ、という見地を持たなければ本当の「優しさ」を理解することにはならんと思うのです。

たとえば真に核兵器を廃絶すること、そのことこそ人間の優しさなのだということがわからなくてはならない。「優しさ」というものを「誰か私の気持ちを聞いてくれる人はいないだろうか」というような形で求めている限り、つまり人間の変革、連帯の変革、制度の変革ということを除いてとらえようとする限り、真の優しさを理解することはできないわけです。

こういう意味で、「優しさ」というものを真に学習するとすれば、「優しさ」は社会的歴史的な所産なのだから、社会制度を含めてどういう歴史を創っていくとき、どういう「優しさ」が生まれてくるのか、自分は一体どういう歴史の中でどういう優しさをつくり出すのかということを――その場合、真の優しさを一挙になくすものが核なのだということを含めて――子どもたちにどうとらえさせていくか、そういう学習をどう編成していくのかという問題が非常に大事ではないかと思うわけです。

とにかく、これだけ内面の矛盾を強めている子どもには、深部の力としてそれだけ大きなエネルギーが内在しているわけです。子どもたちが核兵器の存在や戦争の可能性について大きな不安を抱いている今、彼らにとっては、〝戦争はやめさせることができるし、核兵器は廃絶することができる〟という、そういう人間的生き方というか確信をもった生き方をするということは、非常に大きな教育力になるだろうと思います。

例えば――非常に妙な言い方ですが――今ここに臨時ニュースが流れて、「唯今国連で、全世界の代表が核兵器の廃絶について、米ソを含めて永久に廃絶することを決議しました。あすから実行に移します」と伝えられたら、全く日本の空気は一変すると思います。どんなに明るくなることか。そういうニュースが今流れることはないわけですが、もし流れたら、本当に明るくなるでしょう。

そういう意味で言えば、そういった大きな問題を大人がまずとり組んでいくということが大事だと思うわけです。子どもにみせる「背中」というのはそこだと思うのです。

よく子どもにみせる背中がないと言われますが、今単に一人一人の親が、それぞれの小さな背中を子どもたちに無理に開いてみせるのではなく、必死になって子どもたちに「核」を味あわせないためのたたかいに挑んでいるという、社会的な大きなうねりとしての大人の背中が子どもたちに見せる背中でなければならないと思います し、その背中は子どもたちにとって極めて大きな教育力となるだろうと思います。

そういう大きな運動をすすめると同時に、個々の子どもに個々の教育をすること、つまり歴史の進歩を人間の真実という方向と一致させていくこと、別な言い方をすれば、教育と運動を結びつける、あるいは社会と教育を結びつけること、そういった問題を合わせて考えていかなくてはならないと思うわけです。

時間の関係もありましたが、一番肝心のところが、意をつくせず申し訳なく思います。以上で終らせていただきます。

＊一九八七年八月九日、旭川市で開催された第二六回道民教合同研究集会記念講演の記録。演題は、「子どもをまるごととらえ、地域に根ざす民主教育の創造を」。道民教の『民教』誌（八三・八四号）に掲載された講演の前半部分（恵那の教育の歴史的展開の部分）を省略し、また最後の部分を省略したものが『あざみの賦』（八六・八七年実施の恵那教育研究所による意識調査）『人間・生活・教育』三六号（一九八八年八月一二日）及び『「恵那の教育」資料集』第二巻に収録された。本文は、『「恵那の教育」資料集』によったが、そこで省略されていた講演の最後の部分は、『民教』誌によった。

◆論文15（一九八九年）

負けても勝てるが逃げては勝てない

――恵那地域での教育運動の教訓として

Ⅰ　負けても勝てる秘策

「負けても勝てるが、逃げては勝てない」、この言葉は、五年程前、ある高校生の登校拒否者と退学希望の悩みに接して思わず吐いた言葉です。

皆さんもそれとなくご存知かもしれませんが、自らは鍛練と記憶力一途の努力によって、一応、名の通った高校、大学を経て教師に合格したある高校教師が、自らの努力を実績に、同様に努力させれば学校成績が向上することを信じて、生徒たちに立向かうため、一部の生徒が学校嫌い、勉強嫌いになって、逆に、登校拒否、そして退学を希望するまでに立ち至ったのです。

その鍛練法は、例えば小テストを行い、教師の判定で欠点を取れば、その問題を一〇回宿題として課し、それを翌日までにやらなければ、その翌日までに二〇回課すというわけです。

二～三回やらなければ、同じ宿題を一〇〇回練習するということになり、生徒は何のために、何をやらされているのか何にもわからないという状況になるのです。

例を漢字にとれば、最初の小テストで不合格であったばかりに、二～三日のうちにその漢字を一〇〇字書いて点検を受けなければならないということになるのです。それが間違った漢字だけならまだしも、その折の小テストに出た漢字、全部です。そして、その宿題が終わらぬうちに次の授業で小テストが行われるので、宿題としての漢字はべらぼうに増加するわけです。

その生徒は止むなく鉛筆を二本用いて、一度に二字の漢字を書くことをやってみましたが、そのことの方が手間取り、どうにも宿題がこなせないのです。

もちろん、本気にやる気もない生徒ですが、宿題がこなせないままで登校すると、職員室に呼び出されて、特別にお説教を受けることになるのです。それがまた、生徒の話によると並のものではないというわけです。

宿題がやれないそのことよりも、態度、服装、顔つき、目つきが悪意に満ちていて、反抗的だというところに主眼がおかれ、それが生来の欠点だとまでいわれるというのです。

最初はどれだけかおびえていても、何度となくそれをくり返されると、その教師の前にでれば否応なしに反発する気分が生まれてしまい、つい、心ならずもの態度が出てしまうという様です。そうなると、宿題そのものが反発の対象になって、全然やる気がしないのです。けれどそれをやらなければ、もっとひどい状況に陥れられることはわかるので、その教師の授業を受けたくないだけでなく、学校へも行きたくなくなり、目途も持たないのに退学したくなるというわけです。そして、その教師を殺してやりたいとまで考えてしまうのです。

幼少からその子どもを知っていた私は、その生徒の話を聞いていて、何というべきか本当に迷いました。本当はそんなもの勉強じゃないで、学校を退いてしまえ、といいたかったのですが、退学しても何のあてもない生徒に、そんなことを言ってもどうにもならないことはわかります。また、その生徒との話では友達と一緒にどうにかならないのか、とか、自分の気持ちを本当に分かってもらえる先生に話してみる気はしないのか、とか、いろいろ聞いてみましたが、そうした生徒は、他を信じて道を拓くことについては、たいへんかたくなな心情の持主でもあることが多いようで、そうしたことには自信がないのです。

詳しいことは省きますが、あれこれの話の末、最終的に私の口をついて出た言葉が、「負けても勝てるが、逃げては勝てないぞ」というものでした。

負けてしまっていて、勝つことを考えてみたこともない生徒に、勝ちのあることを考えてもらいたかったのです。高校に入学したとき「俺も受かったに、がんばるでよう」と言って喜んでいたその子どもが、一年に満たぬ間に、何ともだらしなく、漢字の攻勢に何ともならないでいる、そして人生そのものに挫折してしまっている姿に、どうにも黙っておれなかったのです。

いまその時の話を詳しく覚えていませんが、私は負けながら勝つことについて話したのです。宿題から逃げるのではなく、勝つように負けてやるのだということですが、それは一〇〇字の漢字だったら一〇字書くだけで完全に覚えるようにして、それで勝負しろといったことだったように覚えています。

その生徒が、それ以後どのように負けて勝つことを考えたのかわかりませんし、その生徒は自分のやり方をそうした言葉で理解したとは考えられませんが、とにかく三年間を高校へ通い、無事卒業したことだけは確かです。

それがどこの誰であったのか、いま、どこで何をしているのかは言いませんが、日本の下層労働者としてこの地域の中で生きていることは確かです。

Ⅱ　恵那教育会議の結成——日の丸・君が代、勤評反対闘争のなかで

それ以後、私は自覚的に「負けても勝てるが、逃げては勝てない」ということを考えるようになりました。実は恵那の教育運動もそうしたものであったと思えるからです。

今皆さんは、今日の状況における皆さん自身の教育実践と運動についてどうお考えなのでしょうか。決して勝利していると考えておられるわけではないと思います。けれど負けきっておられるわけでもないでしょう。

私は戦後の民主教育において、その成立が基本的に位置を変えるのは、学校が日の丸、君が代の強制に抗し切れるかどうかの時だと考えてきました。いわば体制の基本で負けの形をとることですが……。

いま、昭和天皇ヒロヒトの死去によって、改めて天皇と天皇制の問題に国民ひとりひとりが対峙させられていますが、戦前の絶対主義的天皇制の下で、青春を失ってきました私は、天皇制と軍国主義とが結びついた象徴としての日の丸と君が代の教育への強制については憎悪とでもいった思いを抱いているのです。

その内容をお話ししているゆとりはありませんが、歴史的、科学的にも明らかな日本人民支配と諸民族侵略の象徴であった日の丸と君が代が、戦前の支配の道具であった教育から払拭されて戦後の民主教育が発足したわけですが、天皇を戦犯として処罰しなかった国際政治情勢の中で、反動勢力は再び支配の道具の象徴として日の丸、君が代の復活を図ってきたのです。しかもそれは教育に定着させることに最大の目的を置いていたのです。

戦後も間もない学者文相といわれた天野貞祐文部大臣の頃から、何度となく持ち出されてきましたが、最初は平和と民主教育を守る国民的反撃にあって必ずしも成功しなかったわけです。

教育の上で事態を大きく変えてきたのは教委任命制につづく勤務評定だったと思います。それは直接的には、住民の教育権や教師の権利と自由を抑圧する形をとった

攻勢でしたが、その裏には、子どもの人間をとりこにするための教育内容を国家が掌握することをねらった学習指導要領の国家基準制の導入と強化のねらいがあったわけです。

以後さまざまな過程を経ますが、究極において日の丸、君が代は学習指導要領の改悪を通じて学校現場へ強制的に導入されてきたわけです。もちろん、その導入を援助支援する政治反動の直接的な攻撃も加わりますが、根拠としては学習指導要領での、国旗、国歌の明記といったことが中心になるわけです。

だから私たちは勤評闘争は、単に教師の権利にかかわる問題でなく民主教育の内容変質にかかわる問題だとして、父母と共に国民的にたたかう課題として闘争を組んだのです。が、このたたかいについてはここであまり詳しくふれていることはできません。

当時勤評闘争は教育として「戦争への一里塚」を許すか許さないかの問題として、教育的には国民教育か国家主義教育かを争ったことになるわけですが、そのたたかいが全国的に勝利を納めることができなかったことで、私たちは、どれだけか今日に続く事態を予測させられたわけです。もっと正確にいえば、勤評闘争を通じて勤評の本質をそのようなものとしてとらえていたということができます。

だから、今日流にいえば「地域に根ざす教育」といいますか、国民（父母、地域住民）主権の教育を築きあげていくことで、教育への日の丸、君が代の強制などが行われない状態を維持、発展させることを考えたのです。そして、その保障として地域の教育における統一戦線の具体的な結成に努めたのです。

それは恵那教育会議ということで現実化することができました。恵那地域の地教委連、小中校長会、ＰＴＡ連、教組恵那支部の四者による話し合いの場から、協力共同の場としての連合的機関を設立することができたのです。そして教育会議では四者の一致点にもとづいて実際に勤評とたたかいながら、地域の民主的な教育を進展させるための諸活動を展開していったのです。

しかし、いくら恵那教育会議が結成されたといっても、政治権力が民主化され革新化されていない状況では、教育だけが独立した自治権を持つことはできません。まして任命制教委の制度下にあるわけです。市町村長を通じた政治権力の意向は、恵那地域だけ勤評実施を拒否することなど認めるわけがありません。陰に陽に、圧力として地教委をおびやかすことは当然です。

だから、恵那地域でも岐阜県教委が勤評実施を強行する段階では、止むなくそれに従うという事態を認めざるを得なかったわけです。「勤評絶対反対」を掲げている教組も、勤評の正当性を認めることはできないが、地教委が実施せざるを得ない事態に立ち至っていることを、情勢として理解せざるを得ないという矛盾に立たされたのです。いわば、不義、不当に負けねばならぬ事態を自らで認めねばならないわけです。

このとき私たちは「名を与えて実をとる」ということで対応したのです。それは何よりも教育会議の統一をより強化し、その内実として民主教育の実践と運動を進展させることに意を注ぐことになっていきました。別の言葉でいえば、勤評書は書かれ提出されても、一切無効な実態をつくりだすことで、勤評のねらいそのものを挫折させながら、より地域の教育を確立させていくことに努めたのです。

いま、勤評闘争の中で「名を与えて実をとる」対応といいましたが、それこそ「負けても勝てる」ことを考えたわけです。

具体例をあげて詳しく述べないとよくわかっていただけないのですが、この勤評闘争と恵那教育会議の運動、そしてここで「負けても勝てるが、逃げては勝てない」ことを経験的に実証した前提に、私自身は一九五七年には「組合活動の転換」と題した統一への方針の模索の経験がありますが、ある意味では、この五〇年代末のさまざまな経験が、その後この地域での活動の基盤となってきたと考えられます。それだけに、この頃のことにつきましては、特別に学びあっていただきたいと思いますが、その機会としましては、来年度はじめから予定されています復刻版『教師の友』の夜学などが考えられますので、その折りにはまた全面的に詳細に、みんなでご検討くだされば幸です。

Ⅲ　統一の方向で団結を——勤評闘争の教訓

ところで、桑田先生はこの会の案内で、語録的に私を紹介してくださっていますので、この時期、特に語録風に教訓化した問題を付け加えておきますと、

「教師の団結の源泉は教育実践にある」
「学校教育は、教師と父母の両側面によって成立する」
「何もしゃべらないで決めるより、みんながしゃべって決まらない方がよい」
「教師の自由こそ民主教育の生気だ」
「正しい立場を堅持することで一致点は高まる」
「統一の方向で団結を」

など、思いつくことができます。が、この中で「統一の方向で団結を」ということにかかわって、いまの活動の中でも充分に留意せねばならないと考えられますことを少し申し上げてみたいと思います。

「万国の労働者、団結せよ」といわれた昔から、私たちは団結を瞳のように大事にしてきています。闘争や集会の折りにも「団結がんばろう」を唱和したりします。弱き立場の者、なかまだけを頼りとする者にとって団結こそが力であるし、その証であるからです。

けれど、ともすると団結だけが目的となって、なかまの枠をせばめてしまっていることがあると思います。団は団子、団円のように「まるいこと」、また団結、団地のように「ひとかたまりになって集ること」、そして団体、集団のように「組織立って集った仲間」という意味をもつと考えられますが、いずれにしましても「ひとつのまとまり」を示すものだと言えるように思います。

この「ひとつのまとまり」が、間違いなくそのまとまりを団結として強めることは基本として大事なことですが、それを本当に強めるためには、まとまりの内だけのことを問題にしているだけでは駄目だという教訓なのです。

勤評闘争でいえば実際に勤評によって差別をされたら直接的に被害を受けるのは教師であるわけです。だから教師たちは感覚的、実感的に勤評のひどさがよくわかるのです。そのため最初に勤評反対をうちだして団結を強めたのは教組になりますが、この教組の団結が真に強まっていったのは、父母、校長、地教委との統一の方向でたたかったからです。

それは統一の方向をめざし具体的に行動すれば、団結のもろさはすぐにあらわれ、それは統一を疎外する要因としてはねかえってきます。そこではそのもろさを放置しておけなくなり、団結を強める新しい活動がうまれます。そして団結の強さが統一を促進していくことになります。

つまり、「統一の方向で団結は強まり」、「団結の強さが統一を進展させ」「統一の発展が団結を促す」といった関係が生じてきたのです。

このことはいま私たちの教組運動が、その団結の面でもどれだけかもろさを露呈していますだけに、特に大事にしなければならない教訓のように思うのです。ともすると、団結がもろくなると、内部の弱点だけをあげつらって、目を外へ向けることをしなくなることがありますが、職場組合、民教研、育てる会など、私たちの団結の強さだけが保障となって統一をひろげ進展させるための基礎組織はいくらもあると思います。

いまは、人間以前の動物的要因とでもいえそうな血縁でむすばれた家族ですら、その絆が保てないほど異常な状況です。それだけに、小さく個人的、サロン的にかたまってそれで団結だといっても、すぐこわされてしまいます。特に人事を武器とした攻勢の中で、誰か一人が利用されたりすると、サロンにもならない冷たい空気が流れて、団結がひびわれてしまうような団結のもろさはいっぱいあるように思います。

「団結はたたかいによって生まれますし、たたかいの中で強まります」が、そのたたかいを統一の方向でひろげることこそ、何より大事だと考えるのです。

「負けても勝てる」、それはあらゆる面で統一を進展させ団結を強めている状況そのものを言うべきだと思います。それはまた、たえず自らの内にたたかいとしての課題を具体的に持ち得ている状態を指していることだといえます。が、そのもとには根強い要求が必要だと思います。

Ⅳ　日の丸・君が代導入を予測した抵抗の対策
――校歌づくり

話があちこちへそれて恐縮ですが、勤評闘争で「負けても勝てる」方策を考えながらも、ここだけでなく全国的に勝利を納めることができなかった状況の中で、私たちは民主教育への攻撃が国の政治課題の中心となって激しくなることは予測しました。また、いつ、どうした形でというまでには予想できなくとも日の丸、君が代が教育の場へ強制されてくる危険は強く感じました。

私は組合役員として、一方では教育会議の活動を発展させることに努めながらも、一方では日の丸、君が代を学校へ持ち込めないようにするために小さな対策を徹底的に講じたりもしました。

例えば「校歌」づくりです。私は当時中津川西小学校に在籍していましたので、故近藤武典先生などと話しあって、故安藤三郎校長を口説いて「君が代なんかをうたえという日がきたって、ここには立派な校歌があるで、うたえん」というような「校歌」を作っておこうという話をまとめ、それを全職員やＰＴＡに支持してもらって、「立派な校歌」を作るために動きました。

何といっても作詩が大事だということで「恵那の民主教育をよく知り、こころよく引き受けてもらえる立派な人」ということで、当時日本作文の会委員長であった故今井誉次郎氏にねらいをつけて東京へ行って頼み込みました。

今井さんはたいへん喜んでくれて、中津川はよく知っているし、ということで引き受けていただきました。でも、作詩料はゼロですよということで了承してもらったのです。

しばらくしましたら、作詩はできたが、作曲はどうするかということで問い合せがありましたので、先生の詩と日本の民主教育にふさわしい人を今井さんの方で探してくれといいましたら、「原爆のうた」の作曲者、木下航二氏に頼むことにしたと返事が来ました。

このときは、ほんとうに嬉しかったものです。日本一の校歌になったとみんなで喜び合いました。けれど、作曲については、専門家だからどれほどか作曲料を出してやってくれということで、たしか二万円ほどだったと思いますが、学校から送りとどけたと記憶しています。

それが、いまの中津川西小学校、校歌の出来上がる由来ですが、あれも動機としては「君が代導入を予測した拒否抵抗対策」のひとつであったことはたしかです。

皆さん、あの校歌は、作られた動機ということにかかわりなく、たいへん味のあるいい校歌ですので、折がありましたら、聞いてみられると良いと思います。

けれど、この小さな抵抗的対策も、意味がなかったとは申しませんが、それに見合う統一が進展しない限り、それだけで、君が代導入を防ぐことはできませんでした。あの校歌は君が代と異質の民主的な大変良い校歌ですが、いまでは卒業式などで、君が代と同席になってうたわれ、たいへんチグハグなことになっているのでしょう。

V　日の丸・君が代が強行されても民主教育は実践できる

最初の頃にも申しましたように、私は「日の丸、君が代」が強制的に導入されることで、学校における民主教育の体制は基本的に失われるというか、変質させられたとみるべきではないのかと考えていますので、現在のこの地域の学校には基本的に民主教育の体制はないと思います。

けれど、体制がないということと、民主教育が存在しないということは別ですので、これから、そのことについてお話ししたいと思います。

学校への日の丸、君が代導入は国家主義教育の侵略の象徴のようなもので、ちょうど戦争でいえば占領地に旗をたてて、ここは占領地だと誇示するようなものだと思います。学校でいえば、この学校は、国家管理下にあるのだぞ、ここでの教育は国家第一を任務とすべきだ、承知しろ、といっているようなものです。

地域の学校が国家に占領されたということはたしかに面白くないことで、くやしいことにはちがいありません。そしてそれはある意味で極めて恐ろしいことともいえます。たとえば天皇死去についての黙祷の強要のように、「遊びをせんとや生まれけむ」（今様四句神歌）と歌った頑是ない子どもたちの心をも束縛することさえ強要するからです。そして、時には、黙視、黙動の学校のように、国家主義教育が日常的な体制にまで浸透させられることも無いとはいえないからです。

けれど一般的には入学、卒業という学校行事の最大の機会を国家の学校として儀式的に位置づけようとする他は、未だ手がつけられないありさまです。この状況について私は決して安心しているわけではありませんが、支配の意図がそんなにたやすく学校に貫徹しないことも事実としてみているのです。

そのことは考えようによっては、民主教育ばっかりの学校の中へ、入学、卒業の日に限り異質のものがたちあらわれることで、入学と卒業の両門を国家主義教育に変えたので、ここには民主教育はないはずだ、とわめいているようなものだともいえます。が、問題はその両門を通過する子どもたちが、民主主義的人間か、国家主義的人間かということにかかるのだと思います。

こうした両門異質の学校での民主教育を考えますとき、私はあのドーデの名作である「最後の授業」の作品を思い出します。占領軍にすべて占領され、母国語での教育が許されない状況の中で「フランス万歳」といって終えた最後の授業は、いかような状況の中においても民主教育の実践は可能だということを物語っているからです。

日の丸、君が代の強制にあらわれる国家主義教育は、体制支配として迫るわけですから学校への日の丸、君が代の持ち込みをねらいながらも決してそのことだけで押してくるわけではありません。が、いかなる段階においても持ち込み可能の状態をつくりだすことを忘れているわけではありません。たとえば、旗を立てることができるポールを、誰かに寄贈させる形で学校に建ててしまうとか、校舎改築の際に一挙にポール三本を新設するなど、ねらいにあわせて長期的に仕掛けてくることもたしかです。

いまから十五年以上前のことですが、中津川東小学校へ寄贈として立派なポールが建てられたことがありました。時の校長は故梶田敏郎先生で、要らないといっても無理に寄贈してくれることの中に危険を覚えられたようです。建ってしまったら案の定、校下の声として日の丸掲揚の問題が出てきたといいます。そこで梶田校長は一策を講じて子どもの日にちなんで、鯉のぼりを掲揚され、それ以後一年間ほど鯉のぼりを掲げたままにしておかれたわけです。そうなると変った校長として、鯉のぼりをおろして日の丸に変えよという声は出なくなったようでした。

　これもその当時の校長先生の抵抗だったと思いますし、民主教育具体化の一例だと思います。

　日の丸、君が代の強制導入によって、基本的に民主教育の体制を失ったといっても、国家主義教育の浸透の度合いはさまざまですし、その体制が確立しているわけではありません。そこには国家主義教育自体が持つ矛盾としての弱点がいっぱいあります。学校教育にとって最も基本となるべき真実と信頼にかわってウソと、おどし、だましと命令でしか推進させることができないからです。

　だから、実際には民主教育の実践や制度が存在しそれを創造、発展させることのできる余地はいっぱいあるのです。その点では皆さんも日々努力されているわけですし、その努力が実っているようです。ほんとうはそのことについて話さねばならないようですが、いまはそれを話していることはできません。だが、それを学校体制として全面的に花ひらかせるということは、教師の努力だけでは困難だと思います。

　いまから六〜七年前だったと思います。私はあることで、長崎市に隣接した民主町政で有名な香焼《こうやぎ》町の坂井町長さんとお話する機会がありました。いろいろの話のついでに、私は香焼町の学校では卒業式に日の丸を立てるのかと聞きました。町長さんは役場をはじめとしてそんなものは掲げていないといわれたついでに、もし学校でそんなものを掲げる卒業式をやったら、私は出席しない、とはっきりおっしゃいました。私はなるほどと思ったのでした。

Ⅵ　教育に対する政治の圧迫に対抗して

　岐阜県議会が教育正常化決議を強行し、日の丸、君が代の強制が東濃を中心とした教育現場ではじめられる頃、私は中津川市教育研究所にいましたが、この強制を防ぐには、父母住民の間で論議をつよめ、賛否両論はあるにしろ、教育への強制はなじまないという点での父母住民の教育についての自覚的良識としての一致を生み出すことが必要だと思い、学力検討委員会という共同の機関で、父母、市民のアンケートをとり、それをもとに自由論議をひろげ組織することを提唱したことがありましたが、「そんなことをすると寝た子を起こすようなものだ」という一部の校長の強い反対で不発に終わりました。

無理をしてもあせってもダメなことがわかっていましたので、その時は何ともなりませんでしたが、いま、日の丸や君が代を学校へ教育として強制するのは、教育の国家主義化・軍国主義化のための象徴的推進であって、それは子どもたちの人間的発達にかかわる教育内容の変質化とその管理統制強化にねらいがあるわけです。そしてそれはすでに新教育課程として準備されています。単に教師だけの情勢的判断によって左右させて良いものではないと考えるのです。父母、住民の教育的見地からの自由論議が活発に展開されることと、その意見の組織的集約が保障されることを通じて、学校で自主的に判断すべきだと思います。

そのことを抜いては、実際に学校が自主的に判断することはできないし、学校はその基本において民主的な体制を回復することができないと思うからです。

香焼町の坂井町長さんの話をきいてなるほどと思ったのは、あそこでは町長さんの政治的立場や信念についての是非が、何回もの町長選挙を通じて、町民の間で教育論議としてもくり返されて来ているわけだから、町長さんの意見、見解は、そのまま、町民の教育的見地の集約点とみてもおかしくないと思ったからです。

つまり、香焼の民主町政の中では、政治的見地と教育的見解が矛盾しないし、政治が教育を圧迫することもないことが語られていることについてなるほどとうなずいたわけです。

しかし、日本全体の政治と岐阜県や私たちのまわりの状況は香焼町のようにはなっていません。政治が教育を圧迫するというのか、教育を政治の手段と位置付け、学校を政治の意図を実現する道具と考えているため、人間を育てる――人間の発達を保障するべき学校は、たえず政治と教育の矛盾にさらされる場となっているのです。

いわば支配としての政治的意図が、名目だけは教育的なものになって学校へ強要されるため、学校はたえず教育と非教育が矛盾する集中点となっているわけです。だからここでは、主要な問題は教育的言辞を弄しながらも真の教育的見解からでなく、政治的情勢をみる見地から論じられ判断されることが通常となって、矛盾をいっそう深めることになるのです。その最も典型的なものが、日の丸、君が代の学校への導入です。

日の丸、君が代について、教師たちがほんとうに科学的、歴史的立場や人間的実感からの教育的見解を出しあって何時間も、何度も話しあって、それを学校へ導入することの非教育性について結論を出しても、最終的には、その教育的見解とは全く異質の政治情勢論が語られることで、真面目な教師たちの討議を無に帰させてしまうのが一般です。

そこにいる限り、真面目な教師たちの努力はいかにも哀れな徒労としかみえないことも往々です。けれど傍目にはいくら徒労に撮《うつ》ろうとも、何度でもその徒労的論議をくり返すことで、導入の非教育性をたしかめながら、真の教育的見解をたしかなものにしていくことは、自らを含めた学校での教育を「負けても勝てる」ものにするために大事なことだと思います。

話は古いことになりますが、かつての教育正常化攻撃の最中、私は県教組の書記長として県教委交渉にあたりました。いま悪名高く注目されている高石邦男氏は、文部省から派遣されて県教委教職員課長として、事務局内を牛耳っていました。そして法律的見地からだけの教育的言辞をふりまわして、正常化の理論的指導者となっていました。

団体交渉の場ではなかったと思いますが、何故正常化が必要か、ということで話しあったとき、彼は、こういいました。当時、国労は実力ナンバーワンの組合でしたが、それを引きあいに出して「国労は組合として極めてつよい。だから労働条件も改善されていっている。けれど、枠を越えた問題に口を出さない。国鉄の生命は列車のダイヤ編成にあるが、それは当局の管轄するものであって、それには絶対口をださん。けれど、日教組はちがう、教育の生命は教育内容で、それは文部省、教委の権限に属し、教師はそれに従うべきなのに、教組はそれに口を出す。教研集会などをやったりして文部省のきめた教育内容を批判したり、自主編成などまでやっている。それがいけないのだ。賃金や労働条件だけを問題にしている組合なら正常化など必要ないし、大いに協力、援助すべきだと思っている」と得意げにいいました。

教師が最も大事にすること、子どもに責任を負う中心は教育実践としての教育内容にあるわけですから、私は「どんなことがあっても教育内容について口をださない教組にするわけにはいかん」といって物別れになった覚えがあります。

そしていま一人、東大教育学部を大田堯先生と同期で出たとかいう話でしたが、文部省派遣の田という教育次長もいました。この人は目立たぬ人で高石氏とは対照的存在のようでした。

これはたしか団体交渉の時でしたが、教育正常化の必要について、偏向教育の問題にかかわって田氏は「いま、事例として偏向教育はなくても教育とは教師の心が、教師の人間を通して子どもに伝わっていくものである。日教組は倫理綱領で教師は労働者であるとうたっているが、労働者というのは労働者階級として社会主義社会を目指す存在である。だから日教組も社会主義社会を目指す団体だと思うが、その団体に加わっていれば、教師は団体の構成員として自ずから社会主義思想が身につくようになる。そうなるとその思想が教師の人間を通して子どもたちに伝わっていくことになる。そうなると教育が偏向する。だからそうした思想が身につかぬようにするためには、その団体つまり、日教組に加わらぬようにする他ないのだ」といったことを述べました。やはり教育学部出身だけあって高石氏の法律論とは違ったものでした。

ついでですからもう一人あげてみます。それは教育正常化攻撃の表向きの最高責任者であった、伊藤教育長です。彼は県庁の役人上がりで教育には素人でした。正常化をどこかで理屈づけしなければならないと考えていたのか、教育長室へ行くと、県内の郡市町村別に小中学校の学力調査結果点数が大きく貼ってあって、苦笑いしたものですが、この人の正常化論は至って素朴でした。もちろん団体交渉の席などでは、高石氏に話させて自分は何もいいませんでしたが、ある時、教育長室で彼と二人だけで話す機会がありました。正直な話というのは、「何も無理に正常化なんてやらんでもいいと思うけど、わしも宮仕えの身であるし家族もあって喰っていかんならん。松野さんが知事として『やれ』といやあすもんで言われたようにやるより仕方がない」というものでした。あきれて言葉もない程でしたが、なるほどという思いもした記憶があります。

この三人のことは話をそらすために言ったのではありません。政治が教育現場にあらわれる場合の理屈のさまざまとしての典型をあげてみたわけです。日の丸、君が代でも大同小異、この三人に似た言い方で押しつけてきていると思います。

ただ三人の中でも田氏の理屈には、目的の悪質さやこじつけのひどさはあるにしろ、教育的に重視すべき点も含まれているように思います。それは教師の人間の質がもたらす教育作用について述べている点です。

先程、私は例として学校における日の丸、君が代論議が一見、徒労的であっても、それが教師の人間に与える意味を、教育価値の問題として、「負けても勝てる」内容として大事にすべきだと申しましたが、田氏の教育正常化推進の理屈の中では、私たちとは逆の立場から、その価値を認め、それを支配の側の恐怖としてあらわしている部分があるのです。

日の丸、君が代の導入阻止の直接的方法としてみれば意味がないようにみえる教師間の真実の論議でも、民主的な教育の価値としてみれば極めて高いものを持っていることを改めて考えてみる必要がある様に思います。

基本的に民主的とはいえない体制の中でも民主教育の実践は可能だし、それは未だ無限といってよいほど創造される余地があると考えます。その場合、実務的にみれば意味のないようなことの中でも、それが教師に真実を求めさせ、その真実を自らの人間的内容とすることで、教育的矛盾を自覚させ深めさせることが可能であれば、それは民主的な教育の価値として大事にすべきだということまで含めて考えてみれば、「逃げない限り、負けても勝てる」ことがいっぱいあるのではないでしょうか。

Ⅶ　父母・地域住民の教育主権を生かして

だが、とあえていいたいのですが、香焼民主町政の坂井町長さんの話や、教育正常化の折りの伊藤教育長の本音をきいたり、学校での教育的論議の努力が、一言の政治情勢論、例えば、政治が変わらなきゃ、どうにもならないさ、という言葉で徒労にされてしまったりすると、政治が変らなければ、政治を変えなければと、しみじみ考えさせられることも、またたしかだと思います。

それは政治が民主的、革新的に変われば、教育の特性や学校の自主性が尊重されて、政治的なねらいを圧力として学校へ押しつけるというような無謀なことから生ずる矛盾がやわらぐことはあると思います。事実、あの教育正常化攻撃による、教育破壊と学校混乱の中で、教育危機を救うために故西尾彦朗先生が革新市政を掲げて中津川市長選挙に出馬され、激戦の末、当選された後、革新市政としての行政がすすめられたときは、教育基本法にもとづいて、教育の特性を教育委員会の自主性尊重という形で具体化された行政によって、学校は生きいきとした教育の場となっていたことは事実ですし、その革新行政によって引き出され、生み出された民主教育の成果は実に大きなものとなりました。

その時のことを詳しく話していることはできませんが、もし、私が私の貧しく小さな人生を、叙事詩としてまとめるとすれば、この西尾彦朗市長の革新市政期は、民主教育の花ひらく、麗しき時として描くことは間違いないと思います。

小さな街の政治が革新的に変革することですら、そこに生きる者の教育にとって、画期的な意味を持つものですから、もっと大きく広い場での政治が革新されるなら、教育と学校がどんなに本来的な生気をもつものであるかは、理解できることです。

だが、ここでよく考えてみなければならないのは、西尾彦朗市長が、かって公選制の岐阜県教育委員長であったり、勤評闘争当時中津川市教育長として、恵那教育会議議長を勤められ、政治が教育にもたらす矛盾をいやという程、みせつけられていたことから、教育行政についてては教育の特性を最もよく熟知しておられた三宅武夫教育委員長を据えるなどして、その独自性と自主性の確保に特別な配慮をされていたことと、かっての恵那教育会議の経験を生かして父母、地域住民の教育主権を生かすべく、教育委員会が責任をもって中津川教育市民会議が組織されるなど、格別の努力が払われていた事実です。この、教育に対する父母、住民の主権が現実的に尊重、重視されうる配慮と体制があったから、そこでの教育が本来の教育機能を果すことができたのです。それはまた、恵那の教育運動における歴史がつくりだしていた教訓が踏まえられていたからだと思います。

もし教育における主権者としての父母、住民の教育的主権をないがしろにしていたならば、政治体制としての革新であっても、教育では保守、反動的といえる国家主義教育体制の枠を破ることはできなかったと思います。それは、七〇年代の革新時代を先駆的に創り出した東京の美濃部革新都政をみればよくわかることです。政治行政がいくら革新的になっても、東京都教委の教育行政が民主的、革新的になることができず、革新都政の中での保守、反動的な教育行政の矛盾が、教育現場を混乱させていた事実となってあらわれていました。中津川と東京、それは一口にまとめてしまうことのできない社会的歴史的条件のちがいがありますが、基本的には教育主権者である父母、住民の教育参加体制の強弱ということに要因があったと考えられるのです。

このことから考えられますことは、今日の教育状況を変えるためには、たしかに政治的な体制の変革が、教育の自立、学校の教育性確保——民主教育体制にとって、決定的ともいえる重要性をもつことは確かですが、それが教育、学校のうえに具体化されるためには、父母、住民の教育参加体制の問題を抜くことはできないということです。

それは、教育の自治と申しますか、文化の持つ特性的な自主性にかかわって極めて大事なことだと考えるのです。かつての東京都の場合は、革新都政のなかでの教育行政の自主性尊重が、実際には文部省系列での官僚的な教育行政者による非民主的教育推進を促進したことで、革新都政の中での矛盾をさらけだした一例ですが、いくら革新政治でも教育行政の自主性を無視して革新的理念を教育現場へ押しつければ、それはまた、教育的見解からの納得、理解ではない、政治的情勢論による非教育的措置しか得られない悲劇を生み出すわけです。

そうした意味で、真に教育の民主性と学校の自主性を確立するためには、政治の民主的変革と共に父母、住民との共同を強めることが必須の要件になると考えるのです。そして、それを二つの課題としてとらえるのではなく、一つのこととして理解することが大事だと思います。

これまでこの地域の教育運動では、「教育への政治攻撃に対しては教育的に反撃せねばならない」と言ってきましたが、この言葉はまさに政治と教育の関係を運動的に言い得たものだと思います。

Ⅷ　父母住民と手をつなぎあって

最近の天皇に対する異常な報道や、取り扱いは、天皇元首化をもくろむ極めて危険な動きだと思われますが、そこには全く主権在民の思想や立場が失われているからです。民主主義の基本は主権在民にあるわけですから、教育を支配の手段として教師、子ども、学校に加えられている政治の攻撃に対しても、私たちは徹底して教育の主権者である父母、住民と共に、教育主権を守る立場をとることが必要ですし、それがまた、教育を守り育てるだけでなく、教育を支配の手段としている政治の実態をみんなが見抜き真に民主的で革新的な政治をつくりだす力になるからです。

そしてまた私たちが教育について、たえず父母、住民と共同していることは、先に申しました田教育次長の言い草ではありませんが、父母、住民の願いや要求を、教師としてたえず理解し身につけることになり、自らの教育を間違ったものにしない上で重要であるだけでなく、学校と教育の体制を民主的なものにする上でも欠かすことのできないことになるわけです。だから「負けても勝てる」教育実践は、間違いなく教師の個人的な良識と抵抗を抜きに具体化することはできませんが、それを保障し実効あるものに実らせることは、父母、住民との共同の進展如何にかかっていると思うのです。

教師が父母、住民をうるさい奴と思い、父母、住民が教師をいやな奴と観ること、それこそ支配がのぞむところですし、いま、そうした状況がひろがっているとすれば、これまでの反動的な政治による教育支配が成功している証拠です。その中でいちばん迷惑し、困っているのは子どもたちであることは間違いありません。

かつて中国は日本帝国の軍事的侵略に犯されたとき、国共合作（国民党と共産党とが共同して）で救国戦線を敷き、祖国を守るために共同してたたかい勝利しました。いま、日本の教育は自民党を中心とした戦後の総決算政策の中で、臨教審路線という最大の危機に直面しています。それは財政のうえにあらわれた世界に類をみない最悪、最高の悪税制としての消費税と同質のものであることは間違いありません。

消費税導入にあたっては、高齢化社会に備えるためといいながら、消費税元年の八九年度政府予算案では、あらゆる福祉をバッサリ切り下げ、軍事費をはじめとして、海外援助、エネルギー開発などでの軍事、経済進出にからむ費用の増加を目立たせています。まさに消費税が、軍事費捻出を目当てとしたものであったことがはっきりしてきました。

かつて日本の不沈空母化をアメリカのレーガンに中曽根首相が誓ったのは決して空約束ではありません。それは直接的な軍事費をつくりだす財政の上では消費税としてあらわれましたし、乗組員としての肉弾をつくる上では臨教審路線としてあらわれてきたのです。私を含め皆さんは「教え子を再び戦場へ送らない」と国民に誓った戦後の日本教師の一員です。この未曾有の危機にあたって、国共合作の救国路線のように、教育を通して子どもたちをムダ死させないために、そして、かしこく、すこやかな人間として育てるために、何としても教師たちは父母、住民と共同することにあたらねばならないと思います。

「負けても勝てる」最大の道は、そこにあると思います。そのために逃げることなく「ゆっくり急ぐ」ことがいま求められていると考えます。

——後略——

＊『恵那の高校教育』Ｖｏｌ．13、一九八九年、岐阜県高教組恵那支部、に掲載。第四節「みんなが一並びになって希望への道を——岡本先生の立候補の意義」を省略。署名は、恵那教育研究所長　石田和男。石田はこの「負けても勝てるが逃げては勝てない」を座右の銘にしていた。

◆論文16（一九八九年）

「民主主義」の弱さが今日までも尾を引く

志穂ひろ子さんへ

若い教師としての天皇問題についての率直なお便り、とてもうれしく受けました。昭和天皇が死去し、新天皇が即位しすでに半年あまりを経ました。

ずいぶん以前からXデーが取り沙汰されていましたが、その当日、一九八九年一月七日は、日本全国をまことに異様な雰囲気に包んだ日でしたね。あなたの便りによれば黒一色で、暗い心境に陥らざるを得ない日だったわけですが、私はちょうど、七―八日と私たちの地域にある民主教育研究会の冬季研究集会が開かれましたので、七日の早朝からその集会に出掛け、夕方近くまで、天皇死去のニュースも知らないままにいたのです。そして、死を知ってからもあえてテレビをみることもしないでいましたので、Xデー報道として国と報道機関が意図的に仕組んでいた黒一色の映像攻勢には、直撃されないままで七―八日を過ごしたのです。

けれど、いくらテレビをみなくても、天皇の死去は私を含め民主教育研究会の集会に参加していた私たち全体の胸に、複雑な想いを抱かせていたことはたしかです。七日の夜に予定されていた懇親の宴では、みんなの複雑な想いが歌舞音曲の自粛とは逆に、さまざまな歌曲の高唱となって会場に渦巻いたからです。

私もたしか調子に乗って、破れ声でイタリアの「人民よ進め」を歌ったような覚えがありますが、天皇の死を悲しみとする気持ちだけは、どうしても抱くことはできなかったのです。

話はすこしそれますが、天皇死去の後に続く政府指示の国民服喪？といいますか、自粛強調の期間に、地域では部落の新年会や小さな祭りがいや応なしに開かれたのですが、聞くところによりますと、どこでも歌舞音曲の自粛などしないで、カラオケが流行ったようです。その中でも今年は「祝い酒」のうたがとても多く歌われたようです。そんなところにも庶民の心があらわれているように感じ、面白く思いました。

帳消しにできない諸問題

ところで、その七―八日、報道攻勢にさらされて、私の天皇観に無用の雑念を入り込ませるということはありませんでしたが、天皇について私なりに考えないわけには参りませんでした。

一九二八年、欽定憲法による絶対主義的天皇制の下で生まれ、大日本帝国による侵略戦争の進展の中で青春期までを生きた私は、直接的には今上天皇（死後、昭和天皇）だけが天皇で、その勅語によって左右されていたわけでした。

敗戦がいま一年遅れていたなら、完全に軍隊へ召集されていた――それよりも本土決戦で皆殺しにされていたであろう私ですが、戦場へ赴かなくても、機銃掃射にあったり、爆撃にあったりするなかで、運よく命拾いをしていただけで、毎日が戦争死と直面していたあの日々をふりかえってみますとき、あの悲劇は天皇の存在をぬきにすることはできないのです。

それでもまだ、私はこうして生きのびてきていますが、あの時期に、戦争によって死をもたらされた人たちは、自らの死の意味を考えることも、死をもたらした者へ抗議することもできぬまま眠っておられるのです。そして、こうした戦争死はただ日本人だけではありません。大日本帝国の侵略によって土地を荒らされ、生命を奪われた諸外国・諸民族の人々を忘れるわけにはいかないのです。大日本帝国によるこの侵略戦争悲劇の責任者の頂点に、今上天皇がいたはずだという私の、私たちの思いは、Xデー騒ぎによって帳消しにされたり、曖昧にされてはならないという思いが、天皇の死去をめぐって改めて湧いてきたのです。だから私は、あの下血騒ぎの最中でも、今上天皇がその死に臨んで、「一言の詫びもないままに」五体分もの輸血を受けていたりすることに怒りを覚えましたが、生涯の最後までその言葉が出なかったことで、やはり「全面的未発達」だったのだな、とも思ってみたりしたものでした。

欽定憲法下ではなく、日本国憲法によって象徴天皇と規定されたその世界に誕生を迎え、成人して教師となられたあなたに対し、これまで私が述べてきた天皇への想いは、いかにも時代離れがしていて、老人の中世的な怨み言のようにきこえるかもしれませんが、あのXデーと準備され、あなたのいわれる黒くて暗い天皇崩御の一連の報道と諸施策は、まぎれもなく今上天皇（昭和天皇）

の死去にかかわる出来ごとであるのです。

だから、いくらあなたにとって生活的実感をともなわないことであるにしても、あの天皇が戦前の日本における統治者・元首・現人神として持っていた、戦争遂行に対する最高権限者としての責任について、私が強い怒りを持っていることもまた、わかっていただけることと思います。

あなたのお便りでも、「あの二・三日、『プンプン』怒って暮らしていたのですが」ということで、その中心に天皇の戦争責任の問題があったことを記しておられますが、死去後の異様な報道はあなたの指摘のとおり、『終戦』の際の天皇の『御聖断』をクローズアップし、戦争責任を歪曲する論調」に終止し、天皇を平和の女神のように描こうとしていたことはたしかです。だからあなたは「天皇がどこまで軍部に対して実権をもっていたかについては、正確に議論しなければなりませんが」と責任論の歪曲に対して一歩ふみこんだ疑問を抱いておられるのでしょうが、そこのところに私は少しひっかかるのです。

常識的・日常的に考えたい

それは、あなたがより正確さを得るために、天皇の実権の実態を探りたいと思われることにけちをつける気は毛頭ありませんし、学究的にはそのことがずいぶん問題にされ、いろんな紙誌上で論じられていますので、それについては私も関心が無いのではありませんが、軍部との関係における天皇の実権の実態というところで、天皇の戦争責任問題の是非を判断するということは、その実態がわからなければ責任が無いとすることにもなりかねないことで、それは「侵略かどうかは後世の史家が判ずること」と答弁した竹下前首相のようなものだと思うからです。

昭和の時代になって、美濃部達吉博士の「天皇機関説」が弾圧されたりしたことからはじまり、太平洋戦争後の国際軍事裁判で、当時の戦争遂行の最高指導者であった東条英機元首相が、「天皇の意志に逆うようなことはできない」という意味のことを証言したりしたこと、あるいは「木戸日記」での証拠など、天皇が政治的に最大の権限を有していたことは、すでに史実的にも明らかですが、その史実がはっきりしていなくても、国家元首であり軍隊の統帥者であった天皇が最高責任を負わないで良い、という理由はあり得ないと思うからです。

もっと日常的・生活的な事柄での論理から考えてみる必要があると思うのです。いま、サラ金での借金で自殺したり家庭崩壊をしたりする人がいますが、証文に印を捺したことが返済必要の根拠になるわけです。宣戦の詔勅に署名・捺印して布告した当人が、だからこそ終戦の詔勅を出すこともできたのだが、それでも開戦に責任はなく、終戦だけを英断したのだなどといって責任を負わなくて良いのでしょうか。もし、天皇が、軍部に無理に印を捺させられたのであって、それが本意ではない強制だったとするならば、それを堂々と開陳して、天皇にとって忠勇にして親愛なる臣民（国民）に問えば良かったし、それで現人神でなく人間になれたのだといいたいのです。

いらぬことまでくどくどと記しているようで恐縮ですが、私たちは学問的に事を究めることと同時に、極めて常識的・生活的にことを見定める必要もあるように思うのです。そうした点からみれば、天皇の戦争責任は極めて当然なことだと思うのですが、あなたにとっては飛躍しすぎている論なのでしょうか。

しかし、現在の政治の大問題であるリクルート疑惑について考えてみてください。企業が、自社の利潤追求を抜きにして、何十億円もの金を政・官・財界の特定個人に贈ることは考えられません。それは明らかに特定者の地位を利用した、獲物の取り引きであることは間違いないのです。だからそこで使われた金は、すべて贈賄と収賄の意味をもっているわけです。けれど、金を贈った側も受けた側も、その事実が地位と権限を利用した取り引きであったという証拠が露見しない限り、頬被りのままで過ごそうとしています。そして当時の内閣の実行責任者であった官房長官までが事実露見して起訴されても、最高責任者である元総理大臣は、一切責任をとろうともしていません。ここには、戦後における今上天皇と全く同じ態度があらわれています。最高責任者が、自らで行なった悪政や間違いの責任をとるということが、こんなに出来難い国が、それでも民主国家といえるのでしょうか。

私は、いまこの便りを書いていても、腹が立ってならないリクルート疑惑にまつわる政治腐敗の構造の根に、戦後の新生日本といわれたとき、天皇が責任をとらなかった、とらないままで過ぎた、いや、とらせることをさせなかった民主主義の脆弱さが、そのまま横たわっているように思えてならないのです。

史実として、法違反として証拠が発覚しなければ支配者の責任をはっきりさせられないという前に、生活実感から、直観的・常識的に責任を論ずる権利が主権者である国民にならなければならないし、その声が大きくなることによって真に誤りは正されていくものだと思います。その意味で、民主主義は民衆によってつくりだされていくものだといえます。

いま「沈黙は共犯」です

私は、天皇の戦争責任だけにペンを走らせ、戦争被害者でもあった自分の責任論や、象徴天皇の意味、そして何より、いまの子どもたちの天皇観と民主主義観に対する教育実践の課題など、日の丸・君が代の強制（義務化）とともに、荒廃の増す教育現場の状況にあわせて、あなたの「暗から明」にかかわって、便りしたかったのですが、どうも年に似合わず血気の方が逸《はや》ってしまって、的をはずした返事にしかなりませんでしたことを恥かしく思っています。また折りがありましたら本来の返事を書きたいと思っています。「できるだけ『おしゃべり』になろうと思っています」というあなたの便りの最後の言葉、ほんとうに大事なことのように考えます。第二次大戦中のフランスのレジスタンス作家ヴェルコールの「沈黙は共犯なり」を思いだし、あなたのご健闘をねがっています。

＊『現代と教育』一一号、一九八九年八月三〇日、桐書房。〈特集　天皇・天皇制と子どもたち〉「天皇死去めぐり　若い教師と先輩教師の往復書簡」より。志穂ひろ子氏の石田への書簡「暗い日々をすごして心配した毎日でした」（同誌に掲載）への返答。署名は、岐阜県恵那教育研究所長　石田和男。

◆論文17（一九九〇年）

おもしろさの追求

何も辞書まで借りて言葉の意味をはっきりさせるほどのことはないのかもしれないが、「おもしろし」は『広辞苑』によると「一説に、目の前が明るくなる感じを表わすのが原義で」「目の前が広々とひらける感じ」の語である。内容としては①気持が晴れるようだ。愉快である。楽しく快い。②心をひかれるさまである。興趣がある。③愛すべきだ。懐かしく慕わしい。④骨稽だ。おかしい。といった意味をもつ言葉のようだ。

ごく日常的には④の意味の代語のように用いられることもあるが、その場合でも①②③の気持ちが含まれていることはたしかだ。たとえば「××をやったときは面白かった」というときは①が主であるし、「××の話は面白いな」といえば②が中心になり、「あいつは面白いやつだ」では③に重点があると思うが、何となくただ④の意味で「ああ面白い」というときでも、前提的には「目の前が広々とひらける感じ」がふくまれていることは確かだ。悲しいことや淋しいことをかかえていて「目の前が暗くて狭くなる感じ」のときには使われることはない。それは葬儀のときなどでは禁句となっていることにもあらわれている。

こうしたことからみても、「おもしろい」ことを期待し、それを求め、創りだすことは人間として極めて自然な能動的意欲のあらわれで、それは人間的本性が健康的に存在している証でもあるのだと思うのである。

だが、最近の教育現場は「おもしろさ」が消えて「おもしろくない」状況に満ちあふれているようだ。あれこれの教師に出合って、「どうだね、この頃は」というと、きまってかえってくる言葉は「おもしろくない」「つまらない」というのが多い。「どうして面白くないの」と問えば、これまた「やらされることばかり」「納得できないことだらけ」という返事が多い。

子どもたちとて同じようだ。小学生からして「学校はおもしろい」という者は過半数に満たない。中学生・高校生になればその数は激減してしまう（八九年恵那地域登校拒否問題調査）。そして数少ないおもしろさも、その中味は友だちがいるからだというのが大部分である。

父母たちもまた学校に親しみを感じていないのが一般状況だ。うちの子どものことには異常ともいえる関心を持つから学校に対しての関心は高い。けれど自らが学校へ出掛けることは決しておもしろいことにはなっていない。子どもについて嫌な話をきかされるか、家ではどうにもできないことを強いられるか、あまりろくなことはないからだ。まして、子どもが非行といわれるようなことで呼びだされれば学校は警察と変りない冷たい場所になるからだ。

このように、子ども、教師、父母のだれもにとっておもしろくない学校であるが、その学校を「目の前が明るく広々とひらける感じ」のおもしろいところに変えるにはどうしたらよいのだろうか。

学校をおもしろくなくした原因、それは何といってもこれまでの自民党政府による反動的な教育政策の強引な押しつけに基本があることは間違いない。そしてその集大成としていま強行されてきている臨教審路線とよばれる諸施策が、学校をもっとおもしろくないものにすることは確かだろう。

だが、ここではそれを論じることが主眼ではないから詳細を述べているわけにはいかないが、これまでもこれからも学校からおもしろさを奪う中心は「自由と民主主義」の抑圧、剝奪、圧殺にあると考える。

だから、学校におもしろさを回復し、満たすには学校のあらゆる分野に「自由と民主主義」をひろげることが基本にならねばならないと思う。それはまた、子ども、教師、父母の人間のなかに自由と民主主義をゆたかに育てることを意味するが、そのゆたかさは、感覚としても知恵としても、生き方としても具体化されねばならないものなのだ。

ここで私は「自由と民主主義の圧殺」ということで、支配の意図、内容、方法をまとめて極言したが、この極言の実感的な日常語が「おもしろくなさの徹底」ということなのである。その点で、私たちは実感的には「おもしろさの追求」ということに活動の中心を置くことが必要だと思うのである。

ところで「おもしろさの追求」ということについて二つのことを考えてみたい。

その一つはおもしろさが持つ教育性についてである。最初にあげた「おもしろし」の意味のなかにもよく含まれていることではあるが、教育はすべて「目の前が明るくなる」ための事業である。それは個々の子どもにとってみれば不明を解くことによって人生に希望を拓くことになるし、社会的にみれば個々の子どもたちの未来を約束することで社会の明日を拓くことになるからである。

だからその仕事にはおもしろさが横溢しているのが当然であるし、おもしろさが存在しているなかでなければ教育活動とはならないものなのである。いま事例をあげて述べているゆとりはないが、すぐれた教育活動といわれる営みには必ずおもしろさが満ちていることは改めて言うまでもないことであろう。

また、教育は『広辞苑』によれば「人間に他から意図をもって働きかけ、望ましい姿に変化させ、価値を実現する活動」ということになるが、その場合、望ましい姿に変化させる主体はどこまでも教育対象である人間（子ども）自体であることから、教育の仕事は人間（子ども）をして価値を発現させる――いわば子どもの中に人間的価値を引きだす仕事だといわれるのである。が、その価値を自らで発現することは、その基に「わかる」ことと「やる気」を生みだすことがなければ、またできないことなのである。

そこで考えてみなければならないのは、おもしろいというのは、このわかるとやる気が相乗しあった状態で生じてくるものではなかろうかということである。それは単に「楽しい」といった、時には受動的になる状態とはちがって、自らがそれに入りこむという点で極めて能動的な状態を伴うと考えられるからである。そしてこの能動的状態を子どもの中へ意図的につくりだすことこそ教育の仕事においては最も基底として大事にすべきことだと思うのである。

このように考えてみると、おもしろさの追求というのは、その内側のわかるとやる気を含めて教育的に特に重視しなければならないことだと言わねばなるまい。

いま一つは、おもしろさの特殊性（個別性）と一般性とでもいったことについてである。普通、おもしろさは人によってさまざまなものである。ある人がおもしろいと感ずることを他の人がおもしろくないと思うことはいくらでもある。だから、誰かのおもしろさを、他の人に強制するわけにはいかないのであるが、みんなで、みんながおもしろいと感じるものを生みだしたり、それを通じておもしろさを共感しあうことはまた可能なことであるし、それについては誰もが経験していることだと思う。

こうしたおもしろさの特殊性と一般性の関係について、ごく大雑把にいえば、一般性の追求をぬいて特殊性が大きく発展することは無いように考えられる。

どんな体制の中にあっても、個人がおもしろさを追求することは必要で、それなりに可能なことではあるけれど、それはおもしろさの発展という点でみれば、量においても質においても極めて限られたものにしか成り得ないことは確かだと思う。

そのことは、戦後の恵那地域での民主的な教育実践と運動の歴史のなかにもよくあらわれている。たとえば、生活綴方教育の実践と運動は、戦後初期の五〇年代と七〇年代に大きなひろがりをもって進展したが、その時期の職場と教育実践は、今日とは比較にならないおもしろさに満ちたものだった。そこではみんなが体制としておもしろさ（自由と民主主義）を追求することがさかんで、個人のおもしろさの量も質も飛躍的に発展させることができ、教育実践でも職場の活動でも素晴らしい成果を創りだすことができたのだ。

そうしたことから考えてみても、おもしろさの追求という場合、たえずみんなで、みんなの共通的なおもしろさを生みだすということと、個々の特性的なおもしろさを創りだすということとの関係をきちんとふまえておくことが必要なのではなかろうか。それは、教育実践にあたっての学級づくりと個々の子どもたちの伸長という関係では誰もが理解していることなのであろう。

さて、おもしろさの追求の具体化ということであるが、これについては、いまの状況の中で生みだされているさまざまなおもしろさとしての活動を正しく発表させることを抜きにして考えることはできないと思う。

そのためには、それぞれの場でおもしろいこととして取り組んでいること、あるいはおもしろくできた経験をみんなで率直に出しあい、交流することが何より大事なことであるが、それが簡単にできないところに困難があるように感じられる。

それは押しつけられ、やらされることばかりが多い現在の学校、教育では、おもしろくやれた経験が少ないことにもよるが、それよりもほんとうにおもしろいことは学校や教育の枠をはずしたところでつくられていることが多いからである。だから、そのおもしろいことはたいへん私的・個人的なことで、教育や職場には関係がないと自らで思っているからなのだ。

たとえば、子どもたちにあれをやれ、これをやれと押しつけたりすると、子どもたちにそんなものはちっともやりたくない、もっとおもしろいことをやりたいも、といわれて、勉強なんておもしろくないことがあたりまえや、学校へきておもしろいことをやりたいと思うことが間違っとるのや、などと言いかえしている教師の姿をよくみかけるが、その教師とておもしろいことがなくては生きているはりあいがないのが当然である。だから、子どもたちは教師にかくれておもしろさを探しだしているし、また子どもたちや、他の人に内証でおもしろさをみつけだしていることが多い。そして、そこでのおもしろさを味わっているから、いやでもおもしろくない学校へ来ていることができるのだと思われる。

いま、みんながどこかでみつけだし、味わっているおもしろさ、それを率直にさらけだしあい、そのおもしろさが、その人のはりになっていることを認めあいながら、でも、何故そうしなければならないのか、そうしたおもしろさを毎日の職場や教育活動のなかにみんなで創りだすことができないのかを真剣に考えあうことが大事だと思う。

それは子どもでも教師でも同じことだが、その人のはりになっているおもしろさの中には、発達の原動力としての人間的能動性が含まれているし、またそのおもしろさがいくら個人的・私的な形をとってもいまの学校・教育（社会）のもたらすおもしろくなさから生みだされたおもしろさである限りその内容をつぶさにみれば、そこにはみんなに共通する社会的矛盾が反映していることは間違いないからである。

＊『人間・生活・教育』四〇号（一九九〇年三月二〇日）巻頭言。

◆論文18（一九九一年）

授業公開を突破口として自主研究のひろがりを

オリンピック研究体制

四年後のオリンピックをめざして、強化合宿を含む猛練習を開始する。目標は××の記録をだすことにある。――この訓練システムが学校教育に入ってきたらどうなるのか。たまったものではあるまい。だが、いまの学校はそうなっている。

岐阜県では、研究・実験などの指定校・推進校・協力校がやたらにふえている。毎年、半数以上の学校がなんらかの名目でそれに該当している。二～三年の指定期間が終わっても、一年もたてばすぐちがった名目の課題を押しつけられるし、自主的（?）に指定を引き受けて、いつも研究校になっているところも数多い。

なんらの指定も受けていない学校でも、一年に三回ほどの指導主事訪問を要請しなければならないし、県教委（地方教育事務所）や地教委の合同訪問とか訪問指導とかで、授業視察を伴う指導主事のお説を拝聴する機会がきわめて多い。そのうえ、あれこれの教科・その他の官制研修によって、個別的に指導主事による指導を受けねばならぬシステムになっている。

それが研究・実験の指定校・推進校ともなれば、指導主事からの直接指導の機会は何倍にもふくれあがるのだ。研究課題に即して特定の指導主事を学校へ招いて、授業を通して指導を受ける日が最低月一回はある。その場合、その学校担当主事のほか、課題によって教科、教科外の指導主事が何人も加わってくる。そして年一回の研究発表が近づくとなれば、研究報告（発表文書）や当日の授業指導案の内容・形式にわたって、指導主事の検閲・指導を受けねばならぬ機会は数知れない。ある教師は、指導主事によって一五回も授業案を書き直しさせられたという。こうして研究発表当日は、黒子の指導主事の意のままにあやつられた人形師と人形が踊るのである。

この研究発表当日こそ、最初にあげたオリンピックの場ということになるが、かつてはその場の演技や記録更新がはじめから予定されていたものではなくて、二〜三年の期間を通してなんとなく指導主事の意向が反映されるように作られてくることが多く、指定の最初は海のものとも山のものともはっきりせず、とまどいの多いのが普通であった。

ところが、最近はそれが違ってきた。×年後の発表当日にどういう状況を生みださねばならないかということで、それを逆算しながら、×年前の今日から何をどうしなければならないのだということで、研究・実験という名の強化訓練の開始が指導・強要されるのである。まさにオリンピック的研究体制というわけだ。

指導主事の発言が学校の基準

この研究体制については、もっと詳細に記さなければわかりにくいのかもしれないが、いまそれを説明している紙数はない。不足の部分は推測していただきながら、この体制がもたらす問題を探ってほしい。

学校を、教育実践をいやなものにしてしまっている元凶がここにあるのではなかろうか、というのが本文で私のいいたい問題である。

管理職や研究学年主任、また生徒指導主事等が日常の学校のなかで、自分の本音とも思われぬ非人間的、非教育的言辞を発したり、態度をあらわすことの背景にはさまざまのことが考えられるけれど、その学校の子どもと教育（授業・教師）についての指導主事の指導（？）発言が最も重いものとしてのしかかっている事実をみのがすわけにはいかない。

いま指定研究だけではなく学校研究一般は、学校教育のあり方にかかわる行政上の評価の中心におかれている。それは日々の授業をふくめて子ども管理が学校研究の成果として、どのように文部省・管理当局の意にかなっているかが、学校管理（経営）と教師能力評価の基準となることにほかならない。その基本は学習指導要領の貫徹と達成にあることは間違いないけれど、現実的、具体的には、指導主事の視点・力点を通じた指導事項と達成評価としてあらわれるのである。

だから、指導主事がいう「ここが問題」「ここは良い」「これはだめ」ということは、学校管理層をはじめ、教師一般にとっての最も重視すべき指示語となって受けとられることになる。きわめて安直ないい方をすれば、指導主事に評価されれば安心できてうれしいし、批判されれば不安で悲しいという心情が校長をはじめ教師個々に生まれるのである。

教育は子ども、地域の実態のうえに——といくら念仏的に知っていても、指導主事の評価が行政管理当局における学校と教師への教育能力、いわば有能と不能、よしあしの評点基準となるかぎり、子どもたちの実態や地域の現実に根をおいた、泥くさい教育視点を学校の基本的立場として固執することはきわめて困難というより、むしろ不可能といった状況を生みだすのである。

そこでは、子どもの現実がつくりだしてくる教育的必要は副次的なものと位置づけられ、指導主事が目標達成の当面の課題として提示する事項こそ最も必要な実践的課題となるのである。だから学校での日常的実践にあたっては、その事項の具体化能力こそ教師の教育力、指導力とみなされ、教師個々が保有する本来の能力は教育力量として評価されない結果をつくりだすのである。

本音をさらけだした授業公開を

このようにみてくると、学校における管理は、当事者の自覚の度合いいかんにかかわらず、学習指導要領が指導主事の言動を通す形で中核的役割を果たしていると考えられるのである。そしてこれは、現在の学校における公的な立場、最も教育的な見地となってすべての教師を拘束している。授業や生徒指導のあり方はそこが基準となり、それをはみだし、それに従順でない教師は指導力が劣るものとしてみなされることになっている。

だから指導主事訪問の折の研究授業や他校の教師への公開授業、あるいは校内の研究授業などで良い授業、模範とされる授業などには、すべて指導主事言辞が筋金のごとく生かされていて、それが授業の公的資格のように扱われているわけだ。

そのため、公的資格取得者と自認する者以外、自らの授業を他に見せたがらないし、自分の本当の授業——子どもの現実に即した人間的、教育的作用については、公的性格を欠くものと考え、その教育性の公然化についてきわめて消極的になっているのである。それはまた、学校内に真に人間的・民主的な授業・教育活動の基準を一般性として持ちえない弱さとなって、学校・教育のつまらなさを増進させることとなっているのではなかろうか。

だから——私のいいたいことはきわめて単純明快なことであるが、教師が子どもたちの現実に即して、真に人間を大事にする教育を実践し、それを発展させようと願っているならば、管理支配の焦点となっている授業の場において、自らの本音にみちた授業実践を公開し、指導主事言辞による嘘と体裁、格好によらない、真実の授業のあり方を他の教師に問い、みんなで、その授業を通した真実のあり方、ほんとうに人間を大事にする教育について検討しながら、学校のなかに人間的教育の本物の基準を共通の財としてつくりあげていくことが必要だと思うのである。

それは強制的にやらされる研究授業の場においても具体化されることが望ましいが、強制・統制の枠のない、ほんとうに自由で自主的な活動としてなかまとともに生みだしていくことが、実際に可能性と継続性・発展性を持つことになるのではなかろうか。

いわば、真に自主的で自立的な教育研究を授業公開、研究授業という形で学校のなかにつくりだし、それによって人間的・民主的教育の本物の基準（評価視点）を具体的・共同的に明らかにしながら、自らの教育実践についての自信と確信を深めるとともに、それを校内にひろげることによって、その共同的基準の一般性を学校のなかに慣習として定着させるようにすることが大事なのではなかろうか。

学校・教育をいやなものではなく、おもしろいものに変えていく活力は、教師とて子どもたちと同様、学校の最も基本的・基礎的な活動の場で、自分の人間的存在の価値がなかまに認められることが自認できることを抜きにしてでてくるものではないと考える。それはまた、自由を求める自主的な活動によって、より発揚されるものであろうが、そのとき、真におもしろい実践を得ることができるのである。

おもしろさとは、わかるとやる気の相乗的作用によって得られるものだと思うが、いまの学校状況にあっては、管理支配の中核となっている教育実践・研究の日常的な基礎である授業の場での自主性の公然化ということを伴うことによって、実りゆたかに発展していくのではなかろうか。

そしていまは小さくとも、自主的な授業公開を突破口とした実践・研究の灯を、学校に定着させひろげることで、指導主事の言辞にとらわれない、子どもたちの現実に即した学校の公開研究会が、各学校で自主的に開かれるまでに、燎原《りょうげん》の火となるとき――それをめざした活動が生まれるとき、学校・教育へのおもしろさを確かなものにすることができるのではあるまいか。

湾岸戦争の教育実践化を手がかりに

ところで、いま、この文を書いている日は一九九一年一月三〇日だが、自主的公開授業のチャンスはいま到来している。それは、一月一七日にはじまった中東湾岸戦争に関する自主的な実践公開への取り組みである。

私は恵那教育研究所の仕事として、湾岸戦争がはじまったその当日から子どもたちの関心意識を調べるために、所員と相談して、小・中・高校生を対象として調査をはじめた。それは数字としてまだ集計できていないが、一見して子どもたちの関心についての特徴がよくあらわれている。いま、その調査項目や反応について詳細に説明することはできないけれど、その調査の結果はつぎのような特徴をもっている。

第一は、湾岸戦争への子どもたちの関心がきわめて高いということである。小学校五年生から高校三年生までを対象にした調査であるが、無回答は一人もないし、戦争開始の事実を知らない者はゼロ％という事実となってあらわれている。

第二は、関心の内容では、戦争の経緯・現状についてたいへん熟知されているということである。戦争の当事国、開始の言い分、日本国政府の態度、そして湾岸戦争のもたらす日本への影響など、子どもたちはマスコミ知識としてもよく知っている。

第三は、それにしても日本の戦争加担、自衛隊及び自衛隊機派遣など、日本国憲法の精神、条項にからんで、その違憲性と危険をするどく直観している。

この調査結果は、学年のいかんを問わず、現在の国民意識そのものの反映であると考えざるをえない。以前、安心・不安の意識を調査したときの核戦争に対する意識と同じで、湾岸戦争に対する子どもたちの意識は、直接的に国民意識そのものであることが明らかとなったのである。それは年齢、発達段階を問わず、同一の理解と危機意識をもっていることによくあらわれている。年齢、学年を超えた同一の意識のなかに、湾岸戦争が国民的教育課題となっていることがよく読みとれるのである。

こうした国民的課題を子どもたちにどのように学習させるかという点で、指導主事言辞を基調とする現在の学校教育体制は、全く無能力であるだけでなく、反国民的になっている。先日、ある放送局から問い合わせがあった。それは、これだけ国民的関心の高い湾岸戦争について、学校でどのように教育実践として具体化されているのかという問いであった。ある都府県に学校長を通じて教師の実践状況をアンケートしたら、ほとんどの学校長がそのアンケートを教師に配ることさえおびえをもって拒否したという事実から、現在の学校教育のもつ国民的意義についての疑問を問うたものであった。

先にもあげたように、子どもたちは湾岸戦争についてきわめて高い関心をもち、自らの人生との関係において、個々ではするどい考察と深い思索をめぐらせているのが現状である。その考察や思索は、大人一般と変わらないばかりか、ときには大人の思索を超えた深いものを示している。そして、その思慮は単に現実の湾岸戦争の理解・解説ということにとどまらず、日本国憲法をもとにした自らの生き方にかかわる問題として、苦悩をあらわにしているのだ。

このとき、教育が無能・無力であるわけにはいかない。けれど、前述のある放送局からの問い合わせに赴いたディレクターは、学校長からの共通的言辞は、あまり生々しいので、いかにも政治に直面しているので、これをとりあげると偏向と指弾される危険があるのでといったことが、湾岸戦争についての教師へのアンケートを拒否する理由だったと証言している。が、その根底には、学習指導要領にない、指導主事からの言辞がないということが校長の立場を無能力化させているのだと考えざるをえない。

子どもたちの関心は、現在と将来にわたって戦争加担の政策により自らの血と生命を犠牲として捧げねばならぬことの危険に対し、その意味と価値を問うことを根底に秘めている。それに対し、学校・教育がその問いに対応する教育的作用を保持しないばかりか、その実情を公開することすら拒否するとなれば、地域・国民のためという学校存立の立場は全くないといわざるをえないのである。

学校・教育が直接、国民に責任を負い、父母、住民の願いに基づいて子どもたちの人間的発達に貢献・奉仕するものであるならば、成人と同質・同量に関心が集中している、いわば国民的関心としての湾岸戦争の問題を、教育実践の課題として子どもたちに考えさせ、そして教えることとは、学校機能を国民的に回復させるためにも必須の要件と考えるのである。

その場合、学校・教育が政治的プロパガンダの場でないことを十分に承知するとともに、この課題を教育実践として具体化するために、学習テーマ・内容・方法のすべてにおいて、子どもたちの特性に応じた教育的配慮がしみわたるような取り組みがなされることはもちろんであるけれど、前述した自主的な授業公開を含めて、学校・教育をおもしろくするためには、湾岸戦争の教育実践化は、その手がかりとしても可能で必要な今日的急務と考えるのである。

その具体的展開とおもしろさの増幅については、私のまわりにもいくつかの実践例があるが、紙数はない。やれば道は開けることだけ記して、小論を締めたい。

＊『現代と教育』一八号、一九九一年一月三〇日、桐書房。署名は、岐阜県・恵那教育研究所所長　石田和男。石田はこの小論で、湾岸戦争の中での子どもたちのかつてない関心の高まりを、新たな教育実践の展開につなげる挑戦を呼びかけた。

◆論文19（一九九一年）

闘病と教育――故　熨斗謙一の場合

（注・文中の〈　〉内は石田のノートの記録）

はじめに

何から申し上げていいかはっきりせんわけですけれども、今夜は通常の夜学の主題とは違った問題でお話をするということになり、予定どおりのテーマでないということで、申しわけないというふうに思います。

レジメに沿ってお話ししたいと思いますけれども、はじめにということで最初に二言三言申し上げたいと思うのですが、いま三尾先生の話にも、あるいはきょうの夜学の案内にも、何か教訓を得るというような意味の言葉があったわけですけれども、本当にそうしたものじゃないわけで、熨斗謙一の病気中につづった私の綴方とでもいうようなものを語ってみるにすぎんというようなことなのです。病人を抱えればだれでも経験されることなんだろうと思うわけですけれど、熨斗謙一の場合に、私の内面となっていた、困惑とかあるいは苦悩とかというようなもののさまを、恥さらし的に申し上げてみるだけで、特別に何か特効薬的に期待していただくというようなことは何もないわけですので、その点、ご承知おきいただきたいと思います。

人生には偶然とでもいった方がいいようなことがときたまあるわけですけれど、熨斗の闘病と私の綴方というようなことについてもそうしたきっかけがあったわけです。まだ熨斗が、非常に迫ってはおったですけれど、病気や入院のことなどについてそれほど深く考えない時期、五月の初めなのですけれど、ある人が研究所へ来られて、私と春日井先生に、「美しい日々」と題の書いてある白紙のノートをおくれたわけです。日誌など書いたことがない私ですので、せっかくおくれたこのノートを何かに使うといいなと思って、その初めにこんなことを書いておるのです。

〈「美しい日々」のノートをある人よりいただく。このまま書棚に所蔵しておくことも考えたが、積極的に何とか使用してみることに意を決してみた。といって、何をどのようにということになると、さっぱり案はない。が、つれづれに、気づいたとき思いついたことを記すことになるだろう。どこまでどのように埋めることができるのか甚だ心もとない限りだが、乗り出すことにした船、何とか漕いでみたいと思う。今は五月七日夜、午後八時ちょうど。NHKテレビスペシャル「いま地球の子どもたちは③」が始まった。それを観ることにする。できれば出会いの人を記録したいと思う〉というようなことで、ノートはいただいたけれども、さて何を書くという当てもなく、そんなことだけ初めに書いて、しばらく書くということを忘れておったわけですが、熨斗謙一の入院ということを機に、自分の思いをこのノートに埋め込むことにしたために、これがある意味綴方帳みたいなものになって残ったわけです。

そういう意味で、非常に偶然といえば偶然みたいなものがそこに介在して、もしこのノートがなければ綴方風にお話しするというふうにはいかないし、お話をする必要もなかったかもしれません。

それからもう一つ、熨斗謙一の闘病全体は、さまざまな人とのかかわりだとか、あるいは医療の状況、また、本人の気持ちや様子なんか、実に多くの事柄に満ちていたわけですし、それを全体として語らなければ正確にお話ししたということにはならんわけですけれど、いまそれをするということはとてもできません。ただ、本当に私のその期間の内面、私たち家族のというふうにも言えん、私の内面のみに限定した話になるわけですから、おもしろくも参考にもならんということなのですが、老いの繰り言のつもりで聞いていただければありがたいというようなことを思うわけです。

(1) 最後まで明るかった病人

そこでレジメの方に入りますが、いろんな方がいろんな形で接触してくださったので、そういう方の証言的な言葉の方が正確になるかと思うわけですけれど、熨斗謙一は本当に最後の最後まで、意識がなくなるというときはたまたまあったわけですけれど、いろんな痛みに耐えながらも、希望を捨てずに生きておったと思うのです。本当に死ぬその日の朝まで飯は食うし、その死を迎えること自体を彼は全く自覚もしていなかっただろうし、死の予感は何らかの形でどこかであったかもわからんけれども、そんなに早く死が迫るものだというふうにはきっと考えていなかったように思いますし、私もいろんなことを思いながらも、本当に本人が、痛み自体はあったことは確かですけれど、それに耐えて、とにかく希望を失わずに生きていた。非常に明るかったと思うのです。病院へ行っても、見舞ってくださる方に対しても、本当にしょげた形で、苦しいときはあったと思うのですけれども、もうとても見ることがつらいというようなさまというものは最後までなかったような気がするのです。そういうふうにしまいまで希望を捨てずに病人がいたというう意味で大変ありがたかったというふうにも思うわけですけれど、それは一体なぜなのかという問題で、いまここで一々お名前を申し上げたり、一々の事例を申し上げて言うことはとてもできませんけれども、本当にたくさんの友人知人というお方の格別な励ましがいろんな形であった。毎日来てくださる方をはじめとして、恵那の先生方もいろんな形で励ましてくださった。この励ましが彼をして最後まで明るく生きれた大きな秘密だったようにも思うのです。

それからもう一つは、医師は、最初は上矢作病院の大島医師で、途中から外科の医師にかわるわけですが、またその医師が転勤されて、最後は大島医師になるわけですけれど、直接の主治医が大島医師であったというようなことで、非常に医師が献身的にといいますか、教育の立場からも非常に深い配慮をしながら病人に接してくださったし、看護婦さんを初めすべての方が非常に親切に医療に当たってくださった。熨斗だけ特別ということはもちろんないだろうと思いますけれども、本当に病人を気遣いながら、希望を持たせるようにみんなで取り計らってくださった。そういう医療の成果といったようなものが最後まで本人をして明るく病床におることができたんだなあというようなことを、感謝の意味を込めて最初に申し上げておきたいというふうに思うのです。

(2) 病の発見と入院

それで本論みたいなことになるわけですけれども、二番目の病の発見と入院。これはあちこち飛ぶ綴方になっておるので実にわかりにくいかと思うのですけれど、一九九〇年五月一四日、この日から私のこの綴方が始まっていくわけです。

〈午後三時半、今、可知一太さんの葬儀から帰宅した。だれの葬儀でもそのときになると涙など出ないのに、きょうはしきりに涙が出て仕方なかった。おれのはがき通信でも、病中の一太さんにはどれだけか励ましになったようで、いさむ君の謝辞の中に加えられたりすると、はがき通信しかできなかった自分の非情さがよけい苦になってきたのかもしれない。が、事はそれだけではない。きのうまで何度このノートにペンを走らせてみようと思いながら、どうしてもそれができず、それでいていつもかも特に就寝すると気になって仕方がなかったことと、一太さんの葬儀が重なっているからだと思う。

熨斗君が五月一二日に上矢作病院へ入院した。この半月間ほど背中が痛いと言うようになっていたが、顔色の青白さとやせが目立っていた。五月の連休中の三日だったか、拙宅で夕飯を食べたとき、ほとんどといってよいほど食欲が進んでいない状況を見たし、そのとき隣に座っていた謙一君の吐く息が妙に変な臭いのすることに気がついた。どうも悪性の病気に罹っているのではなかろうかと心配されたので、気軽く上矢作病院で健康診断でも受けることを勧めておいた。知子（注・熨斗謙一氏の妻）もそれは勧めていた。貴美（注・石田氏の妻・石田氏の娘）も調子があまりよくないと言っていたので、二人で相談して、ともに検診に行くことを話し合ったようだった。五月四日の日は、自分たちもだが、謙一、知子の結婚記念日に当たるので、お祝いの夕食でも一緒にするかということで、あれこれ考えたが、他へ出かけるのも大儀だからと、あるところでカツ、エビフライその他を注文して、熨斗宅にて夕食会を持った。自分はよく酒を飲んでごろ寝するほどだったが、謙一君は酒もあまり口にせず、食べ物もわずかで、元気もなかった。連休明けの六日の日は上京したようだったけれど、知子が上矢作病院や川上康一先生に連絡をとって検診日を尋ねたら、大島医師の当番日が一〇日の木曜だからその日がよいということになって、謙一君は知子に誘われる形で九日には中津川へ帰ってきた。自分は一一日から「平和と人間を愛する美術展　本郷新彫刻・熊谷榧作品展」の準備に追われていたが、一〇日の日、謙一、知子の二人は上矢作病院へ診察にいった。帰宅して貴美から聞いた話によると、知子は異常ないようだが、謙一君は胃が背中に癒着しているため背中が痛むのだ。胃潰瘍の珍しい形だが、これは入院する必要があるのだといったことだった。その夜、川上君から電話があり、医師に聞くと、癒着している胃に穴があくと大変だし、本人のストレスも大きいようだから、明日にでも早速入院させた方がよいということだった。自分は「ありがとう」と言って電話に感謝したが、いかにも悪い予感がした。謙一君のあの痛みの訴え、拙宅の二階にあるあんま機の使用、そして急激なやせ方、あの臭かった息など一挙に重なってくる。「もしやガンで、しかも進行がひどいのではなかろうか」と思ったが、それは口にするわけにもいかないから、あまり本人、知子に気を使わせないようにと、とにかく、「胃に穴があいて出血すると大変だから、入院を急いだ方がよい」ということを貴美から電話してもらった。けれど、本人にしてみれば、一ヵ月と言われた入院準備のため、学校へ行って手続きをすることなどいろいろあるし、ちょうど熨斗のご両親が近く転居する謙一君の弟伸吉君宅へ出かける予定もあったりするために、そんなに簡単に入院するというわけにもいかず、あれこれ悩んだ末、十四、五日ころに腹を決めていた。特にあまりあれこれ病気のことを言うと、ご両親、わけても父親がおろおろされるので、それを考慮したようだった。

一一日、展覧会開催の午前、研究所へ行くと、川上君が早々に訪ねてきてくれた。どこか人のいないところはないのかと言うので、自分は「やはり手遅れに近いのか」と思った。展覧会場へ二人で入って、「悪いのか、手遅れなのか」と聞くと、川上君はさも困った顔をして、「どうもそのようだが、きちんと検査をして心配な部分が肉腫だとうれしいのだがと大島医師が話してくれた。だから、一刻も早く入院を急がせてくれ」という話だった。（略）一〇日の検診のとき、謙一君は胃のレントゲン検査のときバリウムがうまく飲めず、三杯も飲み直してやっとこだったたが、それは腫瘍が崩れ、胃液がいっぱいでバリウムがうまく胃におさまらないためであることもわかった。自分は一瞬泣きも笑いもできず、さもわけわかりのように「そうか」と言うきりだった。弱った、困った。ごちゃごちゃに頭を駆けめぐったが、ここで自分がしっかりしなければということだけが残り、川上君には「ありがとう」と言っただけで、さも平然と部屋へ戻って仕事についた。

それから後、困ったという思いとしっかりせねばという思いがない混ぜになったまま、片時も離れないことになってしまった。川上君の話を聞いた後、入院を急がせるため電話をかけたら、謙一君と知子がご両親のキップ買いで駅まで送った後、展覧会を観るため恵那の方へ向かったということがわかった。川上君は、「おれはとても顔を合わせられない。会わないで帰るから何とか頼む」と言っていたが、そんなことを言っている間に謙一君と知子の二人が会館に姿をあらわしてしまった。〉というようなことで、その日は、本人も知らんし、私がどれだけかこりゃあガンだなということを感じた程度であったわけですけれど、背中が痛み、診察の結果、大体わかってきたわけです。

それで、一五日の夕方に書いておるようですけれど、川上君から研究所へ電話があって、〈きょうの胃カメラの結果、相当悪く、肝臓にまで転移しているとの医師の話。あした一六日の十二時三〇分に自分と妻に会いたいとの話。知子に言うことは差し控えたいよし。とにかく礼を言い、何とか出かけることを返事した。あさっての三尾・松山の結婚式仲人のこともあって、貴美と一緒に医者へ行くということは差し控えたいというふうに思う。自分はまね事の手術ならしないでもいいと川上君に伝えた。医師はいい医師を探すからということだった。三宅武夫先生の追悼会準備で忙しいときに、苦労は重なるものだ。いかにも苦しい。とにかくあしたは自分一人だけ黙って上矢作病院へ行こうと思う。水くさくても仕方ない。〉というように思って、そしてその日の夜、〈帰宅して、酒二合飲みながら貴美と話す。謙一君の悪い状況についての予感を語りながら、最悪の事態についてわざと話題を提供する。〉

私はどれだけか最悪の事態ということがそのころわかったわけですが、まだ妻は最悪の事態ということは考えておらんわけです。

〈貴美は自分たちが年老いていることが最大の苦で、子ども（孫）たちがむごいとの感想を持ちつつ、そうした事態の起こらんことを念じつつも、事態が到来した場合の取り乱しのできぬことをにおわせた。何とも苦しいが、悪い事態を徹底的に考えた上で、最悪の事態を迎えるということこそ現実的ではないのかと自分は話した。いつもどこかで悪い事態のことを少しずつ考えて悩むのではなく、どこでも話せぬことを一挙に話し合って、後は腹だけ決めて冷静にしていることが必要ではないのかと話したが、自分自身必ずしもそうした状況になれないため矛盾を感じる。あの入院を急がれた日以来、自分は片時も心配が離れないのに、心配はそのとき精いっぱいして、後はさっぱりと言ってもそうはいかないだろう。知子は手術までは承知していて、全体を明るく考えているようだし、ご両親はきょうも鎌倉見物をしておられるようだ。いまのところ自分が一人で胸に秘めて、医師の宣告を聞くほかないように思う。あしたといっても既に時間はきょうだが、午前中に謙一君宛の便りを書いておいて、午前一一時半ころ、研究所へ行くということにして、上矢作病院へ直行したいと思う。謙一君に対しては、これからの便りでは、遠くのそして近くの目標を人生として闘病として具体的に持ちながら頑張ってほしいことを伝えたい。人生に死は必然のものであるが、まだ自分はそれに直面した実感はない。謙一君にそれをどのように自覚させ、乗り越えさせるか。とにかく苦しい。〉

そして、次の日になるわけです。五月一六日の朝一〇時ころ、上矢作病院へ行く前なのです。

〈けさ知子が来た。上矢作へ行くというので、朝のはがきを託した。何時ごろ帰るか聞いたら、一時ごろまでには家へ着くようにすると言う。一二時半なら会わないですむ。だれの車を頼むわけにもいかないのでハイヤーで行きたいが、それも言えない。〉

そこで、時間があったので、とにかく一四日の続きを書いておかなきゃいかんと思ったわけです。それは、一一日の日に川上君が検査の結果を知らせにきてくれたとき、会館へ謙一、知子が来てしまったという話の続きです。〈会館にあらわれた謙一君の様子はやはりすぐれない。が、本人はさほどとは感じている気配はない。川上君は仕方なく、「とにかく早く入院した方がいい」と話した。自分も、「事情はどうであれ、結局入院するわけなんだから、そして回復を期するのだから、それは一日でも早いに越したことはない。遅れることで利になることはないのだから、あしたにでも入るべきだ」と強く勧めた。謙一君は父親の様子からいって、せっかくけさほど父母の旅行の後ということを合意したばかりだし、いま父母は列車のキップを求めに駅へ行ったところだったので、と、父母の気持ちをこれ以上乱したくないと意向を示した。自分は、「それならばおれがおやじさんに話してみてもいい」と言ったが、それまでしてもらわなくても何とかしたいと考えたあげく、自分（私）にしかられたのでということにして親を説得し、あす一二日には入院することを決意した。どうせならそんな無理を押しつけないでもという気持ちもあったが、それでも、一日の早さが事態の好転につらなることもあるのかもしれないという望みもあって、強引にあしたの入院を念押しした。川上君は、「それではそのことを医師に頼んでおくから」と言って早々に研究所を去った。そこへ春日井君が来たので、入院の先輩ということから、入院に当たっての細かい持ち物のことなどを、謙一君、知子、自分の三人で聞いて、帰宅して早速支度することになった。夕方知子から研究所へ電話があり、帰宅したら三好夫妻（私の姉の関係）が来ていて、両親の鎌倉行きに三好夫妻が同行するので、謙一君は決意どおり入院すればいいというよい話になったのでまず安心ということだった。自分は縁起をかつぐわけではないけれど、同じ日に方向をたがえて家族が宿泊に出かけるのはあまりよいことではないなとどれだけか気になったが、そんなことを言って、それによってどちらかが変更しても、それで君の体がよくなることではないと思い黙っていた。そして、縁起からいえばよくないという結論をだれもが気づかないで実行するというのも、それはそれで一つの運命なんだという気がした。ひょっとすると、そのことは縁起かつぎの貴美も感じていたことかもしれないが、彼女が口にしないので、自分から言い出すことはしなかった。翌一二日、朝、謙一君、知子が入院するということで拙宅へ立ち寄る。お茶の、コーヒーのとも言えなかった。謙一君は苦悩の表情を見せなかったがどこか寂しそうだった。「これが最後のたばこ」と言って一服した。「病院ではもう吸えないでな」と自分は言った。〉

ちょっと飛ばしますが、〈その夜、土曜日でもあったので、知子、仲生子、朗生の三人は拙宅にて夕食をとり、宿泊することになった。何も気づいていない三人を見ていると胸が裂けるほどつらい気もしたが、努めて明るく振るまった。仲生子、朗生にはびっくり大賞のビデオを見せてやる。どこかで何かをと思っていたが、仲生子、朗生と一緒にふろへ入ったとき、急に思いついて話をした。「お父さんの病気は何か知っとるかえ」「胃が悪いと」「胃に穴があくかもしれんと」「そうか。病気を退治するにはどういうことが大事やと思うよ」「薬を飲むこと」「医者にかかること」「そりゃ大事やなあ。それは医療といって、病気をやっつけるに必要なことやで。けど、もう一つ大事なことがあると思うがわかるかよ」「わからんな」「おじいちゃんが思うにはな、病気にかかった人、いまならお父さんが自分で元気を出すことやと思う。病気は人間の元気を失わせるものやから、薬なんかで退治せにゃいかんけれど、その退治を進めるのは、病気にかかった人間その人や。その人が元気をたくさん出すようにすることが大事やと思うよ。それでお父さんに元気を出してもらうためにはどうしたらよいと思うよ」「朗生がおねしょをせんようにすること」「仲生子がぐずらんこと」「そうやなあ」「お父さんが一番心配することやで」「お父さんがそういう心配がなくなると元気が出ると思うが、それにはどうしたらええよ。朗生がおねしょしなんだことや、仲生子がぐずらなんだこと、まんだいろいろ元気をつけてやるいろんなことがあるけど、そういうことをお父さんにわからせてやらにゃあかんと思うが」「病院に見舞いに行って話してやるわ」「それはいいなあ。でも病院へはいつ行くよ」「大抵土曜日やら」「そんならその間は何にも知らせてやれんかよ。どうや、仲生子と朗生が、一週間に一遍でもええで、お父さんに元気になるための手紙を出してやらんかよ。仲生子は水曜、朗生は木曜とか決めて、そういうはがきは書けんかよ」「書けるよ」「おじいちゃんも毎日はがきを出してやることにするが、おんしらもやったれよ」「やろかなあ」「ちゃんとやれよ。どの日にだれが書くとか、おじいちゃんのはがきのように自分の印をつくるとかはよう考えてみれよ」。とにかく子どもたちに謙一君の状況についての関心を強めさせる。ただのんきにさせているだけにもいかないと思うからだ。みずからで主体的に事態に接しさせながら本当にしっかりした目と態度をつかませなければ、という思いが強くわいてくる。本当にかわいそうだ。だから、単に甘えさせるわけにはいかない。自分たちはこれまでの祖父母から父母がわりを考えねばならないように思われる。自分たちが冷静になり賢くならねば、知子は一挙にだめぶりを発揮するし、そうすれば孫たちは何とも荒れていくしかないから。熨斗のご両親はもっとつらい立場におられるわけだから、みずからを支えるだけで精いっぱいなのではなかろうか。〉というようなことをそのときに時間があったのでちょっとメモをしまして、そして上矢作病院へ行ったわけです。それで、帰ってきてから書いたわけです。

(3) 手術の覚悟

〈いま上矢作から川上君の車に乗せてもらって帰宅した。貴美はあすのため美容院へ行っているらしく留守だ。正直いってどれだけか軽い気持ちになれた。大島医師の説明と対話が自分をして確かに変化させた。一一時四〇分ころ北恵那のハイヤーに来てもらい、教育会館へ行くそぶりをして上矢作へ直行してもらった。知子が一二時一五分ころ病院を出発すると言ったので、それに合致せぬよう気を配りハイヤーの後部座席で小さくなっていた。上矢作へは一二時二〇分ころに着いたので、それでもと案じて、わざわざ上中学校あたりまで行ってもらって戻ってきた。病院には知子の車も姿もなかった。川上君が駐車場で待っていてくれた。大島医師を、診療室で少し待っていて、患者の診療が終わったので直ちに話を聞いた。川上君は気をきかせて別室に待っていてくれた。大島医師は数葉のレントゲン写真とＣＴの記録、そして胃カメラ写真を見せながら説明された。「胃の上部、噴門部付近に極めて大きな潰瘍とふくらみがあり、それが一部分は肝臓にもくっついている。きのうの検査で組織をとったのでいま検査に送っているが、それは一週間たたねばわからない。けれど、この潰瘍としての凹と対をなす凸（ガンの場合は、胃の内面は潰瘍でへこむけれど、外側へ突出するわけです）があるのは間違いなくガンだと考えられる。しかも、その部分は大変に大きいので、それが圧迫して背中を痛めているのは確かだ。とにかく手術をして切り取らねばならないが、ほかへ転移していなかったり、動脈に食い込んでいなければ大変ありがたいと思う。切開しても患部を全部うまく切り取れない場合もあるが、それは手術してみなくてはわからない。手術には名市大のすぐれた外科医にお願いしたいけれどどうでしょうか」といったことを大要語られた。自分は、「覚悟していますので、包みなくお願いします」ということから、あれこれ質問を繰り返した。いまそれらを順序立てて、あるいは細目にわたって記憶していないけれど、謙一君の死を覚悟した立場から語った。結局よくわかってきたことは、全く悪い場合もあるが、それでも手術をしてみなければはっきりしない。反対に手術をしてみることで危険な予想が逆になって、いくら大きくても患部だけをそっくりうまく切り取って種を残さないでしまうこともある。また、種の残ることを承知で、当面の患部だけを抜き取ることもある。このまま手術をしなければ、潰瘍は出血を起こし、一、二ヵ月ともたないだろう。しかし、種の残った手術でも、六ヵ月後の再発で、いますぐ死に直結することはない。うまく肉腫だけであってくれれば完治することも可能だ。手術は大手術で、胃を全部取ってしまうが、その手術の大きさは本人にはわからないというようなことで、手術が入院と同様に必要な手続きみたいなものに思えてきた。だから、手術が終わるまではどうしても結論づけられないようだ。悪ければ悪いでその結果として考えればいいと考えてみたら、何だか気が楽になったようだ。

ところで、それまでは、謙一君、知子、ご両親のすべてに、胃潰瘍の大きいもので、背中に癒着を起こしているので手術をせねばならんと言い通すことにした。医師もそのようにしましょうと言われた。手術の結果、改めて医師の話を聞いて、それからの対応を考えることにしたい。手術のための体力は十分のようだし、手術中は特別な事故がなければ死ということもないとのことだが、期日としてはあと二週間後ぐらいと思う。学校（熨斗の勤務先）の方の休暇は、一ヵ月後に改めて一ヵ月延ばすように診断書を書かれるそうだ。医師は、「最初から二ヵ月と書こうと思ったが、それではいろいろ勘ぐられショックになってはいけないと考えて一ヵ月にしたが、手術をすれば、後延びることは不思議に思われないでしょう」と言われた。〉

そこで、どうせ手術するなら佐久病院の方がいいじゃないでしょうか、みたいなことを聞いたら、胃の手術は最も今日進んでおる。他の細かいところのガンについては専門的なそれぞれの部分があるかしれんけれども、胃ガンということだけはもう最高の水準に達してしまっておるので、ある意味、どんな病院でもこれは最高の水準でやるもんだ。だから、佐久へ行けばいいとか、どこへ行けばいいというわけじゃなくて、胃ならここでも同じですよという意味のことを言われた。

〈問題は手術の結果とその後だが、手術後は、外科的には一週間ぐらいで治るはずになるけれど、いつまでたっても元気になれなかったり、背中が痛かったりすれば本人が不思議になるのではなかろうかという心配がある。まだ細かいことがいろいろあったようだが、今後話していれば思い出すだろうと思って、病院での話はこれまでにしておく。〉ということで、初めて私は医師からガンの発見をきちんと聞いて説明を受けた。

ちょっとこれは余談みたいですけれども、〈これを書いていていたら貴美が美容院から帰ってきた。「早かったねえ。だれに送ってもらったの」と聞かれた途端、「川上君や」と口をついて出た。「何か言っとらっせなんだ」「特別何にも言わなんだぞ」〉

私が上矢作へ行ったということを妻は知らんわけですから、送ってもらったのが川上君だと聞いて、川上君に研究所で会ったとするならば、〈何か言っておらっせなんだ、病院からの連絡を〉と、こういうことになるわけです。

〈「特別何も言わなんだぞ」「それでもきのう胃カメラ飲んだこと知っておらっせるのやない。手術の先生のことも大島先生に話しておくと言っておらしたで」「手術をせんならんとは言っておったが、それはきのうの知子が言っておったことやないか」「悪い病気やとか何とか言わっせなんだ」「そんなこと言わんよ。川上君も大島先生なんかに病気のことは聞いておらんようやぞ」ということでその場をおさめたが、とにかく困ったことだ。あしたの結婚式前には何としても言うわけにはいかん。

ところで、貴美が自分の部屋へ入ってきたとき、うかつにも「美しい日々」のカバーをさらし出しておった。「これ、何」と言って、「どういう本なの」と聞いた。「美しい日々」という題を見て、「どんな本やね」と言ったが、まさかいま書きかけのこのノートだとは言えなかったので黙っていた。彼女は特別に興味もなかったのか去っていったのでほっとした。

それにしても、あれやこれやで隠しているボロが出てきた。仲人が終わったら、近日中に事の次第を話して腹を据えてもらわねばならぬ。あちこち飛んだり抜けたりしているが、以上が謙一君の入院をめぐる自分の苦悩の実態というか、さまざまな思いの記録である。

きょうは熨斗のご両親が鎌倉から帰ってこられるとのよし。手術と聞いてびっくりされるのだろうが、まず見舞いに行かれるといい。自分はまだ謙一君に直接会うのはどうも気持ちが落ちつかないので、はがきだけにしておく。朗生はとにかく謙一君へのはがきを書いたので、トンビの羽をくれと言ってくることは間違いない。〉

これはうちにトンビの剝製の古いのがあって、その羽をよこせよこせと言うので、やれんと言うと、それならはがき書いたらよこすかと言うので、「うん、書いたらやる」と言ってあった。それで、そう言ってくるに違いないと、こういうことです。

〈ともあれ、これまでのことは「王様の耳はロバの耳」の話のごとく、だれにも打ち明けられない事実と心の中を、庭の土を掘った穴の中へ吹き込んでおく気持ちでこのノートに記したわけだ。〉

ここまで書いて、五月一六日の午後五時五分に締めたわけです。そんな王様の耳をいまごろ掘り出しておってほ本当悪いと思いますけれど、大体王様の耳の第一部はここになるわけです。

結局、手術の覚悟というようなところまで話は行ったわけですが、そのころ私は、ほかに何もやることがないものですから、毎日はがきぐらいならやれるかなと思って、「カラダ　ココロ」というタイトルをゴム印でつくって、「カラダ　ココロ」通信を出していたのです。

資料にちょっとつけておきましたのは五月一四日のものです。途中で退院してきたときに、熨斗謙一はそれまでに病院へ送っておったのを、こんなファイルを買ってきて自分で整理したものですから、こんなようなものの中で残っておるわけです。これを読んでいくと、毎日毎日私がどんなことをどんなふうに言っていたかということがおぼろげながら出るわけですけれども、時間がないので省きます。

それから、北欧研修のことはちょっと後にします。同室の胃潰瘍患者のこと、これは非常に簡単なことで、後にも書いておると思うのですけれども、胃潰瘍だと本人は言われたので、胃潰瘍なら手術すれば治ると、こういうわけです。たまたま同室にひどい胃潰瘍の若い青年が入ったわけです。ものすごい胃潰瘍としてはひどかったけれど、手術をしたら、その青年はめきめき治っていったので、「ああ、おれも手術をせや、ああやって胃潰瘍なら治っていくんやな」と本人は思うわけです。同室の胃潰瘍患者というのはそういう意味で、胃潰瘍の手術なら早くよくなるということを目に見えて熨斗も見た当の人間になるわけです。

けです。

(4) 手術の日

そこで五月二九日——これが実は手術の日なのです——の午後一一時、また綴方を書くしかなくなってきたわけです。

〈また「王様の耳はロバの耳」をこのノートに埋め込まねばならぬ。何とも苦しい。先ほどといっても午後七時ころ帰宅したら、熨斗のお母さんから、手術結果について知子の連絡だけではあまりにも簡単だが本当はどうか、との電話連絡が貴美にあったということを聞いた。熨斗謙一君の手術は四時ごろに終わったので、知子が早速お母さんに連絡していることは知っていたが、それは確かにお母さんの言われるように胃潰瘍はすべて取り去ったというだけの簡単なものだった。事実を詳しく知らせることについて、知子は、お父さんのショックがあまりに大きいことが予想されるのでそれより仕方がないと言っていた。それだけではいかにもいけないと思っていたが、八時ころ知子から仲生子、朗生に電話がかかってきたので、そのついでに、もう少し詳しくお母さんに知らせるべきだと話した結果、とにかく今夜のうちに自分（私）が詳細を話しておくことで納得させた。そのために、お母さんに大要次のように電話で報告した。「手術について私も知子も説明を受けた。胃潰瘍手術は成功したが、それ以上のことについては、付き添いの仕事もあって、時間の都合からと、おじいさんのショックを大きくしてはならないという配慮から知子は報告しなかったようだが、実際はそのほかに知らせておくべきことがどれだけかある。手術してみて初めてわかったこととして、肝臓と静脈部分にガン性と考えられるものがあったが、それは切除ができない部分でもある。まだ大きく進行している状態ではないし、切り取ることができないところにあるので、これから抗ガン剤なども併用して治療したいとのことである。それについてはいま直ちに心配することはないので、医師が時期を見て本人に話し、本人の気力を強めて闘病してもらうつもりだ。そのため、家族の人は本人に会ってもそれに触れることのないよう、本人から口にするまで手術の成功を中心に励ましてやってほしいとのことであった。知子もそのことについていつお母さんに話すか迷っているようだから、とりあえず自分が言う。謙一君は元気で意識はほぼ回復してきているようだ。心配は心配だが、こちらがショックを大きくせず、治るし治さねばということで落ちつかねばならないと思う。」お母さんは、「知子がいちばんえらいやろうに」と電話口で泣かれたが、お母さんの心情こそつらかった。〉

そこまでなら大したことはないわけです。実はそんな程度のことじゃなかったのが、この手術の日になるわけです。この日はこれで済んだけれど、その次の日、どうしても「王様の耳はロバの耳」に書かざるを得ないことが自分の中にいっぱいあるので、それを書いたわけです。〈昨夜のうちに書かねばと思っていた事柄について疲れも大きかったのでやめて就寝したが、とても寝苦しかった。胸が締めつけられ、自責ともいえる苦痛が襲い、それにさいなまされて、どれだけ眠ったのかはっきりしなかった。朝五時半ころに目がさめてしまった。書くことだけはやめていた。どこからどのように記したらよいのかはっきりまとまらないが、とにかく経過を追って事実だけを記してみたいと思う。

謙一君の手術結果についてはどれだけか予想もしていたので、その報告を受けるために担当医師宛の手紙を所持して病院へ行った。三尾君が仕事を放って運転手として同行してくれた。午後一時ころ病院へ着いたらちょうど大島医師に出会ったので、外科の担当医から報告を受けることになるのであろうが、その医師をよく知らないので、落ちがあってはいけないと思って自分の思いを書いてきたので、大島先生も見ておいてほしい。担当医に渡しておいてほしいと依頼した。そして病室へ急いだが、ちょうど一、二分前に手術室の方へ向かったということだったので、階下の手術室へ急いだが間に合わなかった。知子と小いそ（妻の妹。知子からすれば叔母様）が廊下のいすにかけていたが、「本人は元気で入っていったけれど、もう会うことはできない」と言った。仕方がないので、それまでの病室であった八号室へ行ったが、まだ病床の跡はそのままになっていた。そのうちに川上君が来てくれた。休息所で他の患者たちとあれこれ話をしていたが、手術が長引けばいいけれど、あまり早く終わるようだといけないなという気がして、時の過ぎるのが苦だった。午後二時半ころ、仕方がないので松琴堂へコーヒーを飲みにいき、出張販売の服屋を冷やかして病院へ戻った。手術室前の廊下で知子、小いそ、川上君、三尾君とともに時間を気にして待っていた。正確に時間は覚えていないが、突然手術室のドアが開けられて、看護婦さんが、「石田先生、ちょっとこちらへ」と言って自分を招いた。瞬間、手術中に危篤状態にでも陥ったのかと思ってハッとしたが、ともあれ冷静さを装って入っていった。看護婦は、「白衣、帽子、マスクをつけて手術中の部屋へ入ってください」と言った。「メガネはそのままでいいのか」と言うと、「結構です」というので入室した。（えらい落ちついていたみたいに見えたけど、動揺しておるわけです）何人の医師、看護婦がいたのか数えてみるゆとりもなかったが、謙一君の寝ている足元の方に大島医師がいて、こちらへと手招いた。謙一君の腹部は既に切り開かれて、胃、肝臓、小腸が見えていた。謙一君の顔は少し青白かったけれど、安静のようだった。麻酔はよく効いているみたいだった。手術台の脚下には踏み台のようなものが置かれていて、そこに上れということだった。足の震えを気にしながら、両手を後ろに組んだ形でそれに上った。大島医師は黙ったままだった。

突然外科の医師とおぼしき人が自分の横に来て黙礼されて、「ライトをつけてください」と言われた。照明が一段と明るくなって開腹部に集中し、臓器が動くとともに照らし出された。医師は、「これが胃です。ごらんのように大変肥大していて、肝臓を圧迫しています。ともかくそれもとてもかたくて、ガンが広がっています」と言いながら、金属製の長いへらのようなものであちこち転回させながら説明された。いま一人正面に位置した医師は、そのかたさを確かめるように、ゴム手袋をはめた手で何度も触っていた。そして、次に脾臓とおぼしき箇所を示し、「ここにも広がっています」と言われ、その後に、いま自分ははっきりした言葉では覚えていないけれど、「静脈のリンパ患部にも広がっていて、これは切除はできない」と言われた。自分は興奮しているし、医師の声はマスクでくぐもって明瞭に聞き取れない点もあったが、「肝臓にも転移しているのですか」と質問した。それは転移していないけれど、胃で押さえつけられているといったような返事があった。何分見ていたのか、何を考えていたのかはっきりしないが、やおら医師が、「こういう状態ですので、胃を切り取っても、他の部分は切れませんし、胃の手術でよけい危険が増すだけだと考えられますが」と、どうしますかといった大意を込めて自分に話された。自分は、「切ってみたがどうにもならず、そのまま閉じてしまうのか。いかにも悔しい。だが、切り取れば命はよけい短くなるようだ。どうにもならん」ということが頭を駆けめぐった。相談する相手も雰囲気もない。謙一君の命の生殺与奪の権について何か言わねばならぬことがわかったけれど、適当な考えも言葉も浮かんでこない。仕方がないまま、「よい方にお任せします」と口をついて自分の言葉が出た。「はい」とうなずいて、医師の顔は、「このまま閉じ込めますよ」ということをあらわしていた。では、ということで自分はその室外に出された。出る前に再度謙一君の顔を見たが、先ほどと変わらなかったけれど、何とも言えない気持ちがした。

もとの部屋で白衣、帽子、マスクを外すと、大島医師がまた別室へ呼んだ。廊下では自分が入室したまま戻ってこないことを不思議に思っているだろう。知子たちが待っている。自分はいま手術室へ入って何を見て、どうしてきたのかをどのように説明すべきか短時間に判断せねばならない。大島医師は、「あれより仕方ないですね。それで、娘さんたちに何と話されますか、どう言ったらよいでしょう」と自問風に語られた。自分は、「とにかくそのまま閉じたとは言えない。胃の手術は行って、それは成功したが、切り取ることができないところにガン性のものが残っているが、これを切れば早い死につながるのでそれは残っていることにしたい」という意味のことを言ったと思う。大島医師は、「よいでしょう。ただ、胃を全部切り取ったということだけは本人にもきちんと伝えましょう」と言われた。自分は、「けれどいくら胃を切り取っても、背中の痛みが残れば本人は気づくでしょうし、それには、切ってみて初めてわかったが、切り取ることのできないところにガン性のものがあることだけは伝えてほしい」と言った。大島医師は、「抜糸するまでは、手術のための痛みやもやもやが続くので、背中の痛みのことまでは本人は気づかないと思いますが、そのころに何とかしなければならないでしょうね」と言われた。「では、何とかよろしくお願いします」ということで廊下へ出たが、みんなの顔は異様に自分を注目していた。自分はできるだけ平静さを装い、みずからの動揺を抑えることに留意しながら、大要次のように語った。「手術室まで入っていって、謙一君の腹の中まで見てきた。胃はきれいに切り取られていたが、肝臓や静脈のところにガン性と考えられるものがあるけれど、それを切り取ると手術中の危険もあるので、それはこれからの治療で治すことにしたいが、ということだった。だから、謙一君が最初に思っていたように、胃潰瘍を切り取れば急速に元気が出てくるということはないと考えねばならないが、そのために入院も長引くだろう。それは仕方がないとして、まあ手術は成功したということだろう」と。

それから、あれこれの質問や意見が飛び交った。知子は、「私も見たいわ。私を入れてくれんかしら」小いそは、「それだけ肝臓や何もかもできるだけきれいに切り取るのやね」川上君は、「手術中に入れてくれたなんてどうしてやろうか。そんなことはないはずやと思うが」その他、だれが何を言ったのかはっきり覚えていないが、けれど、とにかく手術中を見てきたということだけでとかくの疑問が生じた。その中でみんなが言った、「胃は切り取ってあったのやろ。どれくらい。全部取ってあった」といった質問にはとても困ったが、自分はただ「うん」と言うだけで、その切り取られ方や、切り取った胃がどのようにしてあったのかは何も言えないし、あえてそうしたことにまで質問が触れてこないように返事を短くしていただけであった。

自分はこれでよかったのだろうか。これより仕方がなかったとしても、仕方がなかっただけで済むべきことなのだろうかという自責の念が、それから強く自分を包み込むようになった。けれど、これで謙一君はガンを持っているということだけは知子にも伝わったわけだし、やがて本人にも伝えられるということで、一つの節目となったことは確かだという思いも同時にした。それから後は、いまどうしているのだろうというみんなの思いがよく伝わるだけに、自分は全部閉じ込められて縫合されているだけだということがわかっても、できるだけ手術室から謙一君が出てくる時間が遅くなることを願うだけであった。あまりに早く短いうちに出てくればうそがばれてしまうから、自分が出てきた後も、手術切り取りに努力していてくれていることがみんなに感じられるとよいがなあと思った。

また、さっきの川上君の質問、疑問については、「自分が手術前に大島医師に事実をありのままに知らせてほしいという手紙を託しておいたので、わざわざ事実を見せてくれたのではなかろうか」とも話したが、川上君は、「そうかもしれん。とにかく石と大島さんの関係で特別に配慮したんやろうな」とも言っていたが、それでもどうにも腑に落ちない様子がいつまでも残っていた。

四時一五分ころだったか、謙一君が寝台に乗って引きずり出されてきた。それからは二階の特別室までみんなが付き添っていった。ベッドに寝かしつけたときには意識がほぼ戻っていて、目を開けてそれぞれの顔を見ながら、「ありがとうございます」と言っていた。自分は、「よく頑張ったなあ」と言う以外言葉が出なかった。また、顔をじっと見つめる勇気も出なかった。知子、小いそがいそいそと世話をするのを黙って見ていることも苦しく、何度も部屋の外へ出ていた。謙一君をベッドに寝かせつけた後、看護婦さんが来て、手術中にたまった尿を尿ビンへ移すことをやっていた。尿はあまりたくさん出ていなかったが、赤い水で、血が混じっていることははっきりした。

やがて代表者ということで自分が呼ばれて、担当医師からの報告を受けることになった。詰め所の奥の応接セットというところで改めて見ると、若い、三〇代と考えられる医師に改めて礼を言い、対座した。医師は多少震え気味で、何からどう話したらよいか困っている様子だった。自分は、「先ほど大島先生に、報告を聞く前に読んでほしいと思った手紙を渡しておいたけど、目を通していただけましたか」と質問したが、まだ読んでいないようだった。仕方がないので、手術の経過、結果はわかりましたかということから、結局一般的にいえば余命はどれほどかと考えたらよいかを質問した。自分はせめて六ヵ月という言葉が聞きたかったけれど、医師は極めて苦しそうに、「三ヵ月だと思います」と言った。〉

ここはちょっと聞き方が悪かったわけです。せめて六ヵ月という言葉を聞きたいので、「六ヵ月ぐらいですか」と私が先に言ってしまったので、医者はもうどえらい早いとは言えんようになってしまって、困って「とても」という顔をされたので、「それなら三ヵ月ぐらいですか」と言ったら、「まあ」と言われるので三ヵ月ということになるけれど、あのときの医師の感じを言うと、私が反対に一〇日ぐらいですかと聞けば、「いや、もう少し、ひと月ぐらいですよ」と言ったかもしれんという感じがいまになるとするのです。それで、〈自分の頭の中は何か大きな木づちでたたきのめされた気がしたが、これはどこかで覚悟したはずのことではなかったのかと思い直して、それ以後できるだけ落ちついて話を聞くことにした。後、この事実を家族にどのように伝えるかということになった。熨斗の家族の説明をし始めたが、やはりあの事前の手紙が必要だと思い、ちょうどコピーしたのがカバンの中にあることを思い出して、まずこれを読んでほしいと医師に渡した。〉

実はその日の朝、こういう手紙を書いていったわけです。

熨斗謙一の手術担当医師様　私は熨斗謙一の妻の実父です。謙一の手術結果のご報告を受けるため、事前に私の気持ちや希望をまとめておきます。よろしくご判読賜りまして、手術結果と今後の対応につきまして、事実に基づいた適切な指示、ご指導をいただきたく存じます。とにかく本日の手術治療、本当にありがとうございました。まずもってお礼申し上げます。謙一の病状につきましては、本人と家族（妻、父母、娘、息子）は、胃潰瘍の大きいもので、悪性のものではないため、手術によって早急に回復できるものと考えているようです。しかし、私は大島医師の診断から、病気は通常いわれる進行性胃ガンで、それは他の部位にも転移している可能性があるのではなかろうかと理解しています。けれど、このことは本日の手術結果によってはっきりされるわけですから、

事実に基づいて判断する以外にないことは承知していま
す。
　問題は患者本人や家族が期待的に考えているようなこ
とが手術結果としての事実であれば、それは結構なこと
ですが、私が理解しているような進行性胃ガンが真実で
あった場合、その事実をどのように把握するかということにあると思います。／その第一は、進行性胃ガンの現状はどの程度のもので、それについて極めて一般的な言い方でいえば、医学的にはどうしたことが予測できるかという点です。／その第二は、手術結果としての事実を、病名や進行程度を含めて、本人、家族にどのように理解させるかという点です。／その第三は、第一、第二の点と深く関連しますが、これからの闘病という立場での努力を、生きることへの期待、意味ある人生としてどのように自覚させ、協力させるかという点です。この三点につきまして最初に私の希望を述べておきたいと思います。／第一の病状と一般的予測につきましては、医師のご所見としての事実をありのままに伝えてほしいのです。もちろんそれは私にだけで結構です。その事実はいまのところだれにも打ち明けない方がよいことであるのかもしれませんが、今後、本人、家族への対応を誤りないものにするためには、どうしても必要なことだと考えるからです。／第二の、本人、家族への病状、病名の告知につきましては、死の予告に直結するような衝撃的な形でのガンの宣告は避けてほしいと思いますが、ガン性疾患が存在していて、それとたたかう必要があるし、そのたたかいには希望と期待があることだけは理解させてほしいと思います。これにつきましては、医師を絶対的に信頼していますだけに、時期、方法につきましては全面的に医師にお任せする以外にはないと思いますが、本人や家族が胃潰瘍と言いながら、それでもと、どこかに抱いていると考えられます不安に応じて理解させてほしいと思います。例えば、手術によって胃潰瘍はすべて消滅したけれど、手術して初めてわかったこととして、また、手術しなければわからなかったこととして、他の分野にガン性疾患が存在していたので、それを切除したけれど、転移の可能性もあるため、病名は何々ガンとしておくが、再発しなければ心配ないといったような、何となく決定的といえないけれどもガン症状であるといったことでも、ガンを自覚させてほしいのです。それは、第三のこれからの闘病としての生き方にかかわると考えるからです。／第三の今後の闘病と生きることの意味につきましては、ガンは不治のものではないし、医療と患者の闘病生活のあり方で治すことは可能なものだというこ

とを、本人、家族に強く理解させ、ガン克服という点で積極的な生きがいを生み出すようにしてほしいと思います。このことは手術をご担当いただいた医師だけでどうなるということではないのかもしれませんが、最初のガン告知の内容、態度を通して、ガン克服への希望が存在していることと、その闘病生活では明るい気持ちになる積極性が大事だという基本をつかむようにお話ししてほしいと思います。特に本人と家族がお互いに病名を隠し合って、暗い気持ちで、表面だけうその明るさをはしゃぎのようにあらわして、闘病にはならない敗病のような看護を続けることは、いくら余生が限られていましても、人生を確かに生きた、ともに生きたとはいえないと考えるからです。私はいくら難病でも奇蹟的といえるように治癒することが全くないわけではないと思いますし、それを期待もしますが、たとえそうした奇跡が生じなくても、うその上で、本心だけはおどおどしながら、何の積極性もなく、またやりたいことをやることもできず、ただ病魔に侵されていくだけで、死の不安とたたかうこともないまま、不安の毎日を過ごさせることはいかにもむごいことだし、病気を進行させるだけにしかならないのだと考えるからです。

医学、医療の何もわからぬ私が、医師に対して極めて失礼なことを述べたのかもしれませんが、非礼の点は素人の無知としてお許しいただきたいと思います。ただ、熨斗謙一のこれまでの入院経過から見まして、今日の手術が今後を決める極めて重要な節と思いますだけに、手術結果のご報告を聞くときに、あわてふためいて、私の気持ちや希望を述べているゆとりを失うといけないと考えましたために、あえてつまらぬことを記したまでです。私の無知や非常識のことはまたいろいろご指摘、ご指導いただきたく存じます。

以上、長々と申し述べました私の意をお察しくださいまして、何とぞ手術結果をありのままにお知らせくださいい。そして家族への通知その他、必要な点をご教示賜りますようお願い申します。

手術の日の午前一一時に私はこれを書いておいて、手術前に医師に見ておいてほしいと言って渡しておいたけれど、結果としては見ておられなんだということがわかったわけです。それで、それならこの手紙のコピーがあるので、それ以上言う前に読んでほしいと医師に渡したわけです。

〈医師はどれほどか手をふるわせていたが、それを受け取っても開いて読むことをしないで、次のことを言おうとしたので、自分は、「失礼だが、まずそれを読んでみてほしい」と言って、読むことを要求した。医師はそれから丹念に一枚一枚読み始めた。ときどき横顔を見ると真剣そうだ。自分は仕方がないので、窓外の山林の若葉を見て心を静めていた。読み終わってため息つかれたようだったが、文面に沿っては何の意見もなさそうだった。別に否定した考えを持っておられるようにも思えなかった。自分は、家族に対して、胃潰瘍は切り取ったが、切ってみて初めてわかったこととして、切り取れない部分にガン性のものが残ったから、早い回復とはいえないが、いま直ちに命取りになるほど進行しているわけではないから、闘病でしっかり治るようにしたいということを言ってほしいと言った。また、謙一君本人に対しても、時期を見て、ガン性部分が残っているけれど、それには闘病で希望を持ちましょうと医師から伝えてほしいと言った。だから、いま家族にそのことを伝えても、医師が君に伝えるまでは黙っていて、謙一君から家族が聞くようになることが望ましいと言った。医師は全体としてその旨を了承したが、「抗生物質を投与すると髪の毛が抜けたりします。熨斗さんはまだお若いので、これからすぐ家族の方にガン性のことを言ってもよろしいか」など、その前後に言ったことが印象に残っている。そして最後に、さも申しわけないといった表情で、いわば手術中のミスとでもいえることについて自分に了解を求められた。「おちんちんから尿をとるために、おちんちんに管を通すとき傷がついたので、下腹に別の管を入れて尿をとるようにしています。おちんちんの穴がふさがってしまうといけないので、そこにも管が差してありますが、そこからは尿は出ません。すまないことと思います」といったことだった。

自分はそれで病床での赤い尿のことがわかった。自分は、「それについては仕方がないことかと思いますが、尿道のカテーテルは抜糸ころにはとれるのですか」と聞いたけれど、医師は、「それよりもっと長くかかると思いますが」と言って、すみませんという表情を示された。自分はあまりそのことにこだわっていても、それより胃そのものが閉じられたことに中心があるので、それについては「わかりました」と言って話を打ち切った。この報告の間、医師はどうも迫力がなくおとなしかった。医師が自分をどう考えていたのか、それを引き出すゆとりもなかった。一方的に自分の方が話をしたような気もしたが、後には知子へ説明してもらわねばならないし、自分だけが異常に長い時間を費やしているのも不思議に思うだろうと考えてあわてて引き下がったが、それでも二〇分以上はかかったのではなかろうか。最後に、医師は、「どんなことでも、心配がありましたら、お困りのことがありましたら、電話でよろしいからご相談ください」と言われた。その後廊下へ出て早速知子と交代したが、知子に、「小いそも一緒に行けばよいに」と言ったら、「いや、私一人だけでいい」と言って医師のもとへ入っていった。知子は医師のところから五、六分ぐらいで出てきた。涙の跡もなく平静のようだ。どうだったと聞こうと思ったがそれはやめた。知子はみんなのいる前を通るとき、「私はしっかりしとるで大丈夫やに」と言っていた。自分は、「まあ」という気持ちと「まだ」という気持ちがごちゃ混ぜになって、すべてをじっと見ていて、耐えているしかなかった。

それからは知子が熨斗のお母さんにかけた電話となるし、自分もその直後に貴美へ電話をした。「胃は切り取ったが、切り取れない部分にガン性のものが残った」ということを言うと、貴美は「やっぱり」と言っただけだった。もう五時ころを過ぎていたのか、再度謙一君の顔を見て、「ご苦労さん。頑張れよ」と言って病院を出た。知子と小いそは通常の笑いもなく黙って付き添っていてくれた。病院を出ると、川上君がしきりに吉田屋へ誘ってくれたので、断るのも悪い気がして行った。ビールなどを出してごちそうしてくれたが、とても気楽に飲み、語ることなどできなく、何となく慰められているものの、気はどこかに散っていたような自分だった。このときに何を話したのか覚えがない。

ところで、昨夜自分の胸をうずかせ続けた問題は何だったのだろうか。自分は謙一君の生への期待を断ち切ることに加担したのではないのか。あのとき、そのまま閉じてしまうことに対して、「よいようにお任せします」というような言葉を吐いてはいけなかったのではなかろうか。ただ黙秘を続けるか、あるいはどこまでも生き延びるように、手術を間違いなく、どんなにしても間違いないようにやってくれと、駄々っ子のようにでも言い張っていなければいけなかったのではないのかと悔やまれてならない。あのときどうすることが真に人間的であり、科学的社会主義者のとるべき態度なのかはっきりしないことから、この悩みは生じているのだと思う。医師も突然に自分を呼び寄せて、十分に事態を飲み込めぬままに何かを了解し決断させるということは、これはまた医学ということからいってどう考えてみたらよいのだろうか。〉

ちょうどそこまで書いて頭がカッカとし始めたときに、川上君が来たわけです。〈午後三時　いま年金者組合の健康相談ということで教育会館へ来た川上康一君の話によると、昨夜大島医師はとてもたまらず深酒をしたということだった。そのことからふと思うことは、大島医師の内科的診断と、手術担当の外科医師との意見、見解の違いから、自分を招き入れるより仕方なかったのかもしれないということもまた想像できるが、そんなことをあれこれ想像していることこそだめだと思う。謙一君はきょう鼻の酸素もとれて、大変元気がよい顔をしていたと川上君は言ったが、そこに一切の期待のもとを置くしかないという気もする。

そして、川上先生が帰っていって、また、〈いま依田さんが来て、「どうだったと」聞く。「手術はしたがあまり芳しくないようだ」と言えば、「背中が痛いというのはいつごろからだったの」とガンを承知した言い方になる。「それで胃はとったの」と言われるので、「それはとったが、ほかに少し転移しているので、闘病によって再発を防ぐしかないのだ」と言えば、「悪性のものはそれしかないが、心配だね」ということになるのだ。この胃をとったその後にガンが転移しているというのと、胃はそのままになっているけれど闘病で、というのとはまた全く違うのだ。自分はここでもうそをついて、うそをつかざるを得ないことに加担して、それでも期待を持つというのはいかにも矛盾しているように思う。下手にどれだけかを切除してガン活動を急激に活発化させるより、現状では、ガンが広がっていても活動の鎮静化を進めることで、その方が一見困難でも、患者の自覚的なガン克服への期待と、人生的価値は大きいのだということが腹に落ちればまた別なのだとも思うが、どうもすっきりしないことは確かだ。この問題は自分一人だけで考えていてもらちがあかないようにも思う。組織的に論議してみるほかないようにも考えられるが、いまその機でもない。また、適切な組織的構成になっているとも思えない。やむを得ないので、うずきはうずきとして、起きてきたらじっと我慢していることにして、いま深追いしないようにしたい。深追いしたらノイローゼになってしまいそうだ。

それから、いま一つは、自分が家族、親族の代表になっていて、あそこであした態度を取ったのはよかったのか、正しいといえるのかということである。本当は知子か両親かが代表でなければいけないように思えて仕方がないが、それはまた事の経緯とそれぞれの性格からいって不能であったとも考えたいのだ。この考えたいというところが間違いのもとだろうが、いまもそれを家族の間で問題にすることはできない。

いま一つは、実際に仲生子、朗生が拙宅で生活していることにかかわるむごさであるが、それはいまどうなることでもないから、改めて考える以外、ここでは記さない。問題は、これからの悲観的、楽観的なさまざまな課題を整理してみることだ。けれども、それをいま一挙にあわててやることはやめる。頭の中がはち切れんばかりになることは間違いないからだ。まだどこか何か抜けているような気もするが、今回の「王様の耳はロバの耳」はこれまでにしておくことにしたい。また夜の苦しみが出てくるのかもしれないが、以上のようなことをいろいろな形で反芻しながら、みずからに落ちつかせていくしかない。他の人とのさまざまな話の中に重要なヒントが出てくるかもしれない。あわてて何とかすることは避けねばならぬ。そんなに早く何とかできることではないだけに、自分がもっと苦しむより仕方あるまい。〉

それで、細かいところは飛んで、もう一つの中心のところだけ少し詳しく言いますが、そのころ北欧研修の準備があるわけです。この年に、北欧へ社会福祉と教育の問題を研修に行きたいと研究所で企画をしていったら、熨斗が一番先に行きたいといって申し込んできたというようなことで、日体大の方もそういう外国出張を認められて、どれだけかの補助が出るというふうに話がついてきておったわけです。けれども、こういうことになったので彼はあきらめるしか仕方がない。当然私はそうなるとあきらめるしかない。というより、手術の経過からいって、大体旅行に行く日ぐらいがお陀仏になりそうな日だということがわかるわけです。だから、私は当然やめるしかないけれど、私がそういうことで旅行をやめるなどという話をし出せば、いろんな動揺も起きて、せっかくの期待もまた外れてくる。あまりおもしろくないしということで、私はどこまでも行くというようなふうで準備だけしていかなきゃならんと思っておった問題がもう一つあって、これも「王様の耳はロバの耳」みたいに隠しておくより仕方ないわけです。ここで言ってしまえば何もかも御破算になるということで、これも私を苦しめた問題でした。

(5) 退院をめざして

そこで、手術が終わり、医師の説明が終わって、次の日、五月三〇日から私は「闘（たたかい）」というふうに通信の題を変えるわけです。「カラダとココロ」などという生やさしいとらえ方ではもうあかん。たたかいとして自覚してもらう以外にないということで、通信のタイトルを「闘」と変えるわけです。

〈五月三〇日昨夜便から、「カラダ　ココロ」のタイトルを「闘」に変えた。謙一君は何かを察してくれるだろうが、いつまでも続けることができないと考える通信だけに、生きる意欲と目標にかかわって、本当の励ましとなるような内容を工夫せねばならん。また、必ず死の不安が強くなることもあるだろうから、それについても、聖職者的でなく、普通の人間ができることとして説いていくよう考えねばならん。ときどき知子宛も書かねばならんと思う。〉

それから、ちょっと飛ばしまして、手術してちょっと後の六月三日にこういうことが起きたわけです。

〈きょうは「王様の耳はロバの耳」ではないが、いくつかの記しておかねばならないと思うことについて書いておく。おとつい、六月一日の午後、野崎君に頼んでおいた小いその軽自動車購入のこともあって、野崎君に同乗して上矢作病院へ行った。謙一君はベッドを背もたれにしていたが、それなりに元気な顔をしていた。昨夜考えてみた声の便りを朝食事に実施しようとしたが、仲生子は嫌だと言うし、朗生は騒ぐだけで成功しないから、逆に謙一君の方から先に届けてやってほしいと言って、子どもたちと両親への録音を頼み、自分がいては話しにくいだろうということで、廊下へ出て待っていた。ちょうどそこへ外科医が来られた。「先日はどうも」ということで軽くあいさつしようとしたら、少し話をしたいということで、そばの空室へ誘われた。〉

その前の日に、実は大島医師が年金者組合の健康相談に来られて、その後に、大島医師とは私はガンの告知ということが必要だという意味のことを話し合ったこともあるのです。

〈きのう大島医師と話したこともあって、謙一君のガン告知をいつしてくれるのかと話したら、とてもそれはできないということだった。「大島先生とも相談したんだけれど、しない方がいいということに考えている」と言われる。いかにもむごい。「ご両親の方はどうですか」など、とにかく告知する気はないし、第一その勇気がないということがはっきりした。自分は、「医師がやらなければ自分でやるしかないが、そうすれば患者と医師の信頼関係はなくなるだろうし、それでは困ることになるから、何とか医師の方でやってほしい」ということで頑張った。その中で、自分が謙一君の不安を引き出して、本人から医師に質問させるから、そのときに正直に教えてやってほしいとも言ってみた。「ご両親の方へは既に自分から話してあるし、涙の日を送って覚悟しておられる。とにかく闘病には本人の自覚を抜きにすることはできないし、闘病で奇跡を得たいし、たとえ奇跡は生じないにしても、日々生き抜き、たたかい抜いて、意味ある死を迎えさせてやりたい。だから何としても」と強く迫ったため、医師は最後に「再び大島医師と相談してみて善処したい」と言われ、自分への連絡先の電話番号を控えられた。その折にはっきりしたことは、このまま異変がなければ三週間内には退院も可能となるだろうが、食事がとれるかどうかが問題だということだ。また、尿道のカテーテルはそれまでには外すことができる。本人への告知は抜糸ごろとして考えてみる。けれど、医師は、「ガンという言葉はいかにも酷なので、膵臓に腫瘍が残っているとでも言いたい」ということだ。

自分はこの医師の態度を見ていかにも情けなかった。人がやさしいというだけでは医師とはいえないと思った。先日、手術の後に手紙を持ってお願いし約束されたと思っていたことは自分だけの思いであって、医師はきちんと受けとめていないからだ。それなら何のために自分を手術室にまで呼び入れて、事態を承認というか、納得させようとしたのか。あまりにひどい仕打ちではないのか。いくら個人的には好意を持ち、信頼しようとしていても、大島医師を含めた上矢作の病院体制は信頼することができないと言いたい。それは医療と教育が思想としても体制としても一致していないことでもあるが、そしてそれが今日の病院一般の持つ弱点でもあることも理解できないことでもないが、患者の親族側からの根本的な要求をまともに取り上げて、医療と教育の問題として真剣に考えてみようとしない体制に納得できないからだ。確かに自分の要求していることは、これまでの患者の親族が一般的に示すこととは異なっているのかもしれないが、それならばよけい、そのことを取り上げてガン末期症状患者の闘病とガン告知について医療と教育の関係でそれができなければ、医療の見地からだけでも筋道立った見解を示すべきではなかろうかと考えるからだ。実は、その日の前夜というか、大島医師と会った後、自分は謙一君への「闘」の便りを書き始めたら、どうしても告知が必要なような気がして、はがき七枚も書きつづったことがあったからだ。それは、いまに医師が告知するだろうから、その前に謙一君への自分からの告知としておいて、ショックを和らげようと思って書いたものだったが、医師の告知が果していつになるのかはっきりしなかったし、はがきの継ぎ足しのようなことでは十分とはいえないので、それについては改めて別便できちんとした方がよいということも気になって、投函しないままでいまだに持っている。外科医に会ったとき、ガン告知には言葉の選択には慎重を期するものだということで、少しその手紙のことも話したけれど、あわてていたし、その場に持っていなかったため、それを見せることを忘れてしまっていた。あのとき見せてあげれば、また事態が少し変わっていたのかなとも思える。がしかし、自分の中では、謙一君へのガン告知とそれをきっかけにした彼の闘病心の高まり、そして不屈の闘病生活こそが、よかれあしかれすべての鍵となるように考えることがますます強まってきていることは確かだ。だから、それはあせりともなってみずからに気負いを生み出すが、いつどのようにということになると、まだ確信の持てる状況にはなっていない。けれど、このことについては、自分は次第に周囲へも働きかけながらチャンスをつくっているわけだ。〉

そういうふうで、本人へのガンの告知ということを大島医師と話したときに、するならば早い方がいいという問題になった。早いっていつなのか。結局、患者は、糸を抜いて、あとは何が目標になるかというと、とりあえずどうあろうと退院するということが目標になる。その退院するまでの間をたたかって退院しなかったら、退院ができんわけなのです。だから、退院へ向けてたたかわせるためには、抜糸するころにその意志をきちんとさせるということが実はいちばん効果的ではないのだろうかというような問題が話されたりしたわけです。だから、私はその抜糸ころへ向けて一生懸命であせるわけです。それで、医師に「言え、言え」と言うけれども、医師は「言えん」と言う、そういう問題が一つあったわけです。

それからもう一つ、時間がないので、レジメにありますす両親への説明ということも省きますが、そんなころ、人にあまりそう言えんわけですけれど、自分は半分殺人幇助罪じゃないかというようなつもりでどれだけか悩んでおった。そうしたら、妻のいちばん下の弟になるのが岐阜薬大を出て製薬会社のプロパーをやっておるのですが、それが熨斗のところへ見舞いに来て、帰りに家へ寄ってくれた。大分浮かん顔をして、あまりよくないという顔つきをして入ってきておって、私が手術の話をしたら、じっと人の顔を見ておって、「そんなふうなら、切って閉じただけやら。とれとらへんのやら」と言うわけです。私もこれには参って、思わずつられて「うん」と言ってしまって、初めてそこで「実は切っておらん。切ったけど、胃はとっておらん」ということを人に漏らした。それで、自分は実は本当にえらかったと言ったら、「それはそんなに悩んだって無理や。切りさえすれば、もっと早く死が訪れる。そういうときは切らずに閉じることの方が、命の長らえという意味では長らえるので、あとは抗ガン剤でたたくという療法もあるけれど、とにかく抗ガン剤などというものは大して効きゃしないもんだ」ということも含めて、彼は薬屋ですからいろんなことを知っておるわけです。例えば、普通の薬なら、六〇％効けばものすごい効く薬なんだということで医師も使うし宣伝もする。けれど、抗ガン剤に至っては、例えば一〇％効いたなら、それはものすごい抗ガン剤だということになるんで、いくら効いた抗ガン剤といったって一〇％。しかも、それはガンの種類によって、それから抗ガン剤の種類によって、何と何とが組み合わさったときに一〇％が出るかなどということも、確率としては極めて低いものだ。だから、そういう意味では、腹を閉じたということについてそんなにおまえが悩まんでもいいという意味のお助けみたいなものがあったわけです。それで私は初めて殺人幇助罪みたいな悶々から少し逃れることができたというようなこともこの間にあったわけです。

とにかく、それならよけいガンの問題について本人に知らせなきゃいかん、しかもあまり遅い時間ではあかんということで、どうやって告知するかということで、はがきに書いたようなものが残っておりますが、ガンの告知の問題をそれから私は真剣に考えるわけです。

その前にこういう問題があるのです。ここに『生きがい療法でガンに克つ』という伊丹仁朗という人の本があるのです。皆さんにもガン患者がモンブランへ登頂したというニュースの記憶があるかと思うのですが、これは倉敷の柴田病院の伊丹仁朗という医師が中心になっておられて、この病院では同時にガン患者の富士山登山もしておるわけです。そういうこともあって、テレビなどでどれだけか知っておったのですけれど、たまたま本屋でこれを見て読んだら、これは割合に私にとっては納得できる理屈があったわけです。詳しいことは省きますけれども、要するに、大脳生理学のパブロフの学説が基本になったようなことから、森田療法という自覚的なガンへのたたかい方の療法というようなものをやっておるということがあって、必ずしも他の神様にお助けしてもらうとか、あるいは何たらの療法だとかということじゃなしに、病人の体内の抗疫力というのか、抗病力というか、そういうものをうんと発揮させていくというような方法になるわけです。

そのことは、ついでに言いますけれど、妙なことで『教師の友』の夜学に引っかかるのです。去年私が三尾先生にかわってやっていただいた日、実は私はここの倉敷の病院へ行ってきたわけです。聞いてみると、火曜日でないとガン患者が集まって自覚的に療法したり、話し合いをする場がないというので、それはどうしても行かなきゃしょうがないのでということで、『教師の友』の夜学を三尾先生に無理ご無体に頼んで、私はそのときに倉敷の病院へ急遽出かけた。

ここでは生きがい療法の友の会みたいなのがあって、私も会員になって、『生きがい通信』などというのを買ったり、療法についていろいろ聞いたりもして、この療法で治るとは必ずしも即断的に考えるわけにはいかなかったけれど、そういうようなことも事前にあって、熨斗へのガンの告知という問題を真剣に考え始めたわけです。

手術をされた外科医は、話すと本当に気のやさしい人で、気がやさしいだけでは医者にはなれんと私は思ったのですけれど、自分で涙を流して夜酒を飲んで悶々とせられたそうです。そういうやさしい、やさしいお医者さんだけど、患者に言うとなるとむごいで言えんというわけです。「むごいなどということは、あなたがむごいなどというより、言われん患者の方がもっとむごいやないか」と私が言うと、「ガンという言葉で言わなきゃいかんですか」「そんなほかの言葉で言ったってわからんやないか。ちゃんと言やいいやないか」「それはむごい」というようなやり取りもあったので、その医師との関係を悪くもしないように、しかも医師がきちんと言わんところを私も言って、しかも医師にもちゃんと言ってもらう時期にうまく合わせなきゃならんというようなことで、そのころはあれこれのことを悩んだわけです。

それで、さっき来たと言いました妻の弟の製薬会社の社員に「おまえならどうや」と言ってはがきを見せたら、「こりゃええけど、こんなことじゃぴしっとわからんに」と言うので、「そうやろうか。そんなら長い手紙でなけりゃいかんかな」などと思ったりしながら、ある日、私は一つの文を書いたわけです。

そして、熨斗の方へは、「闘」通信で、「そのうちに少し長い手紙を書くけれど、そのときは気を落ちつけて読んでくれ」というようなことを片一方予告しながら、いつ出そうか、いつ出そうかといって悩んでおって、これはもう一〇日ぐらいに投函するしかない。それでなけりゃ、本当に日はおくれていくということで自分もあせったということもあるし、謙一の方は胃は全部切り取ったと思い込んでおるし、比較的気分はさっぱりして、闘病というようなふうな意味でガッというふうになかなかならん。少しのんきになっておる。これはあかん。一

○日には何とかきちんとした手紙を出すようにしたいが、それを突然私が出してしまっては困るということで、七日の日に、遠山先生が何かのことで上矢作病院へ行くと言われたので、遠山先生にお願いをして、遠山先生はもちろん何も知らんわけですけれど、封筒に熨斗宛の手紙のコピーを入れて、大島医師と、それから担当してくださった外科医宛に、私はこういう手紙を一〇日ごろには投函したい。もし、この手紙をお医者さんが読まれて、こんなことを書いてはいけません、ここは直しなさい、こういうふうならよろしいとかという意見があるなら、九日までに私のところへ連絡してくれ。そうでなければ、私はこの手紙を出しますよという予告の手紙を事前検閲風に出したわけです。

それで、九日になっても何らの連絡がなかったので、一〇日の日にはついにこれを出したということになるわけですけれど、私がガンだということとして言った手紙をこれから紹介してみたいと思うわけです。

抜糸も無事に終わり、これで手術は一段落したわけですね。本当にご苦労様でした。そろそろ退屈病も出てくることかと思いますが、きょうはこれからのあなたの闘病について、苦しくとも本気になって考え、取り組んでほしいことについての僕の思いを伝えるために便りを書き始めました。そのため、この便りを知子にも読ませるのでしたら、読みながらそのまま渡さないで、一度あなたが読み通してしまって、そしてあなた自身の気持ちや思いがどれほどか落ちついたところで知子にも読ませるなり、またはあなたの意見を伝えるなりしてほしいと思います。どちらにしろ、あなたと知子が闘病についてともに同じ考え、同じ立場に立っていただかねばなりませんので、そうなるためにも、最初にやはりあなたに読んでもらいたいと思うからです。大変もったいぶった言い方をしていますことをごめんなさい。

さて、本文に入りたいと思います。あなたが上矢作病院へ入院された日から、僕は、つまらぬはがきの便りですが、毎日出すように、届けるようにしています。先日、病院で会ったとき、毎日のはがき便りがうるさく感じられるようだったらやめた方がよいかと思ってあなたに尋ねたら、楽しみの一つにもなるからということでしたので、また続けているわけです。ところで、あのはがき便りのタイトルが、あなたの手術を境として、「カラダ　ココロ」から「闘」に変わっていることはご承知だと思いますが、それについてあなたは何をお感じになったのでしょうか。実は、あの五月一九日の手術で、僕はあなたの入院治療が単なる休養というか、自動車のバッテリー交換のような意味でゆったり療養しているだけではいかない、たたかいとしての構えが要ることを感じたため、タイトルを変えたのです。あなたは、手術前に、胃は痛まないが背中が痛いと言っておられました。そして、それは胃潰瘍が大きく背中の方に癒着しているからだと考えておられたようです。もちろん、医師がそのように説明されたからだと思います。医師の患者に対する立場ということについての僕の考えはまた後に述べるつもりです。だから、手術をして胃潰瘍を切除してしまえば、痛みはなくなり回復できるのだと思っておられるわけです。それはまた、手術前に同室にいた患者の様子からもあなたは知っておられるからです。

しかし、一方で、手術前に僕に言われたように、一日に体重が四〇〇グラムずつ減っているということでは、胃潰瘍とは別の疑問も抱いておられたのではなかろうかと思うのです。手術の結果について医師がどのようにあなたに報告されているのかは知りませんが、たぶん胃の手術、切除という点での手術は成功したけれども、切除できないものとして、他の臓器、器官に病気、病巣が発見できたので、これからはその治療をせねばならないといった意味のことが話されたのではないのかと思います。

手術の結果はたしかにそうしたものだったと僕も考えます。その限りでは医師の言葉に間違いがあるとは思えませんが、この事実を簡単に読んでしまわないで、いま少し深く読み取ってみたいと思うのです。

先日、僕が病院であなたに会ったとき、それは手術後でしたが、あなたは手術後でも背中が痛むことを話されましたね。もちろん、手術をすれば、切り口を初め方々が傷つくわけですから、いろいろな痛みが残ることは確かだと考えられますが、手術前と同じところが同じように痛むということはなぜか、おかしいことと感じておられるのではないのでしょうか。医師は患者の平静さを大事にされますし、患者に衝撃を与えることは治療の立場からは避けられて、極めて慎重に言葉を選ばれますので、事実であってもはっきりしないことがあるのはまた当然なのでしょうが、あなたの背中が痛む疑問については、視点を病名のところに据えていま一度見直すことでどれだけか解けるように考えるのです。

あなたも以前の同室にいた胃潰瘍患者を見てどれだけか感じておられたことだと思いますが、胃潰瘍なら胃の痛みが中心になるわけです。だが、胃よりも背中が痛むということは、実は胃潰瘍とは異なった病気ではなかったのかということです。だから、手術によって胃を切除してしまっても、同じ痛みが残ってしまうということではないのでしょうか。また、手術をして胃は切除しても、切除しきれないところに病気、胃潰瘍的病巣が見つかったというのは、最初に胃へ発生した胃潰瘍ではない病気がそこまで広がっていたということを意味しているのではないのかということです。その新しく発見できた部位はどこかといえば、肝臓なら切除も可能なわけですから、それは膵臓あたりだと考えることができるのです。

あなたももうお気づきのことでしょうが、胃潰瘍と思っていたのはそうではなくて、進行性の胃ガンだったというのが本当だと思うのです。僕はそのことを絶望的にとらえているのではありません。苦しいけれど、闘病の立場で克服が可能だし、どうしても克服してもらわねばならぬと考えますので書いています。だから、あなたのショックが大きいこともわかるのですが、どうか勇気を出してこれからも読み続けてください。お願いします。

先ほど医師の患者に対する立場は後ほどに述べたいと書きましたが、これからはそのことについて私の考えをお伝えしたいと思います。いまから思えば、あなたも僕もある点ではあまりに健康体であったために、病気になった経験がほとんどなく、病気そのものについての知識が少ないために、胃潰瘍と胃ガンの区別がわからなかったことになりますが、胃ガンの特徴は胃内面、患部に胃潰瘍的症状を起こすけれど、それはあなたも胃カメラで見られたわけですが、そこに痛みを感じさせないで、胃の中心部というか、表面部へ向けてしこりをつくっていくことにあるようです。僕は医学的説明としては何もできませんが、それは胃だけではなく、例えば膵臓の場合でも同じことのようです。だから、痛みとしては筋肉部を圧迫して腰や背中に生ずるのが普通なのです。医師はあなたの診療に、入院時からそれを察知しておられたようです。しかし、あなたにそれを告げることについては次の二つの理由を中心にためらわれたようです。その一つは、現在の日本の医療においてガン告知論争が決着を見ていないことにもあらわれていますように、告知によりそれが患者に与える影響を予測できないためです。患者と医師との関係が一般的に信頼というものを持っていても、患者の個性としての性格や思想その他の特性を熟知していない限り、告知によるショックが闘病に向かわず敗病に向かうことで病気をみずからでより進行させる危険があるため、患者自身の自覚的で闘病的な強い疑問がない限り告知はしないで、患者の精神的な平静さを大事にするためです。

いま一つは、胃ガンと極めて似た症状をあらわすものに、胃潰瘍とは違った、胃の肉腫というものがまれにあり、それは手術をしてみなければ胃ガンとは区別をつけることができないため、あなたの場合、そのまれである肉腫であってくれることを願って手術前に告知されることは避けられたと考えられることです。だから、入院に当たっては「ガンではありません」と言われたようですが、それは以上のような事情によるもののようです。けれど、手術の結果は、肉腫ではなく、さきにも記しましたように、まだ全体的ではないけれど、他の臓器間にガンの転移が発見というか、その存在が認められたわけです。そのため、医師団はその事実を僕に報告されました。そして、そのことをあなたに告知することの是非についても相談されました。だが、手術直後の疲労や不安定の中で、それを告げることから生じる衝撃の大きさを考慮して、しばらくの間はガンという名称でお話しすることはやめましょうということで合意したのです。さきに記しましたように、医師があなたに報告されたでしょう、胃の切除はしたけれど、そしてそれは成功したけれど、他の臓器にも新しい腫瘍の存在が発見できた云々というのは、そうした配慮からの発言になるわけです。

ここでよく知っておいていただきたいことですが、医師はあなたの診療、入院、手術を含めて、その最初から、ガンの名こそ口にされなくても、その存在を察知し、肉腫であることを願いながらも、これまで全力を挙げて最高の能力を結集してあなたの治療に当たってこられたし、いまも当たっておられるということです。そのことは僕にもよくわかります。医師の苦労についていま少し述べます。あなたも途中でひょっとしたら疑問に思われたことがあるのかもしれませんが、真に胃潰瘍だったら、どうして手術がこんなにおくれるのかということについてです。前にも記しましたように、あなた自身が毎日四〇〇グラムも体重が減るということを感じられるような状況の中では、とにかく手術に備える体力を確保し、予測のようにガンが他へ転移していた場合には、抗ガン剤の投与によってガン細胞をたたかねばならぬため、それにもこたえられる体力ということで、高カロリーの点滴を幾日も続けられたのだと思います。また、手術後の僕への報告では、「残念でも予測が当たったので、早速抗ガン剤を投与してガンの活動をたたくことにした。どうしても熨斗さんのガンをやっつけねばならないので治療を任せてほしい」と言われましたように、表情は以前と変わりなく穏やかに振る舞っておられるかと思いますが、その心情は極めて燃えていると思われます。その点では僕は医師を信頼していますし、あなたも医師への信頼を失わないようにしてほしいとお願いします。

ここまで来ると、医療と教育との関係のことなどが、医師や病院の思想としても体制としても問題として考えられますが、いまそのことを論じているゆとりはありませんし、また必要もないと思います。とにかくこれまでのことをあなたに伝えるために、僕でもこれだけの紙数を用いているわけですから、いまの医師の状況では、告知については、時間的に、また条件的に、患者と二人きりの場所とかその余裕がないことは認めなくてはならないように思います。そうした条件を加味しないで、中途半端な言い方ではかえって患者に打撃を与えるわけですから、医師が患者にあるがままを伝えられないのは、またやむを得ぬことのように思われます。それはいま学校の中で子どもたちになかなか真実を伝えることができないことに、どこか共通しているようにも思います。そうした意味で、医師があなたに僕のような形でガンの存在を言われないことにつきましては、それなりに理解してほしいと思います。

ここまで書いてみて、これではあなたにあまりに大きなショックを与え、不安を増大させてしまったのではなかろうかと思って、僕自身の貧しさとしてのきめのあらさや配慮の足りなさを反省しています。けれど、僕はあなたにショックを与えたいために書いているのではありません。最初に書きましたように、「カラダ　ココロ」から「闘」にタイトルを変えたことにあらわれているあなたの病気の事態についての新しい構えが必要と考えるため、あえてその事態のもととなる病気の事実についての把握を確かにするために書いてきたのです。僕もできればガンというようなショック的に響く名称を用いないでそのことを伝えたかったのですが、僕は医師のようなある点での公的医療の立場と違って、親族という立場ですし、あなたをよく知り、あなたを愛し、あなたの闘病力の存在とエネルギーの発揮を信じている同志として、ガンの言葉を使っても、そしてこれからのそれとのたたかいのことについて書いても、あなたはきっと理解してくださるのではなかろうかと思って書いているのです。

さらに、僕はガンは不治の病というようなことは考えないし、ガンは他からのもので体に抵抗力はないなどとは決して思わないのです。だから、あなたの気持ちを無視したような言葉遣いをしているところがたくさんあるのかもしれませんが、それについてはあまり気にとめないで、とにかく全部を読んでみてください。でもどうしても許せないような言質があるのでしたら、後から存分に怒ってください。僕は率直に謝ります。

あれやこれや何を言いたいのかはっきりしないのかもわかりませんが、これから闘病についての僕の考えを書きますので、それを含めて、これまでのことについても考えてみてください。

最初に言いたいことは、これからも背中の痛みはあることと思いますし、ときには同じ痛みが腰の方にまで広がることがあるのかもしれませんが、その痛みの元凶はガンにあるわけですから、痛みをとることを目的にしても治らないと思うことについてです。確かに痛みのあることは苦痛です。だから、痛みに耐えてくださいというのではありません。痛みは薬によって和らげることが可能ですので、しかも現在ではその薬に副作用の出ないものがつくられているようですので、痛みを覚えたときはその薬を使用することを考えればよいのです。それはこれまでもあるいはいまでもやっておられることと思います。問題は、あなたの背を中心とした痛みのもとがガンの存在にあるわけですから、ガンとたたかい、ガンに勝つことなしには痛みを除去することはできないということです。したがって、これからは痛みの元凶であるガンとたたかい、ガンを征服することを闘病の中心課題にしなければならないと思うのです。

次の問題は、ガンに勝つということは、決定的には自己の体内における抗病力というか、人体が自然に保持している免疫力を強化増大させることによって勝利できるということです。僕にはそのメカニズムがよくわかりませんが、経験的には何となくつかめるというところがあります。その問題では、現在の科学ではリンパ球に含まれるキラーT細胞がガン細胞を直接食いつぶす能力を持っており、そのキラーT細胞を活発化させるためには、自律神経の中枢である間脳が分泌するエルザフィンという物質の働きが大事だといわれています(『サイエンス』一九八七年三月)。この科学的見地を信用するかどうかはあなたの判断に待つしかありませんが、僕はガン自覚者というか、ガン保持者がモンブラン登頂を成功させた壮挙の組織者である倉敷の柴田病院の伊丹仁朗医師が紹介している森田療法の原理などから考えて納得できるのです。この森田療法についてはもっとよく研究してみたいと思います。必要ならばあなたにもそれをお届けしたいと思います。

そうしたことから考えられますことは、あなたもご承知のように、現状ではガン制圧剤も決して決定的といわれるまでには開発されていないにしろ、臨床的にいくつかの効果例を持つガン制圧剤としての抗ガン剤、これは医師の領域ですが、それをたたかいの重要な援助の武器として生かしながら、あなた自身の治癒力というか、ガン免疫力として闘病力を強めて、公然とガンにたたかいを挑むことが決定的に重要だと思うのです。そうすれば、極めてまれだと例証されている重体ガン患者の一ヵ年以内の自然治癒の現象と同じような、もちろんあなたの場合は重体というわけではありませんので、もっと早期の異例ともいえる治癒現象が生まれることも可能ですし、そこまでいかなくても、どれだけか長期にわたってガンをたたかいによって克服することは可能なわけです。いまここで教育論を述べるつもりはありませんが、日ごろ僕たちが強調している生活綴方の精神というのはまさにそれだと思うのです。どんなに悲しくてもつらくても、その悲しみをつくり出している現実としての事実をありのままにつかみ、それを生活変革というか、よりよく生きるという立場で冷静に考えてみることで矛盾を克服する方途を探り、社会的にも生きがいのある生活をつくり出すことで解決していくということは、まさにあなたが抱えているいまの問題解決の立場そのものであるとも思うのです。僕がよく口にする、現実直視の中に遠望楽観を統一的に把握するというのもまたそのことだと考えるのです。さらに、「ココロとカラダ」でなく「カラダとココロ」だということで、体の事実に即応した心の働きを十分にして、その相乗的な発展を進めるということもまた同じだと思うのです。

　これらのことはとっくにあなたも承知していて、これまでもこの立場でやってきたと言われるのかもしれませんが、病気がガンだということがはっきりしてきた以上、相手がそれなりの強敵であるわけですから、それとのたたかいもまたそれ相応に強く厳しいものでなければならないと考えるのです。それには、こんなものに負けてたまるか、どうしても勝ってやるというあなたの不屈の闘志が要るのだと思うのです。けれど、不屈の闘志を闘病ということで具体化し、それを生活として現実化するためには、まだいろいろ考えてみることがあると思います。きっとあなたは、「よし、たたかうぞ」という意気込みで闘志をわかせて考えてくださることと思いますが、それにつきましては、医師の助言を得ることも含めて、またゆっくりお話ししたり、便りしたいと思います。

　それにしましても、きょうあなたに対し突然ともいえる形で大変気にかかることを伝えましたので、あなたの気持ちが大きく揺らいだり、混乱したりしたのかもしれません。また、不安や恐怖めいた悩みも闘志の片側で広がってきているだろうと思います。僕は決してあなたを困らせたり悲しませたりするためにこの便りを書いているのではなく、一時的にはいくら悲しみが大きく不安が広がっても、あなたは必ず冷静にこの事態の重要性を理解してくださるであろうし、いくら厳しくても、この事態は闘病の強化という道によってしか勝利することができないことに確信を持ってくださるに違いあるまいと信じて書きつづっているのです。こうした便りでは、不安や恐怖、また悲しみや迷いがわくことも確かだと思います。そしてそれを否定することはできません。わいてくるものを無理に抑えつけたり、観念的に昇華させても何もならないと思います。本来、人間とは、新しい事態に直面するとそうしたものにぶつかるのが自然だと思うのです。ただ、そのときに敗北の方向をとるか、勝利の方向を選ぶかの違いだけのように思います。だから、不安や恐怖を一挙に解消してしまうことなど考えないで、それはそれとしてどれだけかを認めながらも、それにとらわれてしまい、その面だけを拡大して、みずからそれにまつわりつかれてしまうことのないよう、たたかいについて可能な限り積極的に考えてほしいのです。それは悲観は悲観として無理に解消することにあせらないで、楽観としての希望、これからの人生でやりたいこと、闘病としてやるべきことなど、とにかくやりたいこと、できることとしてたくさん生み出してほしいということでもあります。いまの治療生活では、差し当たり退院が節目としての目標になることでしょうが、それを早く実現するためにも、実際には闘病を毎日の課題として、その課題に沿った実践を具体的にすること。いわば退院までに闘病的実践を積み重ねるようなたたかいの具体化を大事にしてほしいと思います。

先ほど、あまりはっきりしないままに学説的に紹介しました間脳が分泌するエルザフィンの物質は、悲観的、失意的心情のときには分泌されにくく、意欲的、積極的な心情や、その行動の中でよく分泌されるということもいわれ、統計的にも示されているものもあります。そうしたことは僕自身の生活経験として何となくわかる気がします。病は気からのことわざはまたそれを物語っているように思います。

それにしましても、こうしたことは便りという形ではなく、直接に会ってお話しした方がよいのではなかろうかと何度も考えてみましたが、これだけを話し合っているということは、やはり時間的、場所的に大変ですし、面と向き合うと、言うべきことを言わないで、またの折ということにしてしまう弱さも考えられます。そして、時期ということでは、抜糸後の、しかも退院前、それはできるだけ早くからガンとたたかうような生活をつくってほしいという期待もありますため、ということも考えましたので、あえて、失礼のように思いましたが便りの形でしたためた次第です。

あなたのショックが必ずしも小さいものであるとは思いませんが、闘病についてはいま直ちに結論を出すべきものということもありませんので、あわてないで、どうかあなたの実感や認識と対比させて、僕の即断や独断に対しては十分に批判を加えながら、あなたの腹に落ちるように読み取ってほしいと思います。そのうちにまた参上します。その折にあなたのお気持ちやご意見をお聞かせいただきたいと思います。あなたが闘病を考えるため、またこの便りを読み取るために僕の来院が必要だということでしたら、いつでも伺いますので連絡してください。

追伸的に‥この便りについて知子は大変気にしていることと思いますが、最初にお願いしましたように、あなたの気持ちとの兼ね合いで意味をよく話してやってほしいと思います。何といってもあなたの意が第一の知子ですので、二人で十分に話し合っていただく必要はよくわかりますが、現状の把握と闘病の立場につきましては、取り乱しなどのないようあなたのご指導をお願いしたいのです。なお、あなたの最も大事なご両親に対しましては僕が責任を持ってご理解いただき、明日への希望と期待を持ち続けていただくことに努めますから、どうかあなたはそのことについてご心配ないようにしてください。仲生子、朗生は何も知りませんし、あえていろいろ言う必要はないと思います。これからのあなたと知子の闘病的生活と、ご両親や僕たちの闘病参加といいますか、援助、協力の生活、そしてまた、あなたの闘病に期待、協力してくれる周りの人々の励ましの生活などよって、理解すべきところはきちんと受け取っていくだろうと思いますので、いまのところ何も改まったことを伝えるつもりはありません。

以上の追伸的な事項につきましても、ご意見がありましたら率直にお聞かせください。

追伸‥上矢作の大島医師と外科医師にはこの便りのコピーを届けておきます。医師とはさっぱりした形で気を置かないで率直に話し合い、信頼を深め合うようにしてほしいと思います。

そして、綴方の最後は六月一〇日です。
〈午後一〇時五〇分に　きょうは三宅武夫先生をしのぶ集いを持った。これまで苦になっていたが、やっと終わった。予定どおりというか、味のあるよい集いになった。皆さんに本当にありがとうと言うべきだ。だが、一つ、何とも重苦しいことがある。きょうの正午ころ、駅前のポストへ謙一君への別便をとうとう投げ入れてきたからだ。間違いなくあの便りは謙一君の手元に届けられる。彼がどのように読み取ってくれるのか何とも胸が騒ぐ。七日の夜、遠山久夫先生に頼んで、大島、外科医の両医師宛に謙一君宛の便りのコピーを渡して読んでもらった。八日には外科医が謙一君にガンの存在の危険を話されたとの報告が来た。一一日から抗ガン剤を投与することを正式に告げられたようだ。その夜、大島医師からも電話があった。八日の午後から知子、謙一君も電話で告知されたことを知らせてくれた。そして、きょうの便りというわけだ。苦しい。〉

これからは「王様の耳はロバの耳」みたいにどうしても隠しておかなきゃならんということは一つもなくなってきたわけですから、私の生活綴方の部分はここで終わるわけです。本人は胃は全部ないものと思って死んでいったわけですけれど、それは本人だけでなくてだれもかもですが、そういうこと以外はなかったわけですので、私は何となく安心してといいますか、美しい日々であったのか汚れた日々であったのかわかりませんけれど、とにかくここから後は書いておらんわけです。書いておらんということは、私にとって書く必要がなかったということになるだろうし、そのことに対応する問題でどれだけか先が見えてきたということになったと思うのです。

(6) 退院の日々

ともあれ、そんな中で熨斗も闘病心を強めていきました。私もどれだけかたって「読んだか」と聞くと、「読みました。二回読みました」と言うので、「どうやった」「大丈夫です」と言うだけで、この手紙についてはそれ以上熨斗とは一切それ以降触れずになったんですけど、彼は二回読んだということをはっきり申しましたし、大丈夫ですというような意味のことを言っておりました。それから後は、それに沿った形でまた手紙をやって、そのうちに、ちょうど一ヵ月後の六月二九日の日にいよいよ退院ということになったわけです。退院ということなら、ベッドなんかどこかから借りてくるか、そういうものがなければ買ってきたりしてなどといろいろ思っていたら、彼はガンを自覚しておりますので、抗ガン剤を打たれて髪の毛も少し抜けておりますが、私は病人の生活はしたくない、普通の生活がしたいので、ベッドだとか、特別の何やとか、そういうようなことのないようにしてほしいと言うから、それもそうや、何とまあ間の抜けたことを考えておったもんだと思って、できるだけ普通生活をさせたわけですけれど、本当に小さい子がはしゃぐほど退院ということはうれしかったようで、非常に喜んでおりました。

けれど、退院をしてもガンが治るわけじゃないわけです。あとは食うことということで、一生懸命で励ますわけですが、食も必ずしも思うようには進まない。けれど、退院してしばらくの間は非常に元気でした。私はもう時期的には割に早いということは予測できましたので、「東京も行ってこいよ、この際」と言ったけれど、彼はまだことし中というなどというふうには思ってはおらんわけです。「秋、涼しくでもなったら、また行けたら行きますわ」などと言うけど、涼しくなったころには行けんだろうと思いますので、退院した直後なら非常に元気だったし、医師とも相談して、私までがついていかんでも、知子と二人で東京へ行ってくるぐらいのことなら大したことないし、少し薬やら痛みどめやら何やら下げて、同じものをいざという場合には東京の医者でやってもらえばいいようにしますと医師も言ってくださったことだったけれど、本人はまだまだという比較的楽観論に立っておったんでしょうか。東京へ行くなどというのはもっと秋涼しくなってからなどと言っておって、やっと出てきたのが、それでも夏季の集中講座だけは例年のことですから行かなきゃならんというようなことで、集中講座のときは来ておって、皆さんの中でもあの日見てくださった方もあるかと思うのですけれども、間違いなくやせておったけれども、気力としては一生懸命あそこに参加しようとしておったと思ったのです。

集中講座が終わったころから痛みが激しくなって、それから一五、六日まで続いてくるのです。それで、痛みをとるためにいろんなことがあったけれど、結局病院へ行く以外にその痛みを基本的に和らげるという方策はない。家で点滴したりなんかしておるだけではとてもじゃないがたまらんわけです。医師もいらっしゃいということですし、ちょうど定期の診察日になるわけですから、八月一六日に上矢作病院へ行く。これは今度はつかまって最後だぞというふうに私も思ったんですけれど、その日は気力はあるし、気持ちは元気やったけれど、本当に立つもやっとこぐらいに痛がったです。

(7) 再入院

そして、もうこれは即刻入院ということで、後ほぼ一ヵ月になるわけですけれど、その間、痛みのものすごいものが襲ってきたりまた少し和らいだりというような間隔がだんだん短くなってくるわけですけれど、再度入院した日から、私はもうたたかいぐらいじゃないということで、今度は、最後のたたかいに挑めという意味の「不屈」という題の通信に変えました。

幸か不幸か、そのとき本当に彼はよく食い、よくしゃべったわけです。本当に最初に申しましたように多くの方のいろんな励ましがいっぱいあったということが最も大きな力になるわけですけれども、死ぬ前のある日に、そばが食べたいというので、大島医師が手打ちのそばをつくってくれるというような特例的なご親切も示してくれると、本当にそばを食った。とにかくそういうような意味でいえば、食うことがエネルギーをつくり出すことになっておった。普通なら、胃がなければ食えるわけがない。なんでそんなに食えるという話も、私は、「みんな切っちゃったけれど、あれの胃はすぐふくれてできたかしらんけど、よう入るわい」などと言っておったけど、本当に胃があったということが食えたということ、食えたということが気力を持ち続ける一つのエネルギーでもあった。胃があるのにないと思いながら食っていけたというようなところに、一つ希望を捨てないでおる肉体上の物質的な基礎もあっただろうと思う。痛みはあって、魚の目をしたようにして、途中で意識不明のように倒れるというようなこともあったようですし、そういう場面に出くわしたこともありますけれど、それでも食べるということができるということが、実は物質的な体力の基礎になっていくということで、希望を捨てないようになっておったと思うのです。

亡くなったのは九月二〇日ですけれど、私は何となく本当に彼の死ということについて非常に近いものとして考えるようになってきた。その前に神様になるか仏様になるかという問題が一つはあって、本人には聞くわけにいかんわけです。「おんし神様になりたいか、仏様になりたいか、何になりたい」と聞こうかなと思うけれど、なかなか聞けん。

おもしろい話でいえば、ちょうど死の直前です。川上先生がヘルペスになってものすごい痛みを受けられて、三日ほど入院されたことがあったときに、私もおるときに、熨斗のベッドのそばへ来て、「こんなに痛とうて、おれはガンかしらんと思ったが、ガンやのうてよかったわ」などと言われても、「そんなこと、わしの前でよう言わっせるわ」などというようなことを言うぐらい平気だったのです。また、いつも行っていた中津の行きつけの床屋へも行ってきました。私も行くところなので、後で、「びっくりされたやら」と言ったら、「ちょっとびっくりしたけど、そんでも、なも」などと言っておられたけれども、床屋へ行って洗ったらがばっと毛が抜けるというようなことを承知で、「ちょっとやっておるもんでなも」などと言っておったようなふうでした。自分からあえてわしはガンやでなもと言ったことはなかったようですけれど、聞かれればそれは率直に言ったというような形で、自覚しておったようです。

それでも死期が迫るということは非常に目に見えてきたわけです。それで、夜、かなわんので落書きをしたことがあるのです。例えば、「死が目前にありながら、その死を覚悟した人と語ることができない。死を目前にした人にとっても、私にとっても、それほど非情で悲しいことはない」とか、「死を直前にした人を前にして励ますとはどういうことか。ありきたりの言葉ももったいぶった言質も役には立つまい」「自分がいま死を直前にしないから、死の淵に立っている人には言葉がない。何をどのように言っても真実への実感とはなり得ないと思うからだ」「何を言ってもむなしい。ただ黙ってあなたの一挙一動を見守るしかない。だが、それがまたむなしいのだ」「どこまで生きれば満足なのか。どこで死ねばあきらめれるのか。死にあきらめはないのだろうな」というようなこと、そして、「時計草をみながら君の生命の時間を想う口惜しいこと限りなし」という思いがした。

(8) ひがん花の咲いてた日

九月二〇日の日はちょうどひがん花が咲いていた。これはそのころ咲くわけですから、その日にだけ咲いたわけじゃないけれども、非常に私にとって強烈でした。そのときの事情をこもごも語る必要はないと思うのですけれども、午後、胃動脈が破裂してもう息を吹き返すことはできなかったということで亡くなったわけです。

その前に、もう一つ、脳へ転移し始めてきたというような時期があって、これも、脳を切りますか、切りませんかという話が医師からあって、脳なんてそんなころあわてて切ってみても胃が治るわけじゃないしということで、これも殺人幇助罪に近いかしらんと思ったけれど、そのころは私は割にさっぱりしておって、もう脳まで切ってもっと苦しめるようなことせんでおいてくださいということをお願いして、医師もそうですかと同意してくださった。脳への転移は始まったけれど、本当脳の痛みというものは出んうちに、胃の方が参ってきましたので亡くなったということで、ひがん花の咲いていた日、私も行きましたけれど、医師も懸命になってくださいましたが、どうにも助けることはできなかったというわけです。

最後までよく食べて、そしてあの日に死期が訪れるということを信じないままに逝った熨斗謙一ですが、先ほども言いましたように、たった一つだまされておったのは、胃が全部とれたということだったわけです。だが、いまも言いましたように、全摘したはずの胃が全部残っておったということが、実は闘病の一つの軸となった食べることを可能にしたわけですから、それまで正直に、おまえの胃はあったぞよ、本当はあるんやぞということを明かさなかったことは許してくれておるだろうと思っておるわけです。

おわりに

それから、闘病中にまた格別の励ましを得ていた熨斗だったわけですが、逝去後もまた格別のご同情を得て、盛大な野辺の送りをしていただくことができたことは、人生としては、もっといろんな人もあると思いますけれども、太く短いものだったけれど大変幸せだったと思っておるわけです。本当に皆さんにありがたく感謝いたしておるわけです。

それから、熨斗謙一の死後ということでは、残った者というか、生きておる人間のまたさまざまな葛藤があるわけです。死後と教育とでもいうふうにいうと、また一つの物語にでもなりそうな問題の中でいまも生活をしておるわけです。これもいずれは時間が薬となって解決をしてくれるだろうというふうに思いますが、私自身がいまその渦の中にあるというだけでなく、〈美しい日々〉のこのノートはあの日以来とぎれて書いてありませんので、これから後、死以降のもう一つの人生と教育の問題については、お話しすることは、綴方がないのでできんというふうに思うわけです。

最後に、熨斗の死後、落書きをしておりました二つの言葉を紹介して終わりたいというふうに思うのです。一つは、「くるしさと悲しさ　にんげんの背負うきびしさだね」という思いと、もう一つは、「やさしさと愛　にんげんの求めるせつない美しさだね」というわけです。

どうも長いことありがとうございました。

＊「夜学」第二二夜（一九九一年七月一六日）署名は〈講師〉いしだかずお。

石田は娘婿の熨斗謙一の胃ガンとのたたかいに寄り添った経過を、自らの生活綴方と呼んだ「記録」をもとに、「恵那の夜学」で報告した。〈　〉内は石田の「ノート」の文章である。

◆論文20（一九九六年）

T先生への返信　荒れをみつめて——安心できる学校づくりを

(1) 荒れの中で

T先生、重い内容のお便りたしかに受けました。元気を少しなくされている様で、気にかかります。

茶髪、ピアス、出歩き、タバコ、菓子、騒ぎ、暴力のほか、ゆすりと巻き上げやいじめなどの中学生らしからぬ問題行動があれこれ目立つ学校の中で、石油ストーブのタンクに水を注ぐなどまことに幼稚ないたずらで、あわやという事故にならないとも限らないのに、その危険すら感じないで、同じ様なことをくり返す学級の子どもたちに、毎日悩まされ、それなりに注意をしたり話を重ねているけれど、あなたの想いや分かってほしいことが子どもたちの中に伝わっていかないことでの、いらだちや悲しみがつのり、最近は無力感を覚えるほどに落ち込んでいる始末だといったあなたのお便りを読み、世間では新指導要領体制とか、新学力観とかが問題にされますが、あなたも子どもたちもほんとうに大変だなあということがよくわかりました。大変だということがわかっても、それに対して直接的には何も役に立てない私ですが、それでも気付いたこと考えられることだけはお伝えしなければと思い返事を書くことにしました。

(2) 荒れは分別への無自覚

T先生、あなたは学級の子どもたちの幼稚さというか聞き分けの無さにほとほと閉口しておられる様ですが、私にはあなたの学級の子どもたちにあらわれている無分別さは、学校全体の随所にみられる子どもたちの荒れともいえる状態とは無関係でなく、その一種の反映だと思われるのです。

その点で、あなたを毎日、直接的に悩ませている学級の子どもたちの問題を、学校全体の荒れの問題の中でとらえてみることが必要なのではないでしょうか。

あなたの学級での幼稚っぽいいたずらと聞き分けの無

さも、学校全体にあらわれている問題行動も、それらはすべて中学生としての自覚的な分別の無さから生じていると思うのです。

こうした無分別状態がいま学校全体に渦巻いてしまっているということではなくて、特定の子どもたちに集中的にあらわれているのでしょうが、その特定の子どもたちの現状をおかしく感じながらも、それを自覚的に改めさせることができないままでいる、多くの分別あるとみられる子どもたちの中には、いつでも無分別状況に転移できるだけの因子が含まれていると思えるのです。

そうした意味で、現在の子どもたちの荒れは進展の如何によって学校に渦巻き現象を起こさないとはいえないと思います。

T先生、あなたはそうなるまでを予測しておられるわけではないでしょう。また私もそうなることを断じているわけではなのですが、いまの状況をただみつめていたり、子どもたちの心にくい入らないありきたりの叱言や説教をくり返して効き目がないからといって、手をこまねいているだけでは、荒れが沈静しないことに危惧を抱く点では同じだと思います。

そこで対策ということになりますが、あなたのお便りにもありましたように、あなた自身もまた全校の教師にも、有効な手だてがはっきりしていないところが問題なわけです。

(3) 荒れには全校的対応を

T先生、それにつきましては、先にも記しましたように、あなたの学級の問題は学校全体の荒れの状況の反映でもあるわけですから、全校的に全教師によって問題を探り、対応としての方針をはっきりさせることを先行させることが必要だと思います。

全教師が荒れの問題についての認識を共通させ、対応としての方針・手だてについて意志を一致させることが何より大事なわけです。

その場合、いくら面倒で手間どっても、問題を子どもたちに即して根のところから考えてみる以外にはないように私には思えるのです。

つまり、いまの子どもたちの問題行動・現象としての荒れとは何なのか、それは何故あらわれたのか、それに学校はどう対応してきたのか、今後どう対応すべきか、という全体のことを、全教師が納得できるようにすることが大事で、それを抜きにしていては、あなた個人がいくらもだえても、あなたの努力だけでは効を万全なものにするというわけにはいかないように思います。

あなたは全教師の理解と納得によって生み出された方針にそって、あなたの学級にあらわれている問題行動に対し、その特性に合致した教育的手だてを生み出すことが必要になるのでしょうが、その時にはそれがあなたの学級だけの特殊な努力というだけでない、全校的な対応の性格を持つわけですから、あなたが直接係わらない場での他の教師の対応ともからんで、努力が水泡となるようにはならないのだと考えられます。

(4) 荒れの因には不安の増加が

T先生、いま私は根のところから考えてみるしかないと記しましたが、そのことについて私が充分理解しているわけではありませんし、適切な見解を持っているのではないのです。だから、あなたや他の教師たちが納得されるような想いを示すことは出来ませんが、私なりの考えを記してみたいと思います。

T先生、いま子どもたちが荒れの現象をあらわす因ということでは、さまざまな議論があります。それらから学びあうことはとても重要なことだとは思いますが、私は教師が子どもたちに接していることで、直観的に、そして実感として抱いている想いを大事にして、それを出しあうことがまた極めて必要で適切なことだと考えます。

私はそうしたことから、私が直観的に抱いている荒れの因についての私なりの想いを記してみます。

子どもたちが分別を無くし荒れの様相を示す状況を見たり聞いたりする中で、私は子どもたちの安心できないことでの心理的不安が荒れ行動の内面に大きく作用しているのではないかと思うのです。

これは今日の社会が生み出している矛盾であることはもちろんですが、学校・教育がそれに巻き込まれるというより、子どもたちに対して不安をかきたてる拍車の役割をする場にされてきているため、子どもたちは最も身近で、手ごろな不安発現の場を学校に求めているのではないでしょうか。それは、また矛盾しますが不安発現としての荒れをどれだけか安心してあらわす場としては学校がいちばん気軽な存在になっているからだと思えるのです。

いま荒れをあらわす特定の子どもたちは、学校だから何とも分別なく手におえない様子を示しますが、家庭や他の場ではそれなりに分別あるさまで過ごしているのではないでしょうか。

それは、私には充分よくわかりませんが、社会の矛盾に巻き込まれた学校は、とことん子どもたちの人間に責任を持たなくなっていることを子どもたちはそれとなく直感していて、それでいて軍隊や刑務所の様にはいかない管理のスキというかゆるさとしての甘さを心得ているような気がするからです。

いま、子どもたちにとって安心できないことはいっぱいあります。かつて恵那教育研究所で行われた「安心・不安の意識調査」にみられるように、核戦争や自然環境の汚染など人類の生存にかかわる不安を筆頭に不安なことをいっぱいかかえていますが、その不安の中で生きる上で物事がわかることと、友だちのあることは、家族の安泰と共に安心をつくりだしている大きな要因になっていました。

生活の最低条件としての衣食住は家族（家庭）の存在と安泰ということで保障されることを意味しますが、それはいま子どもたちにとって不安定ながらも約束されているわけです。けれど物事がわかること、友だちのあることは、今日の社会では学校が負担すべき役割であることも考えられますのに、それが不安定になっているだけでなく、子どもたちに学校が保障・約束しない、あるいはできないという状況にあると思われるのです。

それだけに、学校が軍隊・刑務所的管理を強化することで、子どもたちに有無を言わせない締め付けをすれば一定の条件下では荒れを表面化させないことも可能でしょうが、どことなく民主的なようにみえる形だけをとって、実際には子どもたちの本質的要求を汲み取ってそれに応えることをしないままに、形態上だけ気ままにしておけば、それは荒れを自由化するということになってしまうのではないでしょうか。

T先生、荒れは不安がもたらす現象だとしても、それは聞き分けや分別の欠如したあらわれともいえますので荒れの最中には通りいっぺんの方法（通常の一般的な訓話）では聞き分けがよくなったり、分別ができるようにならないのはまた当然とも思いますが、さりとて、子どもたちには聞き分けや分別の能力が全く無いというわけではなく、それなりに充分持っているのだと考えることが大事だと思います。

私は学校での子どもたちの荒れの因には、総じて勉強がわからないことと、友だちのいないことがあるからだと思いますが、それは個々の子どもにとっては、さまざまな不安、不満となって内在し、必ずしも一様の要求として示されることはないと考えられます。

それにしても荒れの根源というとき、子どもたちの不安を学校の特性との関係で深くとらえてみることが必要なのではなかろうかと思います。

(5) 教師が安心できる自由と民主主義を

T先生、ところで学校はこれまで、子どもたちの不安と不満が内向的にあらわれる不登校（登校拒否）や保健室通いの現象と、その増加傾向については、個別対処だけで、学校全体における子どもたちの状況変化として、真剣に討議し対応することに熱心ではなかったといえるのではないでしょうか。

その点では「子どもたちの中に情勢をとらえる」ということは、子どもたちの変化が誰の目にもはっきりしたときだけ必要な視点というのではなく、変化が端緒的、部分的現象のようにしかみえないときにこそ、するどくとぎすまされた現場教師の眼として生かされなければならない様に思います。

そうした意味では、あなたの学校には、いまを生み出す小さな芽が以前からあったのだろうと考えられますが、それは個々の教師の心配や思惑の中にとどまっていたり、あるいは問題のある学級の担任教師の技倆のせいに押しやられていたりして、全教師の問題ということでは見過ごされてしまっていたのではないでしょうか。

たしかに学級担任の個性や能力も手伝って、子どもたちのあらわす問題への対応のちがいはあるわけですし、時にはそのちがいのために、荒れが芽のうちに沈静し分別ある生活へと転化する場合のあることも間違いないことだと思いますが、その事例だけで今日の子どもたちの荒れを全教師・全校の問題として位置づけないことは間違いだと思います。

まして、担任が無力感・挫折感を覚えるまでに荒れが進行していても、それを特定の学級だけの問題のように見て、担任の不味《まず》さのせいのようにし、学校全体の問題として全教師が背負うべきこととして位置づけられないでいるとしたら、その学校の教師の民主性と集団性は、その質を問われなければならないと思います。

子どもたちの荒れの問題を発見し、その危惧を抱いた教師が、それについて大声で警鐘を鳴らすことができず、その発見と危惧を自分の指導性の欠如や運の悪さのようにしか感じられないで無力感や挫折感を蓄積させるとしたら、そこにはすべての子どもたちのために保持すべき教師が安心できる自由な雰囲気や学校の特性的な民主主義が欠乏しているとしか思えないからです。

特に中学校の場は、学級担任といっても極めて限られた時間と空間でしか子どもたちと生活を共有することが出来ないわけです。それだけに、学級といっても子どもたちの発達的特性の上で学年や学校の在り方を抜きにしては、個々の教師だけではどうにもならない制約がたくさんあると思います。

学級で発見される子どもたちの荒れを、学校の問題にできないままでいることの苦しみは大きいと思いますが、それを感知していてもまっとうに学校全体の問題に成し得ないでいる学校のあり方も、いま改められるべきではないかと思うのです。

T先生、あなたの悩みに対し、あなたの想いとは随分かけ離れたところで、私は勝手なことだけを記しているのかもしれませんが、いますこし、私の意見を続けさせてください。

(6) 荒れについての全教師の共通理解を

T先生、ところでいまの子どもたちの荒れ模様に対して、あなたを含め学校がどう対応するのかということが最も大事なことになるのでしょうが、それについて私は緊急、最低の対応策として次のようなことが必要ではないのかと思います。

その基礎は、あなたの学級の子どもたちの幼稚っぽさを含め、学校全体に特殊的であっても増加的にあらわれている子どもたちの荒れとしての無分別さをどう観るかということで、学校の全教師が見解を共通的に持つことが何としても大事なことと考えます。

それはこれまで私が勝手に記したような見地と同じにならないのかも知れませんし、それはそれで結構なことですが、荒れをただ特殊な子どもたちと、特殊な教師の問題だけにしないで、子どもたち全体と、学校、全教師に共通する一般的課題の端緒的、部分的、典型的なあらわれの問題としてとらえて論議するようにしてほしいと思います。

そのためには、いま荒れとしてあらわれている子どもたちの状況をうんと具体的にみんなが知り合うために、すべての教師がとらえている子どもたちの問題をありのままに出しあうことがとても大事だと思います。

自分が実際に観察したり経験していることだけでなく子どもから聞いたこと、子どもの記録（文章）の隅で感づいたこと、あるいは父母や住民から知らされたことなど、包み隠すことなく全部をさらけ出して、子ども全体の問題状況を正確に知り合うことが対応の基本になるのだと思います
そうした論議でどうなっているのか、ということがはっきりすれば、それは何故なのかということに話はすすみ、それについての共通理解は生まれるわけです。その場合も、管理職者や特定の人が一方的に見解をふりまき押しつけることなく、みんなが実感的に思っているこ

とを率直に吐き出すことを重視して、みんなが納得できる共通理解を得るようにしてほしいと思います。

いま申し上げたところが何より大事なことの様に思いますが、これは学校規模の大きさにもより、一挙に出来ない場合もあります。そうしたときは学年会あるいは小規模の集まり、民教研、分会など、さまざまの機会を通して、その論議を積み上げ、その結果が全校の職員全体としての見解となるまで、努めてほしいものです。

(7) 聴くことを基にした若干の対策案

T先生、子どもたちの現状と問題を徹底して話し合う中で、荒れの持つ意味とその因が全教師の共通理解として生まれれば、学校や担任教師としての対応策は、それなりに出来上がるものだと思いますが、それが軍隊や刑務所的管理の強化として子どもたちへの締めつけと統制をきびしくして、その場しのぎの対策にならないためには、私は子どもたちが本来持っているはずの分別力を信じ子どもたちの中学生的自覚の発揮を基本にした安心できる学校生活づくりの方向を探求してほしいと思います。

そのために、ということで私が思いつくいくつかの事を記してみます。現状に合わないのかも知れませんが、どれだけでも参考にしていただけたらと思います。

第一は子どもたちのほんとうの心の声を聴くことだと思います。これは『恵那教育研究所通信』第九一号にも「聴く」という文章で書かれていたことですので詳しくは申しませんが、訊くのではなく聴くことで、子どもたちの内面にひそむ分別の芽とそれを引きだす鍵をみつけることだと思います。

また、これは単に対話的に聞くという方法だけではなく、一行詩や短い手紙などで思いのたけを吐き出させたり、事実を綴らせたりするという方法や、アンケート調査の方法なども活用してみることがある様に思います。

特に荒れの現象を露骨に示している子どもたちに対しては、それ以上に特別なてだてを講じて安心、信頼のできる雰囲気の中で存分に聴くことが必要だと思います。それは教師の側からいえば聴くになりますが、子どもの側からいえば話してやることになりますだけに、ガラス細工に触れる慎重さと人間を信頼する大胆さが必要になると考えられます。

こうした聴くことを、全校的に集中して取り組む様にして、聴くことで発見したことわかったことを、みんなで持ち寄り、子どもたちの分別への自覚の存在と、その発揮への確信を探り出すことができれば、無力感や戸惑いから脱ける方途と勇気が出てくるのではないでしょうか。

　第二は、聴くことが徹底すればきっとはっきりしてくることなのでしょうが、勉強がわかることと友達のあること（子ども同士の関係が人間的・民主的になること）を基本としたさまざまなねがいが要求として多様な形で子どもたちの中に存在していることを理解されることと思います。

　それをまとめれば、私は学校が人間発達の場として安心できる場にしてほしいということになる様に思いますが、子どもたちのそのねがいをどういう表現（目標）であれ、それを基本に据えた新しい学校づくりの構想を教師全員ではっきりさせることが大事だと思います。

　これはまた大変なこととも考えられますが、いま学校のすべてにわたってはっきりしなくても、基本的立場さえ明確になればその立場で当面している課題、分野、事項などについて、その在り方を検討し、新しい方向がみつけられ、その点での教師の一致が得られればそこから出発すればよいのだと思います。

　その一致点がたとえば、子どもが安心できるために、暴力を根絶するとか、わかる学習をつくるとかいうことであったら、それはまたそこを足場にすれば具体策はいくらでも出てくるものだと思います。

　その場合、聴くことを含めた、安心できる新しい学校づくりの基本やその必要性、有効性などを教師たちの一致した意志として子どもたちに押しつけるのではなく、よく理解させることを通して、子どもたちにも分別への自覚を促すことが大事だと思います。

　第三は、こうした教師の側の努力のすすみの中で子どもたちには分別への自覚が強まることとは思いますが、その自覚を子どもたちの自主的・民主的な動きとして組織することが必要だと思います。

　学級会や生徒会が、そうした点で役割を果すことはもちろんですが、それを支える日常的な子どもたちの動きとして、分別が常識となったさまざまな活動が、おもしろくて楽しいものとして生み出される様になることが可能だと思います。

　それはこれまでの規制の枠だけにとどまらないある種のイベントを作りだす活動であったりサークル的なものであったりするのかもしれませんが、子どもたちが、分別を自主的・民主的に仲間の活動として組織することはまた自らで安心できる学校にするために大事なことだと考えるのです。

　第四は、子どもたちの荒れの状況とそれに対する学校の見解と、安心できる学校づくりの方針を父母によく知らせ、父母と共に考え合うことが徹底されなければならないと思います。

そうした中で、学校・教師への信頼をとりもどし、子どもたちを安心させるための学校や家庭・地域の役割もはっきりさせることができるのだと思います。

このことにつきましてはいっぱい記したいことがありますが、今日は止めておきます。あなたの良識で判読してください。

(8) あなたの率直な意見を

Tさん、まだまだ言い足りないことはいっぱいのようですが、夜も更けましたのでこれまでにしておきます。

あなたの切実な悩みに対して、いかにもはた目からの想いの様になってしまい、これではあなたを困らせるだけの便りにしかならないのかもしれません。あなたが無力感を覚え、有効な方策がみつからないといわれていることに対し、私なりに考えたつもりですが、おかしいこと、間違っていることがありましたら、ご遠慮なさらずまたお便りください。

折がありましたら元気なお顔をのぞかせてください。待っています。


（一九九六年啓蟄の日）

＊『現代と教育』三五号、一九九六年一〇月三一日、桐書房。『「恵那の教育」資料集』第三巻に収録。「〈石田先生への手紙〉どうしてわかってくれないの」への返信の形を取っている。署名は、山川一郎（ペンネーム）。この中で石田は、子どもたち荒れの背後にある内面世界をとらえることの大切さを述べようとした。

◆論文21（一九九七年）

子どもをつかむことに寄せて——子どものための実践交流研究会から

二〇年前の問題提起から

私は、戦前の自分の生きざまを考えて戦後教員になったとき、何が一番私にとって大事な教育なのかということを自分なりに考えてみたときに、気がついたことは、考えるという意味のことなのです。生活綴方というのは実は考えるということなのですが、見るということを通して考える。見るということが実は考える基本で、見ることができないものは考えようがないわけです。

そういうことで生活綴方を知ったことから、その生活綴方を通して教育をさらに発展させていくという意味で、もっと深く子どもをつかむというのは、単に子どもが自分の生活を綴ることによって生活の中の主体者になっていくだけではなくて、そういう立場で、もっと深く自分たちの生きている生《ナマ》の生活、社会生活、家庭の状況も含めて、その子の思いや、悩みやその子の喜びや悲しみを教師が知らなければ、本当に子どもが生き生きとする学校にならんのではないかということで、七〇年代へ向けて教育が進んでくるわけです。

子どもをつかむということも、一回つかめば永久につかめるものでもない。一つの例でいえば、「よしと思えばまた悪し、風のまにまに一年間」と字に書いた覚えがありますが、そういう子が本当にいるのです。その子が見れば怒るかもしれませんが、そういうように子どもをつかんだと思ったときには離れている。そういう点では、七〇年代に入って、「下りのエスカレーター」という言葉がそのころから出たと思うのです。下りのエスカレーターを走るように駆け上りながら一生懸命子どもをつかんでいる、ちょっと手を放すとスーッと離れていってしまう。エレベーターに乗ってサーッとつかんでいくというわけにはいかん。エスカレーターを一緒に上りながら行くのでもなくて、いつも下っているので、本当に命がけで走りながらつかんでいないとつかめないというような問題が以降ずっと出てきて、九〇年代になっても一面では同じ状況があると思うのです。「よしと思えばまた悪し」よりももっとひどく、「もうしょうがない。つかむなどということは考えん方がいいぞ」と言う人も出てきそうなほど困難さは増していると思いますが、そういう時期の一九七六年に「日本の中で恵那の教育を考える」集会が持たれた。

そこで報告したことの一つに、今言ったような実践の中から、私なりに整理をして幾つかの問題を提起したことがあるのですが、その集会の全体のテーマが「子どもをつかむ」という問題でしたから、子どもをつかむということにかかわって理屈の点は全部説明できなかったので、後から補足的問題という形で文章にして提起したということでしたが（本著作集第三巻論文12）、「子どもをつかむ」という言葉が日本の教育の上で全国的に出てきたのはこのころからです。この恵那の二十年前の集会のときから、日本の教師たちが「子どもをつかむ」という視点を持ち始めたという意味でいえば、子どもをつかむという点ではこの集会は大きな意味を持ったと思うのです。

そこで、そのときに言えなかったこととして、子どもをつかむということは、今でいえばもっと深い理解になると思うのですが、その当時でいえばこういうことです。「子どもをつかむ」という内容が教師の間で必ずしも一致しているわけではないということについて、「子どもをつかむとはどういうことなのかと問うと、子どもの状態を知ること、子どもについて不明であったことがわかるようになること、子どもをどうしたらよいかがはっきりされる、子どもに内面の真実を吐き出させる、子どもを変えてしまうこと、などさまざまな見解が返ってくる。」

ある意味では今でもそうだと思うのです。「子どもをつかむってどういうこと？」と聞くと、「それは子どもを知ることさ」とか、「子どもを理解することさ」ということから始まって、「そうではない、子どもをきちんと変えていく仕事ではないのか。子どもを変えるときにつかむと言えるのではないか」というようなことまで含めてあると思うのですが、少なくとも子どもをよく知ることがその基本にある。全く知らないものを何ともしようがない。だから、最低の仕事として子どもを知るわけですね。何も子どもに対して働きかけたり教育する必要がなければ知ろうとする気も起きないかも知れないが、必要があるから何かしなければいけないと思うわけですね。そして、それは同時に知り方の違いともなって知る内容が違ってくる。どういうふうに知るかということは、実はどういうふうに子どもをつかむかということの視点の違いになるわけです。それは当然知り方の違いともなって、子どもをつかむことそれ自体が教育的あるいは実践的であるかどうかにかかわってくる。そういう点で、子どもをつかむという仕事は、実は実践を通して知るというふうにずっと言われるわけです。現場の教師が子どもをつかむということは、学者の人がいろんな調査をしたり、学問的な観察をしたりして子どもを理解することと違うわけですね。自分の子どもに対する働きかけを通して子どもを理解する、つかむ。その働きかけの中身が何なのかというところがつかみ方の違いになる。よくつかんでいるという人はよくつかめる働きかけになってている。そういう点では、ここでは、「生活とのかかわりで人間を変えることとしてとらえるしかない。」といっています。

戦後この時期までの子どもをつかむということの中心的な視点でいえば、こういうことだろうと思います。子どもをつかむという場合、子どもの生活との関係でその子どもを変える問題として子どもをつかむ、そういうふうに問題をとらえた。だから、「子どもをつかむ」ということについては、「狭義の場合でも、子どもを変えるために、その生活とのかかわりで子どもが変わる環は何か、どこをどうすればその子が変わるのか、そこをどうつかむか」というふうに理解する。何とも荒れた子がいる、あるいは何とも無気力な子がいる、ものすごく成績がいいけれど何とも非人間的な子がいる、いろいろな子がいる、何とかしなければいけない、その子をどう変えるかという場合に、その子の生活とのかかわりで変えなければ変わらないわけです。その場合、どこをどうしたらその子は変わるのかというふうに物が見えるようになるかどうかということが、子どもをつかむという場合に非常に大事な問題なのだろうと思います。

「広義の場合は、生活とのかかわりにおいて子どもを変えることができる作用そのものとして」、いわばこういうことを働きかければ変わるのだというふうに理解して、こういう作用、こういう働きかけを子どもにやればいいというその働きかけとして子どもをつかむという問題をとらえていく。だから、子どもをとらえるという場合、自分でこうすれば子どもを変えることができるのだというその勘どころを見つけながら、働きかける中身を教師が持つかどうか。持ちもせん先に子どもをつかんだなどというのは大変間違っているし、そこのところの視点がなくて子どもがつかめんと言ってもつかめるはずがない。どう変えるか、それはどこへどう働きかけたら子どもが変わっていくのだというふうな問題。だから、「子どもをつかむということは、子どもを変える作用としての教育実践のあり方を抜きにしては考えることができず、実践を通してつかまなくちゃならないとか、子どもをつかめるような実践にしなければ子どもがつかめない、あるいはつかめるような子どもにする。」そこが実践的な課題なのです。つかめるような子になっていないので、うちでつかめる子にしてきてくれという問題ではないわけです。何をすることによってつかめるような子になるかという実践的な課題がいつもつきまとう問題です。

皆さんでもそうだと思います。子どもがなかなかつかめんと言うときは、子どもをつかむ課題を一生懸命探しているわけです。その課題をどうやって探すのかという場合に、ひとつは、「したがって、子どもをつかむことは、子どもの人間としての総体を、ある局面だけではなくて、まるごとの人間として、それを現実の生活の総体（子ども自体の現実の生活の総体、あるいは子どもを取り巻く今日の社会、現実の総体）との関係において考察し、発達の矛盾の実態を探り出すことに中心を置かなければならない。」と思います。

矛盾が実は子どもを発達させるわけです。矛盾があるから発達する。子どもは人間として生きていく上で、現実の生活と子ども自身の人間の発達力との関係の中で、もっとよりよく発達する上で障害をさまざまな形で持たされるわけですが、それが矛盾なのです。だから、子どもたちが発達していく上でその矛盾というものをどうとらえるのか、そこをどう理解するか、そういうことが子どもをとらえる上で一つの大事な視点なのではないだろうかと思うのです。妙な理屈ばかり言っていておもしろくはないと思いますが、それがこの時期までの恵那の地域の一つの総括、いわば理屈だったわけです。それをなぜ言うかというと、子どもをつかむということは、教師が実感的に子どもをつかむ実践上の実感を持つというか、非常に感性的、感覚的な部分も含めて子どもがつかめたという実感と同時に、理屈の上できちんとした教育がなければできないと思うのです。子どもをつかむなら子どもをつかむという上での一つの教育論といいますか、そういう理屈というものをはっきりさせなければいけない。そういう点でのこの理屈というものは、戦後の恵那地域における教育運動の一つの理論的なまとめになっていったのだろうと思います。そういうことでは、この理屈がどういう実践の反映として出てきているのか、あるいはこの理屈からどういう実践が具体化できるのかということもひとつ考えていただきたいと思います。

もう一つは、子どもが変わる環としての発達の矛盾を一体どう把握するか。発達の矛盾というものが子どもの中でどういうふうにあらわれているのか。それは普通は子どもが持つ問題としてとらえるわけです。あの子はあいうことを悩んでいる、ああいう問題を持っている。この子はこういうことで悩んでいる、問題を抱えている。これが矛盾なのですが、その問題の中に発達の環があることは間違いないけれども、それを実践的にやるということは、あの子は何かいっぱい悩んでおりそうだというので、「一年中悩みの多い子だった」と指導要録に書いておくだけではいけないわけです。本人がそうだとすれば、悩みの内実というところをどうとらえるか。しかも、その悩んでいることが発達の上で非常に重要なのですね。学校の勉強がおもしろくないとか、登校拒否にかかわることだとか、あるいは友だちとの関係のことだとか、いろいろにかかわって特にそういう矛盾がよくあらわれる場合があるわけです。それがすべての子に同じ形であらわれるわけではないので、そこを一体どうとらえるかということが実践上極めて困難だろうと思います。

なぜ難しいのかということについては「社会の変化の中で、子どもが人間として発達する基礎、基底を破壊され、問題に対する内面活動が希薄になっているとともに、外面と内面が結びつかない傾向を持っている。」からだといっています。

この傾向は七〇年代ぐらいには目立ってきていたわけですが、今でもそうだと思うのです。ものすごく大げさに騒いで問題にするけれど、取り上げてやらせてみると何も中身としてはない。「すごく頭へ来た。超むかつく」と言うので、どのくらいむかつくかと思うと、そう大したことはない。「超」という前置詞がつくだけで、本当にむかつきに「超」がついているわけではない。「超むかつく」とか、「超美人」とか、「超恰好いい」とか言うけれど、どんなことでも「超」をつけるだけで、本当にそれほど内面としては超ではない。そんな状況があるかと思うと、「超」という言葉は一切使わないけれど、中身がグラグラ燃えているようなことはいっぱいあると思う。そこを先生がどういうふうに見るか。あの子は「超」「超」と本当に大げさやといって放っておくと困ることもあるし、「超」「超」と言うときは放っておけばいいときで、「超」と言わないが何とも深刻になってしまって言葉がないというときの方がむしろ子どもにとっては矛盾がある。内面と外面が全く分離する傾向を今日の社会が持たせてきている。今日の教育もそういうふうな子どもにしてきているということになると思うのですが、そういう問題は教師の側で知っておく必要がある。子どもの言葉に振り回されているだけで、ちっともつかめんというときは、本当に子どもの外面と内面とを統一した点で見ておれんということだと思います。

もう一つは、こうした社会変化に伴う子どもの人間的変化の中で、子どもをつかむということについての教育上の経験を十分に生かしながら子どもをつかみ切るというところで肉薄できない問題、それは子どものどこに問題があるのかわからない、子どもにはよい面も悪い面もあるのに、あまり悪い面ばかり見てしまって、子どもの作品を読んでもどこが問題なのか何もはっきりしない、ということになってあらわれていました。

それはなにも七六年のころだけの問題ではなくて、九六年の今でもそういう状況はあると思います。

「子どもをつかむことを教育の方針上の問題としないで子どもと教育活動を分離する傾向」、自分の方針の中でどうしても具体化するというふうに問題が取り上げられず、つかめてもつかめなくてもおれはこういうことしかしない。そういう意味でいえば、子どもを知らなくてもどうもないという状況の問題。そういう教育活動が分離するという問題と、それから、子どもの中での内面と外面、外面のあらわれ方と内面の矛盾というものは必ずしも一致しないというようなこととして、なかなかつかみがたいという問題があるわけです。

——略——

そして、結論になるわけですが、「結論として、子どもをつかむことは子どもを変えることに尽きるが、それはまた、どういう子どもにするのかということを抜きにしては考えられない。」どういう子にするかという人間像を抜きにしておいて、子どもをつかめたとかつかめんと言っているだけでは、たぶん実践活動にはならない。「そのことは、実践的には、何のために生きるのかという問題を、生きる目当てと生きる力を統一したものとして子どもにどう生み出させるのかということにほかならない」と考えるのです。

今日の問題提起として

今、新指導要領が改められるにあたって、中教審が言い出しているまさにまやかしの「生きる力」。彼らも

「生きる力」としか言うことができないようになってきた。彼らなりの言葉ではもう日本国民は納得しないようになった。だから、戦後の民主教育が生み出した言葉を存分に彼らは使い始めたわけです。「生きる力がない」というようなことを今度は答申の中心に置いてきた。その「生きる力」と言っているのは、二〇年も前に私たちはこういうふうにして言っているわけです。「何のために生きるのかという問題を、生きる目当てと生きる力を統一したものとして子どもにどう生み出させるのかということにほかならない。」それが子どもをつかむという仕事だという意味でいえば、今度中教審の側が出していることとの対応としても、これは本当に深くとらえ直してみる必要があると思います。

そのためには、「子どもをつかむ教育実践の基本に社会の課題が明確に据えられ、あらゆる活動の中にその課題が具体的に貫かれなければならないと考える。」というふうに私たちは総括してきたのです。答申の場合そこがないわけですね。「これからの社会はどういう社会になるかわかりませんが、どんな社会になろうとそこでよりよく社会に合わせていきていける人間になるための生きる力」と言うわけです。そうではなくて、社会の課題をどう明確にするのか、そこの問題が今後ますます大きくなる。

もっと言えば、真に民主主義的な日本の社会をつくるということは、もっと先の社会でいえばどういう社会になるのか、真に人類の歴史の中で生み出された総智を集めた新しい社会を目指す日本の今の社会の課題をどう私たちはとらえるのか、そういうことを抜きにして、生きる力だの生きる目当てだのというふうにはならない。子どもがそれをどういうふうにつかむかという問題だと思うのです。そこが実は実践的な子どもをつかむ最大のポイントになる。

「この社会の課題が子どもの現実生活の中で具体的にとらえられ、科学的な知識と結びついて自己の意識として確立されるとき、生きる力を内容とした生きる目当てが子どもにとらえられる。」というわけです。

本当にそこを幼稚園なら幼稚園、高等学校なら高等学校という子どもたちの発達段階に応じてどう具体化するか、どう子どもたちの中で具体化されるときに、子どもがとらえられるとか、子どもがつかめるとか、子どもがしっかりしているなと言えるのか。逆に言えば、子どもをつかむというのは、子どもがしっかりしてきたということなのです。子どもが変わった、しっかりした子になったというときに子どもがつかめたと言えるのであって、フラフラのままの子をギュッとひもでしばってつかんだということではないわけです。子どもが自分で本当に人間的に生きる目当てと生きる力を持とうとする、それも絶えず動くわけですが、そういう状況をどう子どもの中に生み出していくのか。それは、子どもが社会の課題を自分の生活の中でとらえるという問題に結びつくわけです。

そういう意味で、戦後の先ほど私が申しました自由な時期、それから生活綴方が盛んであった五〇年代の子どもたちは、社会の課題と自分の生きる目当てというものを、非常に端的に言えば「日本のために」ととらえることができたわけです。それはアメリカに占領されている時期になるわけですから、ますますもって日本のため、その日本のために生きていくということは、実は日本が独立するということを内容としながら、独立して民主的で平和的な日本をつくる、そういう生活を生み出す自分なのだ、そういう日本人として生きていくというふうな自覚を持ったときに子どもはひどくしっかりしてきたと思います。

そういうことで言えば、今の日本の子どもたちもそうなのです。日本は何となく民主主義で、何となく国際的であるかのような形はとるけれども、実際には国籍のないような、海外へ出ていって搾取でもしてあるこうかというような格好で外国への関心を持っています。そこではどういう日本にしていくのかという問題が今も子どもたちに問われ続けていると思います。私たちもそうなのです。例えば近く選挙がありますが、このときも、どういう日本にするのかということが私たちをして選挙に臨ませると思うのです。日本をどうするかということを通して、自分はどう生きていくかという問題。そういう意味でいえば、社会の課題をどうとらえるかということが大事なわけです。

「それはまた自分の中に社会をとらえるとか、社会と自分を統一的にとらえるとか、あるいはみんなと自分、集団と個人の利益を一致させるなどといわれていることでもあるが、その場合、生活認識を基礎にして、みんながより大きく（抽象的）て、自分がより深い（具体的）ものであればあるほど生きるめあては高く確かなものになるだろうし、そのめあての高さがまた子どもが変わる深さとなる。」と考えるのです。

いわゆる質の問題、どういう性質の目標を持つか、生きるめあてを持つか。何となく選手になりたい、何となく金をもうけたい、何となくおもしろい人間になりたい、というような意味でいえば、さまざまに量としてのめあてを抱くのかもしれませんが、そこでは生きる質とともにいかに人間の本質を求めるのかということを実は子どもが考えざるを得ない状況に本来は置かれているし、教師もまたそこを子どもたちに自覚させなければならない任務を持っているというのが今日の課題でもあるように思うのです。

つかめないという問題にはそういうふうにものすごく根本的な問題がはっきりしないこともまだあるだろう。そこが本当に学校の中で十分論議されなければならない。どういう子どもにするのかというような意味でいえば、学校の中でかんかんがくがくと論議し、親との間でも論議することがもっともっと重ね合わせられなければならないですし、子ども同士だって、どういう人間になっていったらいいのかということをもっと自由にお互い同士で論議することも含めて、子どもをつかむという場合、日常的な毎日の実践のさまざまな小手先の実践課題、いろいろな実践教育というものも確かに必要ですけれども、同時に、ものすごく根本の部分で、自分がどう生きていくのかということを子どもたちがどのように理解していくか、どのように子どもたちに自覚させるかという問題が、本当は総体として子どもをつかむ場合に大事な問題になるのではないかということもあるわけです。

そんなことが二〇年前の問題の中から今日でも学ぶべき一つの課題ではなかろうかと思うのです。けれども、これはあくまでも二〇年前にそういうことを問題として見たというだけで、それから後の二〇年間を総括してこれを発展させたものとしてどうしたらいいかということを報告するのが私の仕事だったのかもしれんし、皆さんもそれを期待されたのかもしれないが、それは私にはできなかったということで、せめてもの問題は、皆さんもそこで論議をしていただいたと思うのですが、これを発展させた状況の問題としていえば、私がことしの春ぐらいから言っているのは「聞く」ということです。子どもの心の奥底をきちっと知る。訊問をしないできちんと聞く。『研究所通信』の中でも申しましたが、いわゆる沈黙を聞く。子どもが黙れば黙った中を聞く。沈黙なんか聞けるわけないといえばそれだけのことです。しゃべるからこそ聞けるわけで、黙っているものを聞くということがあるかと言いそうな人も見えますが、沈黙を聞くというようなことは大事な視点のような気がするのです。

子どもは本当にいろいろなことを思っている。そこに耳を傾けることがなかなかできないということと、そういうことをもとにして子どもを知ることが必要ではないかということで、「T先生への返信」という問題を提起したこともある。これは、事例としては、ある学校の子どもたちの荒れという状況が新たに出てきた中で、学校がどう対応していったらいいのか、ある意味でいえばこれは子どもをつかむチャンスなのだということを言いたいわけですね。今の子どもたちをどう見るかということについて、今の子どもたちの状況を学校の中で洗いざらいみんな知っている限り全部出しながら、その子どもたちの状況をどう見るかという問題で教師が論議して一致点をみつけ、ではその視点から変えていきましょうというふうになったら学校なんか全く変わるのだ、チャンスだということが、私が「T先生への返信」で言いたいことでした。

学校なんか権力にガチガチで、体制の中でにっちもさっちもいかんようになっていると片面では見る。その一面だけ見れば本当に牙城なのです。けれども白アリの居放題、いつガラガラと崩れるかわからない。今の学校、今の支配体制というのはそう。自民党でなければ何ともならなかったのが、三年ばかり前のあの自民党の崩れ方たるや、また崩し方もおかしいけれど、半分だましたみたいに崩れたと思ったら、また自分が盛り上げていってやっているというようなことだけれど、依然として自民党が今度はだまして全部与党にしようとしてやっているけれど、自民党単独政権はもうできませんという時代に入ってきていると自民党自身が言っているわけです。本当にこの五年くらい前までは考えられなかったような状況が、社会に生まれている。

同じように学校もそうなのです。何ともにっちもさっちも変わりようのない、牢屋みたいな思いをしている子どももいるだろう。先生の中にもたまにはそういう人がいるだろうと思う。けれども、そういった学校の内面が実は非常にもろくなっている。もろくなったことのものすごくよく見えるあらわれが荒れなのですね。荒れという現象は学校だから出てくるわけです。甘えられるからです。刑務所に入っていればあんな荒れは出てこない。ある意味では子どもたちにとって大変自由なところなのですね。けれども、本来の自由があんなふうでないところへ発揮できるかというと、そうならないところが学校なのです。だからたばこや、髪や、ピアスなどというところへ出るけれども、もっともっと本来的な子どもたちが求めている自由が要求として一致してうまく組織されれば、そういうふうではなくて、学校で学ぶということを軸にしたおもしろい生活を自分たちでつくることができるはずです。そういう点ではそこが抑圧されている。その難しさが荒れという形をとるわけでしょうが、その問題はともあれ、そういう中での一つの対応として、今ここで子どもたちについて語り合う学校をつくることが、実は学校がおもしろくなる一番軸ではないだろうかという問題を提起したわけです。

六月に問題を提起したことについて、その後、何人かの方があちこちで論議されたりしながら、ここへも場所をとってくださったわけですが、「T先生への返信」を全面的に実践しようとか、これを具体化するという問題ではなくて、であろうと何であろうと、今ここではこういうふうでいっぱい取りあげる問題があるのではないかといった意見も出されてきていて、私はそれは非常に大事なことだと思う。私の出した問題について返答してくれたので大事なことだということではなくて、全面的にどうかするということではなくてそういうふうに部分的に幾らでも取り上げる。それから、問題としてT先生は荒れた学校に対してどうといって出しているけれど、実は荒れた学校の問題ではなくて取り上げてみる必要があるという言い方もされているわけですが、そういう点では大変ありがたい。皆さんもこれについて反論もあるかと思いますが、そういう意味ではまた何かを読んだりして聞かせていただきたいと思いますが、ともあれ今日の問題提起ということで言えば、子どもをつかむ上でT先生の問題みたいなものを軸にしたふうにしか、私はまだ問題がつかめないわけです。二〇年前からもういっぺん全面的に総括し直して、もっと深く子どもをつかむ課題というものを提起できればいいわけですが、そういうことができない悲しさを「T先生への返信」という形で言っているわけです。その場合に、うまくいくとかいかんとかではなくて、部分的であってもこうやって生かしていけばできるのではないか、特にその場合ここで言われているのは、子どもの状況を状況として語ることはできる、それをどう見るかということが今日の学校では欠けているのではないかというふうに問題を出されておりますが、そのとおりだと思います。それは学校で欠けているという問題だけではなくて、私たち自身にも欠けている。見方がわからないという問題があるのではないか。どう見たらいいか。ピアスをしている男が何人、女が何人、茶髪が何人と、増えたり減ったりする状況はつかめるけれど、それを一体どう見るか。「そんなことは校則に反することなのでだめだ」、「そんなことを言っているので増えてくる」というようなことで、どう見るかというところがそこで本当にならんというような状況はいっぱいあると思う。そこが詰められることが大事なのだということを、「T先生への返信」ということで書いたこともあるのです。
それをどうみるかという問題を、私は、単に茶髪やらピアスやらはしょうがないことだとか、生徒の人権だと見るかどうかという程度のことで引っかかっているのではなくて、もっとさまざまな問題についての見方が全く今はっきりしないのではないか。

——略——

けれども、そういう意味でいうと、子どもたちのさまざまな事情についての見方というものを、どんな小さな見方でもどう見るかをわれわれがきちんとしていくことからしかどうにもしようがない。例えば子どもの書いた綴方一つでも、それをどう見るのか、もっとみんなで見方を研究し合わなければいけないのではないか。「こんなおもしろないものを出したよ。」「ほんと、短いね。これじゃあ、たるいね。」と言っているだけではいかん。短さの中にどれだけ珠玉のいい言葉があるかもわからん。全く短いということだけが基準になると、それでもう珠玉の言葉は放り出されるというようなことだってきっとあるだろうと思う。何も珠玉の言葉はないけれど長く書いたでいい、そんな見方ではいけないわけです。どう内面が出ているのか、どこに子どもの本心が出ているかという問題、どこに素晴らしさがあるのかというような視点を、例えば子どもの作文一つにも徹底して見つけ出していくとか、あるいは図画なら子どもの描いた絵一枚でもどういうふうに見るのか。「なんかおもしろいな」「創造的だな」「個性的でないな」「こんなのは外面的や」といって全部パアにする。そうしておいて点だけは勝手につけていくということがあるだろう。その中には、子どもはどうしてこんなものを書いたのか、どうしてこんな色に塗ったのだろうといったことなど、どうしてこんな形、どうしてこんな絵になったのかといったことなど、もっと丹念に教師の目が混ざり合って、多くの人の目で一人の子どもの心をつかんでいくというようなことも含めて、子どもの状況をどう見るかという問題は小さなことの中にいっぱいあると思うのです。

＊「子どものための実践交流会研究会」（一九九六年九月）での講演。『人間・生活・教育』五一号（一九九七年四月）に掲載。全体五節構成のうちの三節四節に当たる部文。独立した報告の形式にするため構成を部分的に変えた。文中の「　」による引用形式の文章は、本著作集第三巻論文12からのもの。一九七六年の自らの問題提起を一九九六年という時代背景の中で改めて読み解こうとしている。

◆論文22（一九九七年）

中学生の対教師暴力を考える

――N市立中学校三年男子二人の逮捕にからんで

はじめに

N市で中学生の対教師暴力による逮捕事件が起きてから四ヵ月余を経た。当初は寝耳に水のような驚きであったこの事件もいまでは一見、忘れ去られたかのように、あまり人々の口の端にのぼらなくなってきている。

けれども事件の当事者をはじめ、両親、家族と共に、事件へ心を寄せた子ども、父母、教師たちの多くは、いまでもこの事件が納得できるように落着したとは思っていない。わだかまりは依然として残っている。

それは、いまに至るもこの事件にまつわる事実と教育的対応の在り方が明らかにされないまま、一件落着として済まされようとしているからである。そのために、ここではあえて問題を振り出しに戻して問題の在りかを探り、この事件からの教訓を引き出すための問題提起につとめてみたい。

新聞報道にみる事件

事件後、学校長の言では直接報道に応じたのは毎日新聞とNHKだけだということだから、毎日新聞の記事に従って事件をみることにしたい。

この事件は、九六年十月十七日の毎日新聞記事では、「先生に暴行、重軽傷負わす『中3』2人逮捕　中津川署傷害容疑で」の見出しとなって報道された。その時の感じを述べてみる。

「暴行」「傷害」「逮捕」という字面からは、刃物など凶器による重体のさまが浮かんだのであるが、記事をよく読むと、殴るけるということで凶器が用いられたわけではなくて、何となくほっとした。だが、その後に直ぐ疑問となったのは、これで逮捕とは、という不思議であった。

「暴行」は決して善きこと、好ましいことではないけれど、中学生が教師に手足で殴るけるの暴行をはたらくということは、これまでもしばしばあったことだし、いま、どこかであっても決しておかしくはないという程の教育現場での現象であるわけだ。だが、それで逮捕されたということには、これまで耳にしたこともないおかしさを覚えた。

しかし、記事通りに受けると、十月十一日にN市N中学校で起きた暴行事件は、十四日に学校（当該教師）から警察署に被害届を出したことで、その後に暴行をはたらいた生徒二名が逮捕されるという事件に発展しているのである。

詳細な事実が報道されているわけではないので、推測の域を加えてのことになるが、この暴行がなぜ逮捕にまで至ったのかということでは理解できないことがいっぱいである。

記事によれば、たまたま同じ十一日に、二人の生徒が別々の個所で、別々の教師に暴行をはたらいていたのだが、理由は共に教師に注意されたことに生徒が腹を立てたことにある様だ。そのため教師の一人は「ろっ骨を折る一ヶ月の重傷」、いま一人の教師は「足などに五日間のけが」を負ったので、学校では同日緊急職員会議で対策を協議し、「他の生徒への影響もある」と判断して、十四日に被害届を出したのだ。それで警察は学校側や生徒の家族から事情を聴くなどしたうえで、十六日に逮捕に踏み切ったというのである。

これについて学校長は「指導に力が至らず、こうした事態になったことを申し訳なく思う。残念な事件だが、いかなる理由があろうとも暴力は許せないことを徹底させ、学校の信頼回復に取り組みたい」といい、市教育長は「これまでの生徒の（粗暴な）行動や、今回のひどい暴力行為を考えると逮捕は残念だが、やむを得ない」とコメントしている。

ところで暴力の動機と状況であるが、それについての記事は、生徒の一人は午後一時五十分ごろ、一階階段付近で、授業に出ないことを注意した教師にいきなり殴りかかり、腹部をけるなどしたし、いま一人の生徒は午後二時半ごろ立ち入り制限していた体育館で、仲間数人とともに入ったことを注意した教師に対し、けるなどしたという以外にない。

事件当初の疑問

この記事は、ある一面からの事実を伝えているのだろうが、これでは生徒の暴力があり、教師が傷害を受け、被害届を出したので逮捕した、それに対して「残念だが、やむを得ない」ということの他は、だれもが知りたいなぜ？　という問いに答えている記事とはいえない。

そこで暴行・傷害・被害届・逮捕という経緯について、疑問がいっぱい生じるのである。当時、多くの人が抱いた疑問をあげてみることにする。

第一は、生徒がなぜ暴行をはたらいたのかという点である。

市教育長のコメントでは、この生徒はこれまでも粗暴な行動をくり返していたというが、今回の暴行の動機は教師が注意したことにあるわけだ。教師はこの生徒の粗暴ぶりをよく承知していたのだろうが、注意されていきなり殴りかかるほど生徒が激昂したとすれば、その注意とはいったいどのようなものであったのだろうかという疑問である。

記事では、「授業に出ないことを注意」されたとあるが、生徒が授業に出ない状況がどのようなもので、それに対し教師はどのように注意したのか、そしてまた、生徒が殴りかかったとき、教師はどのように対応したのか、生徒の心理や教師の意図も含めて、注意の状況はわからないのである。

通常、注意するといえば、事態を改善する作用をいうが、ここでは注意によって事態が悪化している。となれば、それは教育的にいって注意といえるものだったのかという疑問は残る。そこで、注意とされている教師の言動と生徒の反応や暴行の過程が明らかにされない限り、なぜ暴行が、という疑問は解けないのである。

そして、この疑問は、生徒Aだけでなく、体育館で暴行をはたらいた生徒Bについても同じである。

第二は、二つの暴行事件は関連しているのかという点である。更に疑問となるのは、同じ日に前後して起きた暴行事件に関連はないのかということである。

生徒Aの暴行に生徒Bは全く関係のない存在だったのだろうか。ということは、記事では生徒Aの暴行時に他の生徒がいたとは書かれていないが、生徒Bの場合は数人と共にとあり、暴行が全く生徒単独の状況でおこなわれたのではないことが記されている。これだけでは生徒Aの暴行現場に生徒Bがいたともいえないが、またいなかったともいえないのである。けれど、同じ校内での似た事件は流れとして発生することが多い経験を加味して考えてみると、生徒Aの暴行現場に生徒Bがいたのか、あるいはいなくても、その事件を知ったために余波として次の事件を起こすことになったことは容易に推察できるのである。

更に生徒AとBの事件が関連しているのではないかと推測できるのは、生徒Aは「ろっ骨を折る一カ月の重傷」を負わせたのに、生徒Bは「足などに五日間のけが」を与えたというだけで、同時に逮捕されている不思議さがあるからである。

生徒Aの事件が全くの単独であったならば、生徒Bは暴行の程度からみて説諭以上、逮捕にまでは至らないはずだからである。

このように考えてみると、この日の暴行事件は、生徒A・Bの二人が主役となった時間差のある関連行動だと思える。だとすれば、前の生徒Aへの注意と、後の生徒Bへの注意を含めて、その日の学校全体での生徒に対しての注意における教育的配慮のあり方が、学校機能の組織性、敏速性と共に問題となるのではないだろうか。

第三は、学校の対応は適切だったのかという点である。記事によれば「緊急に職員会議を開き対策を協議。他の生徒への影響もあると判断し、十四日、同署に被害届を出したという。」とあるだけで、その詳細はわからない。

職員会での対策協議の内容はさっぱりわからないが、結果として他生徒への影響を判断し、被害届を出す方向へ進展したことだけがわかる。

校長のコメントによれば「指導に力が至らず」というのだから、注意の状況が事実を通して詳しく吟味、検討されたのであろうが、今日の教育が生徒をそこまで追いやっている問題や、生徒の内面まで目が向けられず、あるいはそのゆとりもないまま、こらしめだけが先行し、教師の怪我の方だけを重視し、それに焦点を置いて暴力否定のキャンペーンを中心にした対策が、「他の生徒への影響防止」として考えられたのではないのかと思われる。

だから暴力による傷害の事実を全面に押し出すことで、暴行の非を強調する戦術がとられ、あえて被害届を出すことで、生徒の立場を窮地に追い、逮捕という道筋がつくられたのではないのかという疑問である。

そこで更に疑問となるのは、学校はなぜ、当事者である生徒A・Bと、そのまわりにいた生徒から事情をよく聴き、またその父母とも話しあうことで、子どもや親の立場からの視点で事件を考えてみることをしなかったのかということである。

記事では「緊急の職員会議で対策を協議」とあるだけで、その対策内容はわからないが、当該教師の説明（証言）と共に、生徒・父母の説明を受けることは対策の第一と考えられるのに、それが充分に行われたかどうか疑問が残るのである。

それでは、この両者の証言的な説明をもとに、共通点を求め、教育的見地からの対応を採れば、この記事にみられるような拙速的な方策とはならず、生徒を逮捕させないで信頼回復を可能にすることができたと考えられるからである。

第四は、逮捕という措置のおかしさの点である。

これまで学校内での生徒の対教師暴行事件としては、この程度の事件はいくらでもあったが、それで逮捕まで至ったことは知らない。今回だけ逮捕ということになったのは、何か特別な理由がなければならないが、それがはっきりしていない。

直接な動機が教師（学校）からの被害届の提出にあったとしても、被害の状況からみて生徒A・Bの二人共が逮捕されるものとはとても考えられない。

だから、市教育長のいう「これまでの生徒の（粗暴な）行動」ということからみれば、この逮捕は迷惑者、厄介者へのみせしめとしか考えられない。この場合、暴力は口実で、内容は管理からのはみだしといったところにあるのではないだろうか。

それにしても、みせしめにされた二人の生徒の人権はどのように考えられていたのか、教育の場の出来事が警察権力によって社会的制裁の対象となっただけに理解し難いのである。また、この逮捕について記事によれば、中津川警察署は「学校側や二生徒の家族らから事情を聴くなどしたうえで」踏み切ったとあるが、事情聴取が実際にはどのようなものであったのか、対象者の反応を含めて不明のままであるが、警察権の乱用ではないのかとの疑問も残る。

中学生の逮捕が新聞報道された直後に出されていた多くの人の疑問をとりあえず四点にしぼってみたが、その疑問点が解明されない限り、逮捕の正当性は理解されないのであろう。

事件後四ヵ月、表面的なほとぼりのさめ

二生徒の逮捕が実施されてから四ヵ月が経過した。

当初の一ヵ月間ほどは、同校のＰＴＡ総会が二回にわたってひらかれたり、さまざまな規模での生徒集会や父母集会が持たれたときくが、その詳細は知らない。

また、二生徒の同学年である三年生を中心に、自主的な嘆願署名の動きが拡がったが、生徒会の動きにまではならなかったとか、父母の中でも嘆願書（署名）提出の動きが拡がったが、それは個人的には自由（勝手）だが、ＰＴＡでとりあげて行わないことになったなど、二生徒の逮捕への賛否が、鑑別所からの早期釈放を求める動きの中でも一致できないままに進展したという。

そうしたなかで、二生徒の鑑別所留置は続き、表向き

の波立ちは消えたようにみえたが、井戸端談義的に論議はひろがっていって、いつ果てるとも知れない状況が続いたようだ。

けれど、この関心と論議を組織することは、学校側の沈黙（教師への箝口令的雰囲気）のため進展できず、内実としては学校・教育への不満と不信をつのらせていった。

その典型的な意見は「学校（先生）が子どもを売った」という直接的不信感と、「逮捕された子どもが学校へ戻らないように」という間接的不信感となってあらわれていた。

学校では過ぎたことよりもこれからのことを、ということで二生徒の学校復帰にそなえての対策が中心となり、事件を冷静にみつめ直して教訓を引きだすといったことが具体化されないままに、その日に追われるさまであったようだ。

だから、どこでも当初の疑問が事実にもとづいて解明されず、不満と不信をかかえたままになって今日に至っているといえる。その間、二生徒は十一月下旬頃より保護処分として帰宅が認められ、復学していることは確かだ。けれど、そのことについても、井戸端的談義の他は広く話題とすることはないようだ。

しかし、この事件については、この状況をもって終わらせてはならないし、終わることはないと思う。

当初の疑問は解けていない

これからのことは事情が十分にわかっているわけではないので、間違いや抜け落ちがあるかも知れない。それだけに的を射ることにはならないかも知れないが、最初に述べたように問題を振り出しに戻したままで、いま必要だと考えることについて私見を述べてみたいと思う。

第一は、暴行時の事実を明らかにする必要である。いまに至っても新聞以上に事柄がはっきりされていない。だから、当事者にとっては迷惑となるような誤解や憶測からの論議が多いと思う。私自身もそうなのかも知れないが、それだけに事件についての事実を明らかにされることが大事だと思う。

あれだけの新聞報道がなされた学校としては、各種の報道について、内容の真否を含めて、正確な事実と経過を生徒・父母・市民に対して明らかに説明しなければなるまい。それは学校の公共性と社会的性格からも当然な義務ではなかろうか。

その場合、事件当初の疑問に答えることを考慮して、ただ注意と記されている暴行時の具体的な状況については教師と生徒、双方の説明を付されることが必要である。

第二は事件の発生から逮捕に至るまでの経過を明らかにする必要である。

事件の発生から逮捕に至るまで、学校はいかなる態度で事に当たったのか、その経過を明確にされることが大事である。その場合事件当初の疑問にもあるように前と後の暴行事件の関連を含め、暴行事件後の措置、緊急職員会の内容（方針と対策）、被害届提出の経緯と内容、逮捕への関与など、当該生徒と親、全校生徒やＰＴＡへの対応を加えて事件の顛末を明らかにすると共に、そのおりにとった学校の態度（見解）と教育的配慮を具体的に説明されることが必要である。

それは、二生徒をはじめとしたさまざまな生徒・父母・市民の疑心・不信に対する学校の正当性——学校長の「いかなる理由があろうとも暴力は許せない」のコメント——を事実経過を通して説明することに他ならないが、対応の教育性を明らかにするためには不可欠の要素だと考えるからである。

第三は、逮捕を現実化させた被害届にもとづく調書の内容を明らかにする必要である。

学校（当該教師）からの被害届提出経過と内容は学校からの必要説明事項であり、それは逮捕への引き金となったとしても、被害届をもとにした警察の調書が逮捕を決定づけたことは間違いない。この調書は、事情聴取の手続きを得て、被調査者の承認を必要として成り立つものであるが、被害届が調書として逮捕へ実効力を有するものに発展する過程にいかなる教育的見地が存在したのか、それを明らかにすることは極めて大事なことだと考えられるからだ。

この場合、調書の公開が弁護士を通じてしかできない法的規制のあるもので、一般的に不能とされるならば、調書をとられた当該教師の記憶にある限りの調査事項と回答を整理して発表されることは可能だと思う。

以上述べた三点のことは、事件当初の疑問を解くためには必要だということであるが、それは必ずしもすべての人のいまにとって必要となっているわけではないと思う。

いま、生徒・父母・市民の多くは、あの事件の事実が納得できるように明らかにならないことにどれだけかのこだわりを持つにしても、期待の中心は、学校があの事件からの教訓を生徒・父母の立場を含めて充分に汲みとり、再び生徒の逮捕などが生じない学校になるため、学校のいまとこれからに希望を抱くことができるようにしてほしいことになるからである。

だから私は、先にあげた三点の問題については、せめて事件の中心である当該校の教師たちだけでもそれを明確にして、教師の立場からの教育的な見地で教訓を引きだし、その整理のうえで、この事件の問題と今後の教育のあり方・方針を率直に、生徒・父母・市民にわかりやすく提示されることが緊要だと思うのである。それがなければ、事件直後に学校長がコメントした「学校の信頼回復」もまた、その場のがれの方便でしかないことになるのではあるまいか。

せめて学校では真実を

いま私はせめてということで今日の状況を考慮し、本来市民的に公開されて然るべき三点を、当該校の教師全員だけにでもと枠をせばめて提言した。

それはこの事件についての当該校の方針や対策が、当該校の教師全員の理解と納得のうえで作られていなかった危惧を抱くからである。

事件以後、当該校の教師に事情を尋ねても、「わからない。言えない」という言葉が返るだけで、新聞記事以上のことはほとんど伝わってこないのであった。それは、父母や市民の有志が事件の真実を知るために懇談会を企画して当該校の教師の出席を求めても、出席不能の返事としてあらわれた。

そこには知っていてなお秘しているということではなくて、知らない、知らされないまま箝口されているという雰囲気が感じられた。まれに極く秘密だということで密やかに話される事項でも基本的な疑問の解答に連なる事実とは縁遠いことしか明らかにされないのである。

たとえば、逮捕の切り札となった被害届はいつ、どういうところで出すことになったのか？ といったことでは、全くわからないというのが共通の反応となっていたし、逮捕の是非はどこかで論じられたのか？ という問いではそれは知らないという具合で、事件にかかわりながら教師たちが無知化状態にされていた感が強いのである。

その場ではいえないことがあったにしろ「すべてのことはよくわかっている。なぜ、逮捕に至ったのかも承知している。この成りゆきには納得できない点があるけれど、いまは混乱を防ぐために黙っている。しかし近いうちに問題を整理して語るから」といった、前向きの明るさは全く見られなかったのである。

こうした教師の様子から推察できるのは、信頼関係をもっとも基調とすべき学校で、不信が暴力となって爆発したという最悪の事態にあってなお、学校の全教師に事の真実が明らかにされず、対応に全教師の教育的見地からの意見が反映されないままで、事件の処理が図られていったから、疑問がいっぱい出てきたのではなかろうかということである。そこには教師と生徒だけでなく、教師（管理層）が教師を信頼しないままで事が運ばれる場合の学校が持つ非教育性が反映されているのである。

こうした点から考えてみれば、この事件のおかしさは、学校の非民主性の結果でもあると言えるだけに、せめて当該学校内部だけでも、総ての事実が明らかにされ、全教師の理解と納得のうえで事件の教訓について合意されることが大事で、それがなされない限り、再発防止の保障もないし、生徒、父母にとって安心でき、希望の持てる学校を創ることにはならないのだと思うのである。

事件を考えるための若干の問題

ところで、この事件のおかしさは、最初にあげた事件直後の疑問に要約されているように思われるが、当該学校での全教師による民主的な教訓整理とは別に、一般的な問題として考慮すべきいくつかの点を思いつくままにあげてみたい。

第一は、学校での生徒の対教師暴力行為をどうみるかという問題である。

今回のN中学校の問題だけでなく、中学校での対教師暴力事件は随所に起きているが、暴力の行使以外に表すことができない生徒の不満や不安の存在と爆発する人間関係のことを考えてみなくてはならない。

いまの学校では生徒に限らず教師もまた多くの不満と不安を抱いていて、それが相互に不信感を生みだしていることがある。そして、その不信の因となっている不満や不安はさまざまであるが、それが何によって生みだされたものであるかの理解がはっきりせず、不信の対象が不明確のままであったり、あるいは誤解していたりする場合もある。

だから学校では、それぞれが抱いている不満・不安の悩みを率直に提示しあい、その立場を尊重しながら、実態と原因を探りあい、解決の方策についての理解を深め、それによって生じている不信があれば、その解消をはかりながら相互信頼の関係をつくりだすことにつとめるのである。それは生徒だけでなく、教師もまた生徒との関係でおこなうのである。

しかし、それをひとりひとりの生徒が納得できるまで充分にすすめることは、時間的にも体制的にも極めて困難になっているのが今日の学校現場である。

それだけに生徒の不安や不満はいらいらを伴って鬱積

していることが多い。そして鬱積状態のもとではほんの些細な感情的もつれで、それが相手かまわず暴力行為となって爆発的に吐け口を求めることがある。またいったん爆発した暴力的エネルギーは、相手の対応によって更に激しさを増すということがある。

この場合、最初の些細な感情的もつれとなる対応的感情と、また、爆発した暴力的エネルギーへの感情的対応のあり方が事態の教育的解決を求めるうえでの教育性として大事なものと考えられる。

また、不満や不安の鬱積状態でも、必ず暴力的行為として吐け口を求めるわけではなく、それはまた特定の条件があって爆発することを考えれば、爆発を誘引するような条件を教師の側から提示することは誤りである。そのためには、対象としての生徒をその内面からよく知り、その人間的尊厳を侵さぬような優しさと親切さのある言辞と態度での対応が必要なのである。

それにしても学校内での生徒による対教師暴力には、生徒の中の不満や不安の鬱積が、それについての吐け口を、教師との人間関係における感情のもつれを機に、対教師へ求め、激情的で爆発的な暴力行為でしか表現できない人間的弱さの矛盾があらわれているのではなかろうか。

その点で、たとえ生徒の暴力でも容認することはできないけれど、教育的配慮としては、暴力行為の原因や条件をよく考えて、社会一般の制裁的措置をとらないで、あくまでも生徒自身の理解と自覚による人間発達を教育として援助することが大事だと考えるのである。

第二は、学校での暴力行為と学校の民主的運営の問題である。今回の事件全体をみて痛感することに学校での教職員が民主的に機能していないことがわかる。その状況は推測として前述したことにもあらわれているが、この事件について教師全体が新聞報道程度以上に、肝心なことは知らされていなかったということは、いかにも大きな驚きであった。

それは、新聞で「緊急に職員会議を開き対策を協議」とか「学校側や二生徒の家族らから事情を聴くなどしたうえ」と書かれていても、それは教師全体が承知していたことではなく、管理者をはじめ、ごく限られた一部の上層で謀られ通知されたことであって、その討議には全員が参加し、発言したわけではないというのが実態のようである。

だから、時々刻々と進展する事態に対しても、学校としての対応がどうなっているのかは、ほとんどの教師にはわからず、生徒や父母に聞かれても何も答えられないということから学校や教師への不信も増した。

ＰＴＡ総会へ行けば、職員は全員揃っていても、話すのは校長と教頭だけで、当該教師や担任教師すら一言も発言しない（できないというべきか）ため、父母は具体的な事情がのみこめず、怒って帰ってくる始末であったという。

父母をふくめ市民の多くが「どうしてそんなことになったの？」「それでどうなっているの？」「いまどうすることが必要なの？」と、切実に思っているのに対し、「とにかく暴力は悪い」「逮捕はやむを得ない」「これから信頼回復につとめる」「詳しいことはプライベートの問題でいえない」といったことだけではどうにもならないわけだ。

学校の一般教師も困っていたにちがいあるまい。重層構造になっている学校運営では、みんなの意見を集約することもなく、役職や係だけが任意に特別会議を持ち、自分たちだけで相談して事を進めていき、その結果だけを後になってちょっと知らせるというわけだから、実際に何もわからないからだ。

しかも、そのちょっと知らされたことだけでも「問題になると困るから他言しないように」と箝口されるとなるとなれば、学校の問題が他へ伝わらないのは当然だ。

私はここで学校の問題や真実の状況が教師の口から他へ伝わらなかったことに異議を唱えるのではない。ことほど左様に秘密裡にすすめられたことを当の学校の教師全体も知らなかったことが、この事件の進展と学校の信頼回復に大きく暗い影を残していることを言いたいのだ。

暴行事件でいえば、その日、教師の傷の手当てや、当事者である生徒や親への面接など、緊急の措置はあったにしろ、ほんとうに全教師による職員会が学校の体面ということでなく教育的見地で開かれ、事件の事実をその状況と共に明らかにしながら、みんなの自由で率直な発言を大事にして、事件の見方や対策を自由に論議していたら、事態の進展はもっと変わって、被害届の提出や、逮捕というまでには至らなかったのではなかろうか、と思うのである。

そして、事件を契機に、子どもの荒れの現実が深く探られ、荒れの本質理解や対策についても現状での反省を含めて、子どもを追いやるのではなく、子どもを引きだすための画期的な方針と体制が生みだされていたのではないかと思われる。

そして、それは単に生徒指導の分野にとどまらず、現実に落ちこぼしとなっている学習不振生徒の問題ともからんで、全体的、個別的な学習改善策となって学習指導の分野でも新しい息吹をつくりだすことに連なっていったのではないだろうかと思えるからである。

それは、たとえ期待せざる事件が起きショックを受けても、それを全教師でまともにみつめ、考えあうならば、子どもたちの現実に真正面から立ちむかい、その状況を教育的に改善する熱意と方策が生まれるものであることは、これまでの諸経験が示しているからである。

しかし、何も知らされない、知らないままで、学校の教師としての存在を無視され、対策は一部がたてるだけ、そして意味もわからずやらされるだけでは、全教師の意欲が湧かないのは当然だと思う。

教師全体が、事態に立ちむかう意欲が湧かず、当該校の教師だということである種の責任だけは負わされながら、事件での納得できる反省（総括）や、それから導きだされた新しい方針もないまま、全体をみることもなく、与えられた課業だけで疲れていれば、事件がつくりだした学校への不信を拭い切ることはできないのはまた然りといえる。

そのため、私は学校の全教師の知恵と力が引きだされ、生かされる民主的運営の実現を抜いては暴力行為への正しい対応はできないと考えるのである。

第三は、学校の事件で生徒を逮捕させる問題である。

逮捕は警察の行為で学校には関係ないという意見があるが、果たしてそうなのか、考えてみなくてはならない。暴力事件にかかわらず学校内ではさまざまな事件が起きる。いやがらせ、盗み、破壊など、人間関係の歪みから、あるいは人間関係とかかわりなく突然発作的に起きることもある。

その場合、ほとんどは当人と親、友だち、教師の間の話し合いで解決する。見境のない暴力――などの場合、警察に助力を頼む場合もある。それでもその後には学校内で当事者との話合いを持ち関係を正常にするのが常であり一般である。

学校内の事件で、学校側が手に負えず、警察に助力を依頼した場合でも、あるいは学校側からの依頼や通報がなく、警察が他から聞き及んだことで学校側へ依頼した場合でも、当事者（生徒）は警察で取り調べられることはある。

その場合、警察では学校や親と連絡をとり説諭という形で処理することが普通で逮捕という事態には至らない。逮捕というのは、学校に及ばず、誰かが被害届を出すことで、その被害が甚大な場合に、その事情を社会的にも充分調査したうえで執行する警察の職務権限だからである。

だから、学校内の事件では、誰かが被害を訴えない限り生徒は取り調べられることはあつても、逮捕されることはないわけだ。

学校は子どもの教育の場であって、そのもとでは人間的な信頼関係を認めて成り立っている。そこで起きる人間不信は時には暴力という形をとってあらわれることもあるが、それでも信頼関係を断絶しないことを前提として、当事者に暴力の非を認めさせることで関係の改善をはかるのが教育活動であり教育作用だと思う。

それは学校での基本的な教師と生徒の関係で、あらゆる指導はその基本をはずさない形で進められている。その基本は、戦後の民主教育では憲法第九条的な存在だとも考えられ、守られてきた。

学校での生徒指導の方針もその基本の立場と範囲を守ることを慣習として実践化されてきた。だから、通常では学校の生徒指導方針に厳しさの強弱はあっても安心の枠をはみでることはなかった。

本来、学校の生徒指導方針は、全校的な教育目標と基本的方針の確認のうえで、分野の特質を生かし、生徒の現状にもとづいてたてられるもので、その方針の理解、確認は職員会議を経ておこなわれ、指導対策や方法はその方針具体化のために作られるのが当然である。だから、具体的な指導上に問題が生じた場合は、基本的な指導方針にそって対応されるのが原則である。

けれど、第二の問題で述べたように、非民主的な今の学校運営では、全体での基本の確認事項の具体化よりも各部門、係の思い付きや独断が先行される運営構造になっているため、全教師の承認・理解とは異質の方針・対策が幅を利かせ、それがあたかも学校全体の了解事項であるかのように効力を発揮することが多い。誰も承知していないのに係の思い付きだけで、それが生活指導方針や、計画となって他の教師に押し付けられても、それに意見をさしはさむことは許されないといった空気が強く、実際には係や主任の思い付きがあたかも学校全体の意志であるかのようにまかり通っていくことが少なくない。

今回の事件での生徒の逮捕を誘導した被害届の提出や、逮捕への無抵抗というか協力のさまなどは、基本的には学校運営の非民主性の隙にできた、学校の無力化と非教育性の典型的なあらわれだと思うのである。

いま、文部省は自らの政策と行政が生みだした学校での生徒の荒れ対策の一環として、学校による警察への依頼ということで警察権力の学校への介入を奨励し、学校での自主的・自治的解決への努力を軽視する指導をすすめている。それは文部省自体が自らの政策が作りだした今日の学校内の荒れに、今の学校が教育的に対応する能力を失っていることを認めていることに他ならないが、この文部省の指針に従えば、学校はとめどもなく自らの手で生徒を逮捕へ追いやることになるのではなかろうか。

そこで、いまみんなで考えねばならぬことは、生徒の逮捕を学校での生徒指導の方針や対策の枠に組み入れることは、現行憲法第九条のもとで、自衛隊の海外派遣を容認するのと同じで、生徒指導方針の変質と転換を意味するものであり、それは教育基本法にもとづく学校教育の民主性の変質と堕落に他ならないという問題についてである。

第四は、学校の問題は、単に教師のみならず、生徒・父母と共に合意を生みだしながら発展させる必要の問題である。この問題はこれまでも随所でさまざまに述べられてきたことでもあるので詳述する必要は無いけれど、今回の事件にからんで一言付しておきたい。

今回の暴力事件は、新聞・テレビなどでも報道され、当該校の教師のみならず生徒・父母、そして一般市民にも驚きを与え、この事件の成りゆきと学校の対応については誰もが深い関心を寄せたのである。だからさまざまな論議と動きを起こしながら、事件の教育的解決と、暴力事件の再発防止、そして学校の信頼回復につらなる教育改善について協力的期待を抱いてきたのである。

しかし、この四ヵ月間、論議と動きは効果的に組織されることもないまま、井戸端的・散発的なものとしてとどまり、期待も次第にしりつぼみ状態となって、いまでは学校不信を抱いたまま、あきらめ的な傾向も拡がっている。なぜそうなってきているのかということでは、当初の関心を問題として組織し発展させる核がなかったということになるが、それは第二で言及した当該校の非民主性がもたらせた教師の無知化状態が極めて大きく作用していることを考えてみなければならない。

通常ならば自覚的・民主的な教師組織が、この事件のもつ重要性について素早く反応し、その教育性と社会性を共通の問題とするようひろげることで、単なる新聞報道からだけでない関心に高め、組織することに努めるのであろうが、今回の事件では当該校教師の全般的な無知化状態が、事件に対する混乱と無方針化を生み、外部の関心への働きかけをにぶらせ遅らせたことが、関心の組織化を困難にしていたからである。

そして、それについては当該校教師への連帯としての、他校の教師たちの無援助がまた大きく作用していたことも考えなくてはならない。しかし、事態が進行するなかで、当該校の教師たちの事実を正確に把握しよう、問題を全教師共通で明らかにしようとする努力がなかったわけではない。さまざまな苦労の結果、十二月の終りには時間の経過に従った学校側の措置と動きの大要を、全校教師が事後承認的に知る機会をつくりだしたということは努力の成果である。

また、関心への対応として学校が主導したものでは二回のＰＴＡ総会や生徒集会などがあったというが、ＰＴＡ総会も学校側の説明を形式的に了承させることが中心で、父母の率直な声を民主的に討議・集約することは行われず、父母の関心をＰＴＡを通して発展させる期待は失われたようだ。そして生徒集会は学校側の説明を聞くだけで、自由な討議の機会はなかったようだ。

けれど、自主的な動きが無かったわけではない。父母の中では当該生徒の親を援助しながら、ＰＴＡ有志や婦人組織へ働きかけ、事件の教育的解決を求めて、二生徒釈放の嘆願署名を拡げたというが、それも組織的に継続する活動とはならなかった。また生徒の中でも三年生の一部から嘆願署名の自主的運動がおきたが、それも三年生の範囲でとどまり、他学年や生徒会へとひろがることはなかったという。

その他にも自主的な動きがあったのかもしれないが、それらのことについては、よくわかっていない。

そして、いま、事件当初のような関心は薄れたが、それでもこの事件の処置について教師、生徒、父母、市民の多くにはまだわだかまりが残っている。けれどいままではそれを組織して自主的共同的に発展の方向を探るエネルギーにはなっていないように思う。期待は最も消極的に「今度は先生の異動もあるで、何か変わるだろう」というようなものとなってあらわれている。

それだけに私は、学校での教師全員による民主的な教訓整理と今後の方針づくりが大切だし、それをもとにした反省と課題を教師の側から、生徒・父母に提示し、それによる合意形成の話合いが徹底して進められることが必要だと考える。

そこでは、これまでのことや、いま、これからのことについて、誰もが自由で率直な意見が述べられることを大事にし、教育合意の一致点を生みだし、高めることにつとめなくてはなるまい。

その過程で、またその結果として、学校の信頼を回復することはできるし、暴力事件の再発を防ぐことができるのではなかろうか。

また、この合意づくりの運動を通して、学校問題では、全教師はもちろん、全生徒・全父母が自由に意見を述べあい、共通な見解を持つことができるように気風としても、慣習としても、また制度としても、新しい学校づくりをめざすことが大事なのではなかろうか。

おわりに

まだ問題はたくさんあるように思うが、いまはこれまでとしたい。

事情が十分わからないままの記述なので、不足のこと、間違いのこと、独りよがりのこと、あるいは迷惑になることなど、いっぱいあるかもしれない。

けれど、この事件についてはあれだけの関心がありながら、公開された問題提示は余りにも少ないと思われる。そのため、事件当初に抱いた関心と疑問を含めて、経過にはそっていないが、今の時点で気づくことをまとめてみた。

また、義務教育最終年度に悲運ともいえる逮捕の痛みを受けた二生徒は、間もなく学校を巣立って、義務教育的保護のない社会で生活することになる。この二少年には逮捕の痛みが今の社会の矛盾のあらわれのひとつであることをよく承知して、自らで痛みを克服し、未知の将来へむかって明るく希望に満ち生活を拓いていってほしいと願わずにはおれない。

二少年の痛みが義務教育の場で再びくり返されることのないためにも、この拙文を討議の資としていただければありがたい。

（一九九七年二月十八日）

＊『恵那教育研究所通信』九三号、一九九七年四月一五日。『「恵那の教育」資料集』第三巻に収録。署名は、恵那教育研究所　道有造（ペンネーム）。

◆論文23（一九九七年）

荒れを克服する教育実践を

——荒れの根底に対応する若干の問題

はじめに

学校における子どもの暴力行動に対して、対暴力や権力による対応は、事態を一時的に沈静化させても、それで子どもが納得し、自覚的に理知的で非暴力の考えに変わるものではない。

暴力行動の根となっている問題に対し、適切な処置が日常的、継続的に具体化されることが必要で、それをないがしろにしたままで、暴力行動が起きたとき一挙に根の問題を解決させることは不能といえる。

暴力行動は不満、不安のいらだちが、人間関係での不信感の高まりにかかわって発揮されるものであろうが、その根底には、事がわからない、安心できる場がない、淋しさがつのるなどの鬱積状態の存在があると思われる。

それはいまの子どもたちの学校生活にかかわった状況でいえば、勉強がわからない、友だちがいない、冷たくされるといったこととしてあらわされているのであろうが、それだけに学校では、学習がよくわかる、親しい友だちがある、優しく親切にされることを、ひとりひとりの子どもが実感として抱くような教育活動の具体化が必要になっていると考えられる。

そうしたことから、最近の学校暴力事件にからんで暴力行動が起きた場合の直接的対応としてではなく、それ以前の根底に関わる教育上の問題を考えてみたい。

N市立中学校にみられる問題

N市立中学校での生徒逮捕事件にからんである教師は学校での荒れの状況について次のように報告していた。

「授業が始まっているのに、子どもたちが教室の外にいっぱいおるわけです。廊下から、運動場の周りから、体育館の付近まで、授業を受けれんというか教室へ入れんという状況が前からありました」

「たばこを吸っておるわけです。それで、『こら、やめよ、たわけ』と言うと『うるせい、ばかやろう、ぶっ殺すぞ、てめえの車ぐちゃぐちゃやぞ』と大きい子が三、四人ぼくのところへ向かってくるわけです」

「養護学級の子どもが廊下をとんだりしますと『うるせい、ばかやろう、うっとうしい、あっちへ行っとれ』と言うのです」

「これは大変重たいものを背負っておるな。たいへんな状況になっておるんだな。ということを思ってはいたわけですが……」

子どもたちのこうした状況に対して、教師たちは悪戦苦闘していたことは間違いないが、その苦闘が充分に功を奏せぬなかで、対教師暴力事件が起き、生徒二名の逮捕となったのである。

ここで述べられているような子どもたちの荒れ状況は通常とはいえないが、これに対し先の報告では対応をつぎのように述べている。

「その都度、その都度、学級担任とその学年が中心になって対応をしてきたわけです。けれど、これでいいなどということはなかなかできないし……」

「なかなか子どもがつかめん、わからんという中で、一緒に何とかしようということを取り組んできたわけですが、なかなかそんなふうにならんし……」

そして「きちんとするということが学校の命題で、きちんとさせる、しゃんとさせる。そんな中で結局追い込まれていって……」

報告者が「養護学級の担任で普通学級の子どもを全然教えておりませんので、学校の中ではいちばんわからない」存在だといわれることもあって、担任や学年、生徒指導担当などで行なわれていた細かい対応は何もわからないけれど、学校の中ではた目的にとらえられた報告の限りでみれば、ここでの教師の対応は、部分的、散発的、一時的なように感じられるし、学校の統制的、管理的な対応の無理も重なって、対応が子どもたちの自覚を促すということにはならなかったように思えるのである。

それはこの報告からもうかがうことができるように、子どもたちの荒れ状況が、全教師の問題とされて、原因をみつめながら、その根底に目を据えた学校教育全体としての対応が考えられた上での、生徒指導の対応となっていなかったからではなかろうか。

だから問題行動が起きれば、担任、学年、生徒指導担当による生徒指導の問題とされ、措置され、処理されていたと考えられるのである。

そこでは荒れが、荒れ現象を露呈する限られた子どもへの対応の問題にとどまり、子どもたちへの全校的活動を改善する必要が内包された問題として、全校的にとらえられ、位置づけられることで弱さがあったのではなかろうか。

荒れの対応は全教育活動で

たしかに子どもたちの荒れ現象は、部分的、一時的にあらわれることはある。けれど荒れの因子は荒れ現象を示さない子どもたちの中にも含まれていることを考えてみなくてはならない。それはある条件のもとでは一挙に荒れ現象が広範にあらわれることもあるからだ。いまの教育体制下では、進学の難問などをかかえて荒れ現象を示すことが、いかなる苦難を自らにもたらすかは子どもたちがよく承知している。それだけに荒れの因子は自らで無理に抑制することが多い。だが荒れの因子は単なる抑制で除かれるものではない。安心と希望を自覚的につくりださない限り、自らで荒れの因子を除去し、荒れの衝動を克服することはできないからだ。

その意味で、いまの子どもたちが内包する荒れの因子は、単に生徒指導的対応の問題であるだけでなく、全教育活動での対応の問題として、全校的に全教師で取り組むことが必要なのだと考える。

そのために大事だと思われることを、気付くままにあげてみたい。

「おかしさ」は全教師で確認する

第一は、荒れの状態を全教師で知りあい、考えあうことである。

子どもたちの荒れは一様ではない。さまざまな形となってあらわれるが、それはどこかで教師の眼に、心にふれるものである。

服装の乱れや、持ち物のおかしさや喫煙としてだけでなく、言葉づかいや態度として、あるいは学習への意欲や能力の変化、そしてまた、子ども間のいじめ、たかり、暴力など、教師が直観的に受けとめたことから、子どもからの訴えや、観察によって知り得たことまで「おかしさ」として感じることができる。

その「おかしさ」の感じ方は、教師の考えや関心のあり方によってさまざまであるが、それでも「これは？」と共通的に感じられる「おかしさ」はあるものだ。

この共通的な「おかしさ」は、多くの子どもの中にあらわれる場合だけでなく、特定の個人についてみられることもあるが、それをまずみんなの教師で問題にしてみることが大事なことだ。

そこでは「おかしさ」の状況をさまざまにだしあい、なぜおかしいのかということでの教師個々の考えや感じを自由に語りあうことが必要だ。もちろん、それをおかしくないと考える教師がいれば、それもまた自由に語られることがなければならない。そうした自由で卒直な話合いの結果として「おかしさ」が共通の「おかしさ」として認めあえるならば、「おかしさ」の原因と、それに対応する教育的視点としての方針がまたみんなで考えあわれなければならない。

その場合、時間がないから、面倒だからということで、それを係りまかせにしてしまうことを決してしないで、そのことについては機会を別に設けてでも、みんなで納得できるように考えあうことが何より重要なことだと思う。

それは、「おかしさ」の気付きと指摘までは共通的におこなえたけれど、それからが話し合われなかったため、対応の方針がバラバラになったり、責任が担任や係だけに押しかぶせられたりして、結果的には「おかしさ」を助長させてしまう場合があるからだ。

そこでは、「おかしさ」は教師間の隙をみながら広がるし、そのことでまた教師間が反目しあうまでに至ることもままあることだ。

ところで、この「おかしさ」の共通的確認については、学校規則（生徒手帳）への少しの違反というようなことを、列挙してみるということではなく、荒れの典型や小さな「おかしさ」の基本となるような「おかしさ」を探りだすことが大事だし、対応としての方針もまた、違反の取締と叱責、罰を課すなどに重点が置かれるようなものではなくて、子どもたちが問題を理解し、自覚できるようなところに基本がおかれることが必要だと思うのである。

「おかしさ」を子どもと学習する

第二は、荒れとしての「おかしさ」を子どもたちに学習させることである。

「おかしさ」の現象については、当事者だけでなく、他の子どもたちもまた多様に関心を抱いているものである。

それについては、自分もまた同じ様になりたいということから、自分はそうならないということまで興味のありようはさまざまであろうが、良いこと、悪いこと、おもしろいこと、つまらぬこと、仕方のないこと、なんとかせねばならぬこと、どうでもよいことなどでは、自分の立場から多様に「おかしさ」をみているのである。

けれど、それをみんなの問題としてとりあげ、考えあわねばならないというまでにならぬのが普通であるし、自分に直接的なかかわりが生じぬ限り、他人のプライベートのこととして放置しているのである。

そしてまた、荒れの「おかしさ」は、当事者が粗暴であったり、威圧的、暴力的であったりすることから、他の子どもはそのことには触れないで、自分だけの安全を守るため、「おかしさ」は感じていても無関心な素振りを示すことのためにある。

それだけに「おかしさ」を子どもたち全体の問題にするためには、いろいろな配慮が必要なことは間違いないけれど、学習課題としてとりあげる基礎的関心は充分に存在すると考えられるのである。

その場合、学習をどのように組織するかということは、それこそ千差万別で一様にはいかないと思えるが、学習単位としてはいまの学校状況では、当事者をも含めた学級での学習と、当事者との個別学習が必要なように考えられるのである。どちらを先行させるべきかは、条件によって決められることであろうが、どの学習でも事実にもとづいて自由な雰囲気の中で学習できることが配慮されなければならない。

また、この学習は「おかしさ」の善悪を前提として、当事者を追いつめることが大事なのではなく、事実をみつめて、それのもたらす問題を明らかにしながら、「おかしさ」のもつ人間的、社会的矛盾を理解させ、克服への希望と勇気を得させることにあるわけだから、子どもたちの内面を尊重すると共に、科学的見地を大事にすることが重要だと考える。

学習の具体化ということでは、学習主題をどのように設定するのかが極めて大事だと思う。たとえば、「おかしさ」の中心が「喫煙」ということであれば、「タバコを止めよう」「タバコの害を考える」「子どもとたばこ」「なぜタバコを吸うか」「タバコを科学する」「タバコの魅力」「タバコは何に悪いのか」「タバコの要る生活と要らない生活」「生き方とタバコを考える」「タバコの功罪」「タバコよさようなら」等々、子どもたちの状況によって学習主題はさまざまに考えられるのである。

主題がはっきりすれば、内容（教材）の選定と方法であるが、それについては改めてここで述べる必要はないと思う。しかし、主題、内容、方法の選定では、それぞれの状況に応じて教師個々が考えきめることではあっても、自らの構想や案を自由に述べながら、サークル（民教研）などで研究しあって、よりよいものを生みだすことがまた大事なことは言うまでもあるまい。

また一回の学習で「おかしさ」がすべて克服されるというわけにはいかないだろうが、適切な学習であれば、その後の「おかしさ」への対応では、効果をもたらすことは間違いないと考えられるし、学習が足らなければ全体的にも個別的にも再度実施すればよいと思う。

いずれにしてもこの学習では、ルイ・アラゴンのいう「学ぶとは誠実を胸に刻むこと、教えるとは共に未来を語ること」が特別大事にされなければなるまい。

「わかる学習」をつくりだす

第三は、すべての学習でわかることがつらぬかれなければならないことである。

子どもたちの荒れの因には、一般的に物事がわからないというのがあるが、荒れが「おかしさ」として集中的、典型的にあらわれるような子どもの場合は、特に勉強がわかっていない（学力不足）ことが多い。

勉強がわからない、おもしろくないから荒れるということもあるが、荒れはじめると勉強が苦痛になり、よりわからなくなるという傾向がつよまり、学習への関心や興味を全く失ってしまうことがある。

学校へ来ても勉強がわからず、学習への関心や興味がなければ授業から離れていくことはまた当然だといえるが、現行の学校指導要領にもとづく新学力観の授業では、それが増えてきているのが確かだ。

はじめに紹介した教師の報告では、対教師暴力事件のあった学校の生徒が、事件の後にある塾で、「先生、おれんたあ塾へ来ておるもんでちったあ授業がわかるけど、塾へ行っておらん連中なんか授業何にもわからんに。学校で授業中に、先生、ちょっと待って、それどうゆうこと、と聞くと、友だちに聞けとか、後からというようなことで授業が進んでいってしまう。本当にわからへん」と話したというが、そうした状態が荒れの基底にあることについて、深く考えてみなければならない。

勉強がわからない。これほど子どもたちにとって淋しいこと、不安なことはない。そして教師も子どもたちが勉強がわからない（できない）ことに苦痛を抱いている。そして、その傾向は現行の学習指導要領の体制化では増幅しているという。荒れの因はそこから拡がりを示しているとなれば、これを放置したり、見過しておくわけにはいかないのだ。

といって、学習指導要領の体制は、教科書進度に教師をしばりつけにしていて、簡単に変えられないし、変わらない。でも、そこで子どもたちに勉強がわかることを保障するしかない。とすれば教師がそれぞれの学習において、基礎、基本の事項を選定し、それだけは何としてもすべての子どもたちにわからせることを実践的に具体化する以外にない。

いくら大変なことであっても、それを実践的に切り拓いていくことで、子どもたちに勉強のわかるよろこびと安心を得させなければならないわけだ。すでに個々の部分的実践ではその道が拓かれていることもある。個々の実践ではそれを年間の実践での流れとして、また、部分的、局所的にはみんなの実践の大道としてひろげることも可能だ。

そのためにはまた、「わかる学習」の実践をみんなが持ちより、検討を重ね、経験と教訓を学びあって、各人が自らの「わかる学習」の実践と創造に確信をもち、その流れと道をつよく大きくすることが何よりも大事と考える。それは学校内でもサークル（民教研）でもどんどんすすめなければなるまい。ちょうど、下りのエスカレーターをかけ足で登るようなこととしてでもたゆみなく急がねばならないと思う。

更にまた、荒れの「おかしさ」が集中し、勉強がまったくわからないままで、授業に参加できない（しない）特定の子どもには、一般的な「わかる学習」をその子に具体化した個別の具体策を講じることが緊要だと考える。

さきにあげた教師の報告では、二人の子どもが一ヵ月ぐらいは岐阜へ行き、帰ってきて学校へきたとき「担任の先生を中心に特別の授業を組んでやる」と言っておられるが、事件後にそれができるわけだから、できれば事件以前から、そうした特別授業が具体化されていたならばと思うほどであるが、どういう形にしろ、特定の子どもへは特別の要領で「わかる学習」を具体化することもまた必要だと思うのである。

「おかしさ」の学習は当面する生活課題が中心となるけれど、教科目の基礎、基本の「わかる学習」が保障されなければ、子どもたちの荒れへの根源的対応にはならないのではなかろうか。

友だちのできる実践を

第四は、学校に友だちがあることの必要についてである。

子どもたちにとって学校へ通うことの第一の理由は友だちがいることだというのが最近の調査での結果である。

友だちとは何か、それはまたある種の学習課題でもあるが、とりあえずは、自他共にわかりあえ、自分の存在を認め、相談に乗ってくれる同年輩の他人のことである。友だちは必ずしも同性でなく異性であってもかまわないのであるが、異性間の場合には必ずしも、同性間におけ る友情とは異なる感情が存在するのかもしれない。それでも自分を最もよく理解してくれる同年輩の他人ということでは、友だちであることにはかわりない。

そうした友だちがどれだけいるかは、学校のみならず、総ての生活にとって心強さを覚え、安堵の気持ちを抱くことに深いかかわりを持つのは、子どもたちの特性である。

その意味で、子どもたちは、友だちを求めることに最大の意を払い、同年配（同級生）の動向と意向に敏感な反応を示しながら、自分が、友だちの枠からはずれていないことに細心の注意を払うのである。

特に、その友だちが同学級にいる場合、それは学校生活全体での安定を意味することともなるだけに、学級の構成では友だちの存在、友だちの確保という点で異常なほどに強い関心を払うのである。

けれど友だちは、性格、趣味、関心事、学力、生活背景など、さまざまな事由で必ずしも希望するまま、期待するままにできるものではない。友だちの出現を求めながら、友だち関係を結び得ないで学校生活を送っている子どもがある。

そのため同類あい憐れむ状態の中で、真に求める友だちではなく、似た者同志的に荒れが同類項となった形で友だちとなり、それがお互いに内面の真実を隠蔽することで、荒れの形態だけを競いあい、異質の友だち状況を生み、一般の子どもたちとは同化できない存在となって、通常の友だちを得がたくしていることもある。

このように、子どもたちは学校における友だちを求めながら、実際には友だち関係になり得るところを、ほんのわずかの突っ張りのため、見逃してしまい孤独状況をかこっている場合もある。

けれど子どもたちの学校へ来る最大の目的は友だちがあることにかわりない。それだけに教師は、子どもにとっての友だち関係を重視し、それに意を払っていることは確かだが、友だちをどのように作りだすかという点では、それをめざした実践は余りに少ない様に思われる。

子どもたちにとって友だちは自然につくられるもの、子どもの好む意志によって生みだされるということだけで、友だち関係を結ばせるための意図的な教育作用は重視されていないように感じられる。

「同じクラスにいるからみんな友だちだよ」といった

形で、友だち関係を強制することはあっても、それは『火山灰地』のセリフのように「同じ手ぶりで踊っていても、はなればなれな心と心」でしかないことは、教師も自らの幼少の経験をふり返ればわかることであるだけに、孤立、孤独化している子どもたちに友だちができることについては実践上特別の配慮がなされなければなるまい。

それには何よりもひとりひとりの人間がみんなによく理解されるように努めることが大事である。学級内での日常的な様子だけでなく、それぞれの子どもの特性や持ち味があらわれるような子ども紹介をはじめ、日常的な生活であらわれない特技が発揮できるイベントを設けるとか、あるいは生活背景を語り（綴り）あうことで内面の人間的真実を理解するとか、てだてはさまざまあるが、子どもたちひとりひとりの人間的な良さを発見し、共感しながら、共同行動を通じて友だち関係としての親しみと安心が増すことに努めることは格別にだいじなことと思うのである。

特に荒れ気味の子どもは、自らを特別の位置におくことを考えながら、それでいて普通の友だち関係のあることを求める傾向を持つだけに、友だちには特別な位置はないことを理解させながら、特別がないところでしか友だちにはなれないことを各種の共同行動を組織するなかで得心させ、普通人としての人間関係を体得させることで友だちをつくりだせることに留意することがまた大事なのではなかろうか。

いずれにしても、子どもたちにとって友だちの存在は必須の条件である。友だちがたくさんできるような子どもたちの人間関係を、教育作用としてつくりだすことがなければ、荒れはまたひろがるばかりではなかろうか。

優しさと親切さの実感を

第五は、子どもたちにとっての優しさと親切さを実感させることについてである。

先般の岐阜民研の調査で「学校にとって必要なもの」で子どもたちは、わかる勉強、友だち、優しさの三点をトップにあげていたが、それ以前からもこの三点はいまの子どもたちにとっての必要条件として問題にされてきたのである。

特に優しさは、他の調査でも圧倒的高位を占めていて、子どもたちがどんなに冷たさの中で耐えているのかを考えさせられるのであるが、この冷たい社会の中では優しさと親切さは人間的な気持ちのあらわれとして、子どもたちだけでなく、大人を含めてすべての人が求めている暖かさの反映であることは間違いない。

いまここで子どもに対する人間的冷酷さの数々をあげてみる必要はないが、社会のこの冷たさは、教育の場においても同質、同様のものとしてあらわれている。

さびしいから、やるせないから、わからないから、つまらないから、何とかそれに応えてくれるつもりで学校へ来るのに、それに対して冷たい仕打ちでしか反応しない学校の現状があるだけに、子どもたちが学校の中に優しさと親切さを求めているのは当然のことである。

荒れや「おかしさ」もまた冷たさへの反応としてあらわれるのであろうが、優しさと親切さにあふれた学校をつくりだすことは、また極めて重要なことである。

学校は人間を育てるところである。その学校が人間を愛し、優しさと親切さに満ちていることは当然なことであるはずなのに、それが出来ないで、能力、優勝主義で子どもたちを差別選別する機関に堕していることから、子どもたちは直観的に不信を抱くのであろうが、それが今日の学校体制だとして済ますわけにはいかない。

子どもたちは現在の学校体制に不信を持っていても、特定の教師に対しては信頼感を寄せ、その人間的優しさと親切さの存在を認めている。

子どもたちの、学校は信頼できないけれど特定の教師は信頼できるというこの事実を大事にし、信頼できる範囲と規模を広げることで、学校の信頼をつくりだすことが必要だと考える。

本来学校が持つべき信頼の中心は正しさにあるのだろうが、いま、子どもたちにとって学校が信頼できる内容は直接的に人間的な優しさと親切さである。正しさは優しさと親切さを通して享受できるという程になっていて、優しさと親切さがない限り、正しさも理解し納得することができない状況がある。

それだけに、教師が子どもに示す優しさと親切さは極めて大事なことになるのであるが、それは現行体制を維持、推進する立場からは生まれ得ない教師の態度であり、心情なのである。

教師は誰でも初心では、子どもたちに優しく親切でありたいと願うのであるけれど、学校の管理と統制の枠が強まれば、それでは通らない現実があり、子どもたちにとっては冷たさと不親切でしか対応できない矛盾をかかえているのである。

それだけに、子どもたちにとっては当然な優しさと親切さを具現することでも体制への抵抗と勇気が必要となるけれど、それが教師の本性であることを自覚し、子どもたちの心のひだにくいいる優しさと親切さに徹することが教育を教育たらしめるために必要なのである。

個々の教師のこの努力はいまでも間違いなく実践上で成果をあげているのであるが、それが全教師共通の態度（心得）となるとき、学校は内容のうえでも、子どもたちの立場にたつものに変わることが可能だと考えるのである。

荒れはまったく冷たさの反映でもあるが、家庭を含め社会全体が冷たいだけに、子どもたちにとって学校が優しさと親切さを実感できるように、個々の教師の態度をはじめ、全体の制度としても人間味あふれたものにすることが大事なのである。

全校教師の意向が反映される生徒指導を

第六は、荒れへの特性的な対応としての生徒指導についてである。

本来、生徒指導は教科指導に対置する生活指導を内容とする分野、分掌の教育活動を意味するものであった。だからそれは全教師が担当し、学習と生活の両面で子どもたちに対応していたのである。

しかし主任制ができ、学校の管理化と重層構造化がすすむにつれて、生徒指導は従来の生活指導とは別個の生徒管理を主内容とした部門とされ、規則違反や問題行動の取締り的な役を負わされる傾向がつよまり、中心には生徒指導主事という主任が置かれるようになったのである。

その結果、子どもたちの荒れや「おかしさ」については、担任や一般教師の生活指導の立場とは別に、生徒指導として特別に関与することが普通となり、生徒指導の方針が担任教師の意向とはかかわりなく、別の特性的権限をもって子どもたちの上にあらわれるようになってきたのである。

けれど生徒指導といえども学校での一部門であるため、子どもたちの生活全般に対する教育方針にそったものでなければならないのであるが、ともすると生徒指導主事の見解や考えが、全教師の理解する生活指導方針とは異なっていても、特性的権限として幅を効かせあたかもそれが学校方針であるかのように、全教師や子どもを拘束することがある。特に荒れがひどくなったり、事件的問題が発生したりすると、緊急対応措置として、生徒指導主事が示す主観的な方針では、教育的見地の欠落した警察的処罰だけが先行し、これが学校かと戸惑いを覚えさせるようなこともないともいえない。

このように、いまの学校では生徒指導主事を中心にその部門は、特性的な権限をもって直接的に子どもたちへ対応することが可能であるだけに、生徒指導についてはその目的、内容を含めて方法に至るまで、その特性を全教師がよく理解し、いつでもみんなの教育的意向が反映されるような部門にしておかなければならない。

先にも紹介した暴力事件の起きた学校の教師の報告では「きちんとする、しゃんとさせる、見栄えがいいというか、そんな中で結局追い込まれていって、次第にタバコなども平気で吸うようになっていく……」とあるが、きちん、しゃんとさせるために子どもたちを追い込んでいくその中心に生徒指導が作用していたのだと思われる。

ここでは、子どもたちがきちん、しゃんとなることに異論があるわけではなかろうが、そのために子どもたちを追い込んでいく、その追い込みとしての生徒指導が問題だと思うのである。

その具体的状況はわからないので、この場合の是非には言及しないけれど、この場合「追い込む」のではなく「引きだす」ことに生徒指導方針の中心が置かれていたならばと考えないわけにはいかない。

子どもたちをしっかりさせることは総ての教師の願いであっても、「追い込み」か「引きだす」かは方針として全く異なることになる。だからそれについては、子どもたちの実態をはじめ、これまでの教育経験と教訓を含めて、方針の可否を教師が充分に論議し、全員が納得できるところで採りあげなければならないのだ。

それが出来ないのに、生徒指導だけが「追い込み」方針を採り、それを特性的権限としてみんなの教師に押しつけても、「引き出す」方針を良しとし、それで効果をあげている教師にとっては、生徒指導方針を我がものとして子どもたちを追い込むことに熱が入らないのはまた当然である。

そうなれば、生徒指導としての「追い込み」は、いっそうはげしさを増して単独的な形での指導強化となり、矛盾を深めることになるわけだ。

推論的に述べることはこれで止めるが、繰り返し述べたように、いまの学校の生徒指導は主任としての指導主事の設置と共に、特性的な権限を持った部門として子どもたちに一定の影響を持つ存在となっていることは確かだ。それだけに、この部門の特性を全教師の意向が正しく反映されるように、学校の中で論議を深め、位置づけを間違えないようにすることが大事なのではなかろうか。

おわりに

すこし以前に「中学生の対教師暴力を考える――N市立中学校三年生男子二人の逮捕にからんで」と題して、

対教師暴力事件への対応における教育性の問題について私見をまとめた。

だが、そこでは、いまの学校における荒れに対応する全般的で日常的な実践の問題にふれることができなかったので、今回はその点にかかわっての私見を提示することにした。どちらにしろ、状況がよくわかっていないため、誤解や独りよがりを含めて、言葉足らずや粗雑さはいっぱいあることと思う。

しかし学校の荒れや、対教師暴力事件は、今年度のはじめからの関心事でもあったし、今年度の学校教育では大きな問題であったことは間違いない。それだけにこの一年間の終りにあたって、この問題についての論議が必要だし、そのための資となるものがあれば、すこしでも論議の進展に役立つのではなかろうかと考えて、この冊子による提示を思いたったのである。

けれど、ここまで書いてみると、実際にはこれまで問題としてきたことの更なる具体化への提言こそがいまの教育現場にとって必要とされていることではないのかと思えるのだが、それこそはそれぞれの状況の中で苦闘している教師たちが、知恵をしぼって生みだすべきものだとも考えられるし、いまはそれに言及する能もない。

また、前後した形でのこの冊子は、特定の学校でのことを事例としてとりあげているが、それはその学校を非難したり、弁護することをねらいとして記述したのではない。事例が公開され、現実的にみんなが承知している共通的事例となっていたからだ。

事例の取りあげ方におかしさがあればそれは存分に批判してもらえば良いことだが、問題は事例にこだわることなく、一般論として理解していただき、検討してほしいものだ。

今日の子どもたちの荒れの深い根源は今日の社会とその支配がもたらしている教育体制のゆがみにあるわけだから、この問題提示で学校内が混乱したり、いがみあったりしないで、取りあつかいでは教師間の合意形成の方向で活用されることを特に希望する。

尚、前回と今回のこの冊子の発行が恵那教育研究所となっていることでは、問題提示の必要と場を提供いただいたまでで、提示内容と見解が研究所全体の討議結果としてのものでないことはご承知ねがいたい。

とにかく、この文章はゆっくり考慮しながら、内容と表現の不適切さを訂正しているゆとりもないままで公表するため、貧しさばかりが目立つのかも知れないが、この年の総括と新学年度方針検討にあたり、子どもたちの荒れにかかわる問題討議のため、とりあえずの資としていただければありがたい。

＊恵那教育研究所冊子『荒れを克服する教育実践を』。署名は、道有造（ペンネーム）。一九九七年三月三日執筆。

◆論文24（一九九八年）

〝藍染憲法九条〟騒動顛末記を読んで——学校の教育性・民主性を考える

はじめに

学校での卒業式や入学式をめぐる問題は多いが、本年（一九九八年）三月〜四月に埼玉県所沢高校で起きた問題は広く世間の注目をあびた。

それは、昨年まで教師と生徒の合意をもとに教育的・民主的におこなわれていた卒業・入学の行事を管理職が一方的に合意を無視して強行したためである。

その中心は、管理職がそれまでの伝統的な形式を認めず、日の丸と君が代を正面に据えた形式で、行事全体を国家主義教育推進の場に変質させるため多くの反対を押し切って権力的に強行したことにあった。

管理職のこの横暴に対し、教職員・生徒・父母たちの良識は二つの行事開催ということで応じ、管理職横暴を意のままに達成させることを防いだのである。

「〝藍染憲法九条〟騒動顛末記」にみられる明智中学校の場合は、学校行事について管理職を含めて教師と生徒との合意が存在していたということではないので、所沢高校と一様に比較して論ずるわけにはいかないが、国家主義教育推進の立場から、学校行事に対して管理職が横暴さを発揮したということでは、いかにも似た問題だと思う。

騒動顛末記の感想

「〝藍染憲法九条〟騒動顛末記」（以後、騒動記とする）は、当の筆者も述べておられるように騒動の顛末が充分に詳細でないため、わからないこと、知りたいことが多いが、読んだ限りでの感じを二点にわたって記してみたい。

藍染憲法九条製作の実践

第一は騒動の発端となった社会科・公民学習と憲法第

九条と藍染共同製作の実践についてである。一年をかけて「人間・生命・平和」を公民学習の中心において、子どもたちと考えつづけてきたことをもとに、学年度末の三月に入ってから、改めて「神戸児童殺傷事件」「小さな祈り」「黒磯中学校ナイフ殺人事件」「戦争体験記」などをとりあげて学習するなかで、最後のまとめとして憲法第九条を、三年生全生徒六四人の共通の想いとして草木染（藍染）の壁掛けに共同製作したというこの実践は、教育基本法の立場からいっても、学習指導要領の趣旨（内容）としても非難することのできない、極めて良識的で立派な実践だと考えられる。

この学習内容は資料をみればよく理解できるが、さぞかし子どもたちもこの学習では、新学力観でいう関心・意欲・態度がすぐれていたことだろうし、何よりわかって楽しい学習のおもしろさを味わうことができたのであろうと思う。

特に筆者が騒動記の中で「この一年間の公民の学習は、憲法に始まって憲法で終わると言っていいくらいの日本人の生き方の基本を学んできました。」と子どもたちに語っておられるように、憲法を重視した学習であっただけに、そのまとめの想いを憲法条文によって草木染で共同製作することについては、その思い付きと共に、どの条文を選択するかも子どもたちにとって大変興味深いものだったにちがいあるまい。そして、みんなで手分けして、ロウを入れ藍染めに仕上げる作業は、またたまらなくおもしろい仕事だったと思われる。

そして、同資料によれば、この共同壁掛けが完成し、それを掲げて全生徒が記念撮影をした日が三月五日となっているが、それは卒業式直前ともいえる時期であるだけに、この共同作品を会場に飾って卒業式を迎えたかったのは当然のことだろう。子どもたちにしてみれば、それが管理職によって拒否されることなど想像もできなかったのではあるまいか。

管理職の横暴と騒動

第二は騒動そのものについてである。

騒動は、卒業生が想いをひとつにして作りあげた学習結果としての共同作品を、卒業式会場に掲示させないという管理職の言辞から始まったようであるが、そのことの奇異もさることながら、管理職のおかしさ、横暴さは問答を重ねる毎にエスカレートし、この共同作品を学習結果として認めないところにまで至ったのである。

騒動記ではその間の問答と様子が簡略化されているので、おかしさ、横暴さを充分に読みとれない残念さはあるが、それでも管理職の理の無さ、筋違いのさまはよく理解できるのである。

特に、共同作品の布が私物であるから、それを学校内に掲示したり、置いたりすることは認められないというに至っては、阿呆らしさしか感じられない。だが、この阿呆らしさが管理職の職権にかかると、権力となってあらわれるところが、馬鹿くさいが恐ろしい。

前述した所沢高校ではないが、卒業式の日の丸・君が代を正面に据えこむとなれば、子どもたちの気持ちやその共同作品などは邪魔にしかならない。それは国家主義教育の雰囲気をぶちこわす代物でしかないというのが本音である。だからいかなる理由をこじつけても日の丸・君が代にそぐわないものは拒否するということになるのであろう。

明智中学校ではすでに日の丸・君が代は卒業式に定着しているだけに、管理職は必死の想いで共同作品の持ち込みを阻んだのだと思われる。だが、少し冷静に考えてみれば、管理職の非は余りにもはっきりしている。

共同作品は間違いなく憲法そのものである。たとえ一条文であったにしろ現行の日本国憲法を象徴する平和希求の第九条である。それが卒業式の正面に据えられていても何もおかしくないどころか、日本の学校としては最も望ましいといえるほどだ。たとえば、平和希求のねがいを鳩の姿として飾られることなどいっぱいある。

騒動記から考えさせられること

つぎは、この騒動記から学び考えさせられたことである。

その一は、騒動を誘い出した管理職は、最初から何故教育的に対応できなかったのだろうか、という問題である。

卒業証書を発行し、それを全卒業生に渡す当人である管理職者は、卒業直前にしろ、事前に自分が知らなかったにしろ、卒業生全員が共同して学習結果の作品を製作したとなれば、その作品が何であれ、まずその努力を認め、喜ぶのが当たり前ではなかろうか。

たとえその作品が自分の意にそぐわないものであったにしても、「よく作ったね。よくがんばったね。」ぐらいの気持ちを持たなくては教育的管理職とはいえないと思う。

それは、最初にその気持ちがあったならば、卒業式当日の作品の扱いについては、良識的な話合いで納得しあえる方途が見出せたに違いないと考えるからである。

たとえば管理職が日の丸にこだわるのであれば、日の丸と憲法条文を同時に掲げても良いし、場所を別にして同時に掲げられても良いのではあるまいか。あるいは同一会場ではとりあわせがうまくないということなら別の場所にとか、または、会場にこだわりがあっても時間に都合がつけば時間差による行事を組みこんで同一会場で形式を変えた卒業式でも考えることができるように思うのである。

とにかく最初に拒否ありからではやはり騒動にしかならないが、それは話し合いと納得を基調とすべき学校にはなじまないからである。

その二は、非教育的な横暴は、矛盾を深めることはあっても教育的意図は達成できないという問題である。

騒動は管理職の横暴に屈したという形で終結し、卒業式当日に、共同作品は校内のどこにも掲示されなかったようであるが、このことは決して子どもたちが納得した結果ではないと思う。管理職や担当教師と子どもたちがどのように話し合ったのかはわからないが、騒動記から察すると管理職の横暴さにたまりかねて、担当教師が子どもたちをなだめすかして掲示断念を承知させたのであろうと思われる。

だから子どもたちにとってこの日の卒業式の本当の感激は、形にならなかった共同作品としての壁掛けにはあっても、管理職主導の式には残らなかったのではあるまいか。何の騒乱もなく、間違いなく静かに卒業式は進行したのであろうが、壁掛けの不在は義務教育終了の喜びと誇りが結実した感動として子どもたちを包みこむことができなかったように考えられる。

子どもたちが、中学校の卒業と、同級生として今後共通的に想いだすのは、やはり共同作品の壁掛けということになっていくのだろうが、そこには、管理職の意図した国家主義教育との矛盾の深まりだけが存在し、日の丸・君が代を正面に据えこんだ教育的意図は挫折するということにしかならない。

だから子どもたちの人間的な気持ちを大事に汲みとり、教育的民主的に対応するという配慮を欠いた、非教育的な横暴さは、いくらその場をつくろっても教育とはなり得ないのである。

実際に教育とならないこと、行事を、横暴にすすめた騒動記でみるかぎり管理職には非があるだけでなく、効果もないということになる。負けても勝てるというのか、ほんとうの教育的効用は、壁掛けを共同製作したところにあるのだと思う。

その三は、学校の教育性・民主性にかかわることであるが、何故、騒動が一部にとどまって、全校的にひろがらなかったかという問題である。

このことでも最初に拒否ありの管理職の態度が強く反映していると思うが、ことは卒業生全員の学習結果としての共同作品の掲示をめぐる問題である。担当教師と管理職のやりとりだけが中心で、職員みんなの意見が求められたり、集約されたりする場も、学校として子どもたちの意見が表明され反映される機会も設けられないままであったとすれば、それはまた非教育的というだけでなく、非民主的という点で、学校機能が生かされない欠陥をあらわにしたと考えられるのである。

最近、生徒の登校拒否や非行問題の措置などでも、全校的な機能が生かされず、管理職と一部の教師だけですまされるため、人権無視や教育放棄の状況をひきおこすことがままあるが、この騒動も全校で民主的に対応されることがなかったため、管理職の非教育性が正されないままで矛盾を深めたということになっている。

詳細がわからない騒動記の場合を軽々に論ずることはできないが、一般的には学校内で問題をひろげるために、事態のとらえ方や、問題の提起の仕方を含めて、よく考えてみなければならないと思う。そしてまた、問題が全校にひろがらなかった場合、たとえば騒動記でいえば管理職の横暴に対して、無念の想いを秘めてでも作品掲示を断念したことからも、また学ぶべきことがあり、それについてもよく検討してみることが大事であろう。

その四は、学習結果として憲法九条の壁掛けを共同製作した生徒たちや、その作品製作を知り掲示を期待していたであろう父母たちの動向は、騒動記の限りではよくわからないが、管理職の横暴さの事実が、全校的な教師集団の意向をも無視した、非教育性・非民主性の問題として、生徒・父母によく伝わらなかった、というより伝えられなかったことが、その動向には反映していたのではなかろうかという問題である。

これについては、当時の事情をよく知らなければ何ともいえないが、こうした状況は、いま多くの学校に存在するだけに、みんなでよく話合い、考えあってみることが必要だと思う。

管理職の横暴さのなかで、大事なことを騒動といえるまでに問題化させることが全くできない職場が多い現状だけに、騒動となることの意味は大きいが、それが学校内にひろがらないため、生徒・父母には事態の重要性が伝わらず、かえって生徒・父母の学校不信に連なるということになっている場合がよくある。

校内騒動はただ、ひろがればよいというものではないが、学校における教育上の重要事は、教師・子ども・父母のみんなで考えあい合意を生むことが大事なことはあらためていうまでもあるまい。

おわりに

入学式や卒業式をどうするか。それは最初にあげた所沢高校のように、民主的な合意を伝統的に保持している学校でも、管理職の横暴とそれを支援する行政によって変質させられる危険が現状であるだけに、その時期が来たから何とか取り組もうというだけでは、真に教育的・民主的な行事に組みあげることは困難である。明智中学校の騒動記は、まさにそれを物語ってくれている。

学校が日頃から教師集団と子どもたち、父母たちと共に、要求と希望や、問題を自由に語りあい、教育のあり方を真面目に考えあう土壌を育てることに努めなければ、まことに正当な生徒の共同作品ひとつでも卒業式会場に掲示することが困難なことがよくわかる。

最近、東京都で学校管理規制を改悪して、職員会を校長の諮問機関に位置づけることが画策されていると新聞は報道した。この動きは文部省の圧力も加わって全国的にひろげられることが予測される。それは明智中学校にみられるような管理職の横暴がまかり通ることを行政が支援することの危惧を深める。

それだけに管理職の中にある人間性と教育性の存在に着目し、子どもたちの事実をみつめることでその発揚を尊重し、そこに民主性の発展を期待し、学校を子ども、父母の要求と期待に応えるものに育てるため、教師の意志統一をはかりながら努力することが、また大事なことと思うのである。

はっきりしないことが多く、推論や独断が過ぎたのかも知れないが、とりあえず騒動記を読ませていただいた感想を記してみた。

筆者である野崎弘二先生には感謝の他ない。

＊『恵那教育研究所通信』一一八号（一九九八年七月一五日）。『「恵那の教育」資料集』第三巻に収録。明智中学校で野崎先生が指導して作成された「藍染憲法九条壁掛」を卒業式会場に展示することが管理職によって禁止されるという「騒動」が生じた。「騒動記」は、同『資料集』第三巻に収録されている野崎弘二論文「日本国憲法第九条の学習」のこと。

◆論文25（一九九九年）

子どもを変える実践への試言——生活実感の強化と人間的自立へ

(1) 子どもを変える課題

ある日の研究所での話し合いで、「いま、実践としていちばんねらっていることはなにか?」ということが問題となった。

みんなそれぞれに自分のねらいとしていることを出しあったが、そのねらいを子どもに即して集約するとどういうことになるのだろうということでは、結局、子どもたちの今の状態を変えることにあるということになった。

そして、変えるということでは「しゃんとさせる」「しっかりさせる」というような言い方が多かったが、つまるところ「人間的に自立させる」という点で一致した。

そうしたことから考えてみると、教育実践の課題は昔も今も変わらない。そのときどきの状況にちがいはあるけれど、目前の子どもたちをしてひとり立ちできる人間にするということこそが教師にとっての最大の問題であるからだ。

(2) 実践化のための問題

では、いまの状況の中でのこの課題に対応する実践では何が重要なのかということになると、あれこれの状況ばかりが目につき、気になりすぎて、ポイントがはっきりしない論議になることが多い。

そのため、状況を整理しながら、実践の核心を浮き彫りにするためには何を基本の視点として問題をはっきりさせたらよいのかということになるが、その論議のために試言を呈してみたい。まとはずれなのかもしれないが、これも一つの意見とみて、各自の意見をだしあって、共通のポイントを理解ができるまで深めあってほしい。

1．子どもたちの特徴は

実践のポイントをはっきりさせるためにはまたいくつかの問題があるわけだが、その第一はいまの状況の中での子どもたちの特徴をどう観るかということだと思う。

いまの子どもたちをまんべんなく「しっかりしていない」「きちんとしていない」というだけでなく、人間的自立化の不充分さがどのような特徴をもっているのかという点をはっきりさせなければなるまい。

子どもたちが「しっかりしていない」「きちんとしていない」という話をよく聞いてみると、身体や心情のおかしさからはじまって、生活習慣の不規則や社会性の不足、自然への不適応、自主的判断の不足など、さまざまな事例があげられる。それを別の角度からみると、動物園で飼育された動物が、本来の野生動物にとっての必要から考えると、過少で過剰な利便化生活のため、野生に戻れなくさせられているように、子どもたちもまた人間の本来的野生を欠いて、「飼育されすぎた人間」とでも思えるのである。

人間は社会的だといわれるが、それは対人間だけで生きるのではなく、自然との共生を必要として生きるのである。誕生以前から人間は特別な保護を得て生まれ、育つことは確かであっても、その保護は人間の自立を促し保障するためのものであって、自立を押し止めたり、狂わせたりするものではないはずだ。

だが、いまの子どもたちに与えられる保護は、過少や過剰というだけでなく、自立という点では抜け（落ち）があるように考えられるのである。もちろん、育てる側にはそのつもりは無いのであろうが、子どもが対人・対物・対自然と関係することについて、子どもの意欲的・自主的な対応経験を大事にして、子ども自身にそこから学ばせることで、安心や不安を含めて人間的対応の原理を体得させ、自らで納得する成功や失敗の教訓を生かして、自分で考え選択しながら活動を発展させるということに弱さを感じるのである。

だから、その結果とでもいえることなのだろうが、子どもたちに「野生的なの「野生的な知恵」の欠如がみられるのだ。これは子どもたちに「野生的な知恵」とい知恵」という言い方でははっきりしないのかもしれないが、子どもが本来的に保有しているはずの、人間全体としてまるごとぶつかって得る知恵が少ないというか弱いため、安心や不安がはんとうに感じられないで、少し事態が変わると、安心・不安についての自分なりの読みができなくなり、とんでもない状況におちいるということが目立つのである。

安心と不安は相対的に抱くものなのかもしれないが、

特に不安がわからないというか知覚できないことが多く、不安に備えて準備することで安心を確保するための「野生的知恵」が働かず、全体としてたえず不安状況が内面的心情として巣くっているように思われるのである。

これはまた今日の社会の反映であり、子どもたちだけの特性とはいえないだろうが、それにしても子どもたち一般にみられるいまの特徴といえるのではなかろうか。

2．人間的自立のポイントは

子どもたちの特徴をこのようにとらえるとして、第二はその「人間的自立」の方向と内容の基本をはっきりさせることである。

それはまた「しっかりしてほしい」「しゃんとしてほしい」と子どもたちにねがうことの中心はどこかということでもあるが、ここではあれもこれもというだけでなく、どこがどのようになれば総体として自立の基礎と基本ができるのかという問題である。

子どもの自立の基礎・基本ということでは、身体的な発達や、生活習慣のあり方を含めて、それこそ意見はいっぱいあるのだろうが、私はあえて「自らの生活実感に即して、自分で考えることができること」を、最も大事なこととしてあげたいのである。

こういってもそれはいまの状況の中では簡単に身についたり、あらわしたりすることができない資質のように考えられる。

好ましい、好ましくない、浅い、深いの差はあっても、いまの子どもたちに生活実感となるべき感覚・感情が基礎的に存在していないはずはない。けれどそれに基づいて自分で考える、自分で選択するということになると、直観的なひらめきはできても、自己内の対話を通して、ひらめきを自分の見解、意見、意志、判断とするまでのこだわりでは、余りにも弱さを持っていると思うのである。

それは人間が、社会的動物として、集団的、社会的人間関係の中で自然に鍛え上げられるべき、自己の存在の客観性が、生活実感として強固に内在、蓄積するに至らず、現在の余りに利便的な生活環境の中で希薄になってきていることから、自分の思考、判断について自信を弱めさせているからだと考えるからである。

そのため、生活実感とは異質なことでは、利便的生活から得た知識で、雰囲気や状況にあわせて、あたかも自分の意見のように表すことはできても、自分の生活をくぐった内心からの本音としての意見となると、「わからない」「まあ、まあ」といったことの多さになってあらわれているように見受けられるのである。

まとめていえば、いまの子どもたちの自立のポイントは「自分の生活実感に基づいて自分で考えること」にあるといえるが、実際には生活実感の希薄さが、また自分で考えることの弱さ、困難さとなっていることを理解しておかねばならないといいたいのである。

3．実践化の環は

第三は、子どもたちの特徴と人間的自立の重点とを結びあわせたところに実践の環があるということである。

これまで子どもたちの特徴を「野生的な知恵の少なさ」とし、教育としての自立の重点を「生活実感に基づいて自分で考えること」といったが、それを結び合わせた実践は困難であっても出来ないことはないと考える。困難というのは自立の内容を子どもたちに即してどれだけ具体的に把握するのかということにもあるが、主たる困難は子どもたちの特徴がどれほど個々の子どもの中で具体的にとらえられるかの側にあるように思う。

「野生的な知恵」の少なさは、どの年代の子どもであっても、そのときの人間まるごとぶつかって生きる経験の弱さに因るため、単に知恵というだけでなく、その基になる生活実感が希薄になっていることとして考えてみなくてはならない。

生活実感が無いとはいえなくても、希薄だということは、生活体験について強い情感が蓄積されていないため、それに即して、あるいはその体験自体を考えてみることへのこだわりが少ないことを意味する。だから一方ではまるごとぶつかるような経験を生みださせることで強い情感を含む実感を得させることに努めると共に、たとえ希薄であってもその実感をひきだしながら、その実感の意味を自覚的に考えさせることがなければ、希薄はそのままで、それに基づいて思考することは発展しないことになる。

それだけに強い印象や記憶には至っていなくても、いまの状態の中での生活実感の存在をそれとして認め、それを大事にすることが必要となるのである。が、これぞ実感といえるものをひきだしてあらわにさせることが、以前に比して困難なことは間違いない。

そしてまた、時には教師が予想もせぬ問題や事柄で、子どもがまるごとぶつかっていることがあり、そこでの実感があらわにできないほど強固に隠蔽されたものとなっていて、それが生活全体の基調となるほどに根強く秘められていて……たとえば、父母の離婚や、突然死、あるいはいじめのひどさなどによる孤独感の強さ、人間不信など……他のことでの希薄が広がっていることもあるのかもしれない。

いずれにしろ喜怒哀楽をふくめて、子どもたちの生活実感は、まるごとぶつかる生活が少ないだけ希薄になっていると考えられる。だから、それをさまざまなしぐさや表情、言動の中から探りだすことはまた困難なことといえる。

しかし、自立はその実感の探りだしを基にして教育的に組織できるものであることを考えれば、実践の環はやはり子どもたちの生活実感の探りだしと、探りだした実感を自覚的に自分で考える方向へ導くところにあるのではないのかと思うのである。

4．実践具体化の基礎は

第四は実践の具体化の基礎とでもいうことになる。それは子どもたちの生活実感を大事にしながら、そこに「野生的な人間の知恵」の芽と存在を見つけだし、また、人間まるごとぶつかる活動をひろげ深めさせながら「野生的な人間の知恵」をゆたかにすることで、その生活実感と人間的知恵に基づいて自分で考えることを実践の基本課題として具体化することであるが、それはまたこれまでの民主教育の実践的教訓を学ぶことを含めて、科学的・教育的な見地を原則的・柔軟的に生かせば可能なことと考えるのである。

実践の基本的課題はさまざまな分野で多様に展開、具体化されなければならないが、全体の基礎としてはやはり生活の表現というか、生活の実感を客観化させることをたんねんに積み重ねることにあると考える。それは、すべての経験、学習を自らの意識の基で統御する基本としての生活（自己）意識を生み出させ強める基になると思うからである。

生活の表現では「事実をありのままに」ということが中心になるのであろうが、いま事実をありのままにという場合、詳細ということを基準にするわけにはいかないと思う。生活実感が希薄では事実を詳しく記憶していることにはなっていないだろうし、また情感も薄いだけにそれを詳細に再表現することは無理なことである。

だから詳細という基準を軸にする必要はないが、その実感にある「ありのまま」を短くても自分の言葉であらわしてみることだけは大事にしなければならないと思う。

表現の形態にこだわることはできないかもしれないが、最も基本は、その表現がある種の抽象化された心情、理解としての実感表現ということになるのではなかろうか。

それを文章表現のジャンルでいえば、総じては詩的表現、哲学的贅言《むだごと》とでもいえることになるのかもしれないが、事実を通した想いのたけを、飾ることなくありのままに、直截に自己の言葉であらわしてみることから出発するならば、それはまた可能なことと考えられるのである。

そのことを、どう子どもたちに意味あるものとして受けとらせ、子どものイメージとしてつかませるかは、まさに実践的具体化として教師の技能にかかるが、それの必要が納得できれば、実践的具体化は容易なことではなかろうか。

更に、この視点を生かして科学、芸術、技術の分野での、いわゆる教科での実践をどう具体化するかという問題もあるが、生活実感と切り結んだ基礎・基本の知識や技能の獲得の必要性だけを述べてその実践化の要点については、今後の討議を期待する他ない。

(3) 自分なりの最善で可能な実践を

とにかく、間違ってもよい、失敗してもよい、それに恐れることなく、自分なりに目前の子どもをみつめなおしながら、最善の可能な実践を具体化してみることが何より大事だと思う。

教師は、何のために、何を、どう教えるかをたえず念頭におきながらも「何のために」と「何を」を「どう」という点で統一的にとらえて具体化し、子どもたちに即して方法化することができるところに特性があるわけだ。それはまた、子どもたちの人間的自立の内容を子どもたちの特徴にそって教育として具体化できる技師としての能力を持つ専門家であることを意味している。

それだけに、実践の反応として子どもたちが表現するものの中に真実としてのありのままの眼をみつけだし、そこに共感としての人間的心情を寄せてほしい。そして、そうした実践の所産としての作品を持ちより、みんなで検討しあうことがはじまり、ひろがれば、手をこまねいているだけではなくて、おもしろさが深まってくるのではなかろうか。

以上、とりとめもないことを、私的試言として提起したが、まったくの見当違いだとしたら、その思いもまたみんなの討議の場に出していただいて、とにかく討議を組織し、みんなで実践に活力と展望を見出していただきたい。それがさまざまな面での活動の活性化の基になることを念じている。

（一九九九・十一・五記）

＊『恵那教育研究所通信』一三四号（一九九九年十二月十二日）。署名は、秋野道夫（ペンネーム）。

◆論文26（二〇〇二年）

教育基本法改悪反対――「公」「愛国心」導入のねらい

戦前・戦中の教育には基本法はありませんでしたが、その基は「教育勅語」として定められていました。

戦後の今頃になっても「教育勅語」が良いという人がおりますが、何たることかと思います。それは部分の言辞がいくら気に入っても全体の中心となるのは「一旦緩急アレハ義勇公ニ奉シ」ということで、忠君愛国の精神により総てを天皇と国家に捧げることが日本人の生き方だと説いていたからです。

敗戦になって「教育勅語」に基づいた教育がいかに間違っていたかがはっきりし、その反省のうえで新しい日本を築くため「教育基本法」がつくられ、それと共に「教育勅語」の失効が国会で議決されたわけです。

教育における日本国憲法といわれた「教育基本法」は、個人が人間として尊重される教育をめざすとともに「平和的な国家及び社会の形成者」として育成されることをうたっています。

そこでは日本国憲法の平和と民主主義の理念を教育の原則としたことと、戦前の国に対する義務としての教育を転換させ、教育を国民の権利とし、国民を教育行政の主体としたこと等で画期的だったわけです。

当時、「教育基本法案」が閣議決定されたことについて朝日新聞は一面トップで『主眼、人間性の開発　教育基本法　近く議会に提出』と報じ、社説で「考えて見るがよい。従来の教育勅語にかわって、人民みずからが教育の指導理念を定めるということが、どんなに大きな革命であるかを。」と述べたほどです。

一九四七年三月三一日に「教育基本法」は公布され、戦後の教育は教育基本法体制として歩みをはじめたのです。これが所謂民主教育のはじまりというわけですが、当初はこの教育基本法体制を忠実・完全に確立する努力が、教育現場や行政では父母・市民の理解と協力を得ながら進められ、新生日本への新しい希望と活力を生みだしました。

ところが、といわねばなりません。「教育基本法」の原点といえる「日本国憲法」が、基本的人権、主権在民、戦争放棄（平和）などの主要な面で完全実施されないばかりか、それに反する解釈や空洞化が保守政党、政府によって行われてきて、現在では改憲や有事法制までが問題にされていますように、これまでの反動攻勢の中で「教育基本法」もまた随所で骨抜きになり空洞化が図られてきました。そして今日の教育現場の荒廃が生みだされています。

憲法改悪の中心的なねらいは第九条（戦争放棄）にありますが、それに符合をあわせたように中教審では「教育基本法」を改悪し、その中心に「公」「愛国心」をとりいれる案を出しました。

国のため、愛国心の教育が義務となれば、再び教育によって子どもたちが暗黒の人生を約束させられることは確かです。「教育基本法」改悪反対を叫ばずにはおれません。

＊全日本年金者組合恵那支部機関紙『こぶし』一五七号、二〇〇二年一一月一日。肩書きは〈前恵那教育研究所所長〉。

◆論文27（二〇〇七年）

教師たちの自主的な「えな塾」

――〈提言〉教基法改悪のなかでの自主塾を

在職中は教基法に学び指針とした

一九四八年四月、教員になった私は前年に公布された教育基本法に学びながら，民主教育のあり方を考えた。自分が若かったということもあったが、職場の皆さんとともに教育基本法を学ぶことは熱心だった。

以来、教育実践・運動は教育基本法が支えとなり、さまざまな困難に対処するたびにそれを克服する指針として自分なりに生かしてきた。それは自分なりということはあっても、自分だけでなく、恵那のまた日本各地の教師たちにとっても、同じように教育基本法は作用したものだと思う。

私は一九八二年に教員を退職し、以後恵那教育研究所でご厄介になってきたが、二〇〇六年に教育基本法が改悪されるとは思ってもいなかった。

まさか教育基本法が改悪されるとは

教育基本法の存在を悪として、それを無視しそれに逆らって違法といえる施策は政府・権力によって長年にわたって続けられてきたことは確かで、いつも教育基本法に従えの声は叫ばれてきたのだった。しかしそのなかでは、教育基本法を全面的に改悪することを法規として実現することはできなかったのである。

それが「美しい国、日本」を掲げた安倍内閣の誕生とともに自民・公明両党の多数による強引な手法で国会通過させてしまったのだ。

前の小泉内閣のころから教育基本法改悪の動きは、反民主的・非教育的な行政として強められていたので、教育基本法を守れのキャンペーンは全国的に展開されてきたし、安倍内閣の成立とともにその運動はまれにみる激しさを増して、世論としても改悪反対、慎重審議の声は圧到的に多数を占めていた。

恵那地域においても多くの署名、宣伝活動や教員組合の新聞広告、そして教師・年金者・市民等の集会や国会請願行動、さらに退職教師たちによる新聞祈り込みチラシなど、いまだかつてなく活動は盛り上がっていた。

けれど教育基本法の改悪は、国会で成立してしまった。口惜しいというかおかしいというか、怒りは止まらない。やり足りなかったといえばそれまでだが、がっかりした気分はいなめない。嘆きと困惑の人はたくさんいるのだろう。私とて同じだ。まさか自分が生きている間に教育基本法が改悪させられるとは思ってもいなかったからだ。

戸惑い、自信を欠いた教師たち

しかし事がここまできてしまえば、それを悔やんで明日を捨ててしまうわけにはいかない。いくら少子化とはいえ、可愛い子どもたちは目前にも今後にもいっぱいいる。本来の教育基本法の空洞化のなかで悩み苦しんでいる子どもたちと学校は現在している。教育基本法ないがしろの行政のなかで、教師と教育、学校に不信を抱いている父母もいっぱいいる。真面目な教師たちは戸惑いもがいている。

問題はこれからであるが、希望と勇気に満ちた教育現場を生み創りだすことは生易しくないと思う。けれど、それを捨てることはできない。

教育基本法改悪後、私はある真面目で熱心な教師たちと語り合う機会があった。どの人もこれからどうしたらよいかについて、自信があるとは思えなかった。もちろん、私もこれならばという自信はない。しかし話し合うなかではっきりしたことは、これまでの恵那の教育（民主教育）については信頼しているが、足場と実践の方法・具体化に確信がもてないというものであった。ある人は、自分だけが頑張っていても浮草にしかならないといい、ある人はその日その日に流されて、今後に自信が湧かないといった。

自由のない教育現場

ところで現在《いま》をどう観るかということになるけれど、現在は教育基本法が改悪された状況が教育現場に満ちているとしか思えない。昨年中津川市で中学二年生女子が、高校一年生男子に殺害された事件が起きた。その時、それを大問題と思った教師はいっぱいいたに違いないが、それを素直に問題として学校で議論することができなかったという。

どうしてそれができなかったのか、私は「なぜ」「どう」を問う教育現場に自由がないことを教育基本法改悪の先行的現象として問題とした。しかし結果としてあの事件を議論の内容として現在の教育現場と子どもたちの状況について徹底的に論じ合って教訓を学びだしたという話は未だ耳にしていない。

けれど問題にしたいという教師がいないわけではない。先の浮草にしかならないとか、その日に流されてという教師は、なんとか問題にしたいと苦悩しているわけである。だがそれができないというのが学校現場であり、教育の現状なのであるのを知らなければならない。

三本の矢を束ねて活性化を

私は現在の民主的な教師の組織状況を不信しているわけではないが、職場に根ざして本来的な機能を充分に発揮しているとはいえないように思う。なぜそうなのかは本題ではないので言及する必要はないと考えるが、それらの職場での組織活動が形式化していて組織員の本音を含めて活性化できていないとしか思えない。

ではどうしたらよいのか、私は教育現場にいるわけではないので実感的に理解・納得できないのかもしれないが、いくら真面目でも一人だけでは浮草となると思うならば、浮草となってはならないと思う人が、そのまわりで三人集まって知恵をだすしかないと思う。「三人寄れば文珠の知恵」「三本の矢は折れない」の言葉のように、いまぎりぎりの危機を感じるならば、三本の矢を束ねることが大事と思う。

いまの自分をさらけ出しあい、現状をありのままに見つめあい、危機と問題に共感し、打開への展開を理解し、確信と勇気を実感しあえるような真の仲間がつくられるならば、それはまた職場、地域の民主性の活性化を創りだすことになるのではなかろうか。

新しい草の根の核としての塾を

それをいま何と呼んだらいいのか。きわめて古い用語なのかも知れないが、私は塾と呼んでもよいと思う。それは子どもたちが通う塾とはちがう。志を抱いた一人前の教師が、現実を打開し、改悪教育基本法の具本化を許さず、子どもたちへの民主教育を継承、発展させるために、学びあい極めあう危機的な状況のなかでの自主的で自覚的な新しい草の根の核である。恵那の各地域にいくつかの塾ができ、それが交流しあいながら、民主的組織の活性を促し力量を大きくしながら恵那の教育の伝承と創造を職場・地域で具体化し、憲法に即した教育の実践・運動を再生・発展させることはまた必要で可能なことではなかろうか。

夢想に近い老人の戯れ言なのかもしれないが、教育基本法改悪のいま、憲法を具体化する教育のためにあえて退職者を含めた教師諸君に訴えたいと思う。

憲法と矛盾する改悪基本法

ところで教育基本法の改悪が防衛省設置と同時に強行されたことは、「美しい国、日本」が憲法を改悪して「戦争する国、日本」へ変質する意図をあからさまにあらわしたことを意味する。

その点で今後の国民的課題の中心は憲法九条を守りぬき戦争しない国・日本を、その理想と内実にふさわしい国に創りあげることであるが、それはまた現憲法の具体化を総ての分野で実現させることに他ならないと思う。

だから教育もいくら教育基本法が改悪されてもそれは憲法に矛盾する存在であるため、憲法順守の立場から改悪教育基本法の具体化に抵抗、反対し実現させぬ課題となってくる。その意味ではこれまでの教育基本法改悪反対に結集された運動を正確に総括し、教訓と発展の方向をはっきりさせることはまた大事なことであるし、それは運動にかかわった諸団体、機関で具体化してもらいたい。

塾は自主的・自覚的な学習の場

が、あえて私が先に「塾」として提起していることはそれと無縁ではない。塾は運動全体のなかに内在するものであっても、特定の組織に加わったり、その組織のある種の機関として存在するものではない。運動全体には自覚的に責任を負うことはあっても、あくまでも自主的・自覚的な学習の場であるからだ。

そこでの学習は、塾構成者の希望と意志によることが本体であるけれど、それはあくまでも自由な論議を中心にして、特定の見解や理論に従って実施されるものではない。塾構成者の真面目なそして率直な疑問（なぜ？何を？）が実感を根に解明、納得され、明日への視点が共同的に獲得され、活動への自信を生み強めることができればよい。

その塾が今後の運動全体のなかにどう位置づくか、それが塾の結成と発展を通して自然に定まるのであろうが、とにかくいまは自らが浮草とならないためにも、自由で納得しあえる場を自覚的、積極的に生みだし自らの足場について確信を深めることが大事ではあるまいか。とりあえず塾を立ちあげ、地道に継続させることにそれぞれの場で努めてほしい。そこには必ず発展の根と芽があると期待する。なんとしても「教え子を再び戦場へ送らぬ」ために。

〈提言〉付記

本題は教育基本法改悪の現状のなかでの自主塾の問題を提起し、それが民主教育の維持、再生、発展に連なることを論じたが、こうした塾は教育分野に限らずあらゆる分野でも必要になっていると思う。

本音をさらけだしあい、現状を愚痴るだけでなく、愚痴の根源を探り確かめあい、愚痴の中から明日への希望と確信を求めきるという塾の効用はまだ意味あるものではなかろうか。（二〇〇七年一月）

〈提言〉への反応と自主塾への動き

昨年末の臨時国会での強引な教育基本法改悪のあと、なんとも苛ただしい年末・年始を過ごしていたのだったが、このまま黙っているわけにはいかないと思い、駄文であることは承知のうえ『恵那教育研究所通信』へ以上の意見を提言として寄稿した。

恵那教育研究所ではこれをとりあげてくれて、通信二〇七号（二〇〇七年二月一〇日）に掲載してくれた。さっそく、現職、退職の方からいくつかの反応があった。賛意を表するものであったが、自分が主唱して塾を立ちあげるというものではなかった。

ただひとつ、市町村合併と過疎化のなかで、町の小学校の給食施設が廃止されて広域の業者に委託される計画が生まれ、地方の食育重視と親切な給食を守り育てようということで、職場はそれぞれ異なっているが、その町（地域）に在住する有志の教師たちが共同して、地域の父母に働きかけ給食施設継続を考え運動化する新しい動きが生まれ、これはひとつの塾ではないのかと当事者から伝えられた。私はこれをそのまま塾といえるかどうかはともかくとして、職場（学校）をもとにしないで地域（往所）をもとにして、心ある教師たちが地域の子どもたちと住民のために新しい動きを生みだしたことはいまだかつてない変化としてその動きの発展を希望した。地域に在住する教師たちが、学校をもとにしないで、地域の子どもと学校（教育）のために父母へ働きかけて動きだすことなど、それは自主塾の提言を受けての活動ということであったのでまたうれしく思った。

「えな塾」発起への呼びかけ

そんなとき、恵那全域を目にして広く自主塾の核を生みだそうという動きがはじまった。そこには現職と退職の人が共通の希望を抱いて含まれていた。

何人の人がどのような準備の打ち合わせをされたのか詳細はわからないが、恵那地域内の幼・小・中・高の現職・退職の有志の方を対象に先の〈提言〉を受けたかたちでの「えな塾」を立ち上げるため、発起人参加を呼びかけられた。

三月中旬までに「何かしなければと手をこまねいている日が続くなか、おもしろそうなことができそうな、かすかな光を感じたので参加させていただきます」「大賛成です。塾っていうのがいいですね。熱気のある会に……」「身がふるえるような思いです。よくお誘いくださいました。ぜひ一緒に学ばせてください」「こういう動きが具体化できること嬉しい限りです。自分では何もできずにすまないと思います。期待しています」等々の声とともに三二名ほどの人（現職二一名、退職一一名）が発起人を承認されたようである。

「えな塾」立ち上げ

そのため「えな塾の立ち上げを考える会」が三月三一日に発起人を中心に開かれた。当日は経過説明、問題提起「いまなぜ自主塾か」、「えな塾提案・開塾予定」などについて討議を行い立ち上げることはできた。

そこでまとまった「えな塾」の姿とはつぎのようなものである。（要旨）

一、塾は教師の自主的な学習を相互援助ですすめ、自立と共同を探求する学舎。

二、目的は恵那の教育の民主的伝統を現状に即して創造的に継承・発展させる教師の自立をめざす。そのために教師のかかえる教育上の諸問題について、広い規野から深い検討を自由におこない、相互に理解・納得しあいながら、自らの教育的立場と実践についての確信を得ることにつとめる。

三、構成は恵那全域を対象とした「えな塾」（本塾）と、各地における分塾とする。

四、塾員は本塾、分塾の参加者全員とする。

五、運営はそれぞれ世話人があたり、開塾は月一回の定例化をめざす。

こうして「えな塾」の立ち上げは終わったが、第一回の開塾は六月二三日ということで、いまは開塾へ向けての準備が世話人によってすすめられているところである。

――後略――

＊「提言」は、『恵那教育研究所通信』二〇七号（二〇〇七年二月一〇日）に掲載。本文は、教育科学研究会機関誌『教育』国土社、二〇〇七年九月号の石田論文による。

◆論文28（二〇〇七年）

自主塾提言への補足

「教基法改悪の中で自主塾を」提言したあと、自主塾で考えてもらいたい今日的な課題の一端として、私の考える四点の事項に私見をのべてみたい。

・魂の技師でありたい
・学ぶとは誠実を胸に刻むこと、改めて考える
・教師・学校・教育性自立のための集団性
・子どもとの関係・子どもとは

以上の四点であるが、私は教師・教育・学校・子どもということで、いま教師たちがそれらについて自らの立場をはっきりさせねば、これからに立ち向かい得ないと考えて、あえてつまらぬ補足的提言として記してみた。

他にも実践上の諸問題として、教育内容、方法、親とのこと、行政のことなども問題はあるけれど、とりあえず教師がいまを考え、そこに足場を築くためには、この四項についてはっきりさせることが大事だと思ったからだ。補足として受けてもらえれば幸いである。

魂の技師であり得たい

「教師とは何か」についてはさまざまな哲学と言辞がある。どれが本質を言い得ているのかはわからない。けれど私は戦後の三十余年教員をやっていて、そうありたいと思った言辞がある。それは「魂の技師」である。

そうありたいと思ったけれど、「魂の技師」だったとはとてもいえない。しかし、そうねがったのは事実だった。

「魂の技師」とは何か、最初はロシアの文学者マキシム・ゴーリキーの言葉と言われているが原点はわからない。私は一九五〇年代に民主主義教育の研究の中でその言葉を知り感動したことは覚えている。

教師の仕事の対象は子ども達の魂であり、特性は技師

としての専門性であるということで、それまでスッキリとしなかった自分の仕事について眼が開けた感じがしたものだった。

そのころには、福井研介という人の『魂の技師』という著物も出版されたものだが、いま「魂の技師」という言葉は流行していないばかりか通用もしていないと思う。

何年ころだったか教師は労働者か聖職者かということが論じられたことがあった。その時も私は単純に労働者か聖職者かと分断することに疑問を感じ、魂を対象とする点では聖職ともいえるが、技師である限り労働者という範疇に入るのではなかろうかと考えた。

「三つ子の魂百まで」とか「あれは魂までいかれてる」とか魂についてはさまざまに言われるが、魂とはいったい何かについて私はよく理解しているわけではない。けれど人間としてみれば生きる中心の存在だとは考える。魂がなくなったら生きる意味がないこととして理解してきた。だから教師としては教師魂といったものは具体的に何だとはいえないとしても、もっとも大事なものだとは思えるのだ。

その教師魂がない限り、子ども達の魂と言うわけにはいかないのだろうが、教育とは魂と魂とがふれあう場だといえると思う。真の聖職者や心霊者ではないので魂と魂のふれあいということは神学的に理解できないが、学力その他のことを教え伝えあっていても教師と子どもの間には生きる希望と生きる力ということでは人間としての魂のふれあいが存在して不思議ではない。

あえて古めかしく魂のふれあいと言ったが今日流にもっと広く一般的にいえば、それはこころのふれあいと言った方がよいのかもしれない。

これならば誰にでもわかってもらえる言葉だと思うが、それは何かで計測できるものではなく、互いに実感しあうことによってしかわからない。

子どもたちとの間での教え・学びの間にこころのふれあいをつくりだし、子どもたちの人間的発達を保障する仕事が教師の特質ということになるわけだが、その仕事が技師としての特性を持たなければできないということになる。

技師は専門的な知識と技能を有する技術者、専門家ということができるだろうが、一般的には設計ができるところに特性があると思う。教師でいえば教える内容と方法に選択ができるところに特性があると思う。教師でいえば教える内容と方法に選択ができる能力と自由がなければ特性が生かされないわけである。

そうした技師の特性が生かされてこそ心のふれあいを

作ることもできるし、子どもたちの魂を対象とすることを可能にし得るのだと考える。

簡単に魂の技師の言葉をとりあげ、その特性について私見を述べてみたが、いまの教育現場で魂の技師を実感することは極めて困難なことはよくわかる。それはあらゆる面で統制と管理がゆきとどき教師が持つべき自由があまりにも抑圧されているからである。

そうした点では魂の技師を目指すことは不能なことの様にも思えるが、それでも教師である限り、極めて部分的、一時的だけであっても魂の技師であり得たという状況を作り、実感を抱いてほしいものだと思うことしきりだ。

学ぶとは誠実を胸に刻むこと・教えるとは共に未来を語ること（ルイ・アラゴン）、改めて考える

教育の本質や機能・効用についての言葉はいろいろある。誰もがそれぞれに自分に気に入り似合った言辞を覚え、それを規範として教職につとめている事と思う。

私も教員時代、時に応じてあれこれ指針として考えた。だが、いま改めてふりかえってみると、ルイ・アラゴンの詩にある「学ぶとは誠実を胸に刻むこと・教えるとは共に未来を語ること」という言葉ほど教育の作用と本質をいいあてた言葉はない様に思う。

何故そうなのか、直感的・実感的にそう思ったというほか、理論的に説明することは出来ないが、第二次世界大戦中、フランスのレジスタンスに加わった詩人が「起床ラッパ」の長い詩の中で、この言葉を吐かなければならなかった心情は何となくよくわかる。

それは自分が日本帝国主義戦争の時代に国家中心の教育を受けたおぞましさの故なのかもしれないし、戦後の民主主義教育に接した故なのかもわからないが、とにかくこの言葉は私をひきつけて止まらないものになっている。

私の子ども時代は自分が「誠実を胸に刻むこと」も教師が「共に未来を語ること」も実際的な生活感の中では何もなかった。実感とは違うことを大事なこととして押しつけられ、それを止むを得ぬこととしても胸に刻むことはなかった。また教師は明日のわからぬ戦争を賛美し、大君のみたまに死を覚悟し賛美することを未来として語っていた。

その状況を細かに具体的に述べているゆとりはないが、それは一般的な戦中教育の記録をひもといてみればよくわかることだ。

日本ではその総反省のうえに教員組合を中心に「教え

子を再び戦場に送らない」というスローガンになって教師達を結びあう赤い糸になったが、いまその糸がゆるみ、もつれはじめている。

「教え子を再び戦場へ送らない」のスローガンは国際的な戦争反省の中では、「学ぶとは誠実を胸に刻むこと・教えるとは共に未来を語ること」の言葉に集約されているといってもよいのではなかろうか。

だから私は「教え子を再び戦場へ送らない」のスローガンを教育実践的に教師の心構えというか真髄としては「学ぶとは誠実を胸に刻むこと・教えるとは共に未来を語ること」の言葉に換置して理解してきたのである。

いまでも教師達がこの言葉を教育の特性的作用として理解してほしいとは思うが、実際の教育実践にあたって、子どもたちが「誠実を胸に刻み」教師が「共に未来を語る」ことは極めて困難なことに違いあるまい。

現実としての生活事実が誠実を胸にすることはできなく、未来を希望として抱く事が出来ない中で、誠実と未来を刻み語り合うことは至難の業と思えるからだ。

けれど、ルイ・アラゴンは第二次世界大戦中の想像を絶する状況の中で、みんなが生きるためにこの言葉を生み出したのである。それを想えばいま至難のように思えても、教育実践としてこれを具体化することは不可能とはいえない。ではどうするのか、私は『恵那教育研究所通信』に掲載されるいくつかの教育実践記録ともいえる記事の中にそれを見ることがある。たとえば『通信』二〇六号の中でいえば「子どもと関わる中で『できたか・できなかったか』という視点でなく、子どもと共に楽しくやれたというつながりの中で今の生活の中で気づけなかった自分の子どもを発見できた」（川上隆三記）とか、「子ども達が体を動かしながら友だちの良さが分かったり、先人の知恵を学ぶこと」として米作りの実践の中でお年寄りに戦争中のお話を聞き、社会科学習の展望が開けた」（粥川菊夫）の記録のように子どもたちの心によりそいながら、未来への希望を抱かせる実践の後もうかがい知ることもできる。

ルイ・アラゴンの言葉はまことに深くてもそれに近づき、具現する実践はどのような状況の中でも不可能ということはない。不死鳥として生かすことを考えてほしい。だが、それは教師が人間として自由であり、教育が自由であることを求める道の中でしか生かされないものだと思う。

教師・学校・教育性自立のための集団性

政府が改革を口にするときは、きまって改革の対象である分野の現場職員と事業所の失敗や落ち度をことさら大きく問題にして、改革とはそれを是正することだと大宣伝する。そしてマスコミもそれに乗り報道する必要のないことまで探しだして記事にする。結果は改悪となる。

国鉄改革も郵政改革も、公務員改革もそれは同じパターンで続けられた。そしていま教育改革ということで教師いじめ、学校非難は渦巻いている。ほんの少しの教師の失敗もそれが教師と学校の資質や資格に合わぬかのように異常に大きく報じられる。

そしていま、教師・学校に対して親という名を対立軸にして正義は全て親の側に存在しているかのようにとりあげる。

これでは本当の姿もわからないし、問題がどこにあるのかもはっきりしない。ひたすら我が子だけを応援することが教育に対する正義のあり方のようにも映る。

私も過去に三十五年ほど、教師の仕事をやってきた。その間に親とのズレや理解しあえぬ事もいくつかあった。けれどそれなりに納まって今日の報道にみられるような対立・決闘ともいえる状況にはならなかった。

いま、親との対立軸のなかで、病気になり希望を失い、自殺という形で終末を迎える教師がいくらでもいることが報道されている。二月一日のＮＨＫクローズアップ現代でも「要求する親・問われる教師」として放映されていた。なんとも痛ましく胸をうたれた。

いま、個々の事例について言及していることは出来ないが、全体としてみれば長年にわたって教育基本法の改悪を目指して教育改革の名のもとに教育現場をふみにじり、教師の権威を失わせ親との対立をあおり子どもたちの真の教育への責任を捨ててきた、権力と行政の責任が今日の状況を生みだしていることは間違いない。

子どもが事件を起こし問題となると、教師や学校は沈黙し親は非難しながらその場をやりすごす。それは日常の繰り返しになっているが、いつ爆発するとも限らない。

どうして学校は沈黙するのか、教師個々の思いや意見は、学校の沈黙の中に閉ざされて明らかにされない。事件といわれないまでも、教育上の問題が見つかれば教師はそれを気にしないことはない。その問題が大きな矛盾を含んでいるとすれば、矛盾の小さなうちに何とか解法、打開の方向を探り対策をたてたいと思うのは当然である。だから、何らかの方策を考えて、手を打っていると思う。

しかし、たとえばパロマガス湯沸かし器の問題をみてみよう。事故の発生があり、上部に報告されていてもそれがかくされ続けていたために、何とも恥ずかしい事態にまで発展した。それと同じ状況のシステムが学校をおおっているのではあるまいか。

矛盾の小さいうちに問題はみつけられてもそれがやがて全体に広がる矛盾の問題として学校で集団的・全体的にとりあげられないで、特定の教師の失敗や能力不足のこととして、その教師だけに責任が転嫁され、管理的には問題が隠されて親へは適当な言い訳やおどし、あるいはお世辞ですまされているのではなかろうか。

学校は単なる企業（会社）や役所とは違い集団性こそが特性だと考える。だから教師もたとえ学校という枠の中だけであっても、集団性を持たなければ教師にはなれないし、教育を全うすることは出来ないと思う。

その集団性が、教室や個々の教育において生きてこそ、子どもたちとまた親との間でも問題を教育的に処理・発展させる基本だと考えられるのである。

その意味では、学校での教師たちの集団性とは教育性の学校的具体化に他ならないが、それは教師たちの実感に即した自由で率直な論議なくしては保障されないと思う。管理的な命令による結論とは全く異質なものである。

学校での集団性、それをどう生み出すかはいまの教師たちによってよく考察され、具体化されなければならないのはもちろんであるが、私は今日の教師と学校への非情な非難が教師と学校、そして教育の自立性を失わせていることを危惧し、あえて集団性確立の必要について言及したのである。

子どもとの関係・子どもとは

教育については子ども（子どもたち）を抜きにして考えることはできない。個々では子どもであっても一般的には子どもたちである。そして教師と子どもたちという場合は、選んだり選ばれたりすることから生まれる関係ではない。偶然的ともいえる出会いでありそれからの関係である。

偶然といっても街中や道路でみかけたということとはちがい、学校という大枠の中での教え学ぶという教育にかかわっての出会いとなる。普通、それは生徒と先生という形をとってかかわりはじめるのである。だから随分限定された範囲ともいえるがそれでも最初は見ず知らずでの出会いということになる。

だから最初は子どもたちも教師もお互いにどういう人間かということで、興味と関心、疑いをもち、わかり合うことにつとめる。それは印象ということをもとに、気づかいを重ねながら、固有名詞としての名前を覚え、かかわりと知り得たことをそれに集約して知覚し、特定の感情を含めて対象を認識していくことになり、やがて教育的関係をつくりだすわけだ。

　その教育的関係をどういうものと考え、どのようにつくりだすのかという点が教師にとって極めて大事なことになる。

　初対面の応対と印象はその後にとってまた大事だとは考えられる。しかし一年間を子どもたちとつきあっていれば、最初の印象や理解の通りにはいかないのが当然だ。むかし、私は一年間を終えた後にある子どもの学籍簿に「よしと思えばまた悪し、風の間に間に一年間」と記したことがある様に、子どもたちとの向かいあいにおいてはさまざまな思いがくりかえすものであるのも事実なのだ。

　その様に子どもへの想いはさまざまに変わるものであっても、基本的に教師は子どもたちをいとおしいと思い親切に接し、愛する対象とし続けなくてはならないのだ。

　愛ということからいえば、時には反対の憎しみを覚えることとすらあるのかもしれないが、それでもその子どもの全体像としての生活背景まで観てみれば、その子どもの人間的あがきとしての苦悩としての非常識性は感知されるのである。

　全ての子どもたちにいつもといえないのかもしれないが、教師の側ではそれなりに子どもの態度や反応に生活背景を含めて目を注ぐことがまた必要と思う。

　子どもは本来、全面的な人間発達をねがっているし、その能力は根底に持っているのだという理解は教師にとっては特別に大事なことと考える。教師もまた全面的な人間発達をしていないことは確かだとしても、自分のその基準で相手である子どもを限定的に決めつけてしまうわけにはいかない。

　長い年月を経たあとに思うことは、むかしあんな子がと思った子どもが、素晴らしい成人になったり、あれはやるぞと思った子が予想通りにならなくなったり、あれではと思った子が思わぬ人間ぶりを発揮していたりして、担任していた時の思いとは異なることもあったが、それでも担任していた時は、何十年かの今と違ってすべて子どもたちの成長と発展をねがってというより信じて子どもたちに接したものである。

　そうした意味では、教師は子どもたちを信じ、その条件に即して人間的発達に奉仕するという気持ちが何より大事だと思う。学校である限り学力を保障することはもちろんであるが、それを含めて生き方と生きる力をどのように得させるのかが問われることだ。

　いま、学力といえば点数に換算され、生き方までも態度として点数化されようとしているが、教師が子どもたちに求め与えるべきものは、単に点数化され数値化されるものだけではない。数値化されない、数値化できない人間的資質と尊厳さの中に、教育対象を求むべきではないのかと思う。

さまざまな規制はある。しかもそれは圧制として強められている。それを全く無視してとはいわないが、それでも子どもたちの全面的な人間発達のために、いとおしい眼を注ぎ、やわらかくまたきりっと子どもたちに接していくことが教師に求められているのではなかろうか。

子ども、子どもたちとの関係は、教師たちが生み出し教育的に実現、改善させるしかないのが事実だ。子どもたちは正常的な関係を望み、待っているのは当然なのだ。

いま、教師が子ども、子どもたちをどう観て、どう接し、どうとらえるかは、改めて考えてみるべき問題なのではなかろうか。教育改悪の嵐の中でひときわ大事なことと思う。

教師・教育の自由こそ

一九四六年後のしばらくは、民主主義と自由の言葉が何より大事にされ、その本意はわからぬままにしても、話し合いと自分の思いを日常の生活に反映していた。敗戦後の哀れさはあったが伸び伸びとしていた。

五〇年代に入ると、国際情勢の反映もあり日本の自由な民主主義を抑圧する政策がアメリカによって押しつけられ、日本の支配層も協力し反動という言葉が生まれた。反動とは敗戦後の民主主義と自由を圧迫し、当時の言葉で言えばアメリカ帝国主義のために日本を従属させるための諸政策のあり方を意味する用語であった。

だから当時は「反動政策反対」といえば民主主義を圧迫し自由を抑圧することとして国民（庶民）はよく理解していた。直接的な言い方は違うが、五八年の教育に加えられた勤評反対闘争も、六〇年の安保反対闘争もすべて反動政策反対ということであった。

反動とは現状の動きに反し元に戻すということにねらいがあるわけだから、当時から、支配者たちは、元の日本帝国にかえることを考えていたわけだが、そのねらいをあからさまに言えないため、その時々にごまかしの言辞をくり返してきた。

けれど、小泉・安倍内閣によって、それはむきだしにされた。憲法調査会設置・教基法改悪・防衛省昇格・国民投票法案・憲法改悪公言と進めば以前からの反動の意図はあまりにもはっきりした。

戦前のように「大君（天皇）のために死ぬを尊し」と

して戦士を賛美することはできないし、それはしないが、大君を支えた当時の大地主、大資本にかわる巨大資本、グローバル化した国際的資本の利益を第一として、それを国益とした政策は強化されている。

これこそ「どこまで続くぬかるみぞ」という日中戦争下の歌謡の状態であるが、それは敗戦直後、またある時期の反動攻勢時期にも考えられもしなかった教育現場を生みだしているのだ。

最も特徴的なのは「物が言えない」「物を言う気がしない」という不自由の現場なのだ。

かつて勤評闘争の時には、私も教員組合にあって、「教育と自由」を問題にし、歴史的にもその文献を探し求めたこともある。そして教員組合の機関紙も「自由論議」と題名を変えて発行したことを覚えている。

いま、昔のことを語っても仕方ないが、教師が職場で自由に発言すること、たとえそれがおかしくても、それをただすことが自由にできること、そしてみんなで事の正否と対応のあり方を納得しあえること、それが教育現場としての学校の最低限の在り方だと思う。

行政が悪しきことはわかっている。管理が眼を子ども、下方に向けていないことも承知している。それでも何か眼を現実にあてて、子ども達の健全で正常な発達をねがうためにはいかにすべきか。

教師よ、あなたの自由な発言を具体化するしかない。子どもたちの現状をみつめて、子ども達の人間的ねがいを背に負って、あなたが、おかしいこと、やってほしいことを率直に述べるしかないのだ。

いっぺんに全てがききとどかれ、うまくいくとは考えない方がいいが、それでもあなたの思案に満ちたその努力が、やがてみんなの共感と賛同を得て学校を楽しくし、子どもたちの人間を豊かにし、笑顔にあふれるようになることをねがい期待する。

＊冊子『自主塾提言への補足』石田和男、二〇〇七年二月八日。

◆論文29（二〇〇八年）

「えな塾」は立ち上がった――その経過と問題、田中講演の教訓

塾への提言

一昨年（二〇〇六）暮、戦後教育の指針であった教育基本法が改悪されました。何とも堪えられぬことでした。

今更新教基法のおかしさについてあれこれ言及するつもりはありませんが、教基法の改悪によって予測されたことは次第に具体化しているように思います。

教基法改悪以前から続いていたことですが、ひきこもりや不登校の子ども達は依然としてふえているようです。それと共に××症候群といった言葉がふえ、異常な症状の種類がやたらに多くなっていて理解に苦しむほどです。教育現場をめぐる子ども・親・教師の状況はとても大変だと思います。

いま現職の先生方によれば学校には「おかしい」「馬鹿らしい」「無茶くちゃ」「嫌になる」「どうにも我慢できない」等々、納得できなく、楽しさを感じられない話はいっぱい聞かれます。

教基法改悪以前から溜まっていた現象であっても、改悪後は学力テストの強行、教師の勤務評価の強制、学習指導要領の改訂で道徳教師が配置される案など加わって教育現場のひどさはいっぱい深まっていくようです。

問題はいろいろですがその基本には教師・教育の自由と自主性、学校の民主性と自由な雰囲気が抑えられ失わされている政策と状況がひろがり深まっているからだと思われます。

そしてこの状況はいまのままではいっそうひどくなることが予想できます。そのため昨年のはじめ『恵那教育研究所通信』紙を通して「教育基本法改悪の中での自主塾を」を提言したのです。それから一年、恵那地域では提言に賛同してくださった現・退職の教師たちによって「えな塾」が立ち上げられ、ゆっくりでも何回かの塾が開かれてきました。

「えな塾」立ち上げと経過

その経過を簡単に記してみたいと思います。

二〇〇七年三月、教育研究所・他有志の方々の準備によって、現・退職の教師約三十名の発起人会が開かれ、塾のねらいと運営要綱、世話人をきめ「えな塾」の発足が決められました。それから世話人による熱心な活動がすすめられ六月から開塾されました。内容を説明しているゆとりはありませんが、塾での講師（問題提起者）を紹介します。（敬称略）

第一回　教育とは
　浅野信一（退職）
相談室はおもしろい
　可知井大三（現職）

第二回　子どもとは
　丹羽徳子（退職）
子どもたちとの日々
　亀山繁（現職）

第三回　教育相談室から見えてきたもの
　佐藤いなみ（退職）

第四回　楽しいと子どもの心は動く
　荻山由子（現職）

第五回　分かりあうこと・つながること
　川上隆三（現職）

特別　教師の自由と教育実践
　田中孝彦（都留文科大教授）

この「特別」は「えな塾」も共催に加わった恵那地域の教育諸団体による「教育講演会」として開かれたものです。

これまでの中で第二回までは講師が二名で第三回以降は一名となっていますが、それは午前中の限られた二時間の中でたくさんの話を聞きたいという思いから最初のうちは二名の方にお話ねがったのですが、話の内容が豊富で語りきれないということと、その話について質問討議しながら問題を深めることが出来ないため、途中から一名の方に話をしぼって討議の時間にゆとりを持たせたためです。だからこれからも講師が一名というのは当分続くのではなかろうかと思います。

また「えな塾」は月例で開きたいというねがいがありましたが、学校現場の状況や講師のご都合ということもあって、まだ月例というまでには至っていないのです。

ここではこれまで講師として問題提起をしてくださった先生方の話の内容を大筋にでも紹介させていただくこと

も出来なく申し訳ないことですが、お話はそれぞれにとても充実したもので考えさせられること、学びあうことがいっぱいだったことだけを記しておきます。

「えな塾」現状の問題

ところで「えな塾」の問題ということですが、たしかに感心したり感激したりということで毎回「良かった」という思いを抱きあうことは出来ますが、それを更に一歩深めて自分は、自分たちは「これからを」という点で実践への確信を得ることはまだ不足していると思います。

もちろん、いまの学校現場や官制研究での状況とは比較にならない自由と自主性があり、真実味としてはすぐれた実践の存在することは確かですので、せめていまの学校現場での話し合い・研究が「えな塾」ほどのゆとりを持ってほしいと願うのですが「えな塾」としてはこの状況で満足しているわけにはいかないと思います。

しかし何といっても一回の時間が短く限られていますし、問題の主題がそれぞれに異なりますので、どうしても討議によって理解・納得を詰めることで参加者各自が自らの方針・対策を得心するまでには至らないという弱点が残っているように考えられます。

「えな塾」には限りませんが、いま自由で自主的な研究や討議の場ではさまざまな問題や状況を知るということだけでなくて、そこにある問題を自らの実践、行動に即して詰めきって新しい希望と期待を抱き、自らの方策がつかみだせるということが何より大切なことだと考えるのです。

現状のひどさの中でせめて「えな塾」として開塾したならば、詰めきるということを新しい課題としてどう具体的に克服すべきかということを塾員みんなで考えてほしいとねがいます。

田中孝彦先生講演の教訓

そこで特別塾となった二〇〇八年一月の教育講演会のお話から学ぶことがたくさんあるように思います。

長いお話でしたのでここで要旨を記しているゆとりもありませんが、お話の最後に田中孝彦先生は「この話は恵那の教育を現在の状況の中で別の形で語ったものだ」といった意味のことを語られましたが、それは恵那の教育が求めてきた、また求め続けている「子どもをつかむ」という点では、私たちにはほんとうにわかり易く、とても実践的な裏打ちのある立派なお話だったと思います。

九〇年代の北海道大学での臨床教育学の研究から今日

の都留文科大学に至るまでの学校現場を中心とした教師たち・子ども・父母を交えた実践・研究の過程と到達点までのお話は長い時間と実践量の多さに満ちていましたが、実践の方法やその特徴をまとめ示される用語は「人間発達援助専門職」や「子ども理解のカンファレンス」とか、まことに新しい言葉として耳に届きました。

　このお話の中では問題を詰めるために一人の子どもとの間で一日に何時間もの対話を何日も重ねたり、その子どもの状況と問題を共同的に出し合い理解し合う教師・研究者での話し合いでも何十時間、何日もかけあったということなど「なるほど」「よしこれなら」と詰め切って方策が見出せるまでの量の大きさがあのお話の質には含まれていました。

「量が質を生む」という言葉がありますが極めて短絡的にいえば「えな塾」も量が足りないと思うのです。

　月一回の「えな塾」の二時間さえままならぬというい ま、量を増すとは具体的にどうすることなのか考えてみなければならないことがいっぱいある様です。

　単に開塾の時間を増すというだけでなく、大きな主題をはっきりさせて、いまの問題を主題に添う課題として、問題の質を高めることも考えてみる余地はあります。また、いまの問題提起と討議の他に必要課題に即した特別塾枠を設け集中論議を考えてみることがあってもよいと思います。

　とにかく詰めきることのおもしろさを体得しあうためにはどんな量のなかにも楽しさをいっぱいにすることが必要でしょう。

　現場の状況を実感的に知らない高齢者のたわ言でしかないのかもしれませんが、「えな塾」の発展によって教育現場の現状の改善と改革を願う駄文とします。

＊『恵那教育研究所通信』二一七号（二〇〇八年三月二五日）。

解説

解説1　石田和男論――一九八〇年代以後を中心に　坂元忠芳

解説2　戦後日本の教育学と石田和男の教育運動論、教育実践論　佐貫　浩

解説1　石田和男論――一九八〇年代以後を中心に

坂元忠芳

はじめに

第四巻の原稿が書かれたのは、一九八〇年代から現在に至る時期である。これらの作品は石田和男の五〇歳以後のものである。

八〇年代はレーガノミックスやサッチャリズムに代表される「新自由主義」が世界に初めて登場する時期であった。教育における「競争主義」が新しい段階にはいった時期である。「競争」が、資本の要求に知らず知らずに従属するという事態がどこでも起こる事態となった。

八〇年代の最後の年には、昭和天皇の「崩御」があった。九〇年代には、「ベルリンの壁の崩壊」にともなう東西ドイツ統一（一九九〇年）と「ソ連崩壊」（一九九一年）による「東西冷戦の終結」があり、「グローバル資本主義」の時代が世界を支配するにいたった。そのなかで、アメリカを中心とする「湾岸戦争」と「イラク戦争」が起きた。

運動が続けられていたにもかかわらず、この恵那にも、子どもの荒れ・自殺・性暴行、それから、悲惨な殺人事件[1]が起こった。恵那だからという特別の状況など、考えられなくなったショックが、筆者を襲ったことを思い出す。

これと連動して思い出すことは数々あるけれども、その一つを書いておこう。

昭和天皇死去の直後、筆者は新年早々この地に来ていた。中津川の街では喪に服するという風でもなく、新年の十日市が朝からにぎわっていた。旅宿の寝床のなかで、遠くから聞こえてくる「おはやし」の音を聞きながら、筆者は自分の半生を思い出し、なにか恐怖のようなものにとらえられていた。石田はこの年の正月をどんな思いで送ったのだろうか。筆者には、現天皇の時代はいざしらず、その後にはどんな時代が来るだろうかという未来への恐れのようなものがあった。

この恐怖は、現天皇の「生前退位」[2]の意向といった衝撃で、一時弱められてはいるけれど、筆者の心の奥底では依然として継続している。それは「象徴天皇制」と「平和憲法」の存続との関係について、ずっと筆者にはあったものだ。

「湾岸戦争」がはじまったとき、この戦争にたいして、どの学校からも「戦争反対」の子どもたちの声があがり、石田は、本著作集の編者である佐貫浩や筆者とともに、『湾岸戦争と教育』（桐書房）を発刊した。リーマン・ショック以後、本著作集の編集のために訪れた筆者に、この地はその風景を親しくあらわしてくれた。けれど、街中の少なくない商店は閉ざされ、市中にかつての賑わいはなかった。コンビニのたたずまいは全国と異ならず、筆者はそこの本屋にいってみたが、かつての地域にあった本屋の印象とはひどく違っていた。

(1) 石田和男の立ち位置《ポジション》

本巻ではつぎの諸点が指摘できるであろう。

（1）現場を退き、恵那教育研究所長としての石田が、地域の教育運動・実践を総括したもの。またその立場で、新しい子どもや教職員の状況を調査したもの。

（2）あらためて自己の人生と教育実践とを振り返って、ときどきにその感慨を綴ったもの。
（3）全国的な、とくに岐阜県における「教育反動化」の「ひどさ」・「ひどすぎる事態」を批判したもの。
（4）恵那地域での子どもの「荒れ」や「対教師暴力」、また、そうした状況をひきおこしている「職場の状況」を語ったもの。
（5）新しい教育運動の形――自主塾・えな塾・恵那の夜学などを提唱したもの。

七〇年代の後半から、第二の「正常化攻撃」がおこるなかで、高度成長にたいする地域の矛盾が吹き出し、運動にも多くの障害がおこった。これらの論文には、そうした状況が映し出されている。石田の老体にも「デイ・サービス」の介護を週一回は妻と一緒に受けに行くという状況が最近にはおきた。

石田和男は、八〇年代から九〇年代末まで、いつも運動の先頭にたっていたという印象がある。けれども、実をいうと、石田はいつも人びとの群のなかにいて、そのなかに隠れているようなところがあった。

二〇一五年度のNHK大河ドラマ「黒田勘兵衛」にちなんでいうと、「軍師」という感じがなくはないのだが、石田の本質のなかには、いつも強い形で「被支配者の立場」というものがあって、「前衛」というよりも、「後衛」の立ち位置（position）にいたというのがふさわしい。そういう感があった。

それほど、八〇年代の恵那の運動にはおおくの問題が吹き出していた。たとえば、中津川市の坂本小学校で、「第二次正常化攻撃」の矢面にたった丹羽徳子は自律神経失調症で休職をよぎなくされたが、それは運動の前面を切断しようとする攻撃を、その第一線で食い止めることができずに、一時「見すてられる」ような状態に陥ったからである。それは、運動の先頭にいる者の困難さであった。

子どもの場合にも、教師の場合にも、それらを見つめる石田和男の「目差し」にも、死活にかかわる危機感があったのだが、かつて五〇年代の恵那の綴方教師たちが自らを「ぼんくら教師」と呼んだことが、あらためて思い出される。

事態にたいして、石田はなによりも、子ども調査と教師調査――「現実のつかみなおし」を提唱した。そこには、丹羽の場合におそらく典型的に見られたように、いわば「自己造形」の「やりなおし」ともいえる「病気との闘い」があった。いま「自己造形」ということばを使ったけれども、恵那の教師たちには、自然のうちに地域のなかで自己を「造り・造り直す」というようなところがあった。

ちなみにいうと、石田は歯科医院にいって、医者に「抜くよ」といわれると「抜かずに直してほしい」と懇願する。そこには、「被治療者」としての立場がいつも相手に示唆される。石田のなかには、「被治療者」のもつ、いわば「ディアローグ」＝「対話」のスタンスがいつもあって、教育現場でも、子どもの「被教育者」としての「主体」ということが、とりわけ強烈に意識されていったように思われる。

石田はこの時期、ほんとうに〝厳しいことば〟を残している――「自分は」「子どもに裏ぎられても子どもを信頼する」と。そして、「ものの言い方が悪いんだけれども」といいながら、つぎのようにいう。

「たとえば、教師は子どもに裏切られて殺されていいという教師が出るよりしかたがないといっているんです」（『人間・医師・教師』あゆみ出版、一九八三年、一一四頁）。

石田は、子どもを信頼する鍵は、なによりも、教師の「自分」の側にあるのだ、という意味のことを断言しているように思う。

石田は、この時期、かつての生活綴方実践を問い直し、そこに登場してくる子どもたちが、文集をガリ版で切る過程で、なによりも子どもたちどうしが「対話」することについて書きつけている（「自分史的地域の把握」5、第一巻論文11）。

八〇年代の生活綴方実践は、「今、なぜ生活綴方か」（本巻論文11）に見られるように、五〇年代のそれをいっそう発展させていた。

五〇年代の生活綴方は、地域に残る封建的習慣の変革、貧困と重い肉体労働からの解放になによりも根ざしていた。が、八〇年代の生活綴方は、「全国民中流意識化」といった新しい「生活競争」への従属にたいする、いわば「脱物象化的」な「叫び」ともいえる表現の開始であった。

それは新しい子どもの内的・外的生活の困難な矛盾への新しい「闘い」だった。「もの」にいちいちへばりついたような功利的表現ではなくて、「こと」（がら）にひとつひとつぴったり即した子どもたちの「新しい関係」そのものの筋道だった明瞭な考える姿であり、「見通し」をもった「自己造形」の姿であった。

あらためて「今、なぜ生活綴方か」を読んで痛感させられるのは、当時石田が引用している作家・大岡昇平のことば——当時の多くの大人の日常性（「中流意識」）をとらえている——の道徳的「善悪」をも根本から突き動かすような子どもの生活の「新しい転換」の姿である。

新しい「主体」の要求は、子どもが描く新しい作品をとおして、指導していく教師にも、また一緒に作業していく子どもたちにも、向けられる「結びつき／環境」となる。

優れた——つまった作品になれば、「嬉しい対話」ができるが、つまらない文なら「教育的葛藤」だけが強く、「無言の対話」となる場合もある。

教師が子どもに殺されてもしかたがないという石田の激しい表現は、生活綴方の新しい表現にたいする態度にも通じる。それは「子どもを信頼する」教師の側からなによりも来なければならぬ。

大人と子どもとをけっして「同一化」してはならぬ——「同一化」はできぬ。

そうした思想が明らかにそこにはある。

子どもをたんなる教育の「対象」（客体）としては考えることはできないという決意が石田の自己に向けられている。

このような石田の決意は、あえていえば、世界における新教育を中心とした教育運動のなかでも特徴的なものといえよう。

石田に即していってきたので、ここでやや迂回するようだが、石田をすこし離れて、西ヨーロッパと東ヨーロッパの同時代の児童心理学等をとおして、もうすこし仮考してみよう。

たとえば――ピアジェについては単純にいうことはできないけれども――ピアジェのいうあの有名な「もの」の「保存」性（数・量・質料）の認識について、子どもに実験が行われたとしよう。

ピアジェは、大人が用意した実験容器に「もの」（液体）を入れて、子どもに尋ねる。「これとこれとは同じですか」と。

そのとき、ピアジェは子どもどうしの会話をさしあたっては認めない。

実験する大人は「被実験者」である子どもをあくまでも実験の「客体」＝「対象」（object）として扱う。[3]

ピアジェは子どもの「主体」をまったく無視しなかったし、晩年には、「主体」の環境にたいする変革の操作的・形象的知性の獲得が、生死にかかわる「ヴァイタルな適応」（vital application）とともに行われると見ていた。[4]

が、ピアジェがいう子どもの「自己中心性」とは、子どもどうしの「対話」を、主体性を客観化できる「思考操作」が発達するまで延期しているように見える。

ピアジェは、マルクスの影響を受けながら、主体と客体とを媒介するのは、両者に共通に存在する「操作 operation」と「具象 figuration」の理性にほかならぬと考えた。

けれども、これは、ある種の「抽象化」を含んでいる。[5]

このことについて、もうすこし続けよう。

ピアジェにたいして、ロシアの心理学者ヴィゴツキー――心理学界のモーツァルトといわれた――の実験は、「二重性刺激法」ともいうべき性格を有しているといわれる。[6]

たとえば、簡単な質問に答えるゲーム――青と赤の色の使用と同じ色名の複数回数の使用が禁止される課題が与えられる場合を考えてみよう。

この実験では、ピアジェのそれとは決定的な違いがある。というのも、実験者が子どもに要求する同じ色と違う色との順序を踏んだ区別が、子どもを客観的に統制し、子どもは実験の順序をふんでいくために、子どもどうしで相談しなければならないからだ。

子どもが実験についての行為を人為的に支配しなければならないプロセスが、実験のなかに明示的に組み入れられているといえよう。

いってみれば、石田の「文集つくり」の場合とくらべても、ずっと素朴な形で、子どもたちはお互いに色名について対話しながら、この実験をおこなうし、そうしなければ、実験は遂行できないわけだ。

その意味では、ピアジェの実験は「刺激―対象」として示されるが、ヴィゴツキーの実験は、これとはまったく違い、「刺激―手段」として示されよう。

ところで「刺激―手段」という方法原理は、先にもいったように、色の使用という大人からの「指示」にたいして、子どもたちは同じ色を使ってはならぬという自己の内的対象の禁止にあわせて、自己の振る舞いの「手段」として、この「指示」を扱う必要がある。その場合、子どもには特別の「困難」が出てくるが、その場合には、大人が子どもをたんなる実験の「対象」として見なすことはできない。

ごたごたいったけれども、つまり、子ども自身が大人の側からの実験にたいして、「主体」として行動しなければ、課題はけっして達成されないわけだ。

したがって、子ども同志が、大人からの「指示」＝刺激を「振る舞い」や「行為」の「手段」として考えないわけにはいかぬ。子どもが大人のいうことを子どものほうから自分たちの発達の「主体的手段」とするということ。

だから、大人は子どもをたんなる「対象」――「物象化」された「モノ」として扱っては絶対にならぬ、子どもはいつも「振る舞い」や「行為」の主体なのだ。

ヴィゴツキーは、ピアジェがまるで「永遠の子ども」を幻視するかのように、「刺激―対象」型の実験として「物の保存」を尋ねるのに対立して、歴史と社会を有する「束の間」ともいうべき子どもの「刺激―手段」といった媒介的な「二重性」をそこで把握しようとする。


ここで、石田の生活綴方の問題にもどろう。

先程のヴィゴツキーと石田との違いを、石田の子ども観にあてはめてみよう。石田の場合には、ヴィゴツキーのいう子どもの「振る舞い」や「行為」の「手段性」が、子ども同士の会話と交流にともなう外言・内言の発達の束の間の歴史・社会性といった「もの」を確実にともないながら、大人の前に立ち現れ、そうした子どもの「自己造形」の内面の「秘密」が、いっそうその「度合い」を増して、教師の子ども把握の瞬間ごとに展開されてゆく。[7]

石田の場合には、子どもをなによりも「主体」として掴むのは、大人と子どもとが共に生きていく「空間」と「時間」のまさに新しい定立とその持続そのものであって、生活綴方において、いや、先にも述べたように、生活綴方の新しい八〇年代以後の作品創造の実際的場面において、その直感が生かされる。

子どもを教育のたんなる「対象」としてではなく、大人の教えること、尋ねること、示唆することのすべてが、子どもにとって「生きるため」の「手段」となるような――子ども相互の「協働的主体」がそこではなによりも展開されることとなる。

石田の場合、教育の「目的性」をいかに深く豊かにつかむかという「目的―手段」の「重層性」――「小さな目的」と「大きな目的」、「終局的目的」と「中間的目的」というように――にかかわってくる。

石田が「生活綴方の精神」において真摯に学んだこと――筆者なりにロシアの言語学者・哲学者であるバフチンのいい方を借りれば、子どもにたいする「ディアロギズム」（「対話思想」）が、例えば「笑い」そのものにおいて象徴される、あの子ども観であって、当時からずっと筆者が教育学として「読み替え」ようとしてきたドストエフスキー文学に出てくるそれは形でもある。[8]

そこには、子どもの生活（衣食住の）・労働・遊び[9]・学習――性をふくめて――など、子どもが振る舞う行為やことばのすべてに、「自主」と「自由」を含む「主体」の性質が「育っていく」ように、子どもの行動や振る舞いやことばを組織すること――それこそ「民主」なのだが――がなによりも意味されることとなる。

石田は、経済・政治・文化における民衆のおきて＝規則を、できるかぎり正確に子どもがその「振る舞い」と「内面」とをとおして、子ども相互の「自由な関係」のなかで選んでいき、現在あるシステムを「変革する方向性」を「希望」と「笑い」のなかでつくろうとする。[10]

石田のいう「主体と客体」、「見ることと考えること」、「自己と他者」、「運動と思考」、「こころとからだ」、それから、なによりも、「つまるもの（おもしろいもの）とつまらぬもの」とは、すべてがこうしたスタンスのなかに組み入れられる。

あらゆる行為が商品となる可能性を有する現代においては、子どものこうしたあらゆる行為の矛盾が、「グローバル資本主義」のもとで、後にも述べるように、「使用価値」と「交換価値」という商品の「二重性」を含む矛盾の可能性・過渡期性を含むことになり、この「二重性[11]」を突破する現実のなかに立たされるという矛盾を「生活主体」それ自身が経験することとなる。それはきわめて困難な作法を含む。

こうした前提にたって、あえていわせてもらえば、筆者はいま石田とドストエフスキーとを「対比」する誘惑に駆られる。

両者の「対比」というのも、なんとも奇妙な「こじつけ」だと読者のなかには感じられるむきがあるやもしれぬ。

それから、石田自身が「そんなことを！」というかもしれぬ。

そのように感じる読者は、ぜひこの第四巻を読み、その後で、ドストエフスキーの『白痴』や『カラマーゾフの兄弟』をあらためて読みなおしていただきたい。

そうすれば、『白痴』には当時のロシアの中学生たちが、『カラマーゾフの兄弟』には同じく小学生の高学年の子どもたちが、資本主義が急速に発達していくロシアの地域空間において、「束の間」のリアリティをとおして、大人のなかで働くまさに「主体」として、生なましく活動しているそれらの姿が、恐ろしいほどの形で書き尽くされているのを見ることができよう。

それはかつての恵那の子どもたちの形姿とそれほど切断されてはいないのではないか。

けれども、現代の「グローバル資本主義」は、いっそう複雑な形でその実態を見えなくしている。

そこで地域に即して、もういちど、そのことを探ってみよう。

(2) 地域に根ざす

恵那の教師たちが目ざした「地域に根ざす教育」という発想、その市民的規模での運動化もまた、石田と同世代の人びとが、戦前・戦中に身をもって経験した「教育勅語」に基づく「教化（的制度）」を、新憲法・教育基本法の精神と発想とでもって「転換」または「解体」し、あらためて自己の「生き方」を「とらえ直し」てきたことを強調しよう。

そこには、制度の新しい構築を含む「転換・変革の教育学」（transformative pedagogy）ともいうべき新しい兆しがあったといえよう。

「教育百年」（一九七二年）のとき、石田たちは地域の教師や親たちによびかけて実行委員会を組織し、明治維新以後ずっと地域に隠れて存在していた「教育資料」を収集して、中津川市の文化会館で展示会（一九七二年）をおこなった。

以来、規模は小さくなったけれど、毎年、教育会館で教育実践資料展が開かれる。けれども、じつは石田たちは当時ある切実な「困難性」にぶつかっていたのだ。石田は、本書に収録した「対談」の別のところでそのことを告白している。

当時の中津川市の教育委員長は三宅武夫だったが、この人は石田の師範学校での書道の恩師でもあった。石田は運動がうまくいかずに迷ったとき、三宅を度々訪れたことを筆者に語った。そして、一度は三宅の自宅に筆者を誘ってくれたことがあった。

三宅さんが石田に語ったのは、「無如《むにょ》」（「無の如し」）ということばで、色紙にそれを書いて渡したという。これは、「無しかないってことやぞ」と三宅はいい、石田は中国語でいう「メイファーズ」、つまり「しゃあーないな」という意かと問うたのだが、三宅は「どうにかせんならんけれど、どうにもしかたがないということや」と答えた。

その時、石田は、あせっていてはうまくいかぬが、「無如」に徹せねば駄目だ、ということを心に刻んだという。

石田は正直そのときは、三宅のいうことがよくはわからなかったけれど、「そのように自分があせってやってもあかん」と考え、「よく落ちついて構えてみる」と「打つ手がでてくる」ということを知ったという。

石田は運動組織論でも教育実践論でも「手」は教えてはいかぬとかねてからよくいい、これは石田がいう「一歩下がって見る」ということを示していて、今でもきわめて興味深い独自のスタンスとなっている。こんななかで「子どもをつかみ、地域に根ざす」という「個性的発想」が発展してくるのだが、この発想は、今も述べたように現代のあらゆる物事のいわば「非人間的転倒」を根本的に「変革する」新鮮な意識を内包していた。

そこには、マルクスのことばをかりると、「人間と自然」の「物質代謝」という人間労働のなによりも「使用価値」（なんのために生きるか）の把握につながる発想があって、あらゆるモノを「商品化」する「グローバル資本主義」の価値観（「商品＝モノ」の消費のために生きるという）に決定的に対立する局面が含まれている。[12]

『資本論』における労働と価値の「二重性」の発想を引用していうと、この「交換価値」（「商品価値＝価値」）にたいする「使用価値」の矛盾にたいして働きかける「主体」と「客体」の矛盾として把握されてくることとなろう。

現代の「グルーバル資本主義」の一つの著しい特性として、「シャドー・バンキング」の流動性がいわれているが、たとえば、なかなか目に見えぬこの「シャドー・バンキング」の拠点は、ニューヨークではなくて、ロンドンにあるとまでいわれている。[13]

これを我が国でいうと、安倍政権の「金融資本独裁」のなかでは、モノの動きがよくわからず、とくにこの「シャドー・バンキング」（影の金融）の動きは、さっぱりわからないともいえよう。わかるのは、地域の「ミクロ環境」の実態が危機に陥っていることがあまりに多いということだ。

さきの「無如」の発想で、地域の実態・実体を把握しようとするとき、石田らの運動と実践の「遠近法」（「射程」）が、ときには「短く」——即物的な場合となって現れ、またときには「遠く」——全世界を見渡す場合となって現れる。とくに子どもの目の当たりに存在する「生活（衣食住）・労働・性・遊び」が、地域での大人のそれに連続・通底していて、そこに、さきのような「シャドー」（影）が出てきても、それらは、地域の実体をとおして「変革」するしかないということになるだろう。

石田は「新しい地域」を「つくっていく」ということばで、そのことを表現している。

八〇年代には、石田は恵那教育研究所の所長として、各地の大学で運動と実践について「集中講義」を行った。

石田はその経験をつぎのように語っている。

大学で講義をしているときのこと。ある学生が「私の意見は、まちがっているかもしれませんけれど」という断りをつけていった。そのとき、石田はこういう学生が多くなっているのではないかと感じるが、「間違うからこそ人間なのだ」と考える石田にとって、当時の——そして現在においても——学習指導要領の押しつける「教育」の本質が、「間違えてはいけない」ということを、いわば戦中のそれと同じようになっている。

先の話でいうと、政府自身が「シャドー・バンキング」の実体が分かっているのか。

「間違うのが当たり前」——これこそが、教育そのものであって、「間違わない教育」の不可能性！ということへの抵抗が、今日では闘いの大きな分野となってきている。

そのことは、もっと時代を下って、（いよいよ「グローバル資本主義」の動きが地域にあらわになってきたとき）一人の中学生が、ある日突然姿を消して、家族から警察に届けがあった。

そのとき部落の警備団が総出で「山狩り」をしたときのことを書いた石田の感想は本巻に掲載していないけれども、警備団はこの中学生が地域のどこかで自殺したかも知れぬとまで考え、総力を挙げた。

その誠実さはこの地域の伝統をよく示していたけれど、実をいうと、この子どもは塾を中心とした「受験勉強」の毎日が面白くなくて、なんとなくぶらりと名古屋まで出かけて、宿に泊まっていたのだった。

一見問題のないと見られる思春期の子どもの「不安定性」を示すそれは典型的な出来事だった。それが実態だった。だから、本人もまた周囲もひじょうな「思い違い」をし、現代に生きる困難とその深層をあじわった。

この「事件」は、子ども把握と地域状況との深い関係についてあらためて反省させるきっかけとなったが、今から顧みると、このこともまた、この二〇年間の「グローバル資本主義」による地域の実体をよく示していた。

貧富の差の増幅がすすみ、地域の「共同性」がおおきく変貌していた。

中学生が名古屋まで出かけて外泊することなど、現在では恵那地域そのものが、名古屋圏での出勤地となってしまっていることを考えれば、しごく当然のことであるのに、当時は、子どもの周囲にも異年齢的関係など絶えてなくなり、少年たちの冒険の「健康な集団性」もなくなってしまった、それは地域の実体なのだった。

「3・11以後」の状況は、思うに、もっとひどくなっている。

つまり、地域でいつおこるかもしれぬ「死活の問題」をとおして、子どもは「育っている」のであって、地域では、実体として起こるかも知れぬ状態となっている。子どもをめぐる安心と安定が冒され、ちょっとしたことでも大騒動となる。

学校や地域での切実な実体が、子どもにも大人にも隠蔽されるといった状況が、九〇年代以後には普通・普段のこととなった。「闘い」は、こうした実体を、流動的な事態のなかで明らかにすることなのだ。

たとえば、二〇〇〇年の夏の総選挙投票日の直前にひらかれたある中学校のPTAの授業参観と懇談会でのこともそうであろう。

教師から父母たちに「ある男子生徒が、人権にかかわる問題をおこしてしまった。すぐに警察が入り、取り調べがおこなわれているが、これ以上話することはできません」という主旨の説明があり、翌日の『朝日新聞』には「校内での事件に衝撃　公立中学生がわいせつ容疑　教委が緊急校長会」の見出しで、その内容が報じられた。市民の関心がいっきょに高まった。ところが、その「具体的内容」となると、教師にも父兄や市民にもまったく明らかにされない。そして、警察が学校に直ちに「介入」したことだけが報道された。

石田は、こうした「事件」の実態と取り扱いとを放置してすませる、その「非教育性」について、ていねいに「真実」を明らかにする必要を説く。

石田の態度は、現場にいなくて現場のことがよくわからない場合、市民がとらねばならぬ「教育性」の基本のところを明らかにしなければ、実態は解決できないという基本的立場である。

権力や金力を有する個人（または複数の個人）がまるで「特権的（私的）秘密」を「保持しうる」かのごとく占有できる。そういう「シャドー」！。現代ではそれが普通のこと、当然のこととなっている。たとえば、特定「秘密」を漏らした人間を一方的に罰することができる。政治的「秘密」にしても「知る権利」の放棄が、石田の考察では、公の「教育」問題として、詳細に語られる。

このことは、人生の万事にたいする秘密を暴露せよ、というのではない。個人の当然の権利を台無しにする「死活にかかわる」出来事にたいして、眼を塞ぐということをやめようということ。「見つめる」ことができなくなる。そのなかで、もっと「見よう」ということ。そのことを筆者は強調したい。

つまり先程の事件でいうと、よく調べてみると、そこには、〝驚くほどのこと〟はなにもなかったのであって、「警察の介入」などなくてよかったのだ。

石田の「一歩下がって」探求し、推理する態度があれば、この種の「実態」は自主的に処理できる。そういった確信が石田にはある。それは「ミクロ環境」には常識的な当たり前の態度なのだ。

石田はいつも「よく見つめ」、「よく考えよ」と子どもたちにいっていた。

その場合、石田はなによりも「具体的な形」にこだわる。石田は筆者にも、筆者がいっしょにこの地につれていった学生にも、抽象的ないい方には、いつも「たとえば？」という問いを返した。そこでは、大人の思考の「操作性」と「具象性」＝「形象性」という「二重性」を一元的に結びつける状況変革のもっとも肝心がいつも要求されていた。石田は「マクロ」なことについて、抽象的には語らない。

思い出されることだが、石田は「自由」について、なによりも具体的に語っていた。

この時期、石田たちがたびたび日本を離れ、仲間ととともにロシアやオーストラリアなどの各地に赴き、現地の人々と交流したことは、日本の外から自らの「地域」を見つめようとしていたことを物語る。

「ソ連の崩壊」以後、石田の発案で、『訪ロ研』（『ロシア訪問研究会』）を組織し、自らも事務局長を買って出て、二〇一〇年の終結まで、ニュースを出し続けたことも注目されよう。モスクワやサンクトペテルブルグに行っただけでなく、黒海沿岸や地方にも足をはこび、なによりも自分たちの脚で歩き、自分たちの眼で、かつての「社会主義」（⁉）の実態を検証し、その結果を地域で報告した。

ちなみに筆者は、『訪ロ研』の旅行にはついていかなかったが、たまたま黒海周辺の環境汚染についての石田の報告には接することができた。筆者は『訪ロ研』で石田たちが出会ったナターシャに連絡をとり、ドストエフスキー研究のためのペテルブルグ訪問を、ソ連崩壊後の一九九三年に行い、その結果を「訪ロ研」で報告しようと思っていたが、この仕事は現在にまでずれこんで、最近ようやくその一端をメールでおこなった。

筆者は「一見は百聞にしかず」ということを「ソ連崩壊」について、石田とともに実感したはずだが、石田についていえば、本巻にはむしろオーストラリア訪問のなかで、現地の教師たちとの交流が生きいきと残されている（本巻論文4）。

この交流のきっかけとなったのは、フェネシィという青年が、東京大学大学院（教育学）に留学していて、恵那の生活綴方を学んでいたことであった。フェネシィは「生活綴方」を〝Writing about Life〟と訳し、本国の教師たちにも紹介していた。報告を読まれるとよく分かるように、オーストラリアの教師たちが、メルボルンなどの近代化した都会地域に住む原住民の末裔のことを、このことばで理解しようとしていることに、石田たちはあらためて驚異の念をもって接した。現地の教師から、石田たちは、オーストラリアの各地域に残存する「原始文化」について聴き、それがまだ生きいきと残存していること、また都市に移住した原住民の末裔たちの動揺する状態が、まるで恵那のそれを予想させるように映ったことは、〝Writing about Life〟が、オーストラリアの地でも「教育の精神」として理解されていることを示していた。そこには、なによりも「自由」を希求する姿があった。

(3) 教育労働者・教師論

石田和男の「眼差し」は教師のそれを越えて、民族学や人類学にまで広げられ、はじめにも触れたように、医学的観点にも及んでいる。

こうした石田の発想の原点に、教育労働者論が明らかに存在していることに注目したい。

石田は「教育労働者」と「工場労働者」との相違について強調する。

マルクスは「資本家のために剰余を生産する労働者」、すなわち、「資本の自己増殖に役立つ労働者」のみが、「生産的である」と『資本論』のなかで述べ、「学校教師」のなかで、「児童の頭脳に加工するのみでなく企業家の致富のために自らを労するばあいに、生産労働者となる」といっている。

「他人を教える校長さんは生産的労働者ではない。だが、賃金労働者として、自己の労働によって学校商売の企業家の貨幣を増殖させるために、一つの学校で他の者とともに雇傭されるならば、校長さんも生産労働者である」[14]。

これは「教育労働者」を、「剰余価値」を産む「生産労働者」として規定した例である。マルクスは「労働者を資本の直接価値増殖手段となす一つの特殊社会的な、歴史的に成立した生産関係をも、包含するのである」といっている。教師もまたそのような関係のなかで「生産労働者」となるのだということをいったのだが[15]、現在でもそうだろうか。

「教育労働」のなかには、こうした特殊な「生産性」(productivity)が含まれることは否定できないだろう。けれども、「教育の仕事」をそのような側面だけに限定することは不適切であろう。マルクスのいう「生産労働」(Produktive Arbeit)が「賃労働」にならない場合はそうであろう。「教育労働」が形式的にも資本のもとに包摂されていない場合には、賃金労働へのいわば「過渡的形態」にそれは属する。[16]

教育の仕事はもともと「賃金労働」ではなくて、古代からもっぱら「専門的仕事」として存在した。フランス語では、「労働」は〝travail〟というが、仕事は、〝métier〟とか〝profession〟とかという。フランスでは、小・中・高の教師もまた大学教授と同じように「プロフェスール」(professeur)という。男女ともに男性形であったが、現代では女教師には女性形professeureを用いるようになった。

マルクスのいう「生産労働」という概念は、この「プロフェスール」には含み込まれないであろう。「プロフェスール」というのは、「教育労働者」というのとはだいぶ違う。

たしかに教師の「仕事」のなかには、なにかを新しく「産み出す」という側面がある。このことは、教師なら認めるであろう。フランス語でも〝produire〟という動詞、英語では〝produce〟という動詞でこのことをあらわす。

こだわるようだが、形容詞になると、これはドイツ語でも〝produktive〟となる。フランスの心理学者であるワロンは「病的なもの」が産み出される過程を〝productivité morbide〟(「病的なものの産出」)と表現したことがあるが、病的状態が人間のなかに「産み出される」プロセスをワロンは詳しく述べている。[17]

もっというと、石田の「遊び」という観点からするなら、ドイツ人が〝Produktionsspiel〟(「創出的遊び」)というとき、それは感覚器官にたいする刺激を自からつくりだす感覚器官の「試し遊び」を意味していて、このいいかたは私たち日本人にもよくわかる。

「生産」とか「生産的」ということばというのは、先のマルクスとはちょっと異なり、「労働の商品化」から離れたところで使用される。ややこしいことば詮議をするようだが、注意しておかねばならぬ。

資本主義では、このような「物象化」された「機械的労働」が、大量に生産される製品の価値に付加され、「剰余価値」が生み出されるわけで、「教育労働」もまた「利潤」を生み出す対象となった。だから、現代でも、企業的学習塾の場合には、そのことがいえるであろう。けれども、現代の公立学校の場合、そしてたとえば、子どもの自由で自主的な「生活綴方」が書かれる公立学校では、マルクスの「労働説」を「越えて」というよりも、マルクスのいう「労働」のより「高度の段階」が存在し、そうした主体的な営みが、さきにもいったように、子どもの主体的な「自己造形」の形として存在しうるということが注目されよう。そこにはなによりも、「自由」がある。

石田の教育労働者論にもどると、かれは、「教育労働」における強制を排除し、「自由」への希求をおこなった。そのようにいうことができよう。

本著作集第二巻で詳しく見てきたように、石田は「勤評闘争」での教師の「ストライキ」でも、工場労働者のようにはいかないと考えていた。

このことは、「教育労働」がおこなわれる現在の「学校」で、その「労働」が、「強制的な工場労働」とは異質の側面をもっていることを、石田がはやくから自覚していたことを物語る。

さらに付け加えていうと、石田は、資本は「労働力」を「使用する」ことができても、「労働力」そのものの基本的な実体とする能力の基礎を、そもそも造ることは絶対にできないというような考えをどう考えるであろうか。

こうした考えをいった「マルクス経済学者」は宇野弘蔵であるけれども、こうした発想を石田はどう考えるだろうか、という質問を筆者は石田に呈してみたいと思うことがあるのだ[18]。

石田は、それにたいして、「教育労働者」の「労働」が、単純に生徒の「労働力」を形成するシステムとなることに対立する側面をもつと主張するであろうが、その際、宇野の発想には「労働力」とそれを担う

「人格形成」に矛盾する側面はあっても、その対立を具体的に実現する方向性が明示的には提示されていないと答えるだろうか。

筆者はあえてそんなことを想像する。[19]

この点でいうと、石田は、学校が生徒のなかに「安価な労働力」をつくるという機能が突出している現実には、つねに抵抗してきた。石田が「教育工場論」に反対したことはいうまでもない。

そうなる危険は、当時この地域の運動にたいする「大がかりな反動攻勢」のなかで、石田たちがなによりも「自由」を守るためにたたかったことを思い出す。

その場合、石田のなかに、本質的に「精神労働」にたいするマルクスの指摘を発展させようとする強い意志が示唆されよう。教師には、一般に労働者の「創造的余暇」にのみ可能となる「自己形成」の「自由」が確実に保証されねばならぬという強い発想がそこにはある。そうでなければ、子どもの「自由」などまったく形成できない。

そこでは熟練した「人間形成」にたいする「専門性」が必須であって、現代の「精神労働」のとりわけ「商品化」には、「剰余価値」の付加と同時に、その「物象化」を止揚する負荷を同時にもたずにはいられぬという思想がそこには明らかに暗示というか、明示されている。

難しいことをさんざ書いてきたのだが、このことは、先に述べた「グローバル資本主義」の動向のなかで、とりわけ重要なことなので、もうすこし述べておこう。

安倍政権の登場とともに、暴走する「新自由主義」の無制限の拡大・深化ということをいってきた。

そのなかで起こっていることの一つは、公立学校の実践に塾の教師の参加・融合がしきりに行われていて、いっそう精細にその実相を吟味しなければならぬけれども、いずれにしても、「教育労働」に商品形成のモメントが忍び込む危険を含むシステムが、まるでさきにいった「シャドー・バンキング」に重なるように、学校のなかに公然と行われていることである。[20]

「強育労働者」の「ストライキ」は、工場労働者のそれとは同じではないとして、組合の勤評闘争にも臨んだというかつての石田の発想は、現代における教育運動の考察において本当に発展させることができるのであろうか。

教師が学校と地域において行う活動が、子どもの「自由で自主的」な「自己造形」にたいする「援助」と「治療」の側面を含んで成立しなければならず、それらが生徒一人ひとりの「一身上の事柄」に関係しながら、つねに集団的に行われる性質をもたねばならない。そういった思想をいまこそ、学校に復権する必要があると指摘してきた石田の発想は、この今の今、きわめて重要であると思われる。

たとえば、一人の「学級担任教師」だけでなく、学校全体にかかわるすべての教師と教職員のあるべき「教育労働」の「個別的」責任行為が問題となろう。現代において生徒の一人ひとりの「人格形成」に組織される可能性について述べているところなどはそれであろうが、それにしても、子どもの「自由」にいたる実践のなんと困難なことか。

石田によれば、「教育の目的」のなかに、子どもの能力の発達とその「自主的で自由な主体的形成」が目指されており、真実であってもその教授が「非自由」＝「強制的」である場合には、それは「教育」ではないことが強調される。

指摘されねばならないのは、石田が「教師の専門性」を、教師の「個人的教育」のそれに止めずに、つねに教師集団の「全体的な作用」に及ぼしていることだ。この「全体性」の弁証法こそが、子ども一人一人を「まるごと」内面的真実（ありのまま）を含んで成立すると考えている肝心のところである。

そして、この「全体性」が、教育労働者間の自由な「コミュニケーション」にとどまらず、子ども相互の自由な「コミュニケーション」（対話と交流）や地域との自由な「コミュニケーション」にまで及ばねばならない。

それは、ユートピアではなくて、まったく「具体的弁証法」の姿である。

このように見てくると、「子どもを情勢においてつかむ」「子どものなかに情勢をつかむ[21]」といった石田のいい方にも、こうした教師の時・空を通じての自由な「ポジション」と「スタンス」が象徴的に示されていることが分かる。


子どもをたんなる「客体」——剰余価値の生産のための——ではなくて、子どもをつねに「主体」としてイメージすることをそれは出発点とする。この想像力＝構成力では、「主体」としての子どもが、たんに「労働力」の持ち主としてその未来を把握されるのではなく、それを止揚することとして登場してくる大人の状態と比較されるところのなによりも「主体」として登場させられる。

ということは、子どもを大人と同等であるけれども、本質的には異質の独自の人間として、その将来・未来を「遠近法」をもってつかむことを意味する。

石田にあっては、子どもは、現代の多くの大人の日常に見られるように、たんなる「労働力」商品の担い手としてはけっして現われない。

未来の大人＝一人前の自由な人間として、石田は、子どもを把握するのであって、現代における「安価な労働力」として把握することを彼は拒否する。そこに困難がないのではない。

石田が、子どもに「納得」のいくような真実を「教える＝学ぶ」主体的行為として教育の本質を把握したことは、「困難ななかでも」、納得しながら変革していくこのような「自己主体」をとらえるとき、そのような「自己造形」の秘密を構築していく「主体」ということが前提として把握されている[22]。

それは、同時に子どもが「自己造形」の「全体性」の弁証法[23]そのものを確立していく、あらゆる人間関係の「総体」のなかに、子どもの自由な「主体―客体」を位置づけることとなろう。

(4) 病気――療育と教育

筆者は、いま「自由」の追求のなかには「困難」があると書いた。それは「グローバル資本主義」が、こうした自由を阻んでいるからだが、その場合には、先に述べたように、「ことがらが見えない」という「困難」が含まれる。けれども、多くの「病んだ状態」もまたそこにはある。そのことについて最後に触れておこう。

石田は若い時から結核・網膜剥離・脳梗塞など、おおくの病気を経験してきた。現在ではたしか歯は総入れ歯となっていて、難聴も進んでおり、会議では天眼鏡で書類を見ることがある。

石田は、生活の「闘い」のなかで、病気の本質について敏感であった。それを明らかにすることにひるむことなく、石田は若い頃からむしろ大胆であった。筆者はそれについてよく話を聴いた。

石田は重なる「死活」(vital)の出来事をとおして、自らの身体と魂とを、年をとるにつれて、運動と実践のなかで「鍛えて」いった――けれど、そのような「いい方」はまったく正確ではないであろう。石田はこの「闘い」をまるで「遊び」のように「楽しんでいった」といえるかもしれぬ。

石田にとって、したがって、「身体を鍛える」という「いい方」ほど、およそほど遠いものはおそらくなくて、真実をいえば、すこしずつ病気にたいして「用心深く」なりながら、自らの病から多くを学んでいき、重い病気や身体障害をもつ地域の人びとと交わっていった――といえよう。

石田の病気について語るとき、その罹病体験そのものが、かれ自身の「闘い」とともにあった「教育思想」に重い影を落としている。このことが示唆されよう。

たとえば、本巻に収録した熨斗謙一にかんする報告（本巻論文19）はその代表的なものの一つだが、重要な記録である。

私的なことを書くけれども、熨斗謙一はのちに石田の娘婿となった研究者だが、当時、日本体育大学に勤務し、最近亡くなった正木健雄とともに、恵那の地で「子どものからだとこころ」の調査をおこなっていた。石田の記録は、その熨斗が若くしてガンにかかり、余命幾ばくもなくなったときの、熨斗への切実な「書簡」を含むそれである。

いま述べたように、熨斗は現地に長らく滞在するほど熱心な調査を続けていて、しまいには恵那の地に住みつくことになる。いうまでもなく、彼の勤務地は東京の日体大であったから、そうした活動スタイルのなかで、まるで楽天的な若い彼のなかに、幾多の心労とストレスが見舞ったのであろう。

熨斗は四四歳で、二児を残して亡くなった。

熨斗とは筆者もなんどか現地と東京で会って話をしているが、彼は外観とおそらく内面において優しく柔和で快活であった。その彼が、ガンの治療で恵那の病院において自らと格闘していたとき、石田はこの報告をおこなうすこし前のことであるが、筆者にもその次第を語ってくれた。

ひとことでいえば、その時期には、熨斗にたいするガンの告知は担当医師からおこなわれず、彼はひたすら不安のうちに日々を送っていた。いま石田の日記の一部と熨斗にたいする振る舞いの記録を、この報告のなかで読み返してみると、おおくの感慨がわいてくる。

石田は、ガンの告知のできない、いや、しない若い医師によりそいながら、また石田自身の決心を躊躇させながら、父親のように振る舞い、熨斗にたいしてガンを告知した。そこには、あきらかに「父」とはなにかという問題がある。しかし、それをいうことはしばらくおさえておこう。

石田はあきらかに「でしゃばり」を強く意識して長い手紙を書き、振る舞った。

石田は、上矢作診療所の院長であった大島紀久夫氏や担当医師にも直接会って、ガンの告知をあたかも自身にたいするように決心した。人間を掴むとき、とりわけ危機における人間を掴むとき、そこには「客体」ではなく「主体」それ自身が相対している事実があって[24]、そこには、石田が子どもを「把む」ときの主体的視点がよくあらわれている。もちろん、熨斗の病理的状況にたいする「客観化」というものが、危機的矛盾・葛藤として、石田のなかにあったことはいうまでもない。

石田の教育実践が「病気への治療」を含んでいたことは、そこに引用されている多くの記録から伺える。石田はこの報告を行うために、自らの「生活綴方」として、熨斗へのガン告知についての自己の行為と内面を現在進行形の形で書き綴った。家族を含めての自らの「闘い」の記録でそれはあって、自身が極度の羞恥心をもって周囲に接しながら、ガンとの「闘い」は、自己との闘いであると同時に、日本人民の闘いの一環としての熨斗自身の学問と生活のそれであるとして、熨斗の闘病を石田は励ました。

その励まし方には、いきどおりを込めた熨斗の「闘い」への石田自身の希求というか要求が、しかもそうせざるをえない自己への批判、それから熨斗の治療にあたった医師への謙虚をこめた批判があった。

熨斗の最後は、こうした「闘い」の実現である。

報告の全体を貫く通奏低音には、人間は「なんのために生きるか」が埋め込まれている。ガン治療が今日ほど進んでいなかった当時、一見穏やかで楽天的に見える熨斗の内面の受苦は、いかほどのものであったろう。

報告を読み返しながら、筆者は、石田が熨斗に呟くように「未来の社会のあり方」を実現しようとする身で終えるよう、生きるのを示唆するところを見つけた[25]、そのときの思いをすこし長くなるが、筆者はいまマルクスが、まだ一七歳の高校生であったときの「卒業作文」の一部を引用して考えてみたい。

というのも「職業の選択にさいしての一青年の考察」というマルクスの題名が、ひじょうに素朴ではあるが、熨斗が「死の病」をとおして、いかなる仕事（職業）の質を「肉体と精神の絶対的矛盾」として自己に引き受けるかということにまさにそれはつながるように思えるからだ。

「……われわれの全人生は、精神的原理と肉体的原理とのあいだの不幸な闘争である。しかし、闘争している諸要素を自分自身のなかで鎮めることができないものは、どのようにして人々のあらあらしい雑踏に対抗できるであろうか、どのようにして安心して行動するのであろうか。そして平穏な状態からだけ、偉大で楽しい行為は浮かび上がることができる。平穏は、そこでのみ熟した実ができる土壌なのである。／たとえ、われわれが、自分たちの地位にふさわしくない肉体的性質をもってしては長くは、まれにしか働くことができないとしても、それでもわれわれの幸福を義務の犠牲に供し、弱くとも、しかも思いきって行動するという思想が常に起こってくる。（中略）われわれは、これらすべてを考慮し、われわれの生活状態が任意の地位を選ぶことを許すならば、われわれが取ってもよい地位というのは、われわれの最大の品位を保証するためであり、われわれに最大の品位を保証するそれであり、われわれがその真実を完全に革新しているそれであり、われわれがその真実を完全に革新している理念をもとにしたそれであり、人間のために活動し、われわれ自身を、どの地位もたんにそのための手段にすぎないような普遍的な目標、すなわち完全性に近づけるために、最大の活動の場を提供するそれである。（中略）高く評価している地位を選ぶものは、自分をそれにふさわしくないものにすることにたいしてしりごみをするであろうし、社会における自分の地位が高貴であるというまさに、そのゆえに、高貴なふるまいをするであろう。／しかし、地位の選択にさいしてわれわれを導いてくれなければならぬ主要な導き手は、人類の幸福であり、われわれ自身の完成である。これら両方の利害がたがいに敵対的にたたかいあうことになって、一方が他方をほろぼさなければならないなどと思ってはならない。そうではなくて、人間の本性というものは、彼が自分と同時代の人々の完成のため、その人々の幸福のために働くときにのみ、自己の完成を達成しうるようにできているのである。／自分のためだけにはたらくとき、そのひとは、なるほど著名な学者であり、偉大な賢者であり、優秀な詩人ではありえようが、けっして完成された、真に偉大な人間ではない。[26]」

石田の教師論は、「子どもをつかむ」という「教育活動」の核心をもって、そのなかにしばしば入り込む浅薄な「利己主義」をいましめ、それと闘う側面を強くもっている。「熨斗をつかむ」ことにおいて、石田の眼差しには、それにちなむ羞恥心がある。本書の編集のさなかで、石田が編者会議で筆者の「評伝」のさそいに、顔をちょっとはずかしそうにして打ち消すような身ぶりをしたのには、若いマルクスの以上の行文にも似たものが、そのとき石田自身の心根をかすめたからに違いない。

石田は死にゆく熨斗にたいして、「カミになりたいのか、ホトケになりたいのか」と問うたという。突然、宗教的なところにその要求が「転換」されるのだが、石田は熨斗の「回向」――つまり熨斗の「魂の転換」の、おそらく「自力」か「他力」かについて問うたのに違いない。「魂の転換」には、他者から「来る」ものと、自己から「行く」ものとの二方向がある。

親鸞のいう回向には「往相」と「還相」とがあって[27]、唯物論的にもそのように考えてよいところがあると筆者は時代を超えてというか、親鸞の時代に遡って想像する。

それは、微妙に重なり合う二つの顔を象徴しているともいえよう。石田はまだ若かった筆者に、突然、「おまえはいったい何をしたいのか」という問いを強く投げかけるような調子でいうことがよくあった。そのことをいま思い出す。それはあくまで一種の調子であって、あからさまに「理想」を石田が語ったわけではない。けれど、若い頃、石田には「大きなことを考えない人間」を徹底的に軽蔑する調子があった。いまそのことを思い出す。すくなくとも筆者には石田の声がそのように聞こえた。そのくせ、石田は自分については、いつも「ぼんくら」というのがつねであった。

冒頭で、筆者は、石田が恵那の教師たちの先頭に立っていたのか、それとも末尾にいたのか、「ぼんくら教師」のなかに混じっていたのか、と問うたけれども、石田は、筆者には最後まで「おれは「遊び人」（ホモ・ルーデンス）さ」といっている。石田の「一歩下がって考え、行動する調子」には、若いマルクスの「人類の幸福」と「我々自身の完成」との敵対的矛盾にたいする「闘い」にも似たところがあったと推察されよう。この「闘い」には、石田自身が運動のなかで「ずるさ」の側面をいくばくかはもっていたということがあるいは関係しているかもしれぬ、その「ずるさ」には、スポーツの集団技で人を「だます」というような「面白い技術」がおそらくふくまれていよう。

筆者は、「農村医療」を生涯押し進めた若月俊一氏にも石田がそういっているところがあるので、留意されたい。

熨斗のことに戻ると、熨斗は「カミになりたい」といったそうだが、石田が若い彼にいったこの宗教的ことばを熨斗自身はほんとうに理解できただろうか。

それは高校生であったマルクスの「作文」の一節にも似るというか――熨斗自身の「回向」の一点、すなわち熨斗自身が「自分から他者に行く」のか、「他者から自分に戻って来るのか」（「行く」と「来る」！）といったことが、家族のなかでも問われたのだと思う。それはまさに「私的なこと」ではあるが、そこには、石田のいうように「世界のため」また「日本のため」ということが、生の「闘い」[28]としてまさにあったのだと思う。

注

1 いわゆる「岐阜中二女子殺害事件」を指す。二〇〇六年四月二一日、岐阜県中津川市内の空き店舗で、中津川市立第二中学校の中学二年生女子生徒（一九日夕方から行方不明）が他殺体となって発見された事件。

2 さしあたって「我らが見た人間天皇」半藤一利・保阪正康対談（『文藝春秋』二〇一六年九月号）を参照。

3 ピアジェは精神分析の影響をうけているから、その筋からいえば、ここでの「客体」は、認識哲学や認識心理学における「対象」という意味である。「対象」とは、「個人の欲望や所説とは無関係に、主体の普遍性によって当然とらえられることのできる恒常的、固定的性質を備えているものをさす」（ラプランシュ・ポンタリス『精神分析用語辞典』村上仁監訳、みすず書房、一九七七年、二九四頁）。

4 Emile Jalley, Wallon et Piaget, pour une critique de la psychologie contemporaine, L'Harmattan, 2006, pp.281-292、なお、ピアジェは一九七四年には、Adaptation vital et psychologie de l'intelligence, Paris Hemann を出版して、子どもの知性のぎりぎりの transformation の構成について論じた。これについては、たとえば、Ernest von Glasersgield . An Interpretation of Piaget's Constructionnism（Revue Internationale de Philosophie, pp.36(4), 612-635, 1982.）を参照。

5 同右。

6 茂呂雄二「ディアロギスム心理学の構想——バフチンと心理学の対話——」『思想』二〇〇二年、№８「特集バフチン再考」。

7 ここで「自己形成」といわずに、「自己造形」というのは、普通に「形成」（formation）ということばをつかわずに、ロシア語で、「サモ・オブラゾヴァーニエ」（само-образование）といわれてきたことをあえて「自己教育」と訳さずに「自己造形」と訳したのである。ロシア語の「オブラゾヴァーニエ」（教育）という語には、「オーブラズ」（образ）すなわち、「形姿」という意味が含まれていて、どうしても、「自己造形」と訳さねばならないことが感じられる。ロシア語のできる石田には、このことが分かってもらえるであろう。

8 拙著『対話の教育への誘い』（新日本出版社）二〇一二、五五—五六、八七、九六—九九、一一九—一三五頁。

9 ホイジンガ『ホモ・ルーデンス』（ちくま学芸文庫）高橋英夫訳、中公文庫。

10 『ドストエフスキーの詩学』（ちくま学芸文庫）。もっとも「笑い」は、最後の五大長編小説では、最小限まで弱まっている。バフチンはこれを「遅行した笑い」と呼んだ。しかし、「笑い」的要素は、さいごまでいっそう作品のポリフォニックな多声性を緩めない。この点については、デイヴィッド・ロッジ『バフチン以後』（伊藤誓訳、ウニベルシタス叢書３４８、法政大学出版局、一九九二年、一二七—一二八頁）を参照。

11　石田は若いころ筆者に、かれ自身たしか一〇代のとき、萩原朔太郎に一時熱中したことがあったことを語ってくれたことがある。石田は覚えているだろうか。その萩原が「大人の心がつねに二重であること」を悲しんでいたことを。たとえば、「こころ」（「愛隣詩編」岩波文庫版『萩原朔太郎詩集』二六—二七頁）という詩に「こころは二人の旅びとされば道連づれのたえて物言うことなければ　わがこころはいつもかくさびしきなり」と唱っている。また「月に吠える」（角川文庫版『詩集　月に吠える』九六—九七頁）に「笛」という長詩があるが、そこでも「わかちがたき一つの心をふたつにわかたんとする大人の心のうらさびしさよ」と唱い、子どもが「笛」をほしがって、大人の書斎にはいってきたその心が一つであったことを暗示している。

12　マルクス「資本論」断片、同上、二一六頁。

13　大槻久志「グローバル資本主義とはなにか：巨額のもうけを生み出す仕組み」『前衛』二〇一六年三月号。

14　マルクス「資本論」断片（マルクス・エンゲルス『資本論要綱』向坂逸郎訳、一九五三年、二一六頁）。マルクスはこのような賃労働として商品化されない労働を「否生産労働」と呼んでいるが、それ自身サービスについて享受される労働は、「否生産労働」である（同上、二一六—二一七頁）。

15　『資本論』（三）岩波文庫、向坂逸郎訳、一〇—一一頁。

16　マルクス「資本論」断片、前出。

17　Henri Wallon Psychologie pathologique 1926, Paris, Felix Alcan, pp. 47-72

18　宇野弘蔵『恐慌論』（岩波文庫）。

19　宇野経済学の教育実践と教育制度変革への視点については、拙稿「希望としての教育」（教科研編『現代社会と教育』6、大月書店、一九九四年、五六—五五頁）を参照。

20　二〇一四年の夏、通信教育のサービスを行っているベネッセホールディングスが、「進研ゼミ」や「こどもちゃれんじ」などの顧客情報を七六〇万件も大量に濾えいさせていたとして、おおきな社会問題になったが、この事件は、教育の「商品化」の危険にたいして、顧客の側も大きな損失、とくに子どもの人格のプライヴァシーの侵害が起こることを身近に知らせた(『東京新聞』二〇一四年七月一〇—一一日)。

21　石田にとって「情勢」とは、「情勢のもとで考える」ところの左派モダニストたちの謂いではなくて、まさに「情勢」を変革するためにある。幾つかの「二重性」を内容とする石田の「情勢論」は、「子どものなかに情勢を見る」提案をも含めて、そうした変革論に集中している。なおこの点については、廣瀬純「自由と創造のためのレッスン」『週刊金曜日』二〇一四年五月二五日(九九二号)五六—五七頁を参照。

22　このような秘密が、「特定秘密保護法」の強行採決によって著しく傷つけられてきていることについては、足立昌勝「安倍官僚国家の暴走」(『週刊金曜日』二〇一四年七月二五日(一〇〇一号))に警告されている。ここでは、個人のさまざまな秘密にたいする盗聴が野放しになる危険について述べている。なお、ここでいう「秘密」は絶対的に秘する意味での「秘密」(secret)というよりもむしろコミュニケーション可能な「内密」(confidence)のことを指している。

23　この点については、「伝統的理論」を「批判的理論」に置き換えようとした「フランクフルト学派」のホルクハイマーの「伝統的理論と批判的理論」が参考となる。この点については細身和之の好著『フランクフルト学派』(中公新書、二〇一四年、四五—五六頁)を参照。

24　三木清『危機に於ける人間の立場』鉄塔書院、一九三三年、一六—二七頁。

25　ここで、「未来の社会のあり方」という意味は、現在、たとえば経済評論家の水野和夫氏が、このところの利子のゼロに近い動きを「利潤率」のそれと関係しているとして「資本主義の終焉」を説いている、その新書(水野和夫『資本主義の終焉と歴史の危機』集英社新書、二〇一四年)が大いに売れているのとは対称的であると思うからである。教育と教育学に携わるものは、「資本主義の終焉」における混乱、いや危機に十分に対応しうる人間と子どもとを準備することをその仕事の目的とするであろう。

26　一八三五年八月一〇日と一六日とのあいだに執筆。「職業の選択にさいしての一青年の考察」『マルクス・エンゲルス全集』第40巻、大月書店、五一五—五一九頁。

27　親鸞『教行信証』（岩波文庫版）二九―三三頁。
28　この「闘い」には、親鸞の「回向」の二つの道、すなわち、「他力信仰」に徹する「受動性」と、「他力信仰」を他者へと必死にひろめていく「能動性」という「中世の真宗の宗教的回向」の「二重性」――日本人の「人格の独立性」がはじめて宗教的形で自覚されてくる特殊状況――の矛盾を、現代の唯物論的「精神的転換」への志向へと「置き換え」（transform）ようとしたその「切断面」の構造がある。それが石田のなかで熨斗にぎりぎり問われているところが見られよう。アイデンティティの日本的矛盾の系譜にたいする「末期の眼」＝「子どもの眼」（『川端康成随筆著作集』岩波文庫、二〇一三年）が、石田の場合には、川端とは違った形で「無如」の形をとってその眼差しのなかにあるのを思わないわけにはいかない。筆者は四〇歳代の時、一種のひどい「身棄てられ感情」にとらえられたことがあるが、親鸞の「教行信証」の「摂取不捨」――見すてられることはない「ホトケ」に抱かれて受けとめられる――という思想によって救われたのであったが、熨斗の場合には、石田のなかに、極度の「含羞」を込めた熨斗にたいする「摂取不捨」の思想が通《かよ》ったのだと思う。「カミになりたい」といった熨斗の内面は、その「能動性」のあらわれだったのではないか。思い重ねていうと、ここで筆者の引用した若いマルクスは、ルターの思想をわがものにしていた証拠でもある。それは、マルクスの生まれた地域（トリール）が、ドイツでプロテスタント思想と信仰の強い地域だったといわれ、マルクスの父がユダヤ教からキリスト教に改宗しており、ルターと親鸞の比較論は加藤周一にもあって（加藤周一『日本文学史序説』上、筑摩書房、一九七五年、二二〇―二二二頁）、筆者は熨斗が病床の苦しい夢のなかで、そういったキリストと「同一化」したのかもしれないとも思うけれど、熨斗の「カミ」はもっと日本的で自然的なカミであったのかもしれぬ。

（二〇一六年九月一三日記）

解説2　戦後日本の教育学と石田和男の教育運動論、教育実践論

佐貫　浩

石田和男と恵那の戦後の教育運動と教育実践、教育学意識は、日本の戦後教育史を考える上でも大きな意味を持っている。

恵那の教育は常に日本の戦後教育実践と教育運動の個性的な典型であり続けてきた。五〇年代の生活綴方教育、五七年からの勤評闘争と恵那教育会議、一九六〇年代末の教科研批判と地域に根ざす教育の切り拓き、そして一九七〇年代の生活綴方教育の復興などは、当時の日本の教育運動や教育実践に対する鋭い批判を含んだ新しい挑戦であった。

恵那は、教育実践と教育運動の大胆な提起とその理論化にたえず挑戦し、「自由論議」を組織し、論争を恵那の内外に展開してきた。その中心に石田たちのイニシャティブがあった。それぞれの運動や実践の転換点において、それまでの理論的弱点を明確にし、新たな理論的見通しを切り拓く討論で困難を切り拓いていった。それらの豊かな蓄積は、日本の戦後地域教育史の中でも、特筆に値するものとなった。

この解説は、全四巻を通しての恵那と石田和男の教育実践・運動とその理論活動の特徴を浮かび上がらせようとするものである。

(1) 新教育への対応と五〇年代生活綴方——山びこ学校との対比

戦後初期の生活綴方の二大拠点として対比された山形の無着成恭の実践(『山びこ学校』)と恵那の実践の違いの中心は、以下の論点で把握できるように思われる。

第一に、無着の実践は、ほとんど農業と林業の村の中学校で行われた。それに対して恵那は、農業にとどまらず、資本と労働の階級的対抗の現れとしての労働組合運動も展開する数万の人口を持つ地域であった。無着の教育実践には、高度成長のなかで科学主義的傾向に飲み込まれていく性格があり、その結果として無着は農村から「離脱」していく。しかし恵那は、単なる農業の近代化、民主化の課題に止まらず、日本の独占資本主義との対抗という課題が目に見える形で争われる地域でもあった。また三〇〇人にも及ぶ綴方教師は、集団としてみれば、恵那という地域からの脱出不可能といういわば背水の陣を引いて、地域の課題に取り組む構えを持っていた。そのため、恵那の生活綴方教育運動は、地域の教育の全体を、生活綴方の「方法論」と「精神」に立って進めようとする全体性をもった教育改革運動へと展開していった。

政治変革と生活綴方教育運動——この結びつきは、戦前も一定の展開を見たものであるが、厳しい政治状況の下で、その理念や運動の全体像を追求しきれないままに、抑圧されていった。それに対して、恵那の地において、戦後の新たな自由の下で、地域の民主的変革と深く結びついて、生活綴方教育の理念が、二度(五〇年代と七〇年代)にわたって系統的に探求され、究明されていった。そのことによって、生活綴方がもつ教育実践と教育運動変革への可能性が深く掘り起こされていく舞台が恵那の地に生み出された。

第二に、生活綴方と科学との関係の把握が、恵那と無着では異なっていた。石田は、生活認識を高めることと、科学的認識の形成とを、絶えず両輪のように課題化していた。「生活認識」から「科学的認識」へというベクトルだけではなく、「科学的認識」の獲得によって「生活認識」を高めるというベクトルを弁証法的に統一して把握しようとしたことが石田の理論の特質である。石田のこの視点は、一九六〇年代の日本の教育に出現した一面的な科学主義、教科主義を批判する力となった。無着の場合には、生活認識と科学的認識の間を大きく揺れ動き、最後は自分自身が行ってきた生活綴方教育を否定的に総括することになった。[1]石田には、科学の習得は、生活綴方の精神に立って組織されなければならないとする一貫した教育実践観があった。だから、それらのどちらかへの一面化については、石田は、いわば嗅覚を働かせるようにして、素早くその一面化を批判することができたように思う。石田は、生活意識を切り拓き自主的な生活主体を育てるためにこそ、徹底して科学的な認識を子どものなかに切り拓くことにこだわり、そのための科学はどのような性格を持たなければならないかを探求し続けたとともに、その高みにおいて生活意識そのものがまた切り拓かれなければならないという点にも徹底してこだわり続けたのである。石田はそれを生活綴方の精神として把握した。

(2) 恵那勤評闘争と教育会議

すでにこの第二巻の解説で分析したことであるが、恵那勤評闘争は、日本の戦後教育運動における新たな認識を生み出す性格をもつものとして展開した。

第一に、恵那における勤評闘争は、「教育の自由を守る教育統一戦線型」と呼ぶことが出来るようなものであった。たたかいは、次のように組み立てられていった。

①勤評実施の責任は地教委であり、親と地域が反対すれば、地教委は勤評を実施しない方向へ動く。②そのためには、「良い教師」と「悪い教師」がいるというような親の声に対して、教師が徹底的に親の中に入って、親(PTA)と教師の結びつきを強めることが不可欠である。③校長は地域の教育に責任を持つ性格を持っており、勤評を教育の問題として議論することで教組と校長との協力の可能性が追求できる。校長

と教師が一致すれば親も学校の自由を支持する方へ動く。④教師（組合）と校長（会）と親（ＰＴＡ）が一致すれば、地教委も地域の教育自治を守る方向に動く。すなわち、教師（教員組合）、親（ＰＴＡ）、校長（会）、地教委の四者で勤評反対の合意を作り、教育の自由を守るという戦略がとられたのである。その結果、恵那の勤評反対闘争は、四者の恒常的な合意形成のための組織として、恵那教育会議を生み出した。

第二に、その運動の展開の中で、たたかいの基本理念と教育基本法の教育の自由、教育の住民自治、教育の「直接責任性」の理念とが深く繋がっていった。恵那勤評闘争のなかでの憲法・一九四七年教基法の教育の自由の理念の再発見は、先駆的であった。日本でそういう認識が明確に理論化されたのは国民の教育権論によってであった。堀尾輝久は、恵那の勤評闘争を、国民の教育権論の一つのモデルとして把握したと思われる。[2]それらの意味において、恵那の勤評闘争は国民の教育権論の思想を胚胎したたたかいとなった。

第三に、一九五〇年代の階級意識を持った民主教育運動が労農同盟を核とした民主主義的統一戦線の思想を土台としていた中で、恵那の勤評闘争は、憲法・一九四七年教基法の民主主義に依拠した親、住民、教師の教育の自由を守る民主主義的統一を基本として進められた。石田たちは、この民主主義の理念に立つ運動においては、「親」（「市民」）が、憲法的権利の行使者としての立ち位置で教育の民主主義的変革を担い、労働者階級は、そのような国民的民主主義を先頭に立って担い実現すべきものと把握したのであった。

第四に、勤評闘争において、石田たちは、組合運動の民主主義を徹底して追求する「自由論議」を追求した。民主主義を価値として追求する運動は、その運動内部における徹底した民主主義を不可欠とするという視点をこれほどに自覚した取り組みは、当時にあっては希有なものであった。

これらの点で、恵那の勤評闘争は、個性的で創造的であり、日本の戦後の教育運動の新たな地平を切り拓く質を持つものであった。

(3) 教科研、日本作文の会への批判――科学と教育の結合

東濃民教研の発足は一九六六年であった。その一〜二年前から石田は、新たな視点に立った理論的探求を開始する。勤評や学テ、そして岐阜県では教育正常化という名の組合破壊攻撃などが作り出してきた、子どもの大きな変化と困難が生まれていた。石田はその事態に対処し得ない教育実践の弱さの克服に取り組もうとした。そこでの批判の対象は、恵那の教育実践が陥っていた科学主義的な弱点にあった。その指摘は次のようなものであった（「当地域における戦後の民主教育運動と現代の課題」、本著作集第一巻論文13、参照）。

①「学力攻撃」や全国教科研運動の影響もあって、「すべての子どもに未来を担う実力を」という視点が、「教科指導」による「正しい知識」の獲得へと一面化されていった。

②その結果、子どもを未来へ向けて「科学的な世界観の基礎」を教えるという形で、知識を獲得させる方法が一面的に強調され、教育研究（教育科学の探究）の中心は、教科の「科学的系統案」の作成、教科の研究に一面化していった。

③それは、「到達度評価」を重視し、その「到達度へ向けてのテスト」という方法が教師の仕事の重点となる傾向を生み出した。「どんな人間を作っていくのかという問題が、どういう学力をという問題だけで、実際には人間そのものの追求と、教育の基調というものがどこかへ放られながら、どれだけの学力をつけていくかという問題としてのみ論点がはっきりされてくるという問題」が生まれた。

④生活綴方教育で探求してきた生活認識と科学的認識との弁証法的な関係、徹底的に生活に立脚し、表現という形で新しい生活認識を切り拓く生活綴方の精神や「子どもをつかむ」という教育の方法もまた失われていった。

⑤その結果、生活綴方教育の下で統一的に把握されていた科学（教科）の教育と生き方の指導が、〈教科指導〉と〈「生活姿勢」形成の生活指導〉とに分裂し、前者は「教科主義化」し、後者は「規範主義」化するという一面化が引き起こされていった。

⑥そのため、高度成長下で激しく変貌する地域や子どもの現実から教育課題や教育課程が切り離され、子どもが「つかめ」ず、教育実践の力が弱まっていった。

このように弱点を分析・批判しつつ、石田らは、改めて、生活綴方の精神の復権、徹底した生活現実の直視と、子どものつかみ直し、科学の質の再吟味に挑戦していく。

日本作文の会が、いわゆる「六二年方針」で生活指導的側面を切り捨てようとしたことについて、城丸章夫は、「『生活綴方的教育方法論』には、見方・考え方とは異なる独自性を持つものとしての行動の指導の独自性がとらえられていない。これは、『生活綴方的教育方法』という当時の整理の決定的な弱点である。[3]」と指摘しつつ、教科指導とは別の自治の指導としての生活指導の独自の教育（と指導）が立てられなければならないと主張した。また、生活綴方はそのことに意図的に消極的、あるいは軽視しており、生活綴方だけでは契約によって成り立つ公的な市民社会の形成に意識的に取り組むことができないと批判した。しかし石田の場合は、「六二年方針」への批判においては城丸と認識を同じくしつつも、生活綴方の指導こそが教科指導と生活指導を生活づくりとして統一的に遂行する方法だと主張するのである。そして石田は、その視点を、その後の「地肌の教育」と七〇年代における生活綴方教育の復興の中で具体化しようとするのである。

石田のもう一つの批判は、小川太郎の「生活綴方的教育方法」の問題点に対するものであった。小川は当時、生活綴方の認識が「科学的な認識の基礎を作り、科学的認識への上昇の道を整えるのである」と述べつつ、しかし生活綴方の認識は「関係と変化を現象的にとらえる」「悟性的」認識であり、「現象としての事実の関係と変化は、法則によって貫かれている。そして認識は、じつはこの法則の認識にまで進まなければ、真実の認識とは言えない」、はたして「生活綴方によって深められる認識は、そこまでリアルになり得るであろうか」と疑問を提示し、「率直に言って私の考えは否定的である」と述べ、「綴方からのある飛躍」、「社会科学の体系的で理論的な認識への飛躍」を強調していた。[4]

生活認識がそれだけで科学的認識を生みだすというような観念論への批判としては小川の論理は妥当だとしても、小川は、この段階論的認識論を生活綴方の認識論に適用することで、生活綴方の認識が科学的認識の生活化、主体化に果たす役割を正当に位置づける点で弱点をかかえ、生活綴方的教育方法という概念を一面的な性格で提起することになったと考えられるのである。石田は次のようにその考えを批判していた。

「たしかに五〇年代に、感性的認識から理性的認識へと、毛沢東の『実践論』が入ってきたあたりでも生活綴方が全部感性的認識の側に位置づけられて、これにたいして教科で理性的認識をという問題が出たことがあったけれども、ある意味でいえば、生活そのものに対するすごい高い認識がなければ綴方にならんと思うんです。と同時に、教科なら教科のなかで子どもたちがつかんでいくさまざまな科学の認識も、生活の基礎がなかったら丸暗記にしかならない。認識にならない。その意味でいうと、綴方は感性的認識で、教科は科学的認識だというふうにはいえない。同じ性質のものをもっているんじゃないだろうか。[5]」

以上のような批判と反省は、当時の全国教科研（教育科学研究会）の理論に対する批判ともなっていた。その批判を明確な主張として石田が述べたのは、一九六六年八月の恵那民教研第一回夏季研究集会の「基調報告」（「当地域における戦後の民主教育運動と現代の課題」第二巻論文13）であった。そこには七〇年代に本格的に練り上げられていく〈子ども把握〉〈科学〉〈表現〉〈生活〉〈学力〉などの基本概念が提起され、「生活綴方教育というものを今再び私たちは新しい形で問題にしていく必要がある」との提起もされ、一九七〇年代における恵那の第二期生活綴方教育の復興期への出発点の論文となっている。全国教科研が、一面的な科学と教育の結合論への批判を始めるのは、一九六〇年代の末であり、石田のこの批判は、その点でも先駆的であった。

(4)「地肌の教育」の提起の教育学意識

科学主義、教科主義、子ども把握の欠落に挑戦しようとして石田らが提起したのは、「地肌の教育」と呼ばれる教育実践の論理であった。その理論的核心は、以下の点にあった。

第一に、子どもたちの人格の変貌をトータルに把握しようとする努力であった。石田らは、「四本足の鶏」を描く子どもや「ネギを知らない子ども」などにみられる地域の変貌の中に、子どもの人格の構造的変化を読み取った。そして人格の核心に何が起こっているのかをとらえようとした。そして人格と世界が接触し関係を作るその接面として人間の「地肌」を位置づけた。その地肌には、人格が世界と交渉する際に表れるその人格の性向(disposition)が表出される。それを石田は、値打ちの意識、価値意識、本音等々の多様な言葉を使いながら捉えようとした。そして子どもがこの地肌を磨くこと、すなわち人格の核心を再構築し、物事の値打ちや価値の意識を再構成し、世界と他者に働きかけていく能動性を回復し、主体的に現実と向き合って行く際のいわば人格のあふれ出しともいうべきものを生み出すことを、地肌を磨き、輝かせることと捉えようとした。

第二に、そのこととも関わって、石田たちは、子どもを丸ごとつかむことを重視した。恵那教科研時代のように、個々の学力という要素を獲得させ、その個々の要素の到達度で子どもの力を評価するのではなく、生活に向かう主体者としての人格という統一体として、子どもを丸ごと把握するという視点である。それは、生活綴方の子ども把握の方法論の意識的な継承であった。しかし一九五〇年代の子ども把握との決定的な違いは、子どもの生活意識が希薄化し、競争を価値として生きる受験体制に囲まれ、主体性を奪われるという変化のなかで、その人格構造自体の批判的組み替えという課題に挑戦しなければならないという点にあった。そのためには人格を構成している要素とその結合様式にまで降りて、主体性を再度構築するという教育の方法が必要となる。その自覚は、六〇年代の日本の教育実践とそれを支える教育理論の多くが、人格というものの統一的な主体性の構築への関心を薄めていく事態にたいして、鋭い批判意識を伴うものであった。

第三に、教育実践としてみるとき、知識・科学の学習について、それを人格とどう統合するかという課題が強く意識された。すなわち、「地肌の教育」は、子どもの生活実感や生活認識を高め、その高められた意識に依拠して科学的知識の習得とその「つくりかえ」を行い、知識を自らのものとする新しい学習方法をみいだす実践と理論として推進された。この点は、石田の生活認識と科学的認識の統一、そして生活形成と科学の学習との不可分性についての一貫した思想のあらたな展開であった。この視点は、七〇年代の「私の教育課程づくり」へ発展していく。

第四に、「地肌の教育」で、石田は「価値」の問題を重視した。人格の軸心において形成されるべき価値の意識の形成こそが、目的意識や主体性の回復のために中心的課題となると考えたのである。「地肌の教育」では、「子どもの行動の基準となっている価値観をくだく」、「体制に順応している子どもをバラバラにする」、「人間としての値打ちを子ども自身が自分のものとしてかたちづくる」、「それぞれの子どもに〝立場〟をはっきりともたせる」等、主体的価値意識の形成をどう進めるかに大きな努力が注がれている。

石田自身の文章ではないが、以下のような「地肌の教育」の提起を読み返すとき、その提起にある種の激しさを感じるかもしれない。

「子どもの古い価値観を非人間的なものと子どもがみずから打ちくだきそこからぬけ出すことをたすけ、〝人間としてのねうち〟〝人間的なもの〟を子ども自身が自分のものとして——新しい価値観——をかたちづくるように導くことです」。

「既成の概念をうちくだきながら真に人間として行動しはじめた――地肌を出しはじめた――子どもに生活をみつめさせ自分をありのままに表現させる、表現による教育を新しい民主的教育の方法として地肌の教育では重視しています[6]」

それは決して特定の価値観を外からあてがう教育を意味するものではない。それは日本社会では、七〇年代後半から本格的な課題として認識されるようになっていった後期近代（ポストモダン）における知や科学の人間性との乖離、物象化や商品化による社会意識の変容、人格の内部に入り込んで意識を操作し、主体性をも操作する社会関係性の高度な展開の中で、その認識を変容させる物象化や競争という磁場による縛りを越えて、いかに人間の主体性を取り戻すのかという先駆的な挑戦とみることができる。それは、子どもが、自らの生活の事実に立脚して、自分の価値観やねうちの意識を問い直し、自らの生活の事実の中に意味あるものを発見し、その意味あるものを軸にして、自分の生きる意味や目的、行動の意味を編み直していくことを目指したものであった。

しかし、この価値観の形成と作り替えという論理を正面に据えた理論展開は、その論理の誤解を招くある危うさをも含む面があったと思われる。その面の検討をも含んで、「地肌の教育」の論理は、「生活に根ざし、生活を変革する教育」へと発展的に展開されていくことになる。その中で「立場」とは、地域に生きる主体的な構えとして、また憲法・一九四七年教育基本法の価値理念として発展的に展開されていった。

(5) 七〇年代の恵那の教育実践と運動の到達点

1 生活綴方教育の復興の意味

恵那では、一九七〇年代に、生活綴方教育が復興し、その成果は丹羽徳子らの生活綴方実践として結晶し、『生活綴方　恵那の子』(全八巻九冊、一九八一―一九八二年発行、草土文化)などで全国にも紹介されていった。しかしそれは、ある意味で、当時の日本の教育運動の中では「特異」とも言いうる現象であった。

第一に、それは、当時の教育研究運動の中心的組織である恵那教科研を、東濃民教研へ組み替え、教科研運動についての批判的総括をし、教育認識や方法をダイナミックに転換する論争を組織し、まさに地域ぐるみで生活綴方教育を再発見していくおよそ一〇年間をかけての非常に意識的な「転換」によって実現された生活綴方教育の「復興」であった。

第二に、単に生活綴方に興味をもつ一部の「生活綴方教師」の実践としてではなく、この恵那地域が直面した教育運動と教育実践の課題を達成していくための不可欠な取り組みとして位置づけられたものであった。一九七〇年代の教育実践と教育運動が直面した時代的課題、子どもの課題と取り組む中心的な教育方法として、地域が全体として生活綴方教育に取り組むことが不可欠であるという認識に基づいて、展開された取り組みであった。

第三に、その結果、当然のことながら、恵那の教育の全体の基盤に生活綴方を組み込むことについては、それが親の期待する教育――この時期においては学力を高めることが大きな論争にもなったし、学力競争社会の進展を背景とした時代であった――とどういう関係にあるのかを明らかにする必要があった。科学的な知識や教科の体系的習得と生活綴方との関係についての積極的な結合が、理論的にも実践的にも深く追求されることになった。

第四に、この中で、現代的＝ポストモダン的な人間認識の歪み、商品化や物象化が引き起こす人間の主体性の剝奪に対して、生活綴方の認識論、方法論がもつ対抗可能性が、この地の生活綴方教育実践として引き出されるという新たな挑戦が繰り広げられた。

第五に、それらの挑戦の結果として生み出された教育実践と子どもの作品は、二〇世紀後半における新たな子どもの主体化の挑戦への個性的な到達点としての位置を占めることになったと思われる。多数の恵那の教師たちの指導の下で生まれた多くの子どもの綴方作品、石田たちの取り組んだ思春期の性教育実践をはじめとする「三つのセイ」（生活・性・政治）の領域での挑戦、そしてそれらの土台に組み込まれた「子どもをつかむ」思想と実践の展開、等々は戦後日本の教育のひとつの挑戦的な到達点として存在している。

2　教育課程づくりと教師の任務

「私の教育課程づくり」は、当時広く試みられたような、文科省の学習指導要領に対抗するより科学的な教育内容の体系を対置する自主編成運動ではなく、子どもの生活意識に切り込み、生活認識を高めるような形に組み替えて、子どもが自らの生活意識の科学化、主体化のために摂取していける構造を教育課程に組み込む「自主編成」運動として提起された。

もちろん、教育内容の体系的、科学的な編成が必要であることを石田は否定するわけではない。しかし、もし教師の努力がそこだけに焦点化されるとき、教育は一面化すると考えるのである。教育課程の編成は、子どものなかの生きるための焦点をとらえ、それを子ども自身が意識化し、その焦点に向かって働くように構造化された科学や文化との出会いを組織し、その焦点の課題において子どもの生き方を教師と共に切り拓いていくという一連の過程を伴ってこそ、すなわち子どものつかみ直しと、文化・科学の教師自身による再把握と、子どもの生活認識の主体化・科学化という三つの要素を、共に遂行していく意識的な教育実践改革として進められなければならないと考えたのである。

石田は、次のように呼びかけるのである。

「荒廃が『自分の頭で考え、自分の意志で行動できない人間』としての特徴をもっているとき、その荒廃を治療する教育的環が『生活と知識を結びつけ知識を科学的にする』ことに置かなければならないことは、……これこそ教師でなければ治癒させることのできない荒廃の内容で、子どもたちの荒廃の中心をなす部分である。／……その荒廃に本気で立ちむかい、自らの内に治癒の方策を具体的に見出し得ないとすれば、それこそまさに教師の荒廃である。私たちが子どもの荒廃に直面して、胸を痛めている事実を、自らがありのままの事実としてつかみとり、子どもが荒廃の内側にひそめている人間としての痛みを治すために、何としても自らの中に深く入りこんだ荒廃とのたたかいを決意しなければならない。」（第三巻論文13　二〇八頁）

激しいまでの教師の任務論がここに提起されている。石田自身、その挑戦を、思春期の性の学習として具体化しようとした。その成果は、岩波ジュニア新書『思春期の生きかた』や『生き方を考える性の教育』（あゆみ出版）などに結晶した。恵那地域での性教育の創造的な取り組みが生み出されていった。

3　科学と学力問題への視点

石田の生活綴方教育論の核心のテーマの一つは、生活認識の科学化であり、生活認識を発展させる力として科学が働くにはどうすればよいかということにあった。石田は、そのためには、子どもの生活認識が意識化される必要があり、「綴るという特性」を持った生活綴方によって、ありのままをとらえる芽を育てることが絶対に欠かせないと考えた。科学的な認識の形式のためには、科学を単に、記憶させるのではなく、「教科（科学）の中に生活（意識）をくぐらせる」こと、「教科をありのままの精神で貫き通すこと」（第三巻論文6）が必要であるとした。

石田は、綴方の認識論を深める中で、学力という概念を主体的に構築しようとした。受験学力から見て恵那の学力への取り組みが弱いのではないかという批判や、恵那の子どもの学力が低いという攻撃を意識しつつ、この学力を「わかる学習」のなかに明確に位置づけようとした。それはその後の坂元忠芳の学力論とも深くつながっていく。石田は次のように述べている。

「わかる学習という問題は子どもが人間として自由になっている、教育が教育になりうるさしせまった一番基本的な条件である。その点をぬいたら、自発性ということには、なりようがない。だから学習がわからないという状態は、本当の意味で自発的な人間をつくらないという問題、わかる学習ということは自発性をどう引き出すかという問題である。本当の人格というものを生み出し、本当の自発性を生みだし、自由というものを人間に自ら獲得させようとすれば、その内容として、わかるということがなかったら人間に成りえない。そこのところがくずされてきているという問題……一番我々が考えてみなければならない大事な問題はそこのところである。」（第三巻論文8　九〇―九一頁）

石田は、わかることを、単に知識が理解できることとしてではなく、知や科学が人格に組み込まれた目的意識によってとらえられ、その人間の自主性や自由を実現する力として働いている状態として把握している。「わかる」とは、真に自分の目的と意思を持って主体的、自主的に生きることが出来るように、自分と自分の生活、自分をとりまく生活（社会や自然）を捉えることが出来るということであり、結局、自主的な「本当の人格というものを生み出」（同九一頁）す構造を持ったわかり方でなければならないと捉えた。そしてその人格の側の主体性と知や科学との交渉を介して、生きることを自律的に自由に探究していく主体を育て、人間が真に自主的で自由になることができる状態を生み出すこととして、学力の意味を把握した。このような内容を込めて石田は「生きる力」という言葉を提起した。

石田と恵那は、改めて強調すれば、しっかりした学力をつけるためにこそ、教育の基礎において生活綴方に取り組むという立場を取った。そのことは坂元忠芳が恵那の生活綴方教育実践に依拠しつつ学力論を七〇年代に展開したこととも深く結びついている。[7] 恵那の教育実践と教育運動は、繰り返しての受験学力要求や、それを利用した〝綴方教育では学力がつかない〟という攻撃のなかで、いかなる学力を獲得させるのかという説明責任を地域から求め続けられる中で苦闘してきた。恵那勤評闘争のなかでも、恵那教育会議の議論でも、七〇年代後半からの第二次正常化攻撃でも、「学力が低い」という批判が繰り返された。それにたいして、石田たちは、テストの点数を効率的に高めるという受験学力対策の罠に陥ることを徹底的に拒否し、また教科の体系を科学的に編成し子どもに科学的認識を獲得させれば学力がつくという考え――恵那教科研の時期の中心的な考え――をも批判し、わかることの本質を徹底的に追求し、その延長上に学力を位置づけようとした。

そのような教育運動、教育理論の挑戦が、はたして、受験学力要求が強固に親の願いに浸透している地域の現実において受け入れられるかどうか、大いに論争となることであったと思われる。恵那に限らず、日本の教育運動は全体として、この壁の前に大きな後退を余儀なくされ、飲み込まれていったともいえる。恵那の挑戦を無謀と見ることも可能かも知れない。しかし、石田と恵那は、そこで妥協することではなく、地域に生きる見通しを作り出す地域変革、子どもたちが希望を持って生き続けることができる地域を作り出すことによってこそ、その地で「生きる力」としての学力が実証され、地域の公教育における教育価値として認定される道を切り開こうとしたのではないか。「地域に根ざし、地域を変革する教育」は、そのような見通しを込めた言葉として掲げられたのではないか。そのことはいま、日本社会の変革と結合されなければ、学力概念の教育価値的性格を奪い返せなくなっている現代日本の教育改革運動が突き当たっている課題に通ずるものではないか。

4 「子どもをつかむ思想」と「生活綴方の精神」

石田の戦争反省、戦中の生き方に対する悔恨と反省の中心は、明日のこと、未来のことをなにも考えることができなかったということ、考えながら生きるということができなかったということにあった。その課題を克服する教育の方法を、石田は、生活綴方教育との出会いによって発見する。幾度かの試行錯誤によって、石田は、子どもの綴方を通して、子どもが見えるようになるという実感をつかむ。石田は、それは、子どもが自分が見えるようになる（自分をつかめる）ことを通して教師が子どもが見える（子どもをつかめる）ようになることとして把握している。そこに石田の「子どもをつかむ」思想の基本がある。

綴方を通して子どもがつかめたら、その理解に依拠して綴方を離れて子どもに教え指導するということではない。教師は、書かせることを通して子どもが自分をつかむ質を高めることを通してしか、自分の子どもをつかむ質を高めることはできない。それこそが生活綴方を通して指導するという教育の方法の本質であると捉える。そして、安江満寿子たちの綴方を通して、激しいほどに考え続け、生き方を切り拓いていこうとする純粋で人間的な子どもの内面を発見するのである。

そのような教育認識、子ども認識は、七〇年代の生活綴方の復興のなかで、石田の次のような「規定」へと高められていく。これは、生活綴方のもつ方法論の教育本質的意味を独創的な言い回しの中に表現し得ている。

「生活綴方というものは、人間の内面における生活の真実性ともいえる、生活の実感というものを客観化する仕事なんだというふうに、私たちはある意味で規定している。いうなれば生活の事実を、事実として作られておる心の奥にたまっている、あるいは、心に蓄積されてくる人間的真実というもの、それを自分の気持ちとして作られている真実、それを実際につくっておる生のまわりの事実というものを、それをありのままに描き出させる、あるいは、綴らせるということによって、生活の事実というものを再生して、それを意識化し、内面を形づくっている外部というものを意識化する仕事なんだ、その作用として、綴るという方式をとるわけですし、その綴るということの中で、考える作用が出てくる」（『恵那の教育』資料集』第二巻六〇七頁。本著作集第三巻論文9　一三二―一三四頁の規定に対応するもの）

「子どもたちの心をとらえて離さない本心の問題は、今日の情勢にふさわしく、すべて非常に人間的な深刻さを含んでいる。いま、私たちがその問題を、子どもたちの生活認識の内容として重視するのは、そこに内面の真実としての人間的自覚が統一的に存在すると考えるからです。その自覚こそ生きることとわかることとつなぐ基本になり、生活と学習の本当の意欲の基礎となると考えるからです。いわば生活認識の深さというものこそ『あらゆる知識を自分のなかでつくりかえ』といわれる、その意識の内容となるべきものだ、と私たちは考えるからです。だからそこのところをどうしても、実践的に引き出さなくてはならない。子どもたちが本心としての生活の事実をありのままに見つめ客観化するということは、いまの情勢を子ども自らの意識のなかで切り開いていく仕事になるのです。そして、人間的な自由を子ども自らが広げていくというきわめて大切なことになるというふうに思います。この内面の自由の拡大、子ども自身が自らの自由を拡大するということは、新しい生活と学習への意欲を高め、自発性と連帯性を生み出し、自主的な行動の要因となっていく、というふうに私たちはみるわけです。」（第三巻論文10　一六〇頁）

この規定の特徴は、綴らせるという生活綴方の方法論の意味を、子どもの認識の形成・発達の側に深く降りたってつかもうとしていることである。だから、この規定は、綴り方をどう進めるかにとどまらず、科学の教育をどう進めるか、子どもの主体性と自由や生きる力をどう切り拓くかにかかわる教育本質の把握を可能にするものとして、恵那の教師たちの教育実践全体を意識化し、方向付ける力になったと考えることができるだろう。

以上のような意味において、七〇年代の恵那の教育実践・運動・教育学論は、日本の戦後教育運動や戦後の民主教育学、各地に展開された地域教育運動との深い連携を保ちつつも、その批判的創造性、独創性において、特筆すべき性格を持つものとなった。

(3) 石田と恵那の教育運動論――地域に根ざした「自由論議」、全国との交流――

この恵那の地域には、どっしりと腰を据え、そして一貫して地域の民主的変革の課題を背負い、その地域に生きその地域を担う子どもをどう育てるかという課題を、半世紀にもわたって考え続けてきた教師集団が存在し続けた。

石田は、「自由」と「民主主義」について考え続けた。生活綴方の精神に立てば、子どもにとどまらず、大人もまた、自分の本心を対象化し、それを意識化し、組み替えることを通してしか、真に主体的で自主的存在となることはできない。この一人ひとりの内面の思考の回路を強め主体化することなしには、民主主義は成立しない。しかし果たして自分たちの組合運動は、そのような自由と民主主義の上に組み立てられているのか。その強さがないときには、形式的な団結や「みんな主義」はもろくも崩壊する。子どもの本音を引き出す生活綴方の精神は、果たして自分たちの組合運動において、実現されているのか、と石田は問うのである。そして勤評反対闘争という未曾有の困難が予想される闘いを前に、「自由論議」と「組合運動の転換」を呼びかける。

石田の思想の発展を見るとき、それが地域の現実と運動自体から発酵するようにして、創造的に展開をしていることに気がつく。石田は、自分の考えをも仲間の中での「自由論議」にさらし、みんなの知恵と合意に依拠した運動や実践を作り出し、その実践の検証を経て、自らの仮説を新たな高みへと発酵させていく。そして地域の教育実践や教育運動によって検証された確かな見通しを切り拓いていくのである。

自由論議は、恵那の教師達の新たな認識を切り拓いていくための転換の舞台装置ともなった。転換の舞台装置としての「自由論議」は、勤評闘争の方針転換（一九五七―五九年）、恵那教科研の教育運動から「地肌の教育」への転換（一九六五―七〇年）、中津川西小学校における学校教育方針の転換（一九七〇―七三年）などにおいて、大胆に、強力なリーダーシップを伴いつつ、粘り強く遂行され、新たな認識と実践を切り拓いていった。

そういう大胆な方針の転換は、大きな亀裂や分裂をも生み出す可能性がある。しかし恵那の場合、それは教職員集団の新たな合意へと展開している。その転換を生み出すイニシャティブが、大胆ではあるが説得的に行使されている。

全国の経験や教育学理論に学ぶ意欲も非常に高いものがあった。戦後の教育学研究者で、恵那の教育運動や教育実践に深く関わったものは大変多い。勝田守一、大田堯、坂元忠芳、深谷鋿作、田中孝彦、森田道雄、etc.。教科研はその雑誌『教育』の一九五二年八月号で、恵那調査特集を組んでいる。第一次、第二次教育正常化攻撃の時には、教科研を中心とした研究者が、調査団を組んで現地に入った。七〇年代の教育科学研究会は、恵那の教育との意識的な交流を進めた。おそらく戦後の地域教育運動において、これほど多くの教育学研究者との交流・交渉をもった地域はほかに例がないと言って良いだろう。

しかもその理論が積極的に全国に向けて発信され続けてきた。地域誌（『恵那綴方教師』、『恵那の教師』、『人間・生活・教育』『恵那教育研究所通信』等々）の発行。五〇年代における教育実践記録（『生活綴方恵那の子』全八巻、あゆみ出版、一九八一～二年、『「恵那の教育」資料集』第四巻、二〇〇〇年）の発行等々。

恵那の教育実践や教育運動の組織論は、確かに独特なものをもっている。教師の研究組織は、教科ごとではなく、トータルに子どもを把握する構造をもっていなければならないと考える。恵那綴方の会、恵那教科研、民教研は、いずれも、そのような組織論で作られていった。だから、学校ごとの班を最小単位とする組織を基本とした。石田はそういう構造をもった教育研究組織が、不可欠であることを一貫して主張していた

（第三巻論文21）。

石田は、地域交流研（地域民主教育全国交流研究会）は、そういう組織論を採る地域の研究会の全国的な交流組織になる必要があると考えていたように思われる。恵那では、その組織論が、幾多の困難や運動破壊攻撃を克服して、新たな学校ぐるみの教育研究運動を再生産していく保障となっていた。

おわりに――恵那の教育の継承とは

石田と恵那の教育実践、運動は、幾度となく地域との出会い直しを繰り返してきた。

第一段階は、戦後初期に、様々な教育実践に挑戦しながら生活綴方を見いだしたとき、深い地域との繋がりを経験する。

第二段階は、勤評闘争での親・地域との出会い直しが不可欠となった。その新しい形式として、恵那教育会議が作り出された。恵那教育会議が解体された後でも、その記憶は、人々のなかに深く存続し続けたとみることができる。

第三段階は、教育正常化攻撃から再び立ち上がるときに、強力な民主教育を守る会の運動を生み出し、やがてそれは民主教育を育てる会へと発展していく。そして中津川革新市政の実現は、その教育会議の経験を自治体の教育行政そのものに組み込んで発展的に展開する機会を提供することになった。そのなかで、制度としては中津川教育市民会議をつくり出し、教育実践としては「地域に根ざし、地域を変革する教育」を進めていく。そして恵那の生活綴方教育の復興は、大きな成果を上げ、地域の信頼を得るかに見えた。

しかし、激しい地域の変貌と受験学力競争の浸透の中で、恵那の教育を支えてきた地域自体の大きな変貌が進行する。そして、革新市政を切り崩す攻撃とも結びついて、恵那の教育に対する新たな攻撃、第二次教育正常化攻撃が展開されていく。それは、地域の支配的な保守的政治勢力と地域の人企業の総力を挙げた攻撃であった。一九七〇年代の後半から繰り広げられてきた系統的で強力な恵那の教育への切り崩し攻撃は、その時代が生み出す社会と教育の困難も相まって、容易には突破できない矛盾を背負わせるものとなっていった。もちろん、その困難の背景には、日本全体の高度成長期以後の傾向的とも言うべき教育矛盾の蓄積と深刻化があり、日本のあらゆる地域で、民主的な教育実践と教育運動の展開は、年々深まる矛盾と困難に直面させられていると言ってよい。新自由主義の展開は、地域の困難を一層深めている。

石田は、八〇年代への転換期において、その困難を、下りのエスカレーターを駆け上っているようなもので、「ちょっと、駆け上ることを止めたら、直ちに下がってしまう状態」とも表現していた。しかしその中で、新たな「子どものつかみ直し」を提起し、その教育思想のさらなる展開を探究しようとした。その挑戦の中では、激しい程の思いを含んだ思考の苦闘も繰り返されてきた。困難の深まりに対して、石田は、子どもへの信頼を絶対捨ててはならないと言い続け、「(子どもに)裏切られることを承知の上での信頼」を求め(第三巻論文19　三〇五頁)、「子どもたちがその内面につくりだしてきている自らのダメを否定する眼を鋭くとらえ、それぞれを生きるねうちとして子どもに自覚させて、その新しい否定の否定の目で自らの否定の現実をつねに見つめさせていくということが大事だ」(本巻論文1　八頁)とも述べ、「子どもたちに今わかるという事と生きるということを中心にして自らの生きがいと自らの自由をつくり出す方向を子どもたちに与えていく」実践を切り拓くことを訴え、「真に歴史的或は社会的存在としての自分を見つけ生きることへの意味を発見して、生きることを創造しなければならない時代」(「はじめに――民教研夏季民主教育研究集会のあいさつから」『人間・生活・教育』一四号、一九八〇年秋季号)にあるととらえた。そして新たな言葉を探し求めつつ、その課題を意識化し、恵那全体で具体化しようと挑戦し続けていった。

いま、この石田と恵那の到達点と教育の思想をいかに意味付け、現代の教育を切り拓く知恵をそこからどうくみ取ることができるのかが、私たちに問われているように思う。

注

1 汐見稔幸「戦後教育の時期区分をめぐって」(『教育』二〇〇二年六月号)参照。
2 本著作集第二巻の佐貫解説論文を参照。
3 城丸章夫「生活綴方と生活指導」雑誌『教育』一九七七年三月号。
4 『小川太郎著作集』一九八〇年、第三巻、青木書店。三六九、二七三—二七五、二八一—二八二頁。
5 石田和男「座談会・生活綴方教育の今日的課題」『教育』一九七七年三月号の発言。四二頁。
6 岐阜県唯物論研究会『岐阜県における民主教育の理論と実践(いわゆる『地肌の教育』について)』一九六七年一〇月一日、二四—二五頁。なお、このパンフレットは、石田たちの集団的討議による著作である。
7 坂元忠芳「『生きる』ことと『わかる』ことを結びつける」(『教育』一九七六年一月号)参照。

編集あとがき

森田道雄

恵那地域の概要

最初に恵那の地域についての説明を補足しておきたい。

石田氏が活動した恵那の地域には、戦後教師となって赴任した付知町、主な職場があった中津川市（東小学校、西小学校、南小学校、市立教育研究所）、教組の支部事務所で教育会館のあった恵那市（恵那教育研究所も）、上矢作町の国保病院、などの位置関係というか地理的な知識が必要である。今でこそ、自家用車を駆って恵那地域の北端の加子母地域から南端の上矢作町までは、およそ七〇キロ、二時間程度で動けるのでさして時間はかからない。しかし、車のない時代、昔は付知から中津川市まで北恵那鉄道という電車に乗って一時間以上はかかる。中津川駅から名古屋に出るには中央線、国鉄鈍行で二時間以上はかかり、県庁のある岐阜市には名古屋経由で三時間弱、といった具合で、都市部の交通の便のよいのが当たり前という感覚で当時の地理関係を理解してはならない。

恵那地域が、明治維新の際の「国学運動」の拠点の一つとなり、その様子が島崎藤村『夜明け前』に描写されていることはよく知られている。とりわけ旧苗木藩（中津川市苗木、恵那市蛭川地区）では廃仏毀釈が徹底的におこなわれた。旧中山道の宿場が御嶽、細久手から大井、中津川をへて木曽・馬籠にかけて存在し、中津川は商業地域と農村地域が混在した「日本社会の縮図」のような地域特性が指摘されている（戦後の教育科学研究会の調査報告は『教育』一九五二年八月号）。中仙道は東西の文化交流の街道で、とりわけ中津川は、文化的な水準が高い土地柄でもあり、諸階層が複雑に存在し、かつ旦那衆といわれる人々が支配層として統治していた。一言で言えば、「地域の封建制の根強さ、農業生産性の低さ、そこからくる子どもへの様々な抑圧」が、戦後の地域の特徴であり、生活綴方への目覚めの背景と言える。

そのほかは、農山村地域として、たとえば付知や加子母は裏木曽の檜の有数の産地であり、岩村は旧城下町、明智や山岡は寒天の製造で有名である。恵那山は、地域のシンボルとして長野県境にそびえる「百名山」の一つ、県境の神坂地区には人気観光地馬籠があり、越県合併問題で長く住民の対立があった（これは子どもの通学問題でもあったが、一九五八年に始まり二〇〇五年ようやく解決をみた）。

教育の伝統にふれると、近代以降の恵那にはいわゆる「恵那教育人山脈」と称される、分厚い教師たちの営みが戦前からあった。それは戦後の生活綴方復興と直接的な関係はないとされているが、早くも一九二〇年代に梅沢英造のユニークな労作教育の実践があり、三〇年代には郷土教育思潮につながる全村教育の西尾彦朗『興村教育の経営』（帝国教育会出版部、一九四〇年）があった。まじめな恵那人気質は「恵那雑巾」と軍隊では揶揄された。「恵那雑巾」とは、愚鈍できまじめな恵那人は、要領よく箒を取るのではなく、割に合わないぞうきんを持った（持たされた）ことからそう呼ばれたし、実直素朴な性格としてそう自称した。これは、戦後、生活綴方に取り組んだ教師たちが自らを「ぼんくら教師」と呼んだのと共通する。後に恵那教育会議の事務局長となる中学校長三宅武夫は『おらあ先生になる』（草土文化、一九七九年）で、自らを恵那雑巾と称して自伝風に恵那の教育伝統を「恵那の共育」として描いている。三宅武夫文書は岐阜県歴史資料館に所蔵されており、閲覧が可能である。最近では、新田鉦三氏が教師人生をふり返った『あけぼのの光』（信毎書籍出版センター、二〇一一年）を出版した。こうした諸先達のつくりだした教育風土の中で石田氏が育ったことになる。もちろん、それは地域的で個性的ではあったが進歩的伝統とは言えず、むしろきまじめな「皇国民教育」に熱心な地域でもあったし、それが反省の契機として戦後の若き教師集団の活動の背景になっていた。「恵那の教育」とひとことで言っても、それぞれの教師が自らをその担い手だと自覚していたが、戦後の「恵那の教育」は、そうした伝統を背景としたとしても、全く新たな息吹、戦後民主教育の独自の創造の運動であったと言えよう。教員組合運動では、早い時期から労働運動としての民主化運動だけでなく「教文活動」と称する教育実践にも極めて熱心な活動を展開し、その中心にいたのが、まぎれもなく徹底的に地域に根づいた石田氏であった。

一九五〇年代後半から六〇年代前半に恵那教育会議が各地で教育集会を持ち、恵那市の中央集会に多い時は二〇〇〇人、地区集会をあわせると四〇〇〇人以上が集まったのだが、自家用車がない時代、バスを仕立てて出かける以外にない。地区集会のＰＴＡの参加者の多さは教師の働きかけの成果であるが、それを受けいれる民衆的な「話しあい」の土壌があったのである。「教育正常化」後の民主教育を守る県民集会には、県庁のある岐阜市に恵那地区からの参加者が三〇〇〇人をこえた。六〇年代の後半頃から、学校での宿直がなくなり、教師も車で通勤する割合が徐々に増えていくが、事務局会議は土曜の半ドンを終えて日曜までの徹夜に近い一泊仕事。やっと七〇年代になって、研究集会で校庭が駐車場で満杯になるという状況になるものの、道路状況はバイパスの整備がまだなくて道路は狭く、細い山道を対向車と行き違うのに幅員の広いところまで譲り合うというのが当時の通常の姿であった。中央自動車道の恵那地域開通が、石田「みつばち学級」での討論テーマになったことでわかるように、六〇年代以降の高度経済成長が、素朴な恵那地域の生活を一変させた。農村コミュニティが変容し、全国的な商品経済の浸透による生活のゆがみや「学力」意識の変化などが、七〇年代に劇的に進行してゆく。ただ大都市からのある程度の距離感が、それでも恵那の地域性を保持する余地となったが、他方で、三菱電機、本州製紙、王子製紙の大企業に加え、セラミックに代表されるハイテク産業の進出などで、「ねんごろな子育ての習俗」（大田堯）は急速に衰退していくし、他方で大企業社員の単身赴任や「学習塾」の進出などの子どもの生活、地域変貌も進んでいった。九〇年代には駅前の進学塾に夜、親の車に乗せられて子どもが通う姿が普通になった。

のんびりとした田舎の風情とは裏腹に、まさに日本社会の縮図というべき、政治や経済上の厳しいせめぎ合いの舞台でもあった。保守派の政治勢力が中心となった六〇年代の「教育正常化」、七〇年代の第二次「正常化」は、単に地域的な日教組攻撃ではなく、恵那の教育を封じ込めるための総力を挙げた攻勢だった。それに対し、一九六八年、恵那教育会議の議長であった西尾彦朗が革新勢力に推され市長となり二期務め、この間、中津川市教育市民会議ができ、市立教育研究所で石田氏が実質、専任所員の活動を展開した。

一九八〇年代以降から、日本全体のモータリゼーション、そしてオイルショック以降の低成長やバブル経済とその破綻、東西冷戦構造の崩壊とグローバリゼーション、といった九〇年代から現代にいたる過程は、全国どこでもそういえるが、恵那の地域性や管理的な学校がどんどん画一化していくと同時に、古きものが衰退して消えていく過程である。人口減による学校の統廃合も進んだ。北恵那鉄道の廃止や、巨大な阿木川ダムが出現し、さらには大規模な市町村合併によっていまは中津川市と恵那市の二市に旧恵那郡の全町村が一体化された。中津川市と恵那市の中間地には中央リニア新幹線「岐阜県駅」が予定され、否応なく時代の渦が地域変貌を進行させてゆく。

ほんとうのあとがき

最後に、編集作業のさいの留意点を若干説明しておくことにする。

まず、どの程度が資料として残った石田氏の活動の総量なのか、ということである。実践記録の生資料、原稿用紙に書かれた石田氏や子どもの文章、学級文集、職場文集、版画や図画の資料、手紙、手書きの教育ノートなどを恵那教育研究所および石田氏個人宅のものを目録にする一方、著書、講演記録、雑誌論文など公刊された著作物は一覧表にした。重要性のあるものはＰＤＦデータに残すことにした。「夜学」の速記録や民教研の機関誌『人間・生活・教育』全冊などもＰＤＦデータにした。また、年譜で恵那、日本と世界、石田氏個人の経歴をまとめ、第一巻に掲載した。石田氏がどれほど、書物を読みそれを思考と実践の材料としたかをうかがうことの出来る相当数の蔵書も確認できた。

著作集という分量上の制約から、石田氏が所長となった時の恵那教育研究所での諸活動の多くは、『恵那教育研究所通信』など一部を収録するにとどまった。石田氏は一九七六年の恵那での全国集会を嚆矢にして「地域民教」の結成にいたる精力的な活動、ロシア、オーストラリア、スウェーデンなど外国の教育事情調査団などを行っている。この時期は、教員生活をやめて所長に専念した石田氏の、外への旺盛な関心と活動を含めて、情勢厳しき中で地域にへばりついた形の粘り強く活動する姿を見ることができる。その合い言葉は「負けても勝てるが逃げては勝てない」である。

本著作集は、一地域で営々と積み重ねられた教師集団の実践・運動をつくりだした源となる思想や理論を集大成しただけの意義にとどまらない。たしかに、一九八〇年代以降の「教育の反動化」の流れが深刻になっていくなかで、石田氏たちがめざした教育とは正反対の方向がますます顕著になっている。しかし、学力競争や「いじめ」などの学校の現実をリアルにみれば、この流れは政治が主導したことに間違いがなく、そうであるがゆえに至る所で破綻し矛盾が渦巻いているし、それが子どもや親たちの未来に深刻な影を落としている。政策がつくりだすさまざまな「対処療法」は、問題を先送りするか、新たな問題を生みだすだけの悪循環をつくっているとさえ言える。そういう中で、教育を、学校をラディカルにひっくり返すこと。批判のための批判でなく、人間復興の本来のあり方を示そうとする実践と運動が、この間の恵那で確実に存在したことがここからよくわかる。そこにある教育にたいする原理原則や思想、思考体系といったものは、未来をつくりだす指針、方向性を模索する一つの有力なよすがであることをここから読みとることができる。確かに明日の教育にすぐに役立つものではないが、教育を根本からとらえ直すこのような思想や実践、運動があったということを知ることは、おおきな勇気と「夢」を持つことにつながるだろう。

この編集活動は、著作集としての直接的な活動はもちろんであるが、多くの方の協力をいただいている。恵那からは、石田氏の同僚や後輩のかたがたが、「恵那の教育」全体の資料整理にも多大の労力を注いでこられたことが背景にあり、今回、石田氏の公刊されていない講演記録や実践資料などを目録にする作業が不可欠であった。特に宇佐美知子氏には、第一巻に収録した石田氏の著作目録の作成、五〇年代の石田氏の実践資料のデジタルによる再現等にかかわって、多大な協力をいただいた。記して謝意に代えたい。解説論文は、何度も編集会議で議論はしたが、最終的には執筆者個人の責任において書かれている。スタイルもそれぞれの必然性があるので統一していないし、その違いはその巻の特性にも依っている。もっと書くべきことがたくさんあり、だれもが字数の制約に悩まされた。

この著作集を出版という形で実現したのは、花伝社の平田勝社長が出版事情の困難がある中であえて引きうける決断をしていただいたことによる。まことに感謝に堪えない。その背景には、平田氏が生まれ育った岐阜県可児郡御嵩町が、恵那地域のすぐ西隣に位置し、なおかつ、小学校に一九四八（昭和二三）年に入学した平田氏は五年生の時、生活綴方や版画の指導を受けたことから、担任の教師が恵那の教育の影響を受けていたのではないかという、個人的な事情をお聞きした。平田氏自身の学校体験のなかに、恵那の教育がなんらかの影響が及んでいたということには、偶然の縁を感ずることになった。

また、まさにこの石田和男教育著作集編集というテーマにかなった科学研究費補助金（課題番号26381034「戦後恵那の生活綴方教育と石田和男の教育思想に関する総括的研究」）を編集活動開始後に二〇一四年度から三カ年受けることができた。その成果は、この著作集の各巻解説にも反映されているとともに、各自が科研費の研究成果として別にまとめる作業も進めている。この両者が相俟って、編集活動の質が高まったことはまことにありがたいことであった。

この『石田和男教育著作集』が多くの方々に読まれ、日本の教育史に新たな記録をつけ加え、現代の教育を考える豊かな視点を提供するものとなることを編集委員一同、心から願っている。

石田和男教育著作集　第四巻「時代と人間教師の探究」

2017年5月25日　初版第1刷発行

編者 ――― 石田和男教育著作集編集委員会
発行者 ―― 平田　勝
発行 ――― 花伝社
発売 ――― 共栄書房
〒101-0065　東京都千代田区西神田2-5-11出版輸送ビル2F
電話　03-3263-3813
FAX　03-3239-8272
E-mail　kadensha@muf.biglobe.ne.jp
URL　http://kadensha.net
振替 ――― 00140-6-59661
装幀 ――― 三田村邦亮
印刷・製本 ― 中央精版印刷株式会社

ISBN978-4-7634-0808-2　C3037